也許你該找人聊聊

一個諮商心理師與她的心理師，以及我們的生活

Maybe You Should Talk to Someone

A Therapist, HER Therapist, and Our Lives Revealed

蘿蕊・葛利布 Lori Gottlieb———著
朱怡康———譯

各界好評

「我讀心理治療的書超過半個世紀了，但從沒見過《也許你該找人聊聊》這樣的書：這麼大膽、這麼直白、這麼多好故事，又這麼坦誠、深刻而引人入勝。我本來想先讀個一兩章，沒想到一字不漏一口氣讀完。」

——歐文・亞隆（Irvin Yalom）醫師，史丹佛大學精神醫學榮休教授

「《也許你該找人聊聊》機鋒處處、溫柔風趣，又充滿啟發。蘿蕊・葛利布勇敢地帶領讀者走進探索自我的旅程，從治療師和病人的雙重視角看待治療過程。我很為她的突破高興，就像是我自己達到這些突破一樣！關於晤談治療改變生命的可能性，這是我讀過最好的一本書。」

——艾美・狄金森（Amy Dickinson），「請問艾美」專欄作家，
著有《紐約時報》暢銷書《陌生人常對我說心事》（*Strangers Tend to Tell Me Things*）

「只要你對心理治療過程有一丁點興趣，或是你正困在生而為人必然遇上的難題裡，你一定要讀這本書。這本書溫暖、聰慧、有趣又充滿智慧，蘿蕊・葛利布是絕佳良伴。」

——蘇珊・坎恩（Susan Cain），著有《紐約時報》暢銷書《安靜，就是力量》

「有些人是偉大的寫手，有些人是偉大的心理治療師。令人驚嘆的是，蘿蕊・葛利布兩者皆是。《也許你該找人聊聊》寫出人之為人的奧妙：沒有人能不受煎熬，但我們也都能成長，都能不做情緒的奴隸，都能成為自己。我很少讀到這麼有挑戰性的書，但它非常有趣，讓我不禁邊看邊笑，完全沉浸在裡頭。它讓我用全新的眼光看自己。」

——凱蒂・庫瑞克（Katie Couric），美國知名主播

「蘿蕊・葛利布的新書能讓以下幾類人獲益良多：心理治療師，接受心理治療的人，有人際關係的人，還有有情緒的人——換句話說，每一個人。蘿蕊的故事很有趣，很能給人啟發，而且超級坦白。」

——賈各布斯（A.J. Jacobs），著有《紐約時報》暢銷書《我的聖經狂想曲》（*The Year of Living Biblically*）

「原來心理醫師跟我們一樣！——至少《也許你該找人聊聊》是這麼說的。心理治療師蘿蕊・葛利布的這本書真誠、溫暖、有趣，讓人不知不覺沉浸其中（而且裡頭沒有撲克臉的治療師）。她不只坦率寫出病人的掙扎，也寫出自己的掙扎。描寫心理治療師的書雖然不少，但這是我讀過最能產生共鳴的一本。」

——蘇珊娜・卡哈蘭（Susannah Cahalan），著有《紐約時報》暢銷書《我發瘋的那段日子》（*Brain on Fire: My Month of Madness*）

「在三千萬個參加療程的美國人的人生裡，心理治療師扮演的角色既特殊又可貴，但你是否想過：當他們自己需要跟人談談時，他們該去找誰？資深心理治療師兼《紐約時報》暢銷作家蘿蕊・葛利布坦誠分享經驗，透過這些令人動容的紀錄，她告訴我們為什麼心理治療師也需要心理治療，也讓我們知道：助人者亦需人助這件事，正說明我們的問題和焦慮是普世共通的。」

——Thrive Global，「二〇一九年等不及要讀的十本書」

「這是本勇敢、精采又轉化人心的書。蘿蕊・葛利布帶我們進入治療師和病人最私密的關係中，讓我們對自己、他人和人性產生全新的認識。她願意揭露自己和病人的盲點，讓我們看到不是只有自己得面對煎熬，而且我們或許該多談談這些掙扎！《也許你該找人聊聊》幽默風趣，充滿希望和智慧，同時又引人入勝。」

——雅莉安娜・赫芬頓（*Arianna Huffington*），《赫芬頓郵報》創辦人，Thrive Global創辦人及執行長

「葛利布是極具魅力的說書人，她懂得加入笑料，也善於探究問題、展現智慧，而且不吝於道出自己的軟弱。

從面紙盒到地毯上的樂高玩具，她對細節安排周到，更尊重我們有顆不羈而敏感的心，敬重它龐大的奧祕。」

——萊絲莉・賈米森（Leslie Jamison），著有《復原：成癮及其後》（*The Recovering: Intoxication and its Aftermath*）

「這些放下掩飾、克服惡習、恢復力量的故事寫得鮮活、風趣又生動，我真的一頭栽進去了！人與人的連結裡有掙扎也有奇蹟，蘿蕊・葛利布掌握到裡頭很深刻的東西。」

——莎拉・海波拉（Sarah Hepola），著有《紐約時報》暢銷書《關機：回想我藉酒遺忘的事》（*Blackout: Remembering the Things I Drank to Forget*）

「蘿蕊・葛利布以智慧和人性邀請我們進入她的諮商室——還有她的治療師的諮商室。讀者將在那裡得知治療師守口如瓶的祕密：當我們見證別人改變，我們自己也會經歷改變；當我們見到別人在生命中找到意義，我們也會在自己的生命裡發現更多意義。」

——麗莎・達摩爾（Lisa Damour），著有《紐約時報》暢銷書《少女心事解碼》

「真誠……自然……坦率得讓人欲罷不能。作者同時身為心理治療臨床工作者和病人，實務經驗極具吸引力。」

——《紐約時報書評》

目次

第一部

沒什麼事比脫離痛苦更讓人渴望，也沒什麼事比拋下枴杖更讓人惶恐。
——詹姆斯．鮑德溫，美國作家與社會運動人士

1 白痴……15
2 如果王后有蛋蛋……24
3 一步的空間……31
4 聰明的還是辣的……36
5 攤屍在床……41
6 捕獲溫德爾……48
7 了解的開始……56
8 蘿希……65
9 自我的快照……73
10 未來也是現在……76
11 再見，娛樂圈……86
12 歡迎蒞臨荷蘭……92
13 小孩如何處理悲傷……100

14 哈洛與茉德……104
15 不要美奶滋……110
16 應有盡有……121
17 無憶無求……132

第二部

誠實的藥效更勝同情，後者帶來安慰，但常有所隱瞞。
——葛蕾特．爾立區，美國作家暨詩人

18 週五四點會……143
19 做夢的人……151
20 自白……155
21 戴套治療……161
22 牢籠……175
23 喬氏超市……183
24 我到家囉……188
25 郵差先生……201
26 最是尷尬巧遇時……205
27 溫德爾的媽媽……212
28 上癮……220
29 強暴犯……228

30 新手上工……239

第三部

讓心靈沉入黑夜的，也留下繁星。

——維克多．雨果

31 我的子宮，遊蕩中……249
32 緊急晤談……257
33 業……264
34 順其自然……272
35 選哪個？……276
36 「要」的速度……291
37 終極關懷……298
38 樂高樂園……305
39 人怎麼改變……319
40 人父……326
41 整全或絕望……334
42 我的「內夏瑪」……344
43 別對快死的人講什麼……349
44 男友的信……354
45 溫德爾的鬍子……358

第四部

縱有行遍天下以求美之志，不與美同行，終不得見。

——拉爾夫・沃爾多・愛默生

46 蜂群……369
47 肯亞……377
48 心理免疫系統……379
49 問建議？做諮商？……389
50 葬禮狂……396
51 親愛的米隆……402
52 人母……410
53 擁抱……416
54 別搞砸了……423
55 我的派對我說了算：想哭就哭……434
56 快樂有時……441
57 溫德爾……450
58 逗點……455
致謝……459

有人提議把快樂歸為精神疾患，在將來主要的診斷手冊裡給它一個新名字：重度情感疾患，愉悅型。有份研究回顧相關文獻之後指出：快樂在統計上是異常，它包括很多組不同的症狀，而且與一系列認知異常有關，快樂可能反映出中央神經系統功能異常。反對這項提議的論點可能是：快樂不能以負面方式衡量。可是這個理由跟科學不相關，所以駁回。

——理查・班托（Richard Bentall），《醫學倫理期刊》（*Journal of Medical Ethics*）一九九二

知名瑞士精神病學家卡爾・榮格（Carl Jung）講過：

「只要不必正視自己的靈魂，人什麼事都願意做，不論事情有多荒謬。」

不過他也講過：

「凝視內在者終能醒悟。」

譯註：在台灣，心理師在教育養成和執業過程中習慣稱照顧對象為「個案」。本書繁體中文版出版後，常有讀者指正「病人」這個譯法。為此，我們特地去信詢問作者，作者表示美國在詞語使用上較為寬鬆，不僅心理師會混用「個案」、「病人」和「客戶」三詞（作者在本書中也有幾處寫的是「個案」（case）），營養師和物理治療師也會稱其照顧對象為「病人」。為尊重作者用詞選擇，內文使用「病人」之處將如實呈現。

作者說明
Author's Note

這本書要問的問題是：「我們怎麼改變？」答案是：「在與他人的關係裡改變。」我在書裡寫的是心理師和病人的關係，這種關係若想促成改變，就必須有神聖的信任感。除了向病人取得寫下這些事的許可，我也花了不少心思掩飾他們的身分和可資辨識的細節。在某些地方，我會把幾位病人的內容和經歷寫成一個人的。所有更動都經過審慎考量和痛苦選擇，既要忠於每個故事的精神，也要契合更大的目標：顯露我們共同的人性，讓我們能更清楚地看見自己。換句話說，如果你在這本書裡看見自己，那既屬巧合，也是我故意。

在術語上我想說明一點：對尋求治療的人有很多種稱呼，最常見的是「病人」（*patient*）或「當事人」（*client*）。我不覺得這兩個詞有掌握到我和我合作對象的關係。但稱呼他們「我合作的對象」怪怪的，「當事人」又意涵太多，很容易造成混淆。為求簡單明瞭，我整本書都採用「病人」一詞。

PART 1

沒什麼事比脫離痛苦更讓人渴望，

也沒什麼事比拋下枴杖更讓人惶恐。

——詹姆斯・鮑德溫（James Baldwin），美國作家與社會運動人士

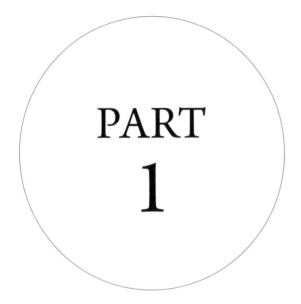

1 白痴 Idiots

個案紀錄表，約翰：

病人自述「壓力很大」，提到睡眠問題，與妻子相處不睦。對他人感到厭惡，希望得到的協助是「管好那些白痴」。

同理心。

深呼吸。

同理心，同理心，同理心……

我在腦子裡不斷複誦著，跟念咒似的。我對面坐的那個四十熟男滔滔不絕，不斷對我數落他碰上的所有「白痴」。為什麼？——他想知道——為什麼世界上有這麼多白痴，滿坑滿谷，遍地都是？他們是天生這麼笨嗎？還是後來才變得這麼蠢？他停了一下，若有所思：搞不好跟吃的東西有關，現在的食物老是加人工化學品！

「所以我都吃有機的，」他說：「因此沒跟其他人那樣變成白痴。」

我有點暈頭，不曉得他現在講的是哪個白痴：問太多問題的口腔衛生師？（「沒半句人話」）**只會**

問問題的同事？（「他從不提意見，因為他根本沒料，當然提不出意見」）他前面那個看到黃燈就停車的駕駛？（「知不知道時間就是金錢啊！」）還是沒修好他筆電的蘋果天才吧工程師？（「天才咧！」）

「約翰，」我才剛開口，他便自顧自地講起他老婆的事，口若懸河，東拉西扯。這個人是來向我求助的，但我一個字都插不進去。

而我呢，是的，我是他的新心理師（他跟前一個心理師只談了三次，因為那個心理師「人還不錯，可惜是個白痴」）。

「然後瑪歌生氣了？！你相信嗎？她居然生氣了？」他繼續說：「可是她偏偏不直說她在生氣，只表現出生氣的樣子，好像我該自己問她怎麼了似的。但要是我問了呢？問了她也只會說『沒事』，我得問三次、四次、甚至五次，她才會吐一句『你自己清楚』。那我能怎麼辦？我只能說：『不，我不清楚，我清楚就不必問了嘛！』」

他笑了。整張臉笑了開來。我趕忙逮住這個笑容——只要能把這場獨白變成對話，只要能開始跟他交談，我什麼機會都不能放過。

「嘿，我有點好奇你為什麼笑？」我說：「因為你本來在講很多人讓你失望，包括瑪歌在內，可是你笑了。」

他笑得更開。他有一口我見過最潔白的牙，閃閃發光跟鑽石一樣。「福爾摩斯啊，我在笑，是因為我完全知道我老婆在不爽什麼！」

「喔！」我趕忙跟上：「所以——」

「等等等等，最精采的來了。」他也趕忙插話：「我不是說了嗎？其實我根本知道她在不爽什麼

——可是我不想又聽她抱怨啊！所以這次我不問了，我決定要——」

他突然定格，盯著我身後書架上的時鐘。

我想趁這個機會幫約翰慢下來。我可以從看時鐘這個舉動談起（他覺得諮商時間很趕嗎？），或是聊聊他為什麼叫我「福爾摩斯」（我是不是讓他有點煩？），不然就是再陪他停在「內容」的表面上一陣子（我們稱病人的敘事為「內容」），想辦法多了解他為什麼把瑪歌的感受當抱怨。可是如果我停下來，我們這次就無法建立連結，而我所認識的約翰呢，他很難與生命中遇上的人對話。

「約翰，」我再試一次：「我在想，我們可不可以回來談剛剛那件事——」

「喔好啊，」他說，然後再次打斷我：「我還有二十分鐘。」接著，他又自顧自講自己的事。

我突然覺得好想打呵欠，非常非常想，我大概用了超人級的力量才把下巴緊緊闔上。我感覺到肌肉在顫抖，整張臉扭曲成奇怪的表情，但謝天謝地，我把呵欠吞回去了。悲劇是呵欠變成打嗝——很大很響的那種，酒鬼打的那種（我可沒喝酒。雖然那時我的確一肚子不痛快，但跟酒完全沒關係）。

拜此嗝之賜，我又開始張開嘴巴。我使盡氣力閉上，用力到眼睛泛淚。

當然，約翰似乎完全沒發現。他還在談瑪歌。**瑪歌這樣。瑪歌那樣。我說這樣。她說那樣。所以我又說——**

我受訓時聽督導講過：「每個人都有可愛之處。」讓我十分驚訝的是：我後來發現她說得沒錯。人不可能既深深認識一個人，卻又對他毫無好感。我們應該把世上敵對的人湊在一起，讓他們待在房間分享彼此的人生、成長經驗、恐懼和掙扎，這樣一來，全世界的敵人馬上能好好相處。在我擔任心理師的過程中，我的確在每個人身上看到討人喜歡的部分，連殺人未遂犯都不例外（在熊熊怒火之下，他其實是很棒的情人）。

我甚至沒把上星期的事放在心上。那是我們第一次晤談，約翰說他之所以來找我，是因為我在洛杉磯這邊「沒什麼名氣」，所以他不必擔心諮商時碰上他們電視圈的人（照他看，他那些同業會去找「更有名也更**有經驗**的心理師」）。我當時只草草記下以供參考，心想等他跟我更熟之後，也許用得上這條線索。連晤談結束、他掏出一把鈔票直接塞給我時，我都沒露出一絲怯色。他說他覺得付現比較好，因為他不想讓老婆知道他在看心理師。

「嗯，所以你就像情婦。」他想了想：「不對，這好像更像叫雞。無意冒犯啊，你不是我會選來當情婦那一型……你懂我意思啦。」

不，**我不懂**他意思（情婦應該頭髮更金？更年輕？牙齒更白？更亮？）。但我想這只是約翰的防衛招數——避免靠近任何人，也不承認自己需要誰。

「哈哈，雞！」他在門口停了一下：「我就每星期來這裡一次，把我那些沒處發洩的挫折往這裡一扔，沒有半個人知道！好笑吧？」

是啊，我想說，**超級好笑**。

無論如何，我聽他笑著朝門廳走去，也有信心會漸漸看出他的可愛之處。在他令人火大的外表之下，一定能找到某種討人喜歡、甚至賞心悅目的東西。

不過那是上星期的事。

他今天是個不折不扣的渾球。有一口好牙的渾球。**同理心**，**同理心**，**同理心**。我默默念著我的咒語，把注意力重新放回約翰身上。他正在嘮叨劇組的人出的錯（依他的敘述，那個人姓白，單名一個痴），而就在那時，我發現一件事：我覺得約翰的碎念熟悉得詭異。讓我感到似曾相識的，不是他描述的情況，而是這些事帶給他的感受——以及帶給我的感受。我知道人能多理直氣壯地把自己的挫折歸咎於外在世界，也很清楚人為什麼會拒絕承擔責任、推卻自己在《我無敵重要的人生》寫實劇裡的任何角色。我知道浸在自以為是的義憤裡的感覺，也熟悉明明自己錯得一塌糊塗、卻自認無懈可擊的篤定——因為那**正是**我這一整天的感覺。

約翰不知道的是，我昨晚心亂如麻，夜不成眠，因為我以為我要嫁的那個男人突然說他不玩了。但今天，我還是努力把焦點放在病人上，只容許自己在兩段晤談之間哭十分鐘，然後在下一個人到來前仔細擦去暈開的睫毛膏。換句話說，我處理自己的憂傷的方式，其實跟約翰處理他的憂傷的方式差不多——掩蓋它。

身為心理師，我很懂痛苦，也很懂痛苦和失去如何相連。但我也知道比較少人知道的事：改變和失去息息相關。人不可能既要改變又不失去，這說明為什麼經常有人口口聲聲說要改變，到頭來卻始終原地踏步。要幫助約翰，我得想出他失去的是什麼。但首先，我得想清楚自己失去了什麼。因為現在，此時此刻，我滿腦子都是我男友昨晚幹的好事。

白痴！

我看看約翰，心想：兄弟，我懂你。

欸，等等等等，你可能會想，你幹嘛跟我講這些呢？心理師不是不談自己的私生活嗎？你們不是應該像塊白板，絕不透露自己的事嗎？客觀觀察者不是不該叫病人的名字，連在腦子裡叫都不行嗎？還有，心理師不是生活最健全的一群人嗎？

從某方面來說，你講的都對。諮商室裡的事是為病人而做的，如果心理師無法將自己的困擾與來求助的人的困擾隔開，那麼毫無疑問，他應該另謀高就。

但另一方面，此時、此地、我寫在這本書裡告訴你的東西——並不是治療，而是治療的故事，我要談的是我們如何治療，還有治療能帶我們走向何方。國家地理頻道不是有拍胚胎發育和瀕危鱷魚的出生嗎？我想記錄的是人如何在掙扎中進步、如何奮力推開封閉他們的殼，直到自己默默地（但時而喧嘩）、緩緩地（但時而突然）迸開。

雖然我休息時間那張涕淚縱橫、睫毛膏糊掉的臉不太好看，想到就讓人不舒服，但那就是這個故事的起點。你會在故事裡看到幾個與絕望搏鬥的人，也會看見我的人性面。

心理師當然也跟每個人一樣，必須面對日常生活裡的各種挑戰。事實上，這個共通點是我們與陌生人建立連結的基礎，他們是因為信任我們，才與我們分享自己最脆弱的故事和祕密。我們從訓練中學到理論、工具和技巧，但在我們努力累積的經驗背後，我們非常清楚做人多難。換句話說，我們還是得扎扎實實面對每一天，帶著我們自己的脆弱、自己的渴望、自己的不安全感，以及自己獨特的人生故事。在我擔任心理師的所有資格裡，最重要的一個是：我也是有血有肉的人。

不過，心理師有人性是一回事，流露人性則是另一回事。有個同業跟我講過：當醫生打電話告訴她胎兒停止發育時，她站在星巴克裡潸然淚下，剛好被一個病人看到。結果那個病人取消了下一次晤談，再也沒回來找她。

我也記得作家安德魯．所羅門（Andrew Solomon）講過一個故事：他在某次會議時遇見一對夫婦。那一天，夫婦倆分別告訴他自己在服用抗鬱藥，但都不想讓另一半知道。換言之，他們兩人在同一個

屋簷下藏著同一種藥。我要說的是：不論我們社會對以往視為私人事務的問題如今多開放，情緒掙扎的汙名依舊相當可怕。我們幾乎願意跟任何人談自己的身體情況（你覺得會有夫妻彼此隱瞞自己在吃胃藥嗎？），甚至談性生活，但把焦慮、憂鬱或哀慟攤開來談還是令人尷尬，對方的表情搞不好還寫著：**趕快給我換個話題，快！**

我們這麼怕的究竟是什麼？顯然不是盯著陰暗的角落，開燈，然後發現一窩子蟑螂。螢火蟲也喜歡伸手不見五指的地方，黑暗裡也有美，但我們得願意注視才看得見。

我的任務，心理治療的任務，就是看。

而且不只是陪病人看而已。

❖ ❖ ❖

透露一件很少人談到的事：心理師也會找心理師協助。事實上，我們在受訓期間必須與心理師晤談一定時數，這是取得執照過程的一部分，目的是讓我們獲得第一手資訊，知道自己將來的病人可能有什麼經驗。我們從中學習如何接受回饋、忍耐不悅、找出盲點，以及發現我們的經歷和行為對自己和別人有什麼影響。

然後我們拿到執照，人們也開始找**我們**諮商，然後……然後我們還是會自己去看心理師。不是接連不斷地看，也不是非看不可，但我們大多會在職涯生活的某些時點走進別人的諮商室。部分是為了傾吐我們這種工作的情緒負擔，但部分也是因為人生總有波折，而心理治療有助於我們迎擊不請自來的內在魔鬼。

魔鬼一定會來，因為每個人心裡都有魔鬼——大的、小的、舊的、新的、陰沉的、狂暴的，反正一定會有。「心理師也有心魔」這件事，正說明我們毫不特殊。也正是因為發現這點，我們才能與自己的魔鬼建立不同的關係。在這種關係裡，我們不再需要為擾人的內在聲音理出頭緒，也不必用酗酒、暴食或沉溺網路來分散自己的感受（順帶一提，敝人的同事表示：上網是「最有效的短期非處方止痛藥」）。

心理治療一個很重要的步驟，是協助病人為自己當前的困境負起責任，因為他們一旦了解自己可以（也必須）構築人生，他們就有了促成改變的自由。可是，人們經常緊抱一種信念，認為自己大多數的問題都是非戰之罪、都是形勢比人強——簡言之，都是外部因素造成的。如果困境都是**其他人**、**其他事**、**其他**原因導致的，我們幹嘛還多費氣力改變自己呢？如果真是如此，就算我們決定改變處事態度，世界的其他部分還是不會變，不是嗎？

講得真有道理。可是，生命通常不是這樣子的。

記得沙特那句「他人即地獄」嗎？他是對的——世界上到處是難相處的人（或者用約翰的說法：白痴滿天下）。我賭你現在就能講出五個討厭鬼，他們有的讓你避之唯恐不及，有的如果不是剛好跟你同姓，你一樣避之唯恐不及。可是有時候呢——雖然我們往往不懂——陰陽怪氣的不是別人，而是自己。

是的——有時候自己即地獄。

有時是**我們**讓自己陷入窘境。如果能換個方式、轉個彎，就能看見不可思議的新風景。

心理師像是為病人捧著一面鏡子，但仔細想想，病人何嘗不也為心理師捧著一面鏡子？心理治療絕不是單向的，它是同時並行的過程。每一天，病人都為我們開啟我們必須為自己思考的問題。如果他們能透過我們的回饋更認識自己，我們當然也能藉由他們的想法更看清自己。在我們提供治療時，這種作用會發生在我們身上；當我們的心理師協助我們時，這也會發生在他們身上。我們是反射鏡子的反射的鏡子，讓彼此看見自己還看不見的角落。

這讓我的心思飄回約翰。今天，我完全沒想到這些事。對我來說，這一天已經很不好過，偏偏又遇上難處理的病人，更糟的是：在約翰之前，我才剛跟一個年輕、新婚、卻已癌症末期的病人談過——這絕不是見任何人的理想時機，更何況你睡眠不足、結婚計畫突然取消，而你發現跟那名末期病人比起來，你的傷痛簡直微不足道，可是你又隱隱感到（但還未察覺）它一點也不微不足道，因為你心裡正有超級颶風成形。

在此同時，離我這棟玻璃辦公大樓約莫一哩之外，在窄小的單行道裡的古雅磚造屋中，有位名叫溫德爾（Wendell）的心理師也在諮商室跟病人晤談。他們一個接著一個坐在緊鄰雅致庭園的沙發上，向他訴說與我的病人類似的遭遇。溫德爾的病人已經與他晤談幾週、幾月、甚至幾年了，但我沒見過他。事實上，我連聽都沒聽過他。但這即將改變。

我會成為溫德爾的新病人。

2 如果王后有蛋蛋
If the Queen Had Balls

個案紀錄表，蘿蕊：

病人四十多歲，因意外分手尋求治療。自述希望「晤談幾次來度過這關」。

一切都從就診原因開始。

顧名思義，**就診原因**是病人決定尋求治療的關鍵。可能是恐慌襲來，可能是失業，可能是死亡、誕生、關係生變、對重大人生決定舉棋不定，或是憂鬱症發作。就診原因有時並不具體，也許是感覺「卡卡的」，也許是隱隱感到不安，覺得有什麼事不對勁。

不論問題何在，它通常是因病人的人生發生轉折而起。**該往這裡還是該去那裡？該保持現狀還是走向未知？**（溫馨提醒：心理治療一定會帶你走向未知，即使你選擇維持現狀。）

不過，在他們第一次走進諮商室時，他們才不管什麼人生轉折。他們只想舒一口氣，把自己的故事一股腦倒給你，從就診原因開始。

所以，讓我從男友事件說起。

❖ ❖ ❖

關於男友，我要說的第一件事是他是超級暖男。他親切、慷慨、風趣又聰明，要是他沒能成功逗你笑，他會在半夜兩點開車直奔藥局，幫你買你等不及早上再吃的抗生素。如果他人在Costco，他會傳簡訊問你需不需要什麼東西，你跟他說只要洗衣精就好，他卻買了你最愛吃的肉丸回來，還帶回二十罐楓糖漿——因為他要做鬆餅給你吃。他會把楓糖漿從車庫拎進廚房，把十九罐整整齊齊擺進你搆不到的高櫥櫃，留一罐在料理台，好明天早上用。

他會在你桌上留下愛的小紙條，牽你的手，為你開門，對參與家族活動毫無怨言，因為他真的很愛和你的親人相處，不介意其中有幾個實在聒噪，跟長輩們噓寒問暖也很大方。他會沒來由地從亞馬遜訂一箱書給你（對你來說，送書就跟送花一樣），到了晚上，你們會一起窩著讀書給對方聽，直到想做愛做的事才停下來。盯著Netflix追劇時，他不時會在你微微脊椎側彎的背上搔幾下，當他停下，你會用肘輕輕推他，於是他會用高超的手藝繼續搔六十秒，趁你不注意時悄悄停下（而你會假裝沒注意）。他會讓你吃掉他的三明治，聽你接完他想說的話，幫他塗完防曬霜。他總是很專心聽你說生活瑣事，像是要為你寫傳一樣。關於你的人生歷程，他記得的比你自己還多。

如果你覺得這些敘述好像不太準，沒錯，是不太準。說故事的方式很多，而我做心理師這份工作要是有學到什麼，那就是大多數人都是心理師口中的「不可靠的敘述者」（unreliable narrators）。這不是說他們故意誤導別人，而是每個故事都有很多面向，人通常會略過不符自己視角的部分。病人告訴我的大多完全真實——從他們就診時的視角來看，完全真實。問熱戀中的人對另一半的看法，你只能聽到半個故事；在他們分手之後再問，你還是只能聽到半個故事。

那我剛才對男友的敘述是哪一半呢？好的那一半。

現在來講壞的那一半：當時是週間晚上十點，我們倆窩在床上聊天。決定好要訂週末哪一場電影票之後，男友不知怎的陷入了沉默。

「累囉？」我問。我們都是四十來歲的單身職業父母，經常累得連話都懶得講，沒什麼大不了的。就算沒有累到精疲力竭，一起默默坐著也很安穩、放鬆。但要是沉默聽得見的話，今晚的沉默聽起來不太對勁。如果你戀愛過，你一定知道我講的是哪種沉默：那種沉默的頻率，只有你的心上人感覺得出來。

「沒啦。」他說。短短兩個字，可是他的聲音微微顫抖，接下來又是那種令人不安的沉默。我看看他，他看看我。他對我笑，我也對他笑。一陣震耳欲聾的沉默緩緩籠罩我們，只聽得見他兩隻腳在被單下搓動。這下我有點緊張了。要是在我諮商室裡，我可以泰然自若跟沉默捱上天長地久；但現在是在我床上，我對沉默最多只能忍三秒。

「欸，怎麼了？」我試著裝作隨口問問，天知道我在乎得很。答案顯然是「對，我有事」，因為在人類歷史上，這個問題從來沒接過令人舒心的答案。我做伴侶諮商時，就算一開始的答案是「沒事」，真正的答案還是會漸漸以各種變奏浮現，例如「我沒講實話」、「我把卡刷爆了」、「我老媽要搬來跟我們住」、「我不再愛你了」等等。

男友的答案也不例外。

他說：「我仔細想過了，我沒辦法再跟個小孩住上十年。」

我仔細想過了，我沒辦法再跟個小孩住上十年？

我噗嗤一聲笑了出來。我知道這句話一點也不好笑，可是……可是我們都計畫好了要一起過下半輩子，我又有個八歲大的兒子，他這樣講實在荒謬到極點，我想他一定在開玩笑。

男友繼續沉默，我停下不笑。我看看他，他別過目光。

「你到底在講什麼啊？什麼叫你沒辦法再跟小孩住十年？」

「對不起。」他說。

「對不起什麼？」我想辦法搞清楚情況：「你認真的嗎？你是說你不想在一起了？」

他說他當然想在一起，但因為他女兒很快就要離家上大學了，他發現自己不想再等十年才享受空巢期。

我下巴掉下來，真的掉下來，我感覺到嘴巴張著，下巴懸在半空。這是我第一次聽他講這件事，我的下巴大概花了一分鐘才回到原位，讓我可以開始回話。我腦子裡大喊「蛤？？？？？」嘴巴則是說：「你這樣想多久了？要是我沒問你怎麼了，你什麼時候才要跟我講這個？」我邊問邊想怎麼有這種事，我們不是五分鐘前才選好週末要看的電影嗎？我們週末應該要在一起的，一起去看電影！

「不知道……」他怯怯地說，肩膀沒動，感覺起來卻像在聳肩，他整個人、整個身體都像是在聳肩。「這種事什麼時候提都怪怪的。」（我的心理師朋友聽到這部分時，馬上將他診斷為「逃避型人格」；我的非心理師朋友聽到這部分時，則馬上將他診斷為「混蛋」）。

又是沉默。

我覺得自己像是從高處看著這一幕，看著困惑版的我高速體驗赫赫有名的悲傷五階段：否認、憤怒、討價還價、沮喪，還有接受。如果噗嗤一笑是否認，那「你他媽的什麼時候才要講」就是憤怒，而我開始進入討價還價階段：那你倒是講看看，我們該怎麼解決這個問題？孩子的照顧我多做一點？

還是每週多出門約會一晚？

男友搖搖頭。我那兩個青少女可不會早上七點就起床玩樂高，他說。他期待自由好久了啊，週末早上他多想好好放鬆。可是，我兒子明明不用人陪，他早上都一個人玩樂高的。喔，問題不是這個，問題是我兒子有時候會跑來找大人說：「你看！這我做的！這是我用樂高做的！」

「我覺得，」男友說：「我覺得我實在不想看樂高，我只想好好看報紙。」

我在想我男友身體是不是跑進什麼髒東西，還是他突然長了腦瘤，初期症狀是人格改變。我在想要是今天是我提分手，原因是他的青少女老是要我看她們在Forever 21挑的緊身褲，害我沒辦法好好放鬆讀讀書（「我實在不想看緊身褲啊，我只想好好看書」），他會怎麼看我呢？什麼樣的人會只因為不想別過臉看一下就分手呢？

「我以為你想跟我結婚。」我可憐兮兮擠出一句話。

「我是想跟你結婚，」他說：「我只是不想再跟小孩住。」

我想了一下，像是在解一塊拼圖。他的話有如人面獅身獸的謎語。

「可是我有小孩。」我的聲音開始變大。我很氣他現在才拿這件事來講，或者該說，我很氣他居然用這個當理由。「你把我當什麼？漢堡嗎？單點就好不要套餐？醬多一點還是少一點？你，你——」

我想起那些憧憬完美劇本的病人，那些人生非得如何如何才算幸福的人。要不是他商學院不讀去當什麼作家，他會是我的真命天子（於是我跟他分手，老是跟無聊得要死的避險基金經理人約會）。要不是那份工作在另一區，它簡直完美（於是我繼續幹現在這份前途無亮的工作，一再告訴你我多嫉妒我朋友的事業）。要不是她有孩子，我就娶她了。

當然，每個人都有底線，達不到的話寧可整件事拉倒。可是，病人要是一再沉溺於這種精打細算，我有時會對他們說：「如果王后有蛋蛋，就能當國王了。」如果你的人生一直在東挑西揀，如果你就是不承認「完美是美好之敵」，你無異於剝奪自己的快樂。病人一開始會因為我話說得直而愣住，但這能幫他們省下好幾個月的治療時間。

「其實，我本來不想跟有孩子的人交往。」男友說：「但我那時就是愛上你了，我不知道該怎麼辦。」

「我們第一次約會，我就告訴你我有個六歲大的兒子，」我說：「在那**之前**，你總沒愛上我吧？你**那時**就該知道該怎麼做，不是嗎？」

沉默凝重得令人窒息。

你大概猜到了，這場對話毫無結果。我試著搞清楚是不是有別的問題——怎麼可能不是別的問題？畢竟，「我想要自由」是終極版的「是我的問題，不是你的問題」，（而後者的含意永遠是「是你的問題，不是我的問題」）。男友是不是對我們關係的哪個部分不滿意，只是不好意思明說？我平靜地問，聲音柔和下來，因為我知道氣頭上的人絕對不好溝通。但男友堅持他只是不想跟小孩生活，不是不想跟我在一起。

我處在一種既震驚又困惑的狀態，不懂這個問題怎麼之前從沒浮現。你怎麼可能熟睡在一個人身旁，計畫跟她共度人生，卻又偷偷掙扎是不是該一走了之？（答案其實非常簡單：他使出的是很常見的防衛機制，叫「區隔化」（compartmentalization），而我之所以沒看出來，是因為那時的我正全力動用另一種防衛機制，叫「否認」。）

對了，我剛剛沒說：男友是律師。現在，他把伺候陪審團的看家本領全使出來。他真的想跟我結婚，也真的愛我，他只是希望跟我在一起的時間能更多。他希望我們週末能想去哪就去哪，能隨心所欲決定什麼時候下班或出去吃飯，不必多考慮第三者。他想擁有的是小倆口的隱私，不是一家人的溫暖。當他知道我帶著一個小孩子，雖然覺得不太理想，但他沒跟我說，因為他認為自己調適得來。然而兩年過後，在我們正要組成家庭的時候，在他的自由唾手可得的時候，他總算明白這對自己有多重要。他知道事情必須做個了結，可他又不希望事情真的了結——即使在他考慮告訴我的時候，他還是不知如何開口，因為我們已經走了這麼遠，因為他知道我會多生氣。於是他猶豫不決、躊躇再三，因為他不想像個爛人。

申辯完畢，他感到非常抱歉。

「你很抱歉？」我飆回去：「你知道嗎？你花這麼多力氣想怎麼不當爛人，結果是讓自己變成**世上最爛的爛人！**」

他再次沉默，我突然懂了：他之前那詭異的沉默，**就是**他開啟這個話題的方式。雖然我們一談再談直到陽光從百葉窗溜進來，我們彼此其實打從骨子裡知道：沒什麼好談的了。

我有小孩。他要自由。小孩和自由相斥。

如果王后有蛋蛋，就能當國王了。

以上——這就是我的就診原因。

3 一步的空間 The Space of a Step

跟別人說你是心理師，對方常會驚訝得一時不知道要說什麼，接著大家會擠出幾個尷尬問題，例如：「哇！心理師耶！我要不要跟你說一下我小時候的事？」或「我跟我婆婆有點問題，這種事可以找你幫忙嗎？」或「你是不是在對我精神分析？」（順便回答一下，答案依序是：「拜託不要」、「可能可以」，還有「不要在這裡吧？如果我是婦產科醫生，你會問我要不要給你內診嗎？」）

但我知道大家為什麼會有這種反應，說穿了就是恐懼——怕赤裸裸地暴露在別人面前，怕別人發現你的祕密。**你會看出我仔細掩飾的不安全感嗎？你會看穿我的弱點、謊言和自卑嗎？**

你會看見我的內心嗎？

我比較驚訝的是：在烤肉會和晚宴上跟我講話的人，似乎不太去想**他們**是否能看穿我，是否能看出我在正式場合也會隱藏本性。他們一知道我是心理師，不是小心翼翼把話題轉往心理治療玩笑，就是拿添飲料當藉口盡快閃人，好像不這樣做，我就會盯著他們的靈魂打量似的。

不過，有時候的確有人會問更多，例如：「來找你的都是哪一種人啊？」我總說都是一些跟我們一樣的人（意思就是：跟你一樣的人）。我有一次在國慶派對上認識一對好奇的夫婦，跟他們說我幫不少伴侶做過治療，結果他們兩個講著講著一言不合，當著我的面吵了起來。丈夫想知道太太為什麼好像對伴侶諮商很感興趣，畢竟**他們**可沒有這種問題（科科）。太太則想知道，丈夫為什麼對夫妻之間的情緒生活不感興趣，畢竟他們搞不好哪天需要幫忙（灑花）。那我呢？我覺得他們需要伴侶諮商嗎？不，一點也不。那一次要「添飲料」落跑的是我。

心理治療有時會帶出奇怪反應，因為它某種層面像色情刊物。心理治療跟色情刊物都有「赤裸」的面向，都有刺激的潛質，也都有幾百萬名使用者，而且其中大多數是祕密使用。雖然統計學家曾經試著量化接受心理治療的人數，但有人認為結果有偏誤，因為接受治療的人很多不願意承認。

儘管統計結果有低估之嫌，數字還是很高。不論哪一年，美國都有大約三千萬人坐進諮商室的沙發，而美國甚至不是心理治療風氣最盛的國家（趣味事實：人均心理師最多的國家依序是阿根廷、奧地利、澳洲、法國、加拿大、瑞士、冰島，再來才是美國）。

既然我自己就是心理師，你大概會想：男友事件之後的那天早上，我應該會想去看心理師吧？我有十多個心理師同事，我那棟辦公大樓更滿坑滿谷都是心理師，何況我參加了好幾個諮商小組，心理師成員會一起討論自己的個案。我對心理治療的世界熟悉得很。

但我當時以蜷曲之姿石化，我不想打電話找心理師。

❖ ❖ ❖

「垃圾！」我交情最久的朋友愛莉森（Allison）說。我窩在床上，趁兒子沒起床之前跟她講這件事。「分得好！怎麼會有人做**這種事**——不只傷你還傷你孩子？」

「對！」我點頭稱是：「怎麼會有人做**這種事**？」我們你一言我一語痛罵男友二十分鐘左右。在傷痛剛剛開始湧現時，人通常不是攻擊別人就是攻擊自己，讓怒意向外爆或向內捅。我跟愛莉森都是外爆派，轟！她正在中西部開車上班，雖然早西岸這裡兩個鐘頭，但她一下子就抓住重點。

「你知道你該做什麼嗎？」她說。

「做什麼？」我覺得當胸被刺了一刀，只要能止痛，要我做什麼我都做。

「你該去找個人睡！找個人睡，忘了那個厭童癖！」我一秒愛上男友的新代號：厭童癖。「那個人顯然跟你以為的不一樣。忘了他吧！」

愛莉森跟她先生是大學班對，結婚二十年了，不太知道怎麼給單身的人建議。

「我有個恢復祕訣能跟你說，你要像騎腳踏車那樣：跌倒，爬起來！跌倒，爬起來！」她繼續講：「欸，別給我翻白眼。」

愛莉森太了解我了。我正在翻我刺痛又充滿血絲的眼睛。

「好好好，我會去找個人睡。」我嘻嘻哈哈帶過去，知道她是想逗我笑。但我馬上又哭了，跟十六歲少女第一次失戀似的，真不敢相信我四十好幾了還這樣。

「喔，親愛的，」愛莉森的聲音有如擁抱：「我會陪你，你會熬過去的。」

「我知道。」我說。其實我才不知道。有一句出自羅伯．佛洛斯特（Robert Frost）詩作的俗話說：「唯一的出路是走過。」（The only way out is through.）。抵達隧道另一端的唯一辦法是**走過**，不是**繞著它打轉**，但我現在連入口都找不到。

愛莉森停好車、答應休息時間再打給我之後，我看看手錶：清晨六點半。我打給另一個朋友小珍（Jen），她也是心理師，在城裡另一頭執業。鈴聲一響她就接起電話，我聽見她丈夫問是誰打來的。小珍的聲音輕輕的：「是蘿蕊嗎？」她一定有看到來電顯示，因為我哭得上氣不接下氣，連「喂」都還沒說。要不是有來電顯示，她大概會以為是變態打來鬧的。

我調好呼吸，告訴她發生了什麼事。她聽得很專心，不斷喃喃說不敢相信。我們也花了二十分鐘左右痛罵男友，後來我聽到她女兒進了房間，說她得早點去學校練習游泳。

「我中午打給你。」小珍說：「但先說一下，我不知道這件事有沒有後續。整件事聽起來太詭異了，除非他是反社會人格，不然這跟我前兩年看到的人完全不一樣。」

「沒錯，就是這樣，」我說：「他就是反社會人格。」

我聽到她喝了口水，放下杯子。

「既然這樣，」她說，把水嚥了下去：「我介紹一個很讚的人給你——絕對不是厭童癖。」她也喜歡男友的新代號：「隔幾個禮拜，等你準備好了，我介紹你們認識。」

我幾乎為這荒謬的發展笑出來。在分手後的痛苦時刻，我真正需要的是陪伴，但我也知道看著朋友痛苦卻什麼也不做有多無奈。痛苦時有人陪伴十分可貴，這也是諮商室那種受呵護的空間能提供的經驗之一。可是出了諮商室外，這種經驗很難給，也很難得——即使小珍就是諮商師，也很難做到。

掛上電話之後，我想了想她講的「隔幾個禮拜」。我真的只隔幾個禮拜就能重新約會嗎？我想像一個好心人努力準備第一次約會的話題，可是卻在完全無心的情況下讓我想起男友（我相信什麼事都會讓我想起男友），而我一定止不住淚水。第一次約會就哭絕對掃興，心理師在第一次約會就哭則不但掃興，而且嚇人。更別說我現在頻寬極低，只顧得了眼前的事。

現在只能走一步算一步。

這是我會對被憂鬱壓垮的病人說的話。什麼叫「被憂鬱壓垮」呢？有點像：**那裡是浴室，五呎遠左右，我看到了，但我過不去**。這時候就得走一步是一步。絕對不要一下看五呎，只跨出一步就好。跨出一步之後，再跨出一步。最後你會搆到蓮蓬頭。然後你能撐到明天，也能走到明年。**一步就好**。這些病人沒法想像自己的憂鬱能很快變好，但他們不需要這樣想。先做一件能鼓勵你走下去的事，用好的循環取代壞的循環。大多數重大轉變都出自成千上百、幾乎感受不到的微小步伐，一步一步，日積月累。

一步的空間能發生很多事。

總之，我叫我兒子起床，做好早餐，準備便當，聊一聊天，載他上學，開車上班，沒掉一滴淚。**我做得到的**，搭電梯進辦公室時我想。**先一步，再一步**，一次晤談五十分鐘。

走進診所，我向門廳的同事打招呼，打開辦公室的門，我開始例行公事：放好東西，關掉電話聲，打開檔案櫃，拍鬆沙發枕。接著不太一樣，我自己坐上沙發，看著空蕩的心理師座位，感受從這個角落看到的景象。舒服得出奇。我繼續坐著，直到門邊的小綠燈亮起，告訴我第一個病人到了。

我準備好了，我對自己說。先一步，再一步。**我會好的**。才怪。

4
聰明的還是辣的
The Smart One or the Hot One

我一直很愛聽故事，而且我感興趣的不只是故事的內容，還有說故事的方式。病人來晤談時，我不只會聽他們敘述，也會留意敘述內容的**彈性**多大。他們認為自己講的是唯一「正確」的版本嗎？還是他們知道自己的說法只是一面之詞，事情經過還有很多敘述方式？他們有意識到自己保留或省略一些細節嗎？知不知道分享私事的動機也會影響別人聽的方式？

我二十多歲時經常想這些問題，不過跟治療病人無關，跟電影和電視角色有關。因為這樣，我畢業後的第一份工作是在娛樂產業，或者用大家比較常用的說法——在好萊塢。

那是一家經紀公司，我的工作是一個菜鳥電影經紀人的助理。他跟好萊塢很多人一樣，年紀不比我大多少。布萊德（Brad）要代表編劇和導演談生意，但他一臉稚氣，臉頰光滑，老是在撥塌在眼前的頭髮，所以他那身高級西裝和昂貴皮鞋總是顯得老氣，像是穿他爸的衣服似的。

我第一天上班其實算是試用。人資室的葛莉跟我說布萊德已經挑過幾輪，準備在最後兩名應徵助理的人當中選一個，請我跟另一個分別上一天班當考試（順帶一提，我一直不知道葛莉姓什麼，因為每個人都叫她「人資室的葛莉」）。輪到我的那個下午，我從影印間回辦公室時湊巧聽到有人在討論事情，是我（未來的？）老闆跟另一個經紀人（帶他的師父）。

「人資室的葛莉要我今晚回話，」布萊德說：「我該挑聰明的那個還是辣的那個？」

我心中一驚，怔住了。

「挑聰明的就對了。」另一個經紀人說，我忍不住想布萊德認為我是哪一個。

一小時後，我錄取了。除了覺得那個問題超級沒禮貌之外，我覺得有點受傷。不過，我實在不知道為什麼布萊德說我是聰明的那個。我那天做的只是撥一大堆電話（電話鍵有夠複雜，我一直按錯鍵把電話掛掉）、泡咖啡（被退回兩次）、影印劇本（「份數」應該按一，結果我多按一個〇，只好把其他九份藏到休息室沙發下），還有在布萊德辦公室裡絆到電線摔了一跤。

我的結論是：辣的那個一定笨手笨腳到無可救藥。

我的職稱雖是「電影作者助理」，實際上就是祕書，整天翻電話簿打給電影公司主管和製片，跟他們的助理說我老闆在線上，然後把電話轉給我老闆。這行的規矩是助理應該默默跟著聽電話，這樣就知道劇本應該寄到哪裡，老闆之後不必再下指示。可是呢，通話的人有時會忘了有我們，於是我們就聽到老闆那些名人朋友的生猛八卦——誰誰誰跟老公或老婆吵架，某某電影公司老闆「有把握」能訂到「製片牧場」(「快擊敗對手拿到豪華合約」的速記)。如果我老闆要找的人不在，我就「留話」，繼續打給百人名單上的下一個，有時還奉命刻意在不合適的時間回電（也就是在上午九點半前的意思，因為好萊塢沒人在十點前進辦公室，直白點說：差不多午餐時間才到），以便故意跳過某些人。

雖然電影圈十分吸引人（布萊德的電話簿有我偶像家裡的電話和地址！），助理的工作恰恰相反。助理要負責端咖啡、預約理髮和修腳、拿乾洗衣物、過濾父母或前任的電話、影印和寄送文件、牽車進廠保養、搞定私人差事，還有絕對、必須、一定要在每次開會時送上冰涼的瓶裝水（當然，不論你多崇拜來開會的作者或導演，都絕對不能跟他們攀談）。

最後總算到了晚上，你終於能看看經紀公司的客戶送來的劇本，密密麻麻寫上十頁長的筆記，這樣你老闆隔天就能在會議上提出犀利的意見，卻什麼也不必讀。我們助理會為這些筆記花上很多心血，以便展現自己既聰明又能幹，有一天（神啊！拜託！）一定不必再做這種枯燥、乏味、雜務多、工時長、薪資低、沒加班費的助理工作。

❖ ❖ ❖

上班幾個月後，很明顯的是：公司裡吸引所有目光的是辣的（而助理群裡辣的多的是），接下所有份外任務的是聰明的。我在那裡的第一年睡得很少，因為每週得讀十多本劇本加寫意見——而且都是用下班後或週末時間做。可是我不在意。事實上，那是那份工作中我最喜歡的部分。我學到怎麼編故事，更愛上那些內心世界複雜的迷人角色。隨著時間過去，我慢慢對自己的直覺更有信心，也比較不怕對故事提出蠢意見。

不久，我在一家製片公司獲得入門級的電影執行工作，職稱是「劇情編審」（story editor）。我開始能參加會議了，換其他助理準備瓶裝水。我得跟作者和導演密切合作，卯足全力一幕一幕仔細思考，一邊幫電影公司做他們想要的修改，一邊盡力安撫通常十分保護作品的作者，免得他們發怒爆走或威脅退出（這些協調正好是伴侶諮商的絕佳練習）。

為了避免在辦公室分心，我有時會請製片一早來我的小公寓討論。前一天晚上，我總會一邊準備早餐，一邊心想：**看看我這爛客廳，地毯醜死人，天花板嚇死人，可是明天，就在明天！約翰．李斯**

高（John Lithgow）會來這裡吃這個貝果！還有比這更棒的事嗎？

還真的有——至少我本來以為很棒：我升職了。那是我拚命工作的成果，也是我夢寐以求的目標。直到我真的得到。

我這工作有個很諷刺的特色：很多創意是在你沒什麼經驗時冒出來的。在你剛入行的時候，在你窩在幕後埋頭苦幹的時候，在你一個人關在辦公室裡校完整份劇本，而大頭們在外面追逐明星、跟經紀人吃飯、查看場景布置、盯製片公司的時候。等你當上開發主管，你就從所謂內場主管變成外場主管，如果你中學時是那種很吃得開的風雲人物，恭喜，這份工作很適合你。但你如果比較愛埋頭讀書，最快樂的時光是跟三五好友在圖書館專心研究，你可能得仔細想想自己是不是真的想做這種工作。

於是，我從內場轉往外場，笨拙地試著在會議和飯局上跟人應酬。最糟的是，我發現自己越來越沒熱情。磨一部電影需要不少時間（以「年」為單位），我漸漸感到虛脫，覺得這份工作不適合自己。我當時已經跟朋友租下一棟兩層樓公寓，她跟我說我每晚一直盯著電視看，時間多到，嗯，有點病態。「你好像很低潮。」她擔心地問。我說我沒有低潮，只是無聊罷了。我沒想到的是：如果唯一能讓你撐完一整天的事，就是知道自己晚餐後能打開電視，那麼，你恐怕**真的**很低潮。

這段時期的某一天中午，我跟一個無敵漂亮的經紀人在一間無敵氣派的餐廳吃飯，聽她講她無敵完美的新提案，我發現自己腦子裡一直飄過四個字：**我．沒．興．趣**。不管她講什麼，這四個字不斷繞著我轉，結帳時沒停，開車回辦公室的路上也沒停。它們在我眼前狂奔到隔天，又繼續亂竄了幾個星期、幾個月，直到我終於承認它們不會消失。**我．沒．興．趣**。

既然我唯一感興趣的似乎是看電視——既然我唯一有感覺的時間（更精確點說：我唯一沒感到有

什麼事不太對勁、卻又講不出哪裡不對勁的時候），就是沉浸在新影集的想像世界時（每週準時播出，跟時鐘一樣準）——我去應徵電視台的工作。幾個月後，我加入NBC電視台的影集團隊。

那簡直是夢想成真。我當時心想：我又能幫忙編故事了，而且這次更好，不必強為各自獨立的電影雕琢結局，我可以一層一層鋪墊影集。隨著每一集、每一季的發展，我可以讓觀眾越來越認識他們喜歡的角色，看見他們跟我們一樣，有弱點、矛盾和亂糟糟的人生。

這似乎完美解決了我的無聊問題，而我花了好幾年才明白，我解錯了問題。

5

攤屍在床
Namast'ay in Bed

個案紀錄表，茱莉：

三十三歲大學教授，因蜜月後確診癌症求助。

「那是睡衣嗎？」茱莉走進我辦公室時問。這是男友事件後的下午，就在我跟約翰（及其白痴們）的約之前，我幾乎要撐過這天了。

我看看她，一臉疑惑。

「我說你那件T恤。」她邊說邊坐上沙發。

我腦子裡的畫面一下子跳回早上，閃出我本來要穿的那件灰色毛衣，我心裡一沉，畫面從攤在床上的毛衣移向旁邊的灰色睡衣，那是我沖澡時換下來的，剛分手的我跟個遊魂一樣。

喔，老天。

男友某次從Costco帶給我一套睡衣，上衣前面是那種粗體無厘頭短句，「親，我是不是你他媽的小甜心？」、「聊聊色色彩的事」、「睡死不回」之類的（絕不是心理師會給病人的訊息）。我試著想起昨晚穿的是哪一件。

鼓起勇氣，我往下看。我上衣寫的是：**攤屍在床**。茱莉看著我，等我回答。

每當在諮商室裡不知該講什麼（心理師比病人以為的更常碰上這種情況），我有兩種選擇：一是先別開口，等更了解狀況再說；二是試著回答看看。但不論選哪一種，我都得說實話。所以，雖然我很想呼嚨說我在做瑜伽，這件上衣是隨便穿的，但這等於一下子說了兩個謊。而且茱莉的正念抗癌課也有上瑜伽，如果她順口聊起其他體位，我就得繼續說謊裝得很熟一樣——或者承認我說謊。

我記得受訓時另一個實習心理師的事：他跟病人說他會有三個星期不在診所，病人問他要去哪裡。

「去夏威夷。」我的實習同事誠實地說。

「度假嗎？」病人問。

「嗯。」他答得有點含糊，因為他其實是去結婚，接著在那裡度兩個星期蜜月。「這假度得好長啊。」病人隨口說道。我的實習同事覺得談自己的婚禮太私人，所以把話題帶到病人的評論上。她對三週不晤談有什麼感受？他三週不在是不是讓她聯想起什麼？這兩個問題都可能帶出豐富的討論，但病人拐著彎想問的問題也頗有道理：**現在既不是夏天，也不是什麼大節日，你休假三週到底要去幹什麼啊？**於是，當我的實習同事回來上班，而病人發現他手上戴著戒指，她有一種被背叛的感覺：「你為什麼不跟我說實話呢？」

事後回想，我同事覺得當初實在應該實話實說，不然病人後來發現該怎麼辦？心理師結婚，病人通常會有一些反應，但這是能解決的——比較難解決的是失去信任感。

佛洛伊德（Freud）講過：「醫生應該要像一面鏡子，只反映眼前看到的情況，不能被病人看穿。」可是，現在心理師工作時大多會以某種形式「自我揭露」，或是分享自己在晤談過程中的一些反應，或者承認自己也有在看病人常常提到的電視節目（所以，與其在病人還沒提到某個角色之前假裝沒看過又脫口講出來，不如早點承認自己也有看《鑽石求千金》〔*The Bachelor*〕）。

然而無可避免的是，該跟病人分享什麼是滿微妙的問題。我認識的一個心理師的兒子有妥瑞氏症，她選擇在治療一個妥瑞兒家長時分享這件事——這大幅加深了他們的關係。但我另一個同事不一樣：他的父親是自殺過世的，但他選擇不向一個父親自殺的病人講這件事。每種情況都有很多因素需要考量，而我們用來權衡自我揭露的價值的主觀石蕊試紙是：讓病人得知這份資訊對治療有幫助嗎？

自我揭露運用得當，能拉近與病人的距離，讓他們知道自己的經驗有人懂、並不孤單，並鼓勵他們更加開放。但要是病人覺得心理師的揭露不恰當或自我耽溺，他們會感到不自在，開始不願多談——甚至從此不見人影。

「對。」我對茱莉說：「這是睡衣。我穿錯了。」

我停了一下，看看她會怎麼回。如果她問原因，我就實話實說（但不談細節）：我早上心不在焉，糊里糊塗就穿了這件。

「喔。」她說，嘴角抽動有如快要哭泣，但不是，她開始笑。

「抱歉，我……我不是在笑你。**攤屍在床**……我現在的感覺就是這樣！」

她跟我說正念抗癌課上有個女人信誓旦旦告訴她：要是她不認真練瑜伽——要是她不保持樂觀，真心投入粉紅絲帶抗乳癌運動——癌症早晚會要她的命。那位女士堅稱瑜伽能戰勝癌症，全然無視茱莉的腫瘤科醫師已經告訴她癌症會奪走她的命。

茱莉討厭她。

「你想想看……要是我穿這件去上瑜伽——」

她本來想忍一下，但還是爆笑出聲，不能自已，又笑過一輪。是了，這一定是她以前的樣子，她稱為「癌前」紀元（B.C., Before Cancer）的那段歲月，那時的她幸福、健康，與未來的丈夫陷入熱戀。她的笑聲像一首充滿感染力的歌，讓我也開始笑了起來。

我們都坐在那裡笑，她笑那個白目假掰女，我笑自己穿錯衣服——笑我們的心和身都以某種方式背叛了我們。

❖ ❖ ❖

茱莉是在大溪地海邊跟丈夫纏綿時發現腫瘤的，只是她沒想到是惡性的。她的乳房有個部位敏感易痛，後來洗澡時又顯出異狀。她經常覺得有些部位不太對勁，但婦科醫生檢查之後，總是判斷那是腺體隨經期改變體積。不管怎樣，她想，也許是懷孕了吧。她跟新婚夫婿馬特（Matt）交往三年了，兩個人談過婚後馬上要建立家庭。婚前幾週，他們對生育控制不太在意。

反正，這是懷上孩子的好時機。茱莉剛在大學裡拿到終身教職。辛苦奮鬥幾年之後，她總算能喘一口氣。現在她能為興趣投入更多時間了：跑馬拉松，爬山，給外甥烤幾個搞笑蛋糕。她終於有時間結婚，成為人母。

蜜月結束後，茱莉迫不及待拿驗孕棒給馬特看，馬特將她抱起，在屋裡與她兜圈起舞。他們決定當時廣播裡播的歌就是孩子的主題曲——〈漫步陽光下〉（Walking on Sunshine）。他們興沖沖去產科做第一次產檢，當醫生發覺茱莉蜜月時留意到的「腺體」，他的笑容微微僵住。

「可能沒什麼事，」他說：「但我們還是檢查一下。」

然而並非沒事。茱莉年輕，新婚，懷孕，家族無乳癌病史，卻遭厄運隨機擊中。還在拚命思考該怎麼應付癌症治療和懷孕時，她流產了。

她就是那時進了我的諮商室。

那次轉介有點怪，因為我的專長不是為癌症病人諮商，可是我缺乏專業正是茱莉找上我的原因。她跟醫生說她不想看「專門弄癌症」的心理師，她希望感覺正常一點，更貼近生活一點。既然醫生似乎對她的預後滿有信心，認為她在手術和化療後會好起來，所以茱莉想把晤談重點放在熬過療程和新婚上（結婚禮物謝卡要寫什麼呢？**謝謝你送我那個漂亮的碗……我把它放在床頭，吐起來很方便？**）

治療過程很嚴酷，但茱莉逐漸好轉。醫生宣布她「檢查不到腫瘤」隔天，她跟馬特還有幾個最親的親友一起去搭熱氣球。那是夏天的第一個星期，他們手挽著手，從一千呎高空同看日落。茱莉感到幸運，不再像治療時那樣覺得被擺了一道。沒錯，她是在地獄走了一遭，但她挺過來了，未來就在眼前。六個月後，她要做最後一次掃描，正式確認自己可以再次懷孕。那晚她夢到自己已六十好幾，抱著她的第一個孫兒。

茱莉神清氣朗。我們大功告成。

熱氣球之旅跟那次掃描之間，我跟茱莉沒碰過面。但我開始接到其他癌症病人的電話，都是茱莉的腫瘤醫生介紹來的。即使我們經常比自己以為的更無能為力，但沒什麼比疾病更能讓人失去掌控感。我們不願去想：不論在人生或是在治療過程中，就算你什麼都做對了，還是可能抽到那支爛籤。而當你抽到了，你唯一能掌控的就是怎麼面對它——用你自己的辦法，而不是讓別人告訴你該怎麼辨。我讓茱莉用自己的方式來——我太沒經驗了，根本不確定「該」怎麼辦——而這似乎有幫助。

「不論你是跟她怎麼談的，」茱莉的腫瘤醫生說：「她似乎對結果很滿意。」

我知道自己沒為茱莉做出多了不起的事。其實，我大多數時候都得努力不對她的傷口退縮。但傷口再恐怖也只是傷口，因為我們那時完全沒想到死亡。我們談假髮、聊傷疤，談性，談手術後的身體形象。我陪她一起想怎麼調適婚姻、父母和工作，用的多半是我對其他病人用的方法。

接著有一天，我檢查留言，聽見茱莉的聲音。她想盡快跟我見面。

隔天上午她進門時，一臉蒼白。掃描本來應該沒有問題，卻發現一種罕見的腫瘤，跟原來那種不一樣。從各種層面評估，這個腫瘤會奪走她的生命。可能一年，可能五年，如果控制得非常好，也許十年。當然，他們會設法尋找實驗療法，但那終究只是——實驗性的。

「你可以陪我到我死嗎？」茱莉問我。雖然我直覺想做每個人聽到別人提到死時都想做的事，也就是完全否認死亡（**喔，嘿，先別想這麼多啦，實驗療法搞不好有效啊**），但我必須記住自己的使命是幫助茱莉，不是安撫自己。

可是在她開口那當下，我愣住了，這件事我一時反應不過來。我不知道自己是不是最合適的人選。要是我講錯話或處理不好怎麼辦？要是我不小心在表情或肢體語言上露出感受（不安、恐懼、悲傷），害她難過怎麼辦？她只有一次機會照自己希望的方式走這條路。要是我幫不好怎麼辦？

她一定看出了我的猶豫。

「拜託。」她說：「我知道這一點都不輕鬆，但我實在不想去找那些專門弄癌症的人。那些人跟宗教團體沒什麼兩樣，看到人只會說『好勇敢』，但我們還能怎樣？而且我到現在碰到打針還是怕，還是忍不住會縮一下，跟小時候一樣。我一點也不勇敢，也不是什麼鬥士，只是在大學教書的普通人而已。」她從沙發上傾身：「他們還會在牆上貼心靈小語咧。拜託一下？」

看著茱莉，我無法拒絕。更重要的是，我不想拒絕。從那時起，我們努力的目標變了：我要陪她面對自己的死。

這一次，我的經驗不足茲事體大。

6 捕獲溫德爾 Finding Wendell

「也許你該找人聊聊。」分手兩週後，小珍對我說。那時是上班時間，她打電話來問問我好不好。「你得找個你不是心理師的地方，」她補充：「你能完全放任自己崩潰的地方。」

我看看掛在辦公室門旁的鏡子。每次晤談之間我匆匆吃點東西，去候診室帶病人進門之前，總要檢查一下口紅有沒有沾上牙齒。我看起來挺正常的，但我覺得精神恍惚，頭暈目眩。跟病人談話沒有問題——看病人反而能喘一口氣，整整五十分鐘把自己的人生擺在一邊——但晤談結束我就魂不守舍。老實說，我好像不是一天比一天好，而是一天比一天糟。

我睡不著，也專心不了。分手之後，我已經在百貨公司掉過信用卡，在加油站沒蓋加油蓋就開車走人，還在車庫裡摔了一跤，腳踝腫了好大一塊。胸口很痛，好像心臟被碾碎一樣，但我知道它沒事，因為它工作得起勁的很，加速狂跳整天不休——標準焦慮症狀。我死命猜測男友的心理狀態，他大概心如止水、一片祥和吧？哪像我整晚躺在臥室地板想他？接著我又鑽牛角尖不斷想著自己是否真的想他——我算**認識**這個人嗎？我是想他呢？還是想我自己對他的想像呢？

所以，當小珍說我應該找心理師聊聊，我知道她是對的。我需要有人幫我度過這次危機。問題是：找誰？

找心理師是難事，因為這跟……嗯……跟找醫生或牙醫不一樣。幾乎每個人都得找醫生或牙醫，對吧？可是心理師？你想想看：

1. 如果你請人推薦心理師，而那個人沒在看心理師，他可能因為你居然以為他有看心理師而不爽。同樣地，如果你請人推薦心理師，而那個人有在看心理師，他可能因為你居然看得出來而不高興。他可能會想：**這女人明明認識這麼多人，為什麼她偏偏跑來問我呢？**

2. 當你開口問了，你就冒上對方開始問你為什麼要看心理師的風險。「怎麼了嗎？」那個人也許會問：「婚姻有狀況嗎？還是憂鬱症？」即使那個人沒問出口，他每次看到你可能還是會默默心想：**到底怎麼了？婚姻嗎？還是憂鬱症？**

3. 如果你朋友真的跟你推薦她的心理師，你在諮商室裡講的話可能被交叉比對一番。比方說，你朋友跟心理師講了一件與你有關、又不太中聽的事，而你對那件事講了另一個版本（或是根本沒提），心理師搞不好會從另一種角度看你——而且與你選擇呈現的面貌不同。可是你不會知道心理師對你知道多少，因為心理師完全不能提到別人晤談時講的東西。

儘管有這些顧慮，口耳相傳往往還是找心理師最有效的辦法。當然，你也可以上PsychologyToday.com，把你附近的心理師簡介一個一個點出來看。不過，不管你是怎麼找的，你可能都得談過幾個才會碰上對的那個，因為與心理師對盤跟找其他醫生不一樣（正如某心理師所說：「找對心理師跟找心臟科名醫不一樣，心臟科醫生可能一年只看你兩次，但完全不知道你的不安全感非常龐大。」）研究一再指出：心理治療成功與否，**最重要的因素是你跟心理師的關係**——你覺不覺得對方「懂」你——這比心理師受的訓練、用的治療方式、你面對的是什麼樣的問題，都來得重要。

可是，我找心理師還有一些獨特的限制。為了避免違反「雙重關係」（dual relationship）這個倫理原則，我不能治療我生活圈裡的任何人，也不能接受他們的治療——我兒子班上同學的家長不行，我同事的姊姊不行，我朋友的媽媽不行，我鄰居也不行。諮商室裡的關係必須獨立出來，自成世界。其他健康照顧人員不適用這些規則。你可以跟自己的外科醫生、皮膚科醫生或整復師打網球或組讀書會，可是心理師不行。

這套規矩大幅縮限我的選擇。我跟城裡一大堆心理師有往來，有的是朋友，有的是彼此轉介病人或一起開會等等。最麻煩的是：我的心理師朋友（像小珍）跟我共同認識的心理師很多。就算小珍想到她有某個同事我不認識，介紹給我，「我的心理師是我朋友的朋友」還是怪怪的——關係太近了。那麼，不如跟我同事打聽一下？好吧，老實說：我不想讓我同事知道我急需心理治療。誰知道他們會不會有意無意不敢轉介病人給我？

所以，雖然我身邊的心理師要多少有多少，我還是陷入讓柯立芝（Coleridge）興嘆的窘境：「徒汪洋四面，無滴水得飲。」

好在我總算想出辦法。

❖ ❖ ❖

我同業凱若琳（Caroline）跟我不同診所，也不在我這棟大樓。我們在工作上合作得不錯，但私交不算深。我們有時會照顧到同樣的個案（我為一對伴侶做諮商，她又為其中一位做個別諮商，或是反過來），她轉介的案子我都信任。

我在諮商時間開始前十分鐘打手機給她，她接起來了。

「嗨，最近怎麼樣啊？」她問。

我說還不錯，「很好」，我熱情重複一次。絕口不提我幾乎睡不著、吃不下，覺得自己快暈倒了。

我跟她寒暄一下，然後切入重點。

「我想請你幫忙找心理師，」我說：「我朋友在找。」

我馬上跟她解釋「我朋友」想找男心理師，免得她疑惑我幹嘛不直接轉介到她那裡。

我幾乎能從電話聽見她腦子裡的齒輪開始轉動。是這樣的：跟研究、心理測驗和藥物治療管理領域不同，心理治療工作者有四分之三是女性，所以她得花些時間想男心理師。因為跟我同個診所的男心理師剛好很棒，我補充說我朋友覺得來我工作地點做諮商怪怪的，畢竟候診室是同一間。

「這樣喔……」凱若琳說：「那我得想想。要轉介的是男病人嗎？」

「嗯，四十多歲。」我說：「高功能。」

「高功能」是心理師對「好病人」的講法，大多數心理師都愛接這種病人，跟那些我們也願意接、但沒那麼高功能的個案平衡一下。高功能病人指的是能建立關係、擔起成年人的責任、有自省能力的病人。這種病人不會對你奪命連環扣，不會三天兩頭趁晤談空檔打電話來緊急預約。研究顯示——常識也是如此——心理師大多喜歡跟善敘述、動機強、心態開放、有責任感的病人合作，這種病人也進步得比較快。我想加個「高功能」能讓凱若琳更好找人，多想出幾個可能想接的心理師。而且，對啊，我覺得自己相對來說算是高功能的（至少直到最近都是如此）。

「我覺得有結婚、有孩子的男心理師更適合他。」我繼續補充。

加這項條件也有原因。雖然我知道這樣預設未必公平，但我擔心女心理師會因為我分手就先入為主同情我，而沒有結婚、也沒當爸爸的男心理師或許不懂孩子的事的幽微之處。簡單來說，我想找的是既客觀又有第一手婚姻和育兒經驗的男性專業人士——跟男友同樣類型的人。因為，這樣的人如果跟我一樣對男友的作法感到不齒，我就能確定自己的反應其實很正常，就知道自己接下來不會發瘋。

沒錯，我想找客觀的人，但只是因為我相信客觀的人會站在我這邊。

我聽見凱若琳開始打鍵盤，**喀，喀，喀，喀**。

「啊，有一個——算了，這個自視太高。」提到一個她連名字都沒講出來的心理師之後，凱若琳繼續敲鍵盤。

喀，喀，喀。

「嗯，有個同事之前跟我在同一個諮商小組……」她開始說：「但我不確定適不適合。他滿棒的，實力很好，講話也很有見地，就是……」

凱若琳有點猶豫。

「就是怎樣？」

「他好像隨時都很**快樂**，感覺起來有點……**不自然**。會覺得說，欸，這個人到底在快樂什麼啊？可是有些病人喜歡這種。你覺得你朋友適合這種嗎？」

「不要。」我斬釘截鐵。我對隨時隨地都好快樂的人也有點過敏。

凱若琳接著提到一個很不錯的心理師，我也算熟，所以我跟她說不行，因為我朋友跟他「衝突」（conflicts）——心理師對「他們生活圈重疊（Their worlds collide）」的說法，但我只能透露這麼多。

她又開始找——喀，喀，喀——再停下來。

「喔對，有個叫溫德爾・布朗森（Wendell Bronson）的心理師。」凱若琳說：「我跟他好幾年沒碰面了，但我們是一起受訓的。這個人滿聰明的，而且有結婚、有小孩，應該快五十歲了，在這裡做滿久的。這個怎樣？你要不要他的聯絡方式？」

我說要——意思是，「我朋友」要。我們又閒扯幾句，然後掛上電話。

這時，我對溫德爾的認識只有凱若琳跟我講的部分，還有他辦公室對街可以免費停車兩小時。我之所以知道可以免費停車，還是因為凱若琳一分鐘後傳他的電話和地址給我，我才發現我的除毛沙龍剛好在同一條街（**可是在可見的未來，我不需要做這些東西了**。我想著想著又開始哭）。

我收拾心情，平靜一下，打電話給溫德爾，接著想當然耳直接進入電話留言。心理師很少接辦公室電話，因為病人要是正難過時打電話來，你卻只有晤談之間的空檔講幾分鐘話，很容易讓病人覺得你不近人情，拒人於千里之外。所以，我們很少接辦公室電話。同事之間聯絡會打手機或用傳呼器。

我聽了一段制式電話錄音（「您好，這裡是溫德爾・布朗森辦公室。我會在週一到週五上班時間回電。如有急事，請撥……」），嗶聲之後，我簡短留言，講了心理師需要的資訊——姓名，一句話說明來電原因，還有回電電話。本來表現得滿好，直到我想多補充一件事也許會讓他更快見我——我說我也是心理師。結果我講到「心理師」時嗓子啞掉，丟臉得要死，我匆匆咳一聲帶過，趕忙掛掉電話。

溫德爾一小時後回電，我盡可能保持情緒穩定，對他說我只是莫名其妙分手了，需要來點危機處理，應該幾個星期就能「消化」，然後好好繼續過日子。我說我做過心理治療，「受過特殊工法處理」，應該很快就能進入情況。可是他對我的玩笑沒笑，所以我滿確定這個人沒什麼幽默感。管他的，反正危機處理不需要幽默感。

畢竟，我只是想恢復正常而已。

溫德爾整通電話大概只說了五個字，說那是「字」可能還太寬鬆，因為比較像一連串「嗯」，最後問了一句約隔天早上九點可不可以。我說好，通話結束。

雖然溫德爾沒說什麼，但這通電話馬上讓我放鬆下來。我知道這是常見的安慰劑效應：病人經常約好第一次晤談就感受到希望，即使腳都還沒踏進諮商室也是如此。我會不一樣的，我想。**明天，我就有心理治療幫忙了。我現在是一團糟沒錯，但那是因為這整件事太突然也太嚇人，可是我馬上會知道問題出在哪裡**（那還用說？溫德爾會確認男友是反社會人格）。**將來回頭看看，這次分手只是我人生雷達上的小光點，是讓我學到功課的那種錯，是我兒子會說「摔得漂亮」的那種摔。**

那晚睡覺之前，我把男友的東西全拿出來——衣物、盥洗用具、網球拍、書、電子用品，全部放進箱子裡，準備送還給他。把那些Costco睡衣從抽屜拿出來的時候，我發現其中一套有男友寫的肉麻便條。我不禁在想，他寫的時候，已經知道自己會離開了嗎？

分手之前的那個星期，我參加了一場個案討論會。有同事談到她病人的情況：那位太太發現丈夫過著雙面人生，不但出軌多年，還讓情婦懷孕，而且情婦連孩子都快生了。知道這一切之後（他到底打不打算告訴她呀？），那位太太不再知道他們倆的生活算什麼，那些回憶是真的嗎？就拿那次還滿甜蜜的度假來說好了，她現在才知道，原來丈夫那時已有外遇。那麼，她對那趟旅行的印象是真確的嗎？還是虛構的呢？她覺得被奪走的不只是婚姻，還有自己的記憶。那男友呢？在他寫紙條放我睡衣的時候，在他為我買睡衣的時候，他也正祕密計畫他的無孩人生嗎？**大騙子**。我盯著紙條皺眉。

我把箱子推進車庫，搬上前座，這樣一定會記得送去。搞不好明天一早就處理掉，去溫德爾那裡時順便把事情了了。

我等不及要溫德爾的答案，聽他講男友的反社會人格有多嚴重。

7 了解的開始
The Beginning of Knowing

我站在溫德爾的諮商室門口，心裡嘀咕該坐哪裡。我在職涯生活中看過不少心理師的諮商室——受訓時見過我督導的，執業後去過我同業的——但就是沒看過溫德爾這樣的。

沒錯，他牆上掛著證書，書架上放著心理治療相關書籍，房間裡也刻意隱去會透露他私人生活的線索（例如書桌上沒有家人的照片，只有筆電一台），可是……心理師椅不是該在諮商室中間，病人座位不是該靠牆嗎？（我們實習時學到要坐得離門近一點，以便「事態嚴重」時逃生。）怎麼他把兩張沙發沿著離門較遠的牆排成L型，中間夾張茶几，卻看不到心理師椅的蹤影？

我摸不著頭腦。

我的諮商室和溫德爾的諮商室分別長這樣：

我的諮商室

溫德爾的諮商室

溫德爾很高、很瘦，頂個禿頭，跟很多心理師一樣微微駝背，站在那裡等我就坐。我快速思考幾種可能：我們應該不會坐同一張沙發吧？可是他平常坐哪張呢？靠窗那張？（所以事態嚴重時他要奪窗而出？）還是靠牆那張？我決定坐靠窗那張，座位A。他關門，走過房間，舒舒服服坐進座位C。

跟新病人第一次晤談時，我通常會先講一兩句話起頭，例如：「要不要聊聊今天為什麼想過來？」可是溫德爾什麼也不說，只看著我，一雙碧眼露出詢問的目光。他一身開襟衫配卡其褲，像是用心理師模子印出來的

「嗨。」我說。

「嗨。」他答，然後停下來等我說。

一分鐘過去（感覺起來比一分鐘更久），我想辦法鎮定下來，把男友的事好好講一遍。老實說，分手後我一天糟過一天，因為生活裡到處迸出刺眼的空虛。我跟男友前幾年天天黏在一起，每晚互道晚安。他現在在做什麼呢？他今天過得怎樣？他工作順利嗎？他有想到我嗎？還是他總算為講出實話鬆了口氣，現在可以去找沒孩子的伴？我體內每個細胞都感受到他缺席了，所以我早上踏進溫德爾諮商室時簡直像行屍走肉——但我不想給他留下這樣的第一印象。

坦白講，我希望他對我的第二印象也不是如此，最好第一百個印象也不是。

心理治療過程有個耐人尋味的矛盾：為了達成任務，心理師會試著看出病人真正的樣子，換句話說，他們會特別留意病人的脆弱、掙扎和行為模式。病人呢？病人當然希望心理師幫忙，可是他們也想受到喜愛和敬佩，換句話說，他們會隱藏自己的脆弱、掙扎和行為模式。這不是說心理師不會去找病人的長處，並協助他們發揮力量。我們也會。只是，當我們試著看出病人哪裡有所不足，他們也會

試著不要丟臉，盡量表現得比實際上更好。簡言之，雖然雙方都很關心病人的福祉，但在共同目標之下，心理師和病人的球路常相互矛盾。

我盡量穩住情緒，開始跟溫德爾講男友的事。我幾乎立刻放下面子，開始啜泣。我從頭到尾仔仔細細講了一遍，講完時已雙手遮臉，全身顫抖不已。我想到小珍昨天打來問我好不好時說的話：「你得找個你不是心理師的地方。」

很好，我現在絕對沒有心理師的樣子。我拚命證明這全是男友的錯：要不是他逃避型人格這麼嚴重（小珍的診斷），我才不會這麼一廂情願。還有，我追加，他鐵定是反社會人格（這也是小珍的高見，正好說明為什麼心理師不能找朋友做心理治療），否則我怎麼可能不知道他有這種感覺？——這種人太會演了！好，就算嚴格來說他不算反社會人格好了，他顯然不是正常人吧？不然這麼大的事情，他怎麼可能絕口不提這麼久？我知道溝通正常是什麼意思好不好？我執業後幫過不知道多少伴侶，還有……

我抬眼看了一下，覺得溫德爾好像試著擠出一絲笑容（我猜他在想：**呃，這瘋婆子是心理師……做伴侶諮商的？**），但不太確定，因為我看不清楚。我像是暴雨時坐在車裡往外看，而且擋風玻璃的雨刷壞了。奇怪的是，能在另一個人面前用力哭讓我覺得安心，即使那個人是個不太開口的怪人。

在嗯了一陣表達同情之後，溫德爾問：「你對分手的反應通常是這樣嗎？」他語調和藹，但我知道他葫蘆裡賣什麼藥：他在試著分析我的「依附類型」（attachment style）。依附類型是童年形成的，依據的是與照顧者的互動經驗。依附類型相當重要，因為它到成年後仍會發揮作用，影響一個人選擇什麼樣的伴侶（穩定的還是不穩定的）、在關係中怎麼表現（依賴、冷淡或反覆無常），以及最後怎麼結束關係（拖泥帶水、好聚好散或者大爆炸）。好消息是：適應不良的依附類型到成年後仍可改變——

事實上，心理治療大部分的工作就是在做這個。

「沒有，我通常不是這樣。」我用袖子擦擦眼淚，堅決否認。我跟他說我有過長期關係，以前也熬過分手，但沒有一次像這樣。還有，我再次強調，我之所以會有這種反應，全是因為這次分手太出乎意料、太莫名其妙，還不都是男友把事情弄得這麼詭異、這麼令人費解、這麼……這麼不道德。

我很確定這名已婚、有小孩的專業人士會講幾句話鼓勵我，例如被擺了一道雖然很痛苦，但長期來看還好有發生這件事，早點認清楚這個人，不然以後不只是我、連我兒子都會跟著遭殃，是不是？我仰身往後，深呼吸，準備接受他的肯定。

可是溫德爾居然不給我打氣。當然，我不指望他跟愛莉森一樣罵男友垃圾，畢竟心理師的用詞往往比較中性，例如：「嗯，他沒直接傳達給你的情緒似乎不少。」可是，溫德爾一句話也不講。

我的眼淚又嘩啦嘩啦掉在長褲上。某個東西從我眼角外飛來，乍看像是一顆橄欖球，我心想難不成我出現幻覺了嗎？（分手後我沒一刻好睡，有幻覺也不稀奇。）接著才發現那是一盒面紙，包裝是咖啡色的。它本來放在兩張沙發之間的茶几上，我沒選的那個位子旁邊。我本能伸手接它，可是漏接，它咚地一聲掉在我旁邊的墊子上，我抽了一把，擤擤鼻子。面紙跑來這裡似乎拉近我和溫德爾的距離，像是他拋給我救生索一樣。我這幾年遞面紙盒給病人無數次，但我忘了這簡單的舉動多令人暖心。

我想起在研究所第一次聽到的話：「心理治療是行動，不是言詞。」

我又多抽幾張擦眼淚，溫德爾看著我，等。

我繼續講男友和逃避型人格的事，舉出各種例證證明他這個人有問題。例如他前一段婚姻結束得跟這次分手差不多，也是他太太和小孩赫然發現彼此價值觀不同。我把自己知道的男友逃避史全都告訴溫德爾，卻沒發現我無意間透露**自己**也在逃避他的逃避——我明明很知道他愛逃避，卻視而不見。

溫德爾微微側頭，臉上浮現疑問的笑：「這挺讓人好奇的，你很了解他的作風，可是你覺得這樣分手很令人意外？」

「這**本來**就令人意外，」我說：「他從沒講過他不想跟小孩一起住！而且他才剛跟人資問過，確定我們婚後能讓小孩掛在他保險底下！」我又把整件事重講一遍，補充更多證據來支持我的看法，卻發現溫德爾的臉開始垮下來。

「我知道我有點重複，」我說：「但你要知道，我以為我們下半輩子會在一起。事情本來應該這樣子才對，可是現在全都沒了，我下半輩子**完了**。我不知道接下來會怎麼樣。如果在他之後我沒有愛情怎麼辦？如果我交完他就窮途末路了怎麼辦？」

「窮途末路？」溫德爾精神來了。

「對，窮途末路。」我說。

他等我繼續，但我的眼淚又冒上來。不過，不是上星期那種飆淚，這次更平穩，更深沉。也更安靜。

「我知道你現在很震驚也很錯愕，」溫德爾說：「但我也想多聽一點你講的另一件事。**下半輩子完了**。讓你難過的會不會不只是分手——當然，我知道分手的感覺很恐怖，」他頓了一下，再開口時，他把聲音放得更柔：「我只是在想，你是不是在難過比失去男友更大的事？」

他意味深長地看著我，好像他講了什麼超級重要又深刻的事，但我有點想揍他。

什麼鬼啊?!我暗罵。你誤會了什麼嗎？我**好得很**——比好更好，**好上加好**——在這件事之前我好得不得了。我有一個我愛到破表的兒子，有一份樂在其中的工作，有挺我的家人，有我關心、也關心我的好朋友。我對此生充滿感恩……好吧，**有時候覺得感恩**，但我當然有**試著**感恩。可是我現在失望透了。我付錢給這個傢伙幫我解決分手的痛苦，結果他跟我講這個？

為更大的事難過？大你個頭。

話沒出口，我發現溫德爾用一種奇特的眼神看我，我不習慣別人這樣看我。他的眼睛像磁鐵，好像我瞥向哪裡都跟著我。他的表情既專注又柔和，像智慧老人和動物玩偶的綜合體。他散發出一則訊息：**在這個房間裡，是我要看出你，而你會想躲。但我會仔細看，看出你的時候，就是情況好轉的時候。**

可是我不是來這裡孵這個的。我打電話跟溫德爾預約時就講過了，我只需要來點危機處理。

「我真的只是來解決分手問題的，」我說：「我覺得我像被扔進攪拌器裡出不去，我來這裡只是想找辦法出去，就這樣。」

「好，」溫德爾展現體貼姿態，仰身向後：「那多讓我知道一點這段關係的事。」他這是在建立「治療同盟」(therapeutic alliance)，沒有信任，什麼事也做不了。在前幾次晤談時，讓病人覺得被傾聽和被理解，比讓他們有所領悟或改變更重要。

我鬆了口氣，回過頭把男友的事又重講一遍。

可是他知道真相。

他知道每個心理師都知道的事：就診原因常常只是更大的問題的其中一個面向，雖然病人是為它而來，但它往往只是煙霧彈。溫德爾知道大多數人擅長過濾自己不想看的東西，精於利用分心或防衛機制來遏抑受威脅的感覺。他知道忽視情緒只會讓情緒更強，但在他出招摧毀一個人的防衛機制之前

——不論那個防衛機制是執著於另一個人，或是對明擺的事視而不見——他必須幫病人用其他東西替代防衛機制，才不致讓他們暴露於挑戰卻毫無保護。防衛機制恰如其名，是有作用的。它們能保護人不受傷……直到人不再需要它們為止。

刪節號那部分就是心理師的工作。

回到還在沙發上的我。抱著面紙盒抽抽搭搭的同時，一小部分的我也知道真相。我是很需要鼓勵沒錯，但我心裡某處很清楚：溫德爾的鬼話**正是**我得付錢跟他買的東西，因為我如果只是想抱怨男友，不用花錢，找家人朋友就好（至少在把他們的耐性耗光之前可以）。我知道人經常編造千瘡百孔的敘事，雖然目的是讓自己在當下好過一點，但長期來看，這反而會讓他們更糟——我還知道，人有時需要別人點出弦外之音。

可是我也很確定一件事：男友是**自私到出油的反社會混帳王八蛋**。

我漂在知與無知之間。

「好，我想今天大概到這裡。」溫德爾說。順著他的目光，我第一次發現時鐘放在我肩膀上方的窗台上。他抬起手在腿上拍了兩下，像是在強調晤談結束。我很快會知道這是他的招牌動作，代表這一節該收工了。他起身送我到門口。

他跟我說下週三要是還願意來，記得跟他講一聲。我想想接下來一個星期，掂量男友帶來的空虛，還有（小珍說的）完全放任自己崩潰的暢快。

「幫我預約吧。」我說。

我過街走到平常去除毛沙龍停車的地方，覺得既輕快又想吐。我的督導有一次把心理治療比做物理治療，它可能並不好做，也可能讓你痛得咬牙，而且在進步之前，你可能覺得情況變得更糟。但你要是每次扎扎實實認真做，並持之以恆，你一定能把歪掉的地方喬好，讓它發揮得比以前更好。

我看看手機。愛莉森有傳簡訊給我：

切記，他是垃圾。

病人來信一封，要改晤談時間。

老媽語音留言一通，想知道我好不好。

男友音訊全無。我還在期待他打電話給我。我實在不懂為什麼我這麼慘，他卻能像個沒事人一樣（至少我們早上約還東西的時候，他像個沒事人一樣）。他是不是幾個月前就難過完了，知道自己總會作個了結？如果是這樣的話，他怎麼還一直談我們的將來？怎麼能在我們最後一次交談之前——在我們開始商量週末電影計畫幾個鐘頭之前——還傳「我愛你」電郵給我？（對了，他後來有去看電影嗎？）開車上班的路上，我又開始心煩意亂。在診所樓下停車時，我滿腦子都是男友不只耽誤我兩年人生，還害我現在得去做心理治療，我沒時間搞這些了啊，都四十多歲的人了，下半輩子完了……欸？天啊！怎麼又來了！怎麼又是**下半輩子完了**？我之前明明沒跟自己或別人這樣講啊，怎麼這句話現在一直冒出來呢？

你在為更大的事難過。溫德爾如是說。

我踏進電梯上辦公室，把這件事拋在腦後。

8 蘿希 Rosie

「我說認真的，」約翰把鞋一脫，盤腿坐上沙發：「我身邊全是白痴。」

他的手機開始振動。他伸出手，我眉毛一挑，他還我一個超誇張的白眼。

這是我們第四次晤談，我已經開始勾勒初步輪廓。我有種感覺：約翰身邊雖然有很多人，但他非常孤獨——這是他故意造成的。他生命裡的某個面向讓他覺得親密有危險，危險到他願意竭盡所能避免。為此，他使出各種武器：講話損我、離題長篇大論、不斷變換主題，而且我每次開口他都打斷。除非我找出辦法繞過他的防衛機制，我們不可能有進展。

他的其中一個防衛機制是手機。

約翰上星期開始會在晤談時間回訊息，我跟他說他這樣做讓我覺得自己像空氣。心理治療重視當下，而當下指的是諮商室裡正在進行的事，不是病人在外面的事。基本上，病人怎麼對心理師，就會怎麼對別人，我希望約翰開始察覺自己對別人的影響。我知道這樣做有逼他太緊的風險，但我也記得他之前治療的一項細節：他只晤談了三次——而我們上星期已經談第三次了。

我想過約翰為什麼會離開他的上一個心理師，我猜要嘛是她不甩他的鬼扯，讓他沒安全感（像胡作非為但家長不管的孩子）；要嘛是她**真的**著手處理他的鬼扯，但步調太快，犯下我可能快要犯下的錯。但無論如何，我上週想冒險一試，畢竟我不知道我們還會一起談多久。我當然希望治療過程對約翰來說是舒服的，但不能舒服到我幫不了他。

最重要的是，我不想掉進佛教講的「白痴慈悲」陷阱（就約翰的世界觀來說，這個詞真是貼切）。「白痴慈悲」用心呵護別人的感受，甚至在對方需要當頭棒喝時，也不給他一棒。這種慈悲比坦誠指出問題有害得多，但我們常對青少年、伴侶和成癮者這樣做，甚至對自己這樣做。與「白痴慈悲」相反的是「智慧慈悲」，這種慈悲在付出關心的同時，也不吝於在必要時扔下一顆愛的真相炸彈。

「約翰，跟你講一下，」上星期他傳訊息時，我對他說：「你在這邊回訊息，我會覺得自己被晾著，你對我的感受有沒有什麼想法？」

他舉起一根指頭——等等——但繼續打。回完之後，他看著我問：「抱歉，我剛剛講什麼？」真棒。不是「你剛剛講什麼」，而是「我剛剛講什麼」。

「嗯——」我正要開口，他手機又響了。他又把我晾在一邊，回另一則訊息。

「你看看，就是這樣，」他開始發牢騷：「什麼事都要我親自處理，派下去就一塌糊塗。等我一下。」從響聲判斷，他應該同時在回好幾個對話。我忍不住想：他跟太太的溝通，是不是也像在諮商室這樣？

瑪歌：給我聽好……

約翰：給誰？你嗎？

這實在很煩。我該怎麼解決這個困擾呢？可以坐著乾等（然後越來越火大），也可以試別的辦法。我站起，走到書桌，查查檔案，拿出手機，回到位子上，開始打字。

嗨，是我，你的心理師。我在這。

約翰手機響起。我看著他一臉驚訝讀我的訊息。

「天啊！你傳訊息給我？現在？」

我燦笑：「我要吸引你注意呀。」

「我有注意你啊！」然後他繼續打字。

我不覺得你有注意我。

我覺得被晾在一邊，有點沒面子。

叮。

約翰誇張地嘆了口氣，還是繼續打字。

除非我們都把注意力完全放在對方身上，

否則我覺得幫不上你。

如果你願意合作看看，

我會請你在這別用手機。

叮。

「搞屁啊？」約翰抬頭看我：「不能用手機？這是搭飛機還是怎樣？這不是你決定的吧？這晤談時間是我的欸！」

我聳肩。「我不想浪費你時間。」

我沒跟約翰講的是：晤談時間其實不只是他的。每一次晤談既屬於病人，也屬於心理師，更屬於兩者的互動。二十世紀初，精神分析師哈利・斯塔克・蘇利文（Harry Stack Sullivan）從人際互動出發，建立新的精神病學理論。佛洛伊德的看法是精神疾病源於**心內**（intrapsychic，「在人的心裡」），蘇利文則認為心理掙扎是**互動的**（interactional，亦即「關係式的」）。他甚至說：「資深治療師（clinician）的特質是：他們在家裡和在諮商室時是同一個人。如果我們不與病人建立關係，我們就沒辦法教他們建立關係。」

約翰的電話又叮了一聲，但這次不是我。他看看我，再看看手機，開始猶豫。在他天人交戰時，我選擇坐等。我已半準備好他起身離去，但我也知道：要是他沒興趣好好談，他根本不會來這裡。不論他有沒有察覺，他都正從這場小風波裡學到東西。而且，我現在大概是他生命裡唯一會聽他講話的人。

「好好好！唉！真是！」他邊說邊把手機扔到對面沙發。「這樣總可以了吧？現在不用**他媽的手機**。」接著他轉移話題。

我有猜到他會不高興，但有那麼短短一瞬間，我好像看到他眼角微濕。他在難過嗎？或者只是窗外陽光反射？我想了一下該不該問，但這節晤談只剩一分鐘，通常該為病人做個收尾，而不是再開話題。我決定把這件事記下來，等合適的時候再問。

我像在礦坑裡瞄到金光，心想我搞不好發現了什麼。

❖ ❖ ❖

約翰今天收斂多了，他手伸到一半停住，任手機繼續振動，接著說他完全被白痴圍繞。

「現在連蘿希都像個白痴。」他忿忿地說。我有點驚訝他這樣講他女兒——她只是個四歲娃。「跟她講了幾百遍離我筆電遠一點，結果呢？結果她給我跳上床，跳上床也沒關係，跳到床上的筆電很有關係！白痴啊？！還沒完咧——我只不過吼了一聲『靠！』，她就給我尿在床上！床墊全毀。她他媽的過了嬰兒期就沒到處亂尿過。」

我聽了不太舒服。有種神話說心理師受的訓練就是保持中立，但我們怎麼可能中立？我們也是有血有淚的人，不是機器人。我們努力的其實不是中立，而是察覺自己並不中立的感受、偏見和觀點（我們稱之為「反移情」〔countertransference〕），這樣才能後退一步，思考該為病人做什麼事。在治療過程裡，我們會運用、而非壓抑自己的感受，並藉此引導治療方向。蘿希的事讓我有點生氣。很多家長都吼過小孩，在自己的為人父母史上留下不甚光彩的紀錄，但我在想這是不是約翰對女兒的常態。做伴侶諮商時，我經常提醒他們：「開口之前，先問問自己：『聽的人會有什麼感受？』」我在心裡記下這件事，打算改天跟約翰提。

「是挺洩氣的。」我說：「不過，你覺得你有沒有嚇到她啊？聲音一大，聽起來可能有威脅感。」

「才怪。她被我吼慣了。」他說：「越大聲越好。不吼她不聽。」

「非用吼的？」我問。

「沒錯。唉，她小時候我還會帶她出去，陪她跑，發洩發洩精力。她有時候只是想去外面而已。可是她最近煩到讓人抓狂，居然還咬我。」

「為什麼咬？」

「她就想跟我玩啊，可是我……晌！接下來你一定愛聽。」

我大概知道發生什麼事了。

「我在回訊息啊！她等我一下是會死還是怎樣？他媽的給我大鬧！瑪歌那幾天出遠門，所以蘿希整天跟毛姆待著，然後——」

「等等，這個毛先生還是小姐是你們的……？」

「不是什麼先生小姐，就毛姆。ㄇㄠˊㄇㄨˇ呀？毛——孩——保——姆。」

我看著他，一臉茫然。

「就幫忙顧狗的啦！毛孩保姆，簡稱毛姆。」

「喔……喔！所以蘿希是你的狗。」我恍然大悟。

「對啊！不然你以為我在講什麼？」

「你女兒的名字不是叫蘿……蘿……」

「蘿比（Ruby）啦！」他說：「小的那個叫蘿比。欸，我不是很明顯在講狗嗎？」他嘆了口氣，搖一搖頭，彷彿我是他白痴王國裡最大的白痴。

他從沒提過他有養狗，倒是兩次晤談之前講過一次女兒的名字，我還為了自己記得第一個字沾沾自喜咧。但比約翰的命名品味更令我訝異的是：他正讓我看到他從沒流露的柔軟面。

「你很愛她㖨。」我說。

「廢話。她我女兒欸。」

「不是不是，我是說蘿希。你很關心她耶。」我試著以某種方式打動他，讓他往自己的情感跨近一步。我知道他有，只是像太久不動的肌肉，萎縮了。

他對我搖搖手：「小姐，她是條狗。」

「她是哪種狗？」

他表情一亮：「是米克斯，我們領養的喔！那些白痴本來應該好好照顧她的，結果弄得一塌糊塗。帶回來的時候可憐兮兮的，可是現在——你如果讓我用一下手機，我可以拿照片給你看。」

我點點頭。

他一邊找照片，一邊自己笑了起來。「找張好看的給你，」他說：「讓你看看她現在有多可愛。」每翻一張照片，他的眼神就更亮一點，我再次見識到他那口完美的牙。

「哈哈，就這張！」他自豪地說，把手機遞給我。

我低頭看照片。我呢，剛好也很喜歡狗，可是蘿希——主啊，請祝福她——大概是我見過數一數二醜的狗。她臉頰肉下垂，兩隻眼睛不對稱，毛這裡禿一塊那裡缺一點，而且沒有尾巴。約翰仍一臉得意，猶如陷入熱戀。

「看得出來你很愛她。」我邊說邊把手機還他。

「沒有喔，不是愛喔！就只是條狗。」他表現得像五年級男生拚命否認自己暗戀班上女生。約翰**愛蘿希，手牽手，一起走……**

「喔，」我柔聲柔氣說：「你講她的方式聽得出很多愛。」

「有完沒完？夠了喔！」他語氣帶著怒意，但眼神流露痛苦。我想起前一次晤談的事——對他來說，跟愛或關心有關的某些事一定讓他痛苦。換做別的病人，我可能會問為什麼我講的東西讓他這麼不高興，但我知道約翰會用強調他沒有「愛」狗來迴避話題，所以我放低音量，讓他不得不傾身聽我說：「有寵物的人多半很關心寵物。」神經科學家發現：人有一種稱為「鏡像神經元」的腦細胞，讓人模仿別人。當人情緒升高，輕柔和緩的聲音能讓他們的神經系統冷靜下來，幫助他們回到當下。「不管叫『愛』還是叫什麼，其實沒那麼重要。」

「講這些有的沒的實在白痴。」約翰說。

他望向地板，但我知道他沒再分心了。「今天談到蘿希一定有原因。她對你來說很重要，而且她現在有些舉動讓你擔心——因為你關心她。」

「人對我才重要。」約翰說：「老婆，孩子。人人人——」

他看看又開始振動的手機，但我沒跟著他視線飄。我坐定陪伴他，試著穩住，希望他不要每次浮現不順心的情緒就被帶走，然後麻木。大家常常誤以為麻木是空虛，但麻木其實不是沒有感受，而是被太多感受吞沒的反應。

約翰把視線從手機移開，轉回我身上。

「你知道我最愛蘿希哪一點嗎？」他說：「只有她不會跟我要求東要求西，只有她不會為了這個那個對我失望——至少她咬我以前是這樣！哪有人不愛這種？」

他大笑，好像我們人在酒吧，而他剛剛迸出什麼笑死人的神點評。我試著跟他聊聊失望——誰對他失望？為什麼？——但他說那只是說笑，別這麼正經八百的。雖然我們今天的晤談又不知所終，但我們都知道他傳達了什麼：在他一身刺下也有顆心，他也有能力去愛。

首先，他超愛那隻醜八怪狗。

9 自我的快照
Snapshots of Ourselves

來心理治療的人就像遞上自己的快照，讓心理師從中抽絲剝繭。病人進諮商室時，你看到的即使不是他們最糟的模樣，但也絕對不是他們最好的狀態。他們可能絕望、困惑、混亂或防衛心重，情緒通常極為低落。

於是，他們坐上沙發，用期待的眼神看著你，希望你能好好了解他們，最後（最好是馬上）開出解方。可是心理師不可能馬上治好病人，因為在開始治療之前，我們對病人完全陌生。我們得花時間熟悉他們的希望、夢想、感受、行為模式，有時甚至要了解得比他們自己還深。如果造成他們困擾的問題是經年累月累積的，甚至是他們從出生到進諮商室那天逐漸養成的，那麼，想達到他們期望的緩和，花幾節五十分鐘晤談時間應該也很合理。

然而，人在絕境難免渴求速效，總希望心理師這樣的專業人士有辦法立竿見影。病人希望我們有耐心，但自己未必有多少耐心。他們提出的需求有時很直白，有時很含蓄，而且他們可能非常依賴心理師，在治療初期尤其如此。

這份工作每天見的都是不快樂的人、痛苦的人、全身帶刺的人，或是毫無自覺的人，你得陪他們單獨待在房間，一個接著一個。我們為什麼會選擇這種職業呢？答案是：心理師一開始就知道每個病人只是快照，你看見的只是他們某段時間的面貌。你也許被拍過角度差表情怪的爛照片，但你應該也有拍得很好的照片，也許是拆禮物時興高彩烈的樣子，也許是和情人一起笑得很開。這兩種照片都是你在某個片刻的樣貌，但也都不能反映你的全部。

所以心理師得想方設法看見病人的其他快照，以便扭轉他們對內心和外在世界的經驗。為了達成這個目標，我們得傾聽他們、建議他們、敦促他們、引導他們，有時甚至得哄騙他們。我們會把這些快照分門別類，一一檢視，通常沒過多久就會發現：那些看似醜怪的形象，其實全都繞著一個共同主題轉，而且在病人登門求助時，那個主題可能根本不在他們視野之內。

❖ ❖ ❖

有些快照令人不安，它們時時提醒我人人都有黑暗的一面。有些快照模糊不清。人對事情和對話的記憶未必清晰，但對於某份經驗所帶來的感受，往往記得精準無比。心理師必須詮釋這些模糊的快照，也必須了解病人不得不保持模糊到某種程度，因為這些快照能幫助病人掩飾痛苦的感受，不讓它們侵入平靜的內在領域。時候到了，病人會發現兩者並不衝突，通往平靜的路是與自己和解。

所以，從病人第一次進門，我們就開始想像他們未來的樣子，而且我們不只第一次這樣做，每次晤談也都會這樣做。有了這個形象之後，我們才知道治療該如何推進，也才能在病人還無法燃起希望時，對他們抱持希望。

我聽過有人把創意講成一種能力，能掌握兩種很不一樣的東西的本質，再將它們打破、重整，創造出全新的東西。這正是心理師所做的事。我們鑽研最初的快照的本質，也思考想像的快照的本質，再將它們打破、重整，創造出全新的樣貌。

每次我接下新病人，都將這件事銘記在心。

但願溫德爾也是。因為前幾次晤談，我的快照，呃，不太好看。

10 未來也是現在

The Future Is Also the Present

今天我到得較早，所以我坐在溫德爾的候診室裡四處張望。他的候診室跟他的諮商室一樣……風格獨特。我們通常會擺幾件有專業派頭的家具，再放一兩件一般藝術品（裱框的抽象畫、非洲面具等等）。溫德爾這裡則是走公嬤二手舊物風，甚至還有股霉味。角落是兩張陳舊的高椅背餐桌椅，套著過時的佩斯里紋金線錦緞。整片地板鋪米色地毯，上面再鋪一張同樣陳舊又過時的小地毯。櫥櫃上鋪了一張有汗漬的蕾絲桌巾，上面有蕾絲墊（蕾絲墊！）和一瓶假花。椅子之間的地板有白噪音機，前面本來該放咖啡桌的，現在擺了一張磨痕多又掉木屑的小茶几，亂糟糟堆著雜誌。座位區跟溫德爾諮商室的出入動線用紙屏風隔開，讓病人保有一定程度的隱私，但開門時還是看得清清楚楚。

我知道自己不是來這裡看裝潢的，但仍忍不住滿腹狐疑：**品味爛成這樣的人幫得了我嗎？這些擺設反映的是他的判斷力嗎？**（有熟人跟我講過：她心理師諮商室的畫掛得歪歪的，害她嚴重分心——她就不能把那鬼東西挪正嗎？）

我翻雜誌封面大概翻了五分鐘（《時代》、《親子》、《浮華世界》），諮商室的門開了，走出一個女人。她在屏風後快步離開，但匆匆一瞥就看得出她容貌秀麗，衣著入時，也滿臉淚痕。溫德爾隨後出現在候診區。

「一下就好。」他說，然後往門廳走去，應該是去洗手間。

等的時候我不禁在想：那個漂亮女人在哭什麼呢？

❖ ❖ ❖

溫德爾回來，跟我比一比諮商室。我這次沒在門口猶豫，直接走向靠窗的座位A，溫德爾則坐進靠茶几的座位C。我這次口若懸河。

「#♮%$#*⌘@!」我滔滔不絕：「你相信嗎？男友居然說♮&$@%*#……所以我說『是嗎？$%*#@◇……』」

至少，我相信溫德爾聽到的差不多是這樣。我這樣講了好一會兒。我為這次晤談準備了好幾張筆記，編號、加註、依時序排列，跟我當心理師前做記者採訪一樣。

我坦白告訴溫德爾：我糾纏男友不放，一直打電話給他，結果他現在直接讓我進語音信箱，我得等上一整天他才回電給我。我深感屈辱，但也知道沒人想跟剛剛分手、卻又巴望復合的前任講話。

「你大概會問我幹嘛打給他吧？」我直接猜他接下來會問的問題。

溫德爾挑起右眉——我注意到他只挑起一邊眉毛，這怎麼做到的啊？——只不過他還沒來得及開口，我就自行為他解答。首先，我希望男友告訴我他想我，承認這是澈澈底底的大錯。但因為這「不太可能」（加這句話是為了讓溫德爾知道我有自覺，雖然我本來以為男友**真的**會說他會重新考慮），所以我退而求其次，想弄清楚我們到底是怎麼走到這一步的。只要我的問題得到解答，我就不會在腦子裡一直鑽分手的事，不必沒完沒了困惑到天荒地老。我告訴溫德爾，就是因為這樣，我才纏著男友好幾個鐘頭嚴刑逼供——我的意思是，**對話**——我一定要解開莫名其妙突然分手之謎！

「然後他說，『帶個孩子在身邊有很多限制，很容易分心』。」我繼續念逐字稿：「『這樣跟你獨處的時間永遠不夠。不管那孩子多棒，我都不想再跟不是我親生的小孩一起生活。』然後我說：『你怎麼全瞞著不講？』他說：『我開口之前總得先想清楚。』於是我接著說：『你不覺得這件事該**討論**一下嗎？』他說：『怎麼討論？這是是非題。要嘛我可以跟孩子一起生活，要嘛不行，我只能自己想清楚。』我覺得腦子快爆了，他又加一句：『我真的很愛你，可是愛無法克服一切。』」

「是非題?!」我狠狠揮舞手上的筆記，那個字旁邊還標上星號。「**是非題**！要是這麼**是非**，你當初幹嘛把自己攪進這坨**是非**裡？」

我知道自己表現得很難看，但我忍不住。

❖ ❖ ❖

接下來幾個星期，我一直跟溫德爾報告我和男友鬼打牆對話的細節（老實說，有點多），他也不斷試著插進幾句有用的話（例如他不確定這對我有幫助、好像有點被虐狂、我一直講同樣的事卻希望有不同結果等等）。他說我在逼男友把自己的事解釋清楚——他也的**確**解釋了——可是我還是一問再問，因為他的解釋我聽不進去。溫德爾還說，要是我講電話時這樣卯起來做筆記，我恐怕沒辦法好好聽男友講了什麼；如果我的目的是保持開放、了解他的想法，卻忙著證明我的想法，而不是好好跟他互動，我可能很難達成目的。還有，他補充：我在晤談時跟**他**對話也是這樣。

我同意，然後繼續回去痛批男友。

有一次，我娓娓談起把男友的東西送還給他的事，講得撕心裂肺，卻不願放過任何細節；另一次，我一再追問到底是我瘋了還是男友瘋了（溫德爾說誰也沒瘋，我氣個半死）；還有一次，我縝密、嚴謹地分析什麼樣的人會說「我想娶你，可是不要附贈孩子」。這一次呢，我畫了一張性別差異圖：男人可以說「我不想看樂高」、「我不可能愛不是自己親生的小孩」，然後拍拍屁股走人；女人講這種話看看？女人講了就準備被浸豬籠。

我還在晤談時爆料，大談我每天鍵盤柯南的成果：男友鐵定跟哪個哪個女人走到一起了（我根據社群媒體按讚紀錄腦補出來的）；他的生活少了我居然萬分精采（他在推特上提到出差）；還有，分手的事他居然一個字也沒提（因為他貼了某間餐廳的沙拉美照——他怎麼還吃得下啊？）我深信男友神速切換到後蘿蕊時代，平滑、流暢，無縫接軌。我認得這首分手伴侶的副歌：一個煎熬得身心俱疲，另一個卻像沒事人一樣，快樂得很，甚至能繼續走下去。

我對溫德爾說我跟那些病人一樣，也想在他身上看到傷疤。這樣我就知道，他終究是在乎我的。「他在乎我嗎？」我一問再問。

我像在招搖自己的怪，而且樂此不疲，直到溫德爾踹我一腳。

❖ ❖ ❖

有天早上，我一如往常把男友拿出來鞭。溫德爾默默滑向沙發邊緣，站起，朝我走來，用他修長的腿輕輕踢我一下，燦笑，回到座位。

「欸！」我反射性一喊，雖然根本不痛。「你幹嘛啊？」

「喔，因為你好像滿喜歡把自己弄得很苦，所以我日行一善幫你忙。」

「蛤？」

「痛跟苦不一樣，」溫德爾說：「你一定會痛——人都有痛的時候——可是你不一定得那麼苦。要多痛選不了，可是要多苦選得了。」他繼續說：我這些一再重複的行為，還有我不斷思考、猜測、反芻男友的生活，都在增加我的痛，造成我受苦。所以他想，既然我死抓著受苦的感覺不放，我一定有從中得到什麼。對我來說，受苦一定有某種目的。

是嗎？

我開始想：我明明知道肉搜男友的事讓自己感覺多壞，但就是忍不住，為什麼呢？難道是想跟男友和他的生活保持連結？（雖然只是單向的連結。）有可能。或者，我是想用這種方式讓自己麻木，這樣就不用去想實際上發生什麼事？搞不好。還是說，我在以這種方式逃避生活中應該注意、我卻不想注意的事？

溫德爾之前已經講過：我其實一直在跟男友保持距離，忽視那些可能讓他的表白並不令人意外的線索。因為如果我問，男友可能講出我不想聽的事。雖然他似乎看不慣小孩在公共場所打鬧，但我告訴自己沒什麼大不了的；雖然他樂於跑腿勝過看我兒子打棒球，我把那當作小事；雖然他講過在他和前妻遇上不孕問題時，更擔心沒有孩子的是他前妻，我覺得與我無關；雖然他弟弟一家來找他時住在旅社，因為男友受不了他們三個小孩在家裡嬉鬧——那又如何？儘管有種種跡象，我跟他從來沒有直接談過對小孩的感受。我只是一廂情願地想：**既然他都當了爸爸，一定喜歡孩子**。

溫德爾還跟我說：我對男友的某些往事、感想和肢體語言視而不見，對它們隱隱透露的警訊充耳不聞，而我當時如果願意多加留意，應該是能看出問題的。溫德爾也提到：如果我來這裡還是想跟他保持距離，那麼我每次忙著念筆記、坐得離他遠遠的，應該也是為了保護自己。

我看看擺成L型的兩張沙發，從我窗台下的座位提出質疑：「大多數人都會坐這裡吧？」我很確定不會有人跟他坐同一張沙發，所以座位D不可能。至於他斜對面的座位B……誰會坐得離心理師那麼近？所以座位B也不可能。

「有些人會喔。」溫德爾說。

「真假？坐哪裡？」

「整塊都有人坐喔。」溫德爾指指從我的位子到座位B的範圍。

我們之間的距離剎時顯得遙遠，但我還是不太相信有人坐得跟溫德爾那麼近。

「你是說，有人第一次踏進你諮商室，看看房間，就一屁股坐到那裡，而你的位子離他們才十幾公分？」

「對啊。」溫德爾答得簡單明瞭。我想起他扔給我的面紙盒，他一向把它擺在座位B旁邊的茶几上……原來如此，大多數人一定是坐**那裡**。

「喔，」我說：「那我該換位子嗎？」

溫德爾聳聳肩：「看你囉。」

我起身坐到跟溫德爾垂直的座位，調整一下腳的姿勢，免得跟溫德爾的腳碰在一起。我看到他深色的頭髮底下有灰色髮根，手指上戴著戒指。我想起當初請凱若琳推薦心理師給我（口誤，「我朋友」），我提出「已婚」和「男性」兩個條件。現在看來這不太重要，他既沒跟我站在同一邊，也沒宣告男友是反社會人格。

我挪挪沙發枕，想辦法坐得自在一點，但感覺真怪。我看看手上的筆記，突然不想念了。我覺得全身暴露在他的目光下，很想逃走。

「我還是沒辦法坐這裡。」我說。

溫德爾問我為什麼，我說我不知道。

「不知道是好的開始。」他說。我好像領悟了什麼。我花了很多時間尋找答案、理出頭緒，但**不知道好像也沒關係**。

我們沉默了一會兒，接著我還是起身挪到比較遠的地方，大概在座位A和B之間。我又喘得過氣了。

我想起作家芙蘭納莉・歐康納（Flannery O'Connor）的話：「真相不會隨我們承受它的能力而改變。」我保護自己是為了逃避什麼呢？我不想讓溫德爾看到自己哪個部分？

從開始到現在，我一直跟溫德爾說我沒有期盼男友遇上不幸（例如換他被下個女友擺道之類的），我只是想挽回關係而已。我一臉正色說我不想報復、不恨男友也沒忿忿不平，只是困惑而已。

溫德爾仔細聽完，但說他不相信。顯然我**其實**想報復，**其實**恨男友，**其實**光火不已。

「正視你的感受，不要認為自己應該如何如何，而去調整你的感受。」他解釋說：「這些感受無論如何都會在那裡，不妨迎接它們，因為它們有重要線索。」

類似的話我跟病人講過多少次呢？但我這時像是第一次聽到一樣。**不要評判你的感受，注意它們就好**。**用它們當你的地圖**。**別怕真相**。

分手之後，我的親友跟我一樣，很難接受男友可能也是正人君子，只是心裡有疑惑和衝突而已。

他們現在深信他不是自私就是騙子，完全想不到其他可能，例如：雖然他嘴巴上說自己無法跟孩子相處，搞不好他其實也不想跟我在一起？也許他不知不覺因為我的關係想起太多往事，關於父母，關於前妻，或是關於研究所時傷他很深的那個女人？——我們剛交往時他提過一次：「我後來下定決心，絕不要再經歷那種事。」我要他多講一點，但他不想談，於是我當了他逃避的共犯，沒再追問。

溫德爾一直要我檢視我們對彼此的逃避。我們躲在甜言蜜語、插科打諢和對未來的計畫裡，有些問題始終不碰。而我現在不但痛，還製造苦，被心理師踹了一腳才清醒一點。

溫德爾在挪腳，左腳翹上右腳，右腳又翹上左腳。心理師開始腳麻時就會這樣做。那雙條紋襪跟他今天的條紋開襟衫真搭，像是成套的一樣。他抬抬下巴指指我手中的筆記：「我不覺得你能從筆記裡找到你要找的答案。」

我腦中閃過「你在為更大的事難過」，像是什麼洗腦神曲。「可是不談分手，我就沒什麼能談的了。」我嘴巴還是很硬。

溫德爾歪歪頭：「你會有重要的事要說的。」

我既聽到也沒聽到。每次溫德爾暗示有比男友更大的問題，我都虛與委蛇，所以我猜他一定嗅出了什麼。人最不想面對的事，往往就是他們最需要面對的事。

「也許吧。」我說，心裡煩躁不安。「差不多該結束男友講了什麼的話題了。我講完最後一件就好？」

溫德爾吸了口氣，停頓，猶豫，彷彿本來想講什麼，但決定暫且不說。「好。」他總算開口。他知道這次逼我夠多了。他拿走我的水菸袋（抱怨男友），雖然時間不長，但對癮君子來說已經太久，我得解一下癮。

我匆匆忙忙翻看筆記，卻不記得剛剛講到哪裡。我一頁一頁掃過，拚命找接下來該說他講的哪句鬼話，可是星號和註記實在太多了，而且我感覺得到溫德爾的目光。如果我的諮商室裡來了一個像我現在這樣的人，我會怎麼想呢？老實說，我知道。我會想到同事貼在工作檔案裡的貼紙：**我們要不斷做抉擇，看是要逃避痛苦還是忍受它、進而緩和它。**

我放下筆記。

「好吧。」我對溫德爾說：「你想說什麼？」

溫德爾說：雖然我覺得自己是為現在而痛，其實我也在為過去和未來而痛。心理師經常提到過去如何影響現在——往事如何影響我們的思考、感受和行為，而我們在人生的某個時刻，必須放下創造更好的過去的幻想。如果我們不接受過去不能重來，不承認自己無法讓父母、手足或伴侶改變多年前發生的事，我們會繼續被過去困住。改變我們與過去的關係，是心理治療的主要部分。可是在另一方面，心理師很少談到我們與未來的關係也會影響現在。我們對未來的看法也會阻礙改變，威力不下於我們對過去的想法。

溫德爾說，事實上，我失去的不只是現在的關係，我還失去了未來的關係。我們以為未來是以後的事，但我們其實每天都在心裡創造未來。所以當現在崩壞，我們與這個現在相關的未來也跟著瓦解，而失去未來是一切計畫扭曲的根源。可是，如果我們把現在花在修復過去或控制未來，我們是讓自己困在永恆的後悔之中。在我肉搜男友的時候，我一方面看到他的未來開展，另一方面也讓自己停滯在過去。如果我想活在現在，就一定得接受自己失去了原本的未來。

我能捱過痛嗎？還是我想受苦？

「所以，」我對溫德爾說：「我想我該別再逼問男友，也別再肉搜他了。」

他和藹地笑了笑，那種對宣布即刻戒菸、卻不曉得挑戰多大的癮君子的笑。

「我會試看看的，」我換比較保守的說法：「少花時間在他的未來，多點時間在我的現在。」

溫德爾點點頭，拍腿兩下，起身站起。晤談時間到了，但我還想待著。

我覺得我們才剛剛開始。

11 再見，娛樂圈 Goodbye, Hollywood

在NBC工作第一週，我分派到兩部即將上檔的影集：醫療劇《急診室的春天》(*ER*)，還有情境喜劇《六人行》(*Friends*)。這兩齣劇後來先後衝上收視率排行榜第一名，確立週四夜霸主地位。

這兩部影集預計秋天上檔，步調比電影快很多。幾個月內就敲定演員名單、雇好工作人員、搭好布景，開始製作。在珍妮佛・安妮斯頓（Jennifer Aniston）和寇特妮・考克絲（Courteney Cox）為《六人行》試鏡時，我在場；在考慮要不要讓茱莉安娜・瑪格里斯（Julianna Margulies）的角色在《急診室的春天》第一季結束時死去時，我有參與討論；在沒有人知道喬治・克隆尼（George Clooney）會因為《急診室的春天》竄紅時，我曾與他置身同一個攝影棚。

新工作讓我充滿活力，我在家比較少看電視了。我有令我熱血沸騰的故事，還有對這些故事同樣熱血沸騰的同事，我覺得自己又與工作連結了。

有一天，《急診室的春天》的編劇打電話給當地急診部，請教一個醫療問題，接電話的是一個名叫喬伊（Joe）的醫生。像是命運安排似地，他除了醫學學位之外，還有電影製片碩士學位。

編劇們知道喬伊的背景後，開始固定徵詢他的建議，不久又聘他為技術顧問，設計那些非常複雜的創傷治療場景、教演員念醫療術語，盡可能讓治療過程精確寫實（灌洗注射筒；靜脈注射前用酒精為皮膚消毒；插管時保持病人頸部位置）。當然，我們有時會省掉某些角色該戴的外科口罩，因為大家都想看喬治・克隆尼的臉。

喬伊拍戲時既能幹又冷靜，這些特質也讓他在真正的急診室裡勝任愉快。休息時他會聊聊最近看過的病人，每個細節我都有興趣。**多精采的故事啊！**我總心想。有一天，我忍不住問喬伊能不能去急診室找他（「做點研究。」我說），他也真的答應了。於是，我借了件鬆垮垮的工作袍，在他值班時跟著。

我到急診室時是星期六下午，一開始沒什麼事。「酒駕跟幫派火拚的到晚上才多。」他說。然而沒過多久，我們就一間衝向一間，一床衝向一床，我使盡全力才把姓名、病歷和診斷對起來。短短一小時內，我看著喬伊做腰椎穿刺，看進一名懷孕婦女的子宮，還在一個三十九歲的雙胞胎媽媽得知壞消息時牽著她的手——原來她的偏頭痛是腦瘤造成的。

「沒有，你們弄錯了，只要開點頭痛藥就好了。」她只講得出這幾句話，但否認很快讓位給淚水。她丈夫說要去洗手間一趟，結果走沒幾步就吐了一地。我閃過把這一幕拍到劇裡的念頭（如果你的工作是編故事，這會是你的本能），但我有種感覺：對我來說，來這裡不只是為了找劇情題材而已。喬伊也感覺到了。我一週又一週回到急診室裡。

「你對我們這裡的事好像比本業還有興趣。」幾個月後的一天晚上，喬伊指著X光片上的骨折給我看時，對我這樣說。他喃喃補了一句：「你知道，你現在念醫學院還來得及。」

「醫學院？」我像看瘋子一樣白了他一眼。我那時二十八歲了，而且大學主修的是語言。沒錯，我高中是參加過數學和科學競賽，但出了校門，吸引我的一向是文字和故事。何況我在NBC有份很棒的工作，我覺得自己三生有幸才有這種機運。

儘管如此，我還是一直趁拍片空檔溜到急診室，而且不只跟喬伊的班，還跟其他准許我如影隨形繞著他們轉的醫生的班。我漸漸察覺我去那裡的動機從研究變成嗜好，但那又如何？每個人都有嗜好，不是嗎？而且，好啦，我承認：把晚上時光花在急診室裡，已經成了我追劇癮頭的替代品，每當工作遇到瓶頸，我總想藉此轉換心情。可是這有什麼關係呢？我並不打算放棄一切，從頭開始念醫學院，況且NBC的工作有趣得很。我只是覺得急診室裡見得到真實、有意義的大事，那是在電視上看不到的。換句話說，這個嗜好能填補我的空白——嗜好不就為了填補空白嗎？

可是，我有時站在急診室裡，在手忙腳亂中感受片刻寧靜，我發現自己在那裡如魚得水，也越來越常思考喬伊的話是否真的有些道理。

❖ ❖ ❖

沒過多久，我的嗜好把我從急診室帶到神經外科團隊。我受邀旁觀的案例是一名中年男子，雖然他的腦下垂體腫瘤應該是良性的，但醫生還是決定移除，以免壓迫到腦神經。我穿上手術袍，戴上口罩，挑了雙舒適的跑鞋，目不轉睛盯著桑切斯（Sanchez）先生和他的顱骨。鋸開骨頭後（用的工具其實挺像從五金行買的），外科醫生和團隊成員小心翼翼剝開一層又一層膜，直到露出大腦。

終於，我見到它了，跟我昨晚在書上看到的圖片一模一樣。我站在那裡，想到我的大腦和桑切斯先生的大腦只相隔幾吋，不由得心生敬畏。讓他之為他的一切都在那裡——他的個性、記憶、經驗、他的喜好和厭惡、他的愛與失落、他的知識與能力，全都在這三磅重的器官裡。少一條腿或少一顆腎臟，你還是你；但大腦只要失去一部分，你就真的六神無主，成了自己都不認識的人。

我冒出一個不太好的想法：**我進到一個人腦子裡了！**娛樂產業不惜重金做市場研究和買廣告，不就為了闖進觀眾的腦子？可我現在真的進了一個人的腦，甚至深入顱骨之下。我有點好奇：電視台對觀眾狂轟濫炸的那些廣告詞，真的達成目的了嗎？它們有沒有在大腦留下「非看不可！」、「錯過可惜！」的痕跡？

開刀房放著輕柔的古典音樂，兩名外科醫師全神貫注於腫瘤，仔仔細細把碎塊放上金屬拖盤。我不禁想到電視圈拍類似場景的兵荒馬亂，指令此起彼落，場面一片喧囂。

「欸！大家注意！人到了！」躺在擔架上的演員被匆匆推進走廊，衣服被紅色液體濕透，沒想到有人轉彎太快——「幹！」導演會爆氣：「王八蛋！搞屁啊？這次給我拍好！」抬著攝影機和燈光的彪形大漢急忙四散，回到原本的位置準備重拍。這時，製作人會當場拿出藥來（普拿疼？贊安諾？還是百憂解？），脖子一伸和水吞下。「今天拍不完這個鏡頭，我會心臟病發。」他長嘆：「拍不完我死定了。」

可是在桑切斯先生的手術室裡，沒有吼叫，也沒有人覺得自己瀕臨心臟病發。連頭被鋸開的桑切斯先生都神情平靜，不像劇組的人那樣神經緊繃。手術進行時，團隊成員每次提出要求一定伴著「請」和「謝謝」。要不是病人頭部緩緩滴血，引流到我腿旁的血袋，我或許會以為這是場夢。從某個層面來說，這的確如夢似幻。它既比我看過的一切真實，又離我當成真實人生的娛樂圈幾光年遠，而我暫時沒有離開娛樂圈的打算。

但幾個月後，一切幡然改變。

❖ ❖ ❖

那天是週日，我在一家郡立醫院跟急診室醫生。接近簾幕時，醫生跟我簡述病人的情況：「四十五歲，糖尿病併發症。」他拉開簾幕時，我見到一個婦人躺在手術台上，身上蓋著被子。就在這時，一股惡臭竄進我鼻子，濃烈到我擔心自己暈過去。我分辨不出那是什麼味道，因為我這輩子從沒聞過那麼噁心的氣味。是病人排便或嘔吐嗎？

可是我沒看到相關跡象，反倒氣味變得更濃，我覺得一小時前吃的午餐湧到喉嚨，我費勁嚥下，忍著不吐。但願病人沒注意到我一臉蒼白，沒感覺出我五臟六腑都在作嘔。我心想：**也許是隔壁床傳來的，往旁邊挪幾步可能味道不會這麼重**。我定睛看病人的臉——眼睛水亮，臉頰紅潤，汗濕的額頭上蓋著瀏海。醫生正問她問題，我實在不懂他怎麼有辦法呼吸。我進來之後就一直憋氣，現在非吸口氣不可。

好，我告訴自己，**要吸囉**。

我吸進一些空氣，像是全身遭到惡臭痛擊。我抵著牆穩住身子，抬眼看見醫生掀開蓋著病人雙腳的床單，只是底下沒有腳——她因為糖尿病造成嚴重血管炎，腿部只剩膝蓋以上的殘肢，其中一隻有壞疽，四處腐爛發黑，像是爛掉的水果。我不曉得這個畫面和那股臭味哪個更糟。

空間很小，我往病人頭部位置挪動，想盡可能離感染的殘肢遠一點。奇妙的事就在這時發生：這名婦人牽起我的手，微笑，像是在說：**我知道看起來很恐怖，但沒事的**。雖然我才是該牽起她的手的人，雖然她才是截肢又大範圍感染的人，可是是她在安撫我。雖然這能為《急診室的春天》帶出一條很棒的故事線，但一剎那間，我知道我不會做這份工作多久了。

我要去念醫學院。

由於一名殘肢發黑的陌生人優雅相助，在我使盡全力不暈過去時握住我的手，所以我決定轉換跑道——也許這聽起來滿衝動的，但我心裡那時湧現的感動，是我在任何一份娛樂圈工作中都沒經驗過的。我還是喜歡電視，可是在人與人的互動中，我見到了真實的故事，那裡頭有某種東西令我深深著迷，讓想像的故事頓時顯得單薄。《六人行》講的是友情，不過是編出來的友情；《急診室的春天》是關於生死，然而是虛構的生死。我不想再把親身經歷的故事編回娛樂世界，我要真實人生——真實的人——成為我的世界。

那天我從醫院開車回家時，既不知道如何達成目標，也不清楚何時可以如願。我不曉得有哪些醫學院貸款可以申請，甚至不知道自己能不能錄取。我不曉得怎麼準備醫學院入學考試，不清楚該補修多少理科學分才能達到申請門檻，也不知道該去哪裡補修，畢竟我大學畢業都六年了。

但無論如何，我決定了。我要讀醫學院，而且我不可能一邊念書，一邊為哪個非看不可的電視節目每週工作六十小時。

12 歡迎蒞臨荷蘭 Welcome to Holland

茱莉得知自己時日無多之後，閨密黛菈（Dara）想給她一些安慰，寄了膾炙人口的〈歡迎蒞臨荷蘭〉（Welcome to Holland）給她。這篇短文是唐氏兒家長艾米莉・佩爾・金斯利（Emily Perl Kingsley）寫的，談人生計畫驟然改變的經驗：

> 準備生兒育女的感覺，像是安排一趟美妙的度假旅程——去義大利。你買了好幾本旅遊書，開始構思你完美的計畫：羅馬競技場、米開朗基羅大衛像、威尼斯貢多拉……也許你還學了幾句常用的義大利文，一切讓你興奮不已。
>
> 殷切期待幾個月後，出發的日子終於到了。你打包行囊，興沖沖出門。幾小時後飛機降落，空服員對大家說：「歡迎蒞臨荷蘭。」
>
> 「荷蘭?!」你大驚：「怎麼變成荷蘭？我訂的是義大利耶！我應該在義大利才對。去義大利是我這輩子的夢想。」
>
> 可是飛行計畫改了。他們已經在荷蘭降落，你非待在這裡不可。
>
> 重點是：他們沒有把你帶到什麼恐怖、噁心、骯髒的地方，這裡沒有瘟疫、飢荒或疾病，只是

跟義大利不一樣而已。

所以你只好下機，買幾本新旅遊書，重新學另一種語言。你也會遇到以前從沒遇過、完全不一樣的人。

這裡只是跟義大利不一樣而已。步調比義大利慢，時尚不如義大利炫。可是待了一陣子之後，你停下腳步，看看四周……你開始注意到荷蘭有風車……荷蘭有鬱金香，荷蘭甚至有林布蘭。

不過，你認識的每一個人都去過義大利……他們也老愛吹噓在那裡玩得多盡興，而你下半輩子都會說：「對啊，我本來也要去的，都計畫好了。」

沒去成義大利的痛會永遠、永遠、永遠、永遠跟著你……因為這個夢想破碎帶來的失落感很大、很大。

可是……你如果把人生拿來哀嘆沒去成義大利，你也許永遠無法自在享受非常特別、也非常美好的……荷蘭。

〈歡迎蒞臨荷蘭〉讓茱莉火冒三丈，畢竟她的癌症沒什麼特別或美好的。重度自閉兒的媽黛菈則說茱莉弄錯重點。她當然同意茱莉的預後令人神傷、毫無道理，完全打亂她的人生規劃。可是她更希望茱莉好好把握餘生（也許長達十年），不要錯過活著的時候還能擁有的東西——婚姻，家庭，工作——它們的荷蘭版或許不同，但茱莉還是能試著珍惜。

茱莉對此的看法是：**去你的。**

還有，你說得對。

因為黛菈有切身之痛。

我之前已經聽茱莉提過黛菈，病人通常都會跟心理師談到知心好友。我從茱莉口中得知：每當黛菈身心俱疲，擔憂兒子沒完沒了的無名火、攻擊行為和激烈晃頭，操心他無法與人交談，感傷兒子都四歲了還要餵他吃飯，質疑自己把人生花在每週陪兒子做好幾次治療，卻不見成效，她會打給茱莉，訴說自己多麼沮喪。

「我對自己的一個念頭感到尷尬。」解釋完自己對黛菈一開始的怒氣之後，茱莉說：「看黛菈這樣一路為兒子費盡心力，我發現自己最大的恐懼是陷入她的處境。我很愛她，但我也覺得她沒機會過自己想要的生活了。」

「跟你現在的感受一樣。」我說。

茱莉點頭。

她告訴我，黛菈好一段時間陷在「我訂的不是這個！」的情緒裡，不斷細數原本的生活如何一夕改變，再也回不去了。她跟她先生再也無法慵懶地彼此相偎，再也無法輕輕鬆鬆出門兜風，再也無法在睡前讀讀故事。他們享受不到看著孩子獨立成人的喜悅。茱莉說，黛菈有時會望著丈夫心想：**他真是我們兒子的好爸爸**，可是她總忍不住讓情緒往下沉：他本來能當**可以與他互動的孩子**的好爸爸。有了這個孩子之後，他們夫婦永遠無法擁有某些經驗，永遠。每思及此，黛菈悲痛難平。

黛菈為自己的悲傷感到自私和自責，因為她最希望的，莫過於兒子的人生能對他寬容一點，還有他能過得充實，有朋友和情人相伴，也有工作發揮所長。當她看到其他媽媽陪著四歲大的孩子在公園玩，她總覺得被痛苦和嫉妒淹沒，因為她知道兒子在那裡很可能失控，接著被要求離開。即使兒子長大，別人還是會對他避之唯恐不及，對她也是一樣。她見過其他媽媽的眼神，那種子女正常、教養問題也不特殊的媽媽的眼神，為此，她更感孤立。

那年黛菈常打電話給茱莉，每一通都比前一通更絕望。隨著金錢、情緒和精力逐漸耗盡，她和丈夫決定不要再添孩子——他們哪裡還有時間和金錢再照顧一個？要是新孩子也有自閉症怎麼辦？為了照顧兒子，黛菈已經辭去工作，丈夫則多兼了一份差。她經常感到茫然，直到讀了〈歡迎蒞臨荷蘭〉之後，她才明白自己不必一直埋怨到了不想到的地方，更應該盡可能在那裡尋找樂趣。荷蘭還是有樂子可找，只要她願意接納。

黛菈找到懂她家庭情況的朋友，找到與兒子建立連結的方式，她總算能欣賞和愛他現在的樣子，不再把焦點放在他不是什麼樣子。她找到不鑽牛角尖的方法，不再沉溺於自我追究，不再拷問自己懷孕時知不知道鮪魚、大豆和化妝品的化學物質可能有害胎兒發展。她請人照顧兒子，讓自己有餘裕照顧自己，做些有意義的兼職，獲得有意義的休養。在迎戰無可改變的考驗的同時，她和丈夫重新找回彼此和婚姻。他們不想整趟旅行都待在旅館，他們決定出去探險，好好看看這個國家。

黛菈現在也邀請茱莉這樣做，好好欣賞鬱金香和林布蘭。茱莉對〈歡迎蒞臨荷蘭〉的氣消了之後，她突然想到：世上一定找得到命似乎更好（或更壞）的人。那麼，茱莉現在願意跟黛菈對調身分嗎？她的第一直覺是「好」，幾乎不假思索，可是第二個念頭是：也許不想。她想到好幾種可能：如果能跟一個健康的孩子共度美好的十年，她是不是更希望如此，而不是活得更長？自己生病和有個生病的孩子相比，哪一個比較煎熬？她覺得光是冒出這些想法已經很恐怖，但她無法置之不理。

她會問我：「你覺得我是壞人嗎？」而我會向她保證：每個來心理治療的人，都會擔心自己的想法或感受或許不「正常」或不「好」。可是，想釐清自己充滿曖昧和複雜的人生，就必須對自己誠實。壓抑這些念頭可能讓你表現「不好」，承認它們則讓你成長。

於是，茱莉開始發現人人都在荷蘭，因為大多數人的人生沒有完全照著計畫走。就算你幸運到了義大利，你還是可能遇上班機取消或爛天氣。你也可能興高采烈去羅馬慶祝結婚週年，歡喜入住豪華飯店，盡情享受魚水之歡，十分鐘後，你的另一半卻在淋浴時心臟病發驟逝——我的一個熟人就是如此。

所以茱莉要去荷蘭了。她不知道自己會在那裡待多久，但我們暫且訂為十年，視需要調整旅程。在此同時，我們一起想她在那裡想做什麼。

茱莉只跟我約法一章。

「答應我，如果我做得太誇張，你會跟我說。我是說，反正我會死得比我原本以為的早，我不必太……**敏感**，對吧？所以，要是我太過頭，把事情做得太過火，你要跟我說。」

我說我會的。其實，茱莉一輩子認真負責，每件事都照著書做，我實在難以想像她的「過頭」能過到哪去。依我猜，大概像乖乖牌好學生派對時多喝了點啤酒、放得比較開那樣吧。

但我忘了一件事：人被逼上梁山，什麼事都做得出來。

❖ ❖ ❖

「上吊清單（bucket list），」我們開始想像茱莉的荷蘭之後，她在晤談時提到：「用這種方式講心願清單還真幽默，對吧？」我只能點頭稱是。好的，我們上吊之前想做什麼呢？

人往往要到死亡逼近才會想到心願清單，藝術家張凱蒂（Candy Chang）也是如此。二〇〇九年，她在紐奧良（New Orleans）的公共牆面開闢一片空間，鼓勵大家為「在我死前＿＿＿」填入心願。牆短短幾天就寫滿了，有「在我死前，我想跨立在國際換日線」、「在我死前，我想為幾百萬人歌唱」、「在我死前，我想完全做我自己」等等。這個點子散播開來之後，全世界出現成千上萬面這樣的牆：**在我死前，我想跟姊姊恢復關係、想當個好爸爸、想去跳傘、想改變別人的人生……**

我不知道寫的人後來有沒有真的去做，但據我在諮商室觀察，很多人可能只是覺悟一時，做點內在探索，在心願清單上多加幾項——然後擱在一邊晾著，好像不去實現就能離死亡遠一點。

我們以為列心願清單是為了避免遺憾，其實，它也讓我們迴避死亡。畢竟清單越長，我們就以為自己還有越多時間慢慢完成。相反地，刪減清單能微微撼動我們的否認系統，逼自己承認嚴肅的事實：生命的死亡率是百分之百。我們每一個人都會死，而大多數人不知道自己會怎麼死、何時死。事實上，每過一秒，我們就離自身最終的死亡更進一步。俗話說得好：沒有人能活著離開世界。

我賭你一定會想：還好這女人不是我心理師。的確，誰好端端的會想這個？擺著不管容易多了！我們很多人都是這樣，把所愛的人當成理所當然，將有意義的事看做天經地義，等到發現自己時日無多，才明白最重要的東西——人生——已輕輕溜過。

但現在，茱莉要哀悼的，是她不得不從清單上**刪掉**的東西。面對死亡，年紀大的人哀悼的是他們失去和留下的東西；茱莉不一樣，她哀悼的是她不再可能擁有的東西——那些三十多歲的人認定遲早會到達的里程碑，那些花花世界裡五花八門的第一次。如茱莉所說，她有「具體的死線」（「讓這個詞生效的部分是**死**。」她說），它鐵面無私，說一不二，茱莉的大多數心願都得止步於此。

茱莉有一天告訴我，她開始發現日常交談裡經常提到未來。我要減肥。我要開始運動。我們今年要去度假。我要拚三年內升職。我要存錢買房子。我們打算過幾年再生一個。我五年後要再去參加聚會。

大家會做計畫。

可是茱莉很難做計畫，因為她不知道自己還剩多少時間。當一年和十年的差距是生死之隔，你要怎麼計畫未來？

❖ ❖ ❖

接著發生的事有如奇蹟：茱莉的實驗療法似乎見效，腫瘤先是縮小，幾週之後更幾近消失。她的醫生態度樂觀：也許她能活得比他們以為的更久；也許這些藥不只能幫她度過現在的關，還能在未來幾年控制病情，甚至讓她與疾病長期共存。茱莉頓時多了很多「也許」，多到當腫瘤完全消失，她和馬特也戰戰兢兢變成要做計畫的人。

在茱莉寫下心願清單時，她和馬特談過生個寶寶的事。如果茱莉無法陪著孩子長大（也許只能陪到中學，如果情況很糟，甚至只能陪到幼稚園），他們該生孩子嗎？馬特能接受嗎？孩子能接受嗎？茱莉在這種情況下選擇當媽媽，對嗎？或者，茱莉最偉大的母愛之舉，就是做出一生最大的犧牲——放棄當母親？

茱莉和馬特決定：即使眼前有這麼大的不確定，他們還是該過好自己的人生。如果他們有從人生中學到什麼，那就是生命的本質就是不確定。如果因為擔心癌症復發成了驚弓之鳥，造成茱莉戒慎恐懼不生孩子，結果癌症沒有復發，豈不抱憾終生？馬特向茱莉保證：不論茱莉的健康發生什麼變化，他都會做個稱職的父親。他一定會把孩子照顧好。

事情就這樣定了。死亡如影隨形迫使他們活得更加充實——不是抱著長串目標活在未來，而是**現在**。茱莉的心願清單簡單俐落：他們要建立家庭。

不論是到義大利、荷蘭或其他截然不同的地方，都沒關係，他們要跳上飛機，看看最後會降落在哪裡。

13 小孩如何處理悲傷
How Kids Deal with Grief

分手後不久，我跟我八歲大的兒子札克（Zach）講了這件事。我們當時在吃晚餐，我盡量把事情簡化：我和男友**兩個人**（委婉說法）決定，還是不要在一起好了。

他臉垮下來，看起來又驚訝又困惑（**歡迎加入阿雜陣線！**我心想）。

「為什麼？」他問。我跟他說：結婚之前，兩個人得想清楚彼此是否真的適合作伴，而且不是現在開心就好，更要能一起過一輩子。我和男友的確相愛，可是**我們兩個**（再次委婉說法）發現彼此不適合當終身伴侶，最好各自再找適合的人。

這基本上是真相沒錯——只是省掉一些細節、微調一下主詞而已。

「為什麼？」札克又問了一次：「為什麼你們不適合作伴？」他表情有點扭曲。我為他心痛。

「怎麼說呢……」我說：「像你之前很愛跟艾舍玩，後來他迷上足球、你迷上棒球，對吧？」

他點頭。

「然後，雖然你們兩個感情還是很好，可是你現在更常跟愛打棒球的玩了。就這樣而已。」

「所以你們喜歡的東西不一樣？」

「對啊。」我說。**我喜歡小孩，他是厭童癖**。

「那你們喜歡什麼？」

我吸了一口氣。「嗯，例如我喜歡待在家裡，他喜歡出門。」小孩和自由相斥。如果王后有蛋蛋……

「你們都讓一下不行嗎？你可以有時候待在家裡、有時候出門啊。」

我想了一下。「也不是完全不行……可是，那會有點像你那次跟索妮雅分到一組做海報，她想貼粉紅蝴蝶，你想貼複製人士兵，最後你們貼黃龍。那很棒啊，可是你們都沒有很喜歡。後來你跟阿德一組就不一樣啦，雖然你們想法不同，可是比較接近，所以你們雖然還是得互相讓一下，可是不用像你和索妮雅那次讓那麼多。」

他望向餐桌。

「是啦，人跟人相處需要讓，」我說：「可是，如果需要讓的東西太多，結婚恐怕有點難。要是他想常常出門，我想常常待在家裡，我們大概都會常常覺得不自在。對吧？」

「嗯。」他說。我們一起坐了一下。他突然抬頭，沒頭沒腦問了句：「吃香蕉算殺香蕉嗎？」

「蛤？」我一頭霧水。

「要吃牛肉就得殺牛，所以素食的人才不吃肉，對吧？」

「嗯哼。」

「所以，」他繼續說：「把香蕉從樹上拔下來，算不算殺香蕉呢？」

「我覺得比較像頭髮耶，」我說：「頭髮死了就從頭上掉下來，然後新頭髮從那邊長出來。香蕉也是這樣，新香蕉從舊香蕉的位置長出來。」

札克在椅子上傾身向前：「可是，我們是在香蕉掉下來之前就去拔耶，它們那個時候還活著吧？要是頭髮還沒有要掉，別人就來**把你頭髮拔掉**，會很痛啊！所以拔香蕉不算殺香蕉嗎？拔香蕉應該也會傷到樹吧？」

喔，原來如此。原來札克是這樣處理這件事的。他是樹，也可能是香蕉。無論如何，他覺得受傷了。

「我不知道耶。」我說：「也許我們不是故意要傷害樹或香蕉，可是有時候就是傷到了，雖然我們**真的**、**真的**不是故意的。」

他沉默了一陣，然後：「我還會看到他嗎？」

我跟他說大概不會。

「所以我們不會一起玩《高腳杯》囉？」《高腳杯》是男友的孩子小時候的桌遊，札克和男友有時候會一起玩。

我跟他說不會，至少不是跟男友。但他如果想玩，我可以跟他玩。

「好吧。」他小聲說：「可是他真的很厲害。」

「**真的**，他很厲害。」我同意，又多加一句：「我知道這個改變滿大的。」我先停下不說，因為現在說什麼也幫不了他。他會感到悲傷。接下來幾天、幾週，甚至幾個月，我們還會聊很多次，幫助他走過這段情緒（當心理師的子女的好處是心裡不會藏汙納垢，壞處是你無論如何還是有關要過）。在此同時，這件事會慢慢沉澱下來。

「好吧。」札克喃喃自語，滑下餐桌，走向流理台上的水果籃，拿了一根香蕉，剝開，誇張地張大嘴巴咬下去。

「嗯——」他露出出奇滿意的表情。這是在殺香蕉嗎？他三大口吞下整根，走回房間。

五分鐘後，他拿著《高腳杯》桌遊出來。

「這個捐出去好了。」他邊說邊把盒子放在門邊，然後走來我這，抱我一下。「反正我不想玩了。」

14 哈洛與茉德 Harold and Maude

讀醫學院時，我的大體老師叫哈洛——其實是我們這一組的人給他取的名字，因為旁邊那組給他們的大體老師取名茉德。*我們當時在上大體解剖課（醫學院通常是一年級上），拜慷慨捐贈身體給科學研究的人之賜，史丹佛的學生一組分到一具大體。

進解剖教室前，教授給我們兩道指示。第一，敬大體老師如祖父母（「可是……正常人會拿刀子切自己爺爺奶奶嗎？」有個驚呆的學生問）；第二，解剖人體是衝擊極大的過程，留意自己的情緒。

我們完全不知道大體老師的資訊，姓名、年齡、病歷、死因——全不透露。不提供姓名是基於隱私，隱瞞其他部分是為了讓我們自行「破案」，只不過重點不是「兇手是誰？」而是「他為什麼死了？」因為抽菸？因為愛吃紅肉？還是因為糖尿病？

一學期下來，我發現哈洛換過髖關節（線索：腰部有金屬U形釘）、二尖瓣瓣膜滲漏（線索：心臟左側腫大）、便秘（可能是臨終期間在醫院臥床所致，線索：結腸囤積糞便）。他有雙蒼白的碧眼，牙齒整齊但泛黃，頭上一圈白髮，指頭肌肉發達，像是工人、鋼琴家或外科醫師的手。我們後來得知他九十二歲死於肺炎都很驚訝，連教授都嘖嘖稱奇：「他的器官看起來像六十歲的人。」

茉德不同。她肺部全是腫瘤，精心塗抹的粉紅指甲掩住指頭上的尼古丁汙點（應該是長年吸菸所致）。她跟哈洛恰恰相反，身體未老先衰，器官像是年紀更大的人。有一天，茱德隊（我們這樣叫茱德那組）取出她的心臟，其中一個學生小心翼翼捧起，傳給其他人觀察，怎料它滑落手套，砰地一聲掉到地上，裂開，我們倒抽一口氣——心碎。**怎麼這麼容易碎呢？我心想，怎麼你萬分小心別傷到別人的心，它還是這麼容易碎？**

教授要我們注意情緒，可是在剝下大體老師頭皮、把他們的頭骨像哈密瓜一樣鋸開時，關閉情緒其實簡單多了（「歡迎大家繼續來到五金教室，」教授在頭部解剖單元第二天上課時，這樣招呼我們。我們一星期後就能做耳部「細解剖」——不用鋸子，只用鑿子和鎚子的意思）。

每節課從拉開屍袋、取出大體老師開始。全班先靜默一分鐘，向容許我們支解他們身體的故人致敬。我們從頸部以下開始，蒙住大體頭部表達敬意；進行到臉部時先蓋住眼瞼，一方面仍是出於敬意，另一方面，是讓他們看起來比較不像真實的人。

解剖讓我們深切體會生命有多脆弱，我們也竭盡所能與這個事實保持距離，拿代代相傳的猥褻解剖口訣放鬆心情。例如十二對腦神經——嗅神經（olfactory）、視神經（optic）、動眼神經（oculomotor）、滑車神經（trochlear）、三叉神經（trigeminal）、外旋神經（abducens）、顏面神經（facial）、前庭耳蝸神經（vestibulocochlear）、舌咽神經（glossopharyngeal）、迷走神經（vagus）、副神經（accessory）、舌下神經（hypoglossal）——口訣是「Oh, Oh, Oh, To Touch And Feel Virginia's Greasy Vagina, AH」（喔喔喔，摸摸嘗嘗維吉尼亞滑嫩的陰道，啊哈）。解剖到頭部和頸部時，全班會一起喊這句話，然後死命K書，預習第二天的課程。

用功是有回報的，我們每個單元都高分通過，只是我不太確定有沒有人注意自己的情緒。

❖ ❖ ❖

考試週的第一場是「跑台」（walkabout）。顧名思義，就是在一屋子的皮膚、骨頭、內臟間跑來跑去，跟搜查空難現場差不多，只不過你辨識的不是罹難者的身分，而是人體個別部位。換句話說，不是要你回答「我看這是張三」，而是要你仔細看看孤伶伶擺在桌上的那團血肉，想想它是手的一部分還是腳的一部分，然後回答「我想這是橈側伸腕長肌」。但即便是跑台，也還不是我們最血腥的場面。

這天要解剖哈洛的陰莖（冰冷，了無生氣，跟塊皮似的），因為茱德隊的同學解剖的是女性，所以湊來我們這組看。我們組的凱特（Kate）向來下刀精準（用我們教授的話說，她的專注力「犀利如九刃刀」），但茱德隊的人邊看邊鬼叫，害她分心。而且凱特割得越深，他們就越吵。「呴！」

「痛痛痛——」

「我快吐了。」

圍觀同學越來越多，有些男生開始繞圈跳舞，拿膠裝教科書護著褲襠。

「很愛演。」凱特咕噥一句。她是要當外科醫生的人，沒閒情為特定器官作嘔。重新集中精神之後，她先用探針確定精索位置，然後再次拿起手術刀，從陰莖根部垂直切下，俐俐落落劈成兩半，跟切熱狗一樣。

「夠了，我要閃人！」其中一個宣布，他的幾個朋友跟著衝出教室。

課程最後一天是典禮，我們一起向大體老師致敬。我們全都讀了自己寫的謝卡，並演奏音樂，向他們獻上祝福，願他們即使身體支離破碎，靈魂仍完好無缺，能接受我們的感謝。我們談了很多大體老師的事，關於他們的脆弱，關於他們願意交出自己，任我們宰割，承受千刀萬剮，化為無數組織樣本，一毫米、一毫米地被放在顯微鏡下檢視。但真正脆弱的其實是我們——不願意承認脆弱，更顯出我們多麼脆弱——一群不曉得自己有沒有本事行醫的一年級學生；一群近距離凝視死亡的年輕人；一群時不時在最意想不到的時刻掉下眼淚、不知如何是好的學生。

老師曾要我們留意情緒，可是我們不知道自己的情緒是什麼，也不知道該怎麼處理它們。有人去上醫學院開的冥想課程，有人熱中運動，還有些人埋首研究。茱德隊有個同學變成菸槍，時不時偷溜出去抽菸，但堅決不信自己將來會跟他的大體老師一樣敗給腫瘤。我則是去當識字計畫志工，念書給幼稚園小朋友聽——他們多麼健康！多麼活潑！身體各部分又多麼完整啊！不當志工的時候，我寫作。既寫下自己的經驗，也對其他人的經驗越來越好奇。我就是從這個時候開始為報章雜誌寫稿，訴說這些經驗。

有一次我寫到醫病關係課的事。那門課的主旨是教我們怎麼與病人互動。期末考有一部分是讓學生詢問病史，並把過程錄影下來。我們教授講評時提到只有我有問病人感覺如何，「那應該是你們首先要問的問題，」他對全班說。

史丹佛很重視待病人如人，而非案例。然而在此同時，教授們也坦承這越來越難，因為行醫方式正在改變。長期建立關係和仔細問診的老派作風不再，取而代之的是新潮的「管理式照護」——每個病人看十五分鐘、工廠式的治療過程、限制醫生能為每個病人做多少處置。上完大體解剖課後，我為該選哪個專科想了很多：哪個專科還保有老派家庭醫生風格？還是我別無選擇，只能接受自己將來不會記得多少病人的名字，更不可能了解他們的人生？

我跟很多專科醫生見習，刪掉與病人互動最少的科別（急診醫學科：很刺激，但你不太有機會再看到你的病人。放射科：你看的是片子，不是人。麻醉科：你看的病人都在睡眠狀態。外科：同上）。我喜歡內科和小兒科，但我跟的醫生警告我環境在變，醫病之間的人際連結越來越淡——為了不陷入財務窘境，他們每天得趕著看三十個病人。有幾個醫生甚至告訴我：如果現在能再選一次，他們也許會考慮選別的專科。

「你既然能寫，為什麼要當醫生呢？」有個教授讀了我在雜誌上的文章之後，這樣問我。在NBC時，我的工作是編故事，但我渴望真實人生。現在我有了真實人生，卻開始懷疑：在現代日常醫療世界裡，還有沒有辦法好好聽人說故事呢？我發現，當我沉浸在別人的人生時，我覺得充實；而越是以記者的身分寫作，這種感受越深。

我有一天跟教授談到我的猶豫，她建議我同時並行，既寫作也行醫。她說，如果我能靠寫作賺些外快，看診量就不必那麼大，可以用老式作風看病人。但她也說，即便如此，我還是得處理保險公司盈篇累牘的文書作業，它們會耗費大量時間，壓縮我照顧病人的機會。**世界真的變成這樣了嗎？**我心裡嘀咕：**靠寫作支持行醫生活？以前不是反過來嗎？**

無論如何，我把她的建議列入考慮。只是我那時三十三歲了，醫學院畢業還要兩年，住院醫師至少三年，然後是研究醫師……而我知道我想成家。管理式照護的影響看得越多，我對行醫越是躊躇。我願意再花那麼多年完成訓練嗎？就算順利當上醫生，我有辦法既照自己希望的方式行醫、又繼續寫作嗎？此外，我不確定自己真有身兼二職的**能耐**（至少這不是我的強項），何況還要保留一些空間給個人生活。學期結束時，我覺得自己得做出抉擇：寫報導，還是當醫生？

我選擇了寫作。接下來幾年，我為報章雜誌寫了幾百篇文章，也出了書。皇天不負苦心人，我想，**我總算找到我的職涯天命了**。

至於另一個人生目標——成家——應該也能水到渠成吧？離開醫學院時，我對此非常篤定。

＊編註：《哈洛與茉德》是一部美國電影，講述一對祖孫戀的故事。

15 不要美奶滋 Hold the Mayo

「現在是怎樣？你們這些人只會談這個是不是？」

約翰回來晤談了，現在赤腳盤腿坐在沙發上。他穿人字拖來，因為修腳師傅今天去片場服務。我注意到他腳趾甲跟他那口牙一樣完美。

我一開口問他小時候的事，他就爆了。

「是要講幾遍啦？我小時候過得很好。」他繼續：「我老爸老媽零缺點。聖人吶！」

每次我聽到誰的父母零缺點，我都存疑。不是我愛雞蛋裡挑骨頭，只是世上沒有零缺點的父母。知名英國小兒科醫生和兒童精神病專家唐諾．溫尼考特（Donald Winnicott）講過，要養育出適應良好的孩子，父母只要「夠好」就可以了——而我們大多數人都落在「夠好」這個檔次。

即便如此，詩人菲利普．拉金（Philip Larkin）的話還是一針見血：「問世間誰在搞你？你爹地媽咪／他們未必是故意，可就搞了你。」

我是到當媽之後，才真正了解心理治療中兩件重要的事：

（1）詢問一個人父母的事，不是為了責備、評判或批評他們。事實上，這跟他們的父母一點關係也沒有，只是要了解早年經驗如何塑造成年後的他們，藉此幫助他們分開過去和現在，脫下不再合身的心理外衣。

（2）大多數人的父母都盡力做到最好，雖然有的人的「最好」是甲下，有的人是丁上。雖然每個人都有侷限，但少有父母打從心底不希望子女有好的生活。這不代表我們對父母的侷限（或心理健康困擾）不能有情緒，只是要想出如何應對。

到目前為止，我對約翰的認識是：他四十歲，結婚十二年，有兩個女兒（大的十歲，小的四歲），還有一隻狗。他是當紅電視節目的編劇和製作人。知道他製作的是哪幾齣戲之後，我毫不意外；他之所以能拿下好幾座艾美獎，正是因為他的角色渾球和粗線條得突出。他常抱怨妻子鬱鬱寡歡（但有句話說得好：「診斷一個人有憂鬱症之前，先確認他們沒被混蛋圍繞」）、小孩不孝順、同事浪費他的時間，而且每個人都對他要求太多。

他的父親和兩個哥哥都住在中西部，約翰也在那裡長大，但只有他離開故鄉。他的媽媽是中學戲劇老師，在他六歲那年去世（當時兩個哥哥分別是十二和十四歲）。意外發生那天，她指導完排演，離開學校，看到她一個學生快被車子撞上，就衝過去推開學生，自己卻被撞倒，當場死亡。約翰講到這段時毫無情緒，像是在敘述他電視劇的情節一樣。他的父親是英文教授，有志成為作家。妻子死後，他獨力照顧三個兒子，直到三年後娶了附近一個沒有孩子的寡婦。約翰形容他的繼母「平凡乏味，但沒什麼地方讓我討厭」。

約翰用很多時間數落生命中各式各樣的白痴，卻幾乎不提父母。我實習時聽督導講過：對防衛心很重的病人，窺知他們過往的其中一招是問：「不要用想的，對你媽媽（或爸爸）的個性，馬上在你心裡冒出的三個形容詞是什麼？」這種不假思索的答案總能帶給我（和我的病人）啟發，有助於我們了解病人和父母的關係。

可是這招對約翰完全沒用。「聖人，聖人，**聖人**——就這三個字，他們兩個都是。」文字明明是他的強項，可是他回了三個名詞，而非形容詞（我後來得知：他父親在妻子過世後「可能有」酗酒問題，而且「可能」現在還有；約翰的大哥則跟他提過媽媽「可能有輕度躁鬱症」，但約翰說他哥哥只是在「唬爛」）。

我之所以對約翰的童年好奇，是因為他明顯自戀。他自以為是、防衛心強、輕蔑他人、總想主導談話，還有態度趾高氣昂——簡單說，他超機車——這些全符合自戀型人格違常（narcissistic personality disorder）的診斷標準。我第一次跟他晤談就注意到這些跡象，雖然有些心理師會把這種病人轉走，我倒是挺願意嘗試（心理治療需要內省和悟性，自戀型人格因為很難認清自己和別人，治療過程往往充滿挑戰）。

因為我不想放棄診斷背後的那個人。

沒錯，約翰把我比作妓女，在諮商室裡表現得唯我獨尊，而且覺得自己比什麼人都優秀。可是在這些言行底下，他跟我們其他人真的那麼不一樣嗎？

❖ ❖ ❖

「人格違常」一詞常常激起各種聯想，不只心理師如此（不過我們認為這種病人不多），大眾文化也是如此。有個維基條目甚至做出整理，一一列出電影角色及其代表的人格違常類型。

《精神疾病診斷與統計手冊》（*Diagnostic and Statistical Manual of Mental Disorders*）堪稱心理診斷臨床聖經，

最新一版列出十種人格違常，又將它們分成三類（clusters）：

A類（古怪，怪異，奇特）：

妄想型人格違常（Paranoid PD），類分裂人格違常（Schizoid PD），分裂病型人格違常（Schizotypal PD）

B類（戲劇化，不穩定）：

反社會型人格違常（Antisocial PD），邊緣型人格違常（Borderline PD），歇斯底里型人格違常（Histrionic PD），自戀型人格違常（Narcissistic PD）

C類（焦慮，恐懼）：

逃避型人格違常（Avoidant PD），依賴型人格違常（Dependent PD），強迫型人格違常（Obsessive Compulsive PD）。

我們門診時看到的大多是B類病人。不信任別人的人（妄想型）、孤僻的人（類分裂型）和怪人（分裂病型）通常不會尋求心理治療，所以A類很少。迴避人際關係的人（逃避型）、不成熟的人（依賴型）和死硬派工作狂（強迫型）不常求助，所以C類也很少。另一方面，B類那些反社會的人一般不找心理師。所以找我們的多半是關係出問題的人，這樣的人通常若不是自身情緒激烈（歇斯底里型和邊緣型），就是嫁或娶了這樣的人（自戀型）（邊緣型的人往往會跟自戀型的人在一起，我們在伴侶諮商中常常看到這種組合）。

直到最近，大多數心理健康從業者仍相信人格違常無法治療，因為人格違常和情感性違常（如憂鬱症、焦慮症）不同，前者是持久而根深蒂固的行為模式，而且這些模式很大程度上是**人格**的一部分。換句話說，人格違常是自我**協調**的（ego-syntonic）——一個人的行為似乎跟他的自我概念一致。因此，人格違常的人認為，自己遇到的問題是別人製造的。情感性違常不一樣，它們是自我**矛盾**的（ego-dystonic）。換言之，受情感性違常之苦的人不滿意的，是自己的行為模式。他們不想憂鬱、不想焦慮，也不想每次出門都得開燈關燈十次。他們知道自己出了問題。

不過，人格違常的表現方式像光譜一樣。舉例來說，雖然邊緣型人格違常的人都怕被拋棄，但有些人是伴侶沒有立刻回訊息就焦慮，有些人是寧願選擇反覆無常又千瘡百孔的關係，也不願保持單身。再拿自戀型人格來說：誰不認識幾個聰明、機智、有成就、有魅力，但自我中心得嚇人的人呢？也許程度有別，但這種類型的人隨處可見。

最重要的是，有人格違常的**跡象**未必代表達到正式診斷標準。**每個人**都時不時會出現輕微的人格違常（可能是那天正好特別倒楣，或是剛好被打到痛處），因為每個人都有自我保護、受到接納、保持安全等十分合乎人性的需求（如果你認為自己是例外，不妨問問你死黨或另一半的看法）。換句話說，就像我一直試著完整看待一個人，不要只看快照；我也試著看出一個人背後的掙扎，不要只想找出填在保險單上的五位數字診斷碼。要是我太依賴診斷碼，我會開始透過這個濾鏡去看治療的每個面向，這會妨礙我跟坐在我面前這獨一無二的人建立真正的關係。也許約翰是自戀型人格，高傲自大，目中無人，用個不甚專業的方式來說，他真他媽的超級討厭，但他也就是……他。

可是呢——

診斷還是有用的。舉例來說，我知道要求多、愛批評、常生氣的人往往強烈感到孤獨；我還知道有這些表現的人既想獲得關注，又怕受到關注。我認為對約翰來說，露出脆弱的一面既可悲又丟臉——而我猜：也許是六歲那年媽媽過世，他不知怎地接收到「不能懦弱」的訊息。因為他面對自己的情緒可能會被淹沒，所以他把情緒化為憤怒、嘲弄和批評，投射到別人身上。約翰這樣的病人之所以特別棘手，原因就在他們太擅長惹毛你——全是因為解離（deflection）。

我要做的是：想辦法讓我們兩個看出他在逃避什麼情緒。雖然他築牆挖壕把我擋在外頭，但我知道有一部分的他在塔樓呼救，希望有人救出他來——問題是從什麼東西裡救出來，我現在還不知道。無論如何，我會好好運用診斷上的知識，同時小心不受它侷限，設法幫助約翰看出他的舉動有害無益，給自己造成的問題恐怕比他口中那些白痴還多。

❖ ❖ ❖

「你的燈亮了。」

我正想跟約翰談他為什麼這麼氣我問他小時候的事，門邊接候診室按鈕的綠燈亮了。我看看燈再看看鐘，才開始五分鐘而已，我有點疑惑下個病人怎麼到得這麼早。

「嗯，對啊。」我邊回邊想：約翰是想改變話題呢？還是他居然有意識到他不是我唯一的病人？很多病人暗自希望自己是心理師唯一的病人，至少要是最喜歡的一個——最特別的、最有趣的，最重要的是：最受關愛的。

「瞭嗎？」約翰邊說邊向綠燈點頭：「那我午餐。」

我一頭霧水：「你午餐？」

「外送的在外面。你不准我用手機，所以我叫他按那個鈕。我今天還沒空吃飯，現在才有一小時空檔——喔，不是一小時，是**五十分鐘**才對！我得趁現在吃。」

我差點沒暈過去。通常沒人會在心理治療時吃東西，就算要吃，也會先問「我今天可以在這裡吃東西嗎？」之類的，而且會自己帶。連我低血糖的病人都只帶食物來一次——免得談到一半休克。

「沒關係啦，」約翰應該是注意到我的表情：「你要的話我分你一點。」他起身，走到走廊，去候診室跟外送的拿午餐。

回到諮商室後，約翰打開袋子，拿餐巾紙鋪在腿上，撕開包裝，咬了一口三明治，鬆口掉在餐巾上。

「媽的咧，幹！我明明叫他不要放美乃滋！結果咧？」他撥開三明治讓我看美乃滋，空的那隻手伸向手機——應該是想打電話罵人——我使個眼神，提醒他禁用手機政策。

他的臉倏地漲紅，我在想他會不會連我一起吼？結果他只罵了一句：「**白痴**！」

「我嗎？」我問。

「你什麼？」

「你之前講過你上個心理師人還不錯，可是是白痴。所以我也一樣？人還不錯，可是是白痴？」

「响！不是啦！」他說。我很高興他總算承認人生裡不全是白痴。

「謝啦。」我說。

「謝什麼？」

「謝你說我不是白痴啊。」

「我不是那個意思，」他說：「我是說你人一點都不好，不准我打手機罵那個放美乃滋的白痴。」

「所以我是壞蛋加白痴？」

他露齒一笑，冒出酒窩，眼神閃閃發亮。我突然了解為什麼有人覺得他很有魅力。

「對啊，我百分之百確定你是壞人，白痴那部分我還在看。」他在逗我，我對他一笑。

「好吧，」我說：「至少你網開一面，願意再觀察一下。謝囉。」他開始坐立不安，對我繼續接話有點不自在，巴不得立刻閃避這種人際接觸。他開始津津有味地嚼那加了美乃滋的三明治，眼神飄向另一邊。但我發現他不打算繼續耍嘴皮子，心防似乎微微開了一道縫。

「我有點難過你覺得我是壞人，」我說：「所以你才提到五十分鐘這件事嗎？」他講過來我這裡不像幽會，像召妓。那部分有點複雜，但我猜他提到五十分鐘的原因跟大多數人一樣──他們想在這裡待久一點，又不知道該怎麼說。他們覺得承認自己喜歡這裡是示弱。

「沒有！我是覺得還好只有五十分鐘。」他說：「一小時還得了？你一定窮追猛打我小時候的事。」

「我只是想多了解你啊。」我說。

「了解什麼？我很焦慮；我睡不著；我有三個節目要弄；我老婆每天靠夭個沒完；女兒才十歲就像是到了叛逆期；四歲那個每天哭哭啼啼要找保姆，可是保姆念研究所去了；臭狗越來越壞；身邊全是白痴，每個都像是存心整我似的。喔還有，老實說，我現在一肚子火！」

「真的，」我說：「你真的遇上太多事了。」

約翰陷入沉默，一口一口嚼著三明治，認真研究拖鞋旁邊地板上的某個點。

「真的，屁事真他媽多。」他總算開口：「不·要·美·奶·滋。就這樣而已！有那麼難嗎？」

「對了，說到那些白痴，」我說：「我想到一件事：那些惹火你的人呢，會不會其實並不想把你惹火？還有，可不可能這些人不是白痴，智力也還可以，只是想盡力把事情做好而已？」

約翰微微抬眼，彷彿開始思考這種可能。

「還有啊，」我輕聲說：「會不會你也是這樣？」我心裡在想：約翰雖然對人很嚴，但他對自己可能更嚴三倍。

約翰開口想說些什麼，但馬上住口。他又低頭看看拖鞋，拿起一張餐巾紙，假裝要擦嘴邊的碎屑。不過我還是看到了——他很快把餐巾紙往上一挪，擦擦眼角。

「什麼鳥三明治。」他說，把餐巾紙往袋子裡一扔，跟剩下的食物一起包起來，往我書桌下的垃圾桶一拋。**空心球**。漂亮得分。

他看看鐘。「這實在太扯了，太扯了！我餓了，我只有這個空檔吃東西，可是我不能用自己的手機叫一頓像樣的午餐——這算哪門子心理治療？」

我有點想回答：**對啊，心理治療就這樣喔！**——面對面談，沒有手機，沒有三明治，這樣我們才能認真談一談，好好建立關係。但我知道約翰一定會回我幾句冷嘲熱諷。我忍不住想瑪歌每天得陷入這種局面幾次，也有點好奇：不曉得她的心理歷程如何，當初怎麼會選約翰當丈夫？

「我們談個條件好了，」約翰說：「你讓我跟街上的餐廳訂午餐，我就跟你講點小時候的事。而且我訂**兩份**，**一人一份**。我們文明一點，邊吃中式雞肉沙拉邊談。如何？」他看著我，等我回應。

我通常不會這樣做，但心理治療不必墨守成規。我們的確需要立下專業界線，但界線要是寬得像海，或是窄得像魚缸，我們等於是自找麻煩。水族館的大小似乎恰到好處。心理師需要一些自主空間——所以溫德爾會踢我一腳點醒我。如果約翰需要用食物跟我保持一些距離，好讓自己能自在一點跟我講話，那好，就這麼辦。

我跟他說可以訂餐，他也不是非說小時候的事不可。我們不是做交易。他沒聽我講完就迫不及待打電話跟餐館訂餐。果不其然，訂餐過程讓他氣個半死。

「對，醬料不加。欸欸欸！不是飲料，是**醬料**！」他對著對方吼，手機開擴音：「醬料！醬料啊！醬！料！」他大聲嘆氣，翻個大白眼。

「醬料多加？」餐館的人用破英文問。約翰開始拚命跟他解釋醬料要分開來包，不要加進去。他一臉青筋，一副快中風的樣子。每件事都有問題——他們有無糖百事可樂，沒有無糖可口可樂；他們可以二十分鐘送到，十五分鐘沒辦法。我一路旁觀，覺得又驚愕又困惑。**當約翰還真不容易**，我心想。快講完時，約翰用中文說了幾個字，那個人聽不懂，約翰不懂他怎麼會聽不懂「自己的話」，那個人說他講廣東話。

掛上電話，約翰看著我，一副難以置信的表情。「搞屁啊？他們不講**普通話**？」

「你既然會中文，幹嘛不用中文點餐？」我問。

約翰狠狠瞪我一眼：「因為我講**英文**。」

非常有說服力。

約翰一直發牢騷到午餐送到，可是一開始吃沙拉，他就稍稍卸下心防。我其實已經吃過午餐，但還是跟他一起吃一點，共餐容易培養關係。他跟我講了一些爸爸和哥哥的事，還有他覺得很怪：他對媽媽的記憶明明不多，可是幾年前居然開始夢到她，而且同樣的夢有不同版本，像《今天暫時停止》（*Groundhog Day*）一樣。他不想再做這個夢，但想停也停不了。他怨嘆連睡覺都不得安寧，他要的只不過是平靜而已。

我想多問問那個夢的事，但他說講這件事他會不愉快，他不是付錢給我讓他不愉快的。他不是才告訴我他要平靜嗎？他們難道沒教心理師「聆聽技巧」嗎？我想跟他談一下他剛剛講的話——他認為心理治療不該讓他不舒服，而且不必經歷不舒服就能得到平靜，我想挑戰這些想法。但這得花點時間，而我們只剩幾分鐘而已。

我問他哪些時候覺得平靜。

「遛狗的時候。」他說：「至少蘿希變瘋狗之前是那樣。以前遛狗還滿平靜的。」

我在想他為什麼不願意在諮商室裡談那個夢。對他來說，這裡是不是變得有點像庇護所，幫他把工作、老婆、孩子、狗、世上的白痴，還有在夢裡出現的媽媽幽魂，全擋在門外？

「欸，約翰，」我決定一試：「你現在覺得平靜嗎？」

他剛把剩下的沙拉包好，現在把筷子往裡頭一扔。「當然沒有啊。」他邊說邊翻個不耐煩的白眼。

「喔。」我說，隨口放下這個話題。但約翰意猶未盡。晤談時間到了，他起身離去。

「你搞笑喔？」他邊走向門口邊講：「這裡？平靜？」他的白眼突然變成笑眼，而且不是高高在上那種輕蔑的笑，而是跟我分享祕密的笑。這種笑可愛、耀眼，而且不是因為他有口迷人好牙。

「我覺得是喔。」我說。

16 應有盡有 The Whole Package

爆雷：離開醫學院之後，我的人生沒照計畫走。

三年後我年近三十七歲，結束一段兩年的感情。分手當然難過，但不算突然，我們也好聚好散，跟後來與男友分手情況不同。可是對想要孩子的人來說，這真是你能想到的最糟時間點。

我一直非常確定自己想當媽媽，成年後常當照顧小孩的志工，也認為自己遲早會有孩子。隨著四十大關逐漸逼近，我想要小孩想得要死，但還沒想到甘願隨便找個人嫁了的程度。這讓我陷入極其尷尬的處境——我很想成家，但也很挑。

就是在那個時候，我朋友建議我把順序反過來：先有孩子再找伴。有天晚上，她寄了好幾個精子捐贈者網站給我。我之前從沒聽過這種事，剛開始有點不知所措，但仔細考慮之後，我決定跨出這一步。

現在只需要選捐贈者了。

我當然希望捐贈者健康情況良好，但那些網站還有提供其他特點給人考慮，不只是髮色、身高而已。我想要曲棍球球員還是文學系文青？楚浮粉還是長號手？外向的還是內向的？

令我意外的是，捐贈者簡介在很多方面弄得像徵友簡介，只不過大部分捐贈者是大學生，也有提供SAT成績。另外還有一些重大差異，最主要的一個是「實驗室美眉」的評語。這些人是精子銀行的職員，似乎全是女性，負責跟來公司「抒發」的捐贈者面談（溫馨提示：他們抒發的並不是心事）。實驗室美眉會寫下名為「工作人員印象」的評語，加進捐贈者簡介，不過她們分享的評語很隨興，問題和形式都不固定，從「二頭肌超大！」到「拖得有點久，但最後有弄出來」都有（我對連自慰都拖拖拉拉的男大學生有戒心）。

我很依賴這些工作人員的印象，因為簡介看得越多，我越明白自己希望能對捐贈者有感覺，畢竟他會跟我的孩子產生連結。我希望自己在某種意義上喜歡這個人，如果他來我們家吃飯，我會高興餐桌上有他陪伴。可是，儘管我看了很多「工作人員印象」，也聽了很多實驗室美眉跟捐贈者面談的錄音（「你碰過最有趣的事是什麼？」、「你會怎麼形容自己的個性？」，有個問題怪怪的：「你心目中浪漫的第一次約會是什麼樣子？」），它們還是給我一種公事公辦的感覺，沒有人味。

有一天，我打電話去精子銀行問某個捐贈者的健康資料，被轉給一個叫凱思霖（Kathleen）的實驗室美眉。她查醫療紀錄的時候，我跟她聊了幾句，結果意外發現：跟那個捐贈者面談的實驗室美眉就是她。我實在忍不住：「他可愛嗎？」我裝作隨口問問，不曉得能不能問這種問題。

「嗯……」凱思霖想了一下怎麼答比較模稜兩可，最後用她濃濃的紐約腔說：「他也不是沒魅力啦。只是，我如果在地鐵遇到他，應該不會多看他一眼。」

從那之後，凱思霖成了我的精子把關者，回答我的問題，暗示我捐贈者的狀況。我很信任她，因為雖然有些實驗室美眉會誇大其詞（畢竟她們的任務是銷售精子），但凱思霖誠實得驚人。她標準很高，我也一樣——這其實是問題，因為沒有人能通過我們的篩選。

但說句實在話：預設我將來的孩子會希望我挑三揀四，應該滿合理的，何況還有很多因素需要考慮。比方說，就算找到跟我一樣情感敏銳的捐贈者，對方可能還有其他無法忽視的問題，例如他的家族病史跟我的不搭（我家有腎臟病史，而且六十歲以下罹患乳癌的風險較大）。再比方說，我找到一個健康紀錄無懈可擊的捐贈者，可是他是丹麥裔，身高六呎，有北歐人的特徵，跟我身材矮小、髮色偏褐的東歐裔猶太家族站在一起，顯然格格不入——也可能讓我孩子將來覺得自己跟別人不一樣。很多捐贈者健康、聰明，而且體型跟我家的人類似，但總有某些細節讓我心裡亮紅燈。例如有個捐贈者寫自己最喜歡的顏色是黑色，最喜歡的書是《蘿莉塔》（*Lolita*），最喜歡的電影是《發條橘子》（*Clockwork Orange*）。我試著想像我的孩子有一天看到這份簡介，然後丟給我一個「結果你選**這個**？」的眼神。看到拼字和標點錯誤的捐贈者，我的反應也是一樣。

這個過程持續了三個月，弄得我身心俱疲，甚至開始失去信心，懷疑自己找不找得到既健康又合適的捐贈者。我想找個能引以為傲的人，假如哪天我的孩子問起，我希望能理直氣壯地解釋為什麼當年選的是他。

然後——總算！——我找到了。

❖ ❖ ❖

我那天回家很晚，一進門就聽了凱思霖的語音留言。她要我趕快看某個捐贈者的簡介，照她形容，那個人長得像「年輕版喬治・克隆尼」。凱思霖強調她非常喜歡這個捐贈者，因為他待人友善，來銀行捐精時也總是心情很好。我翻了個白眼——二十來歲的小伙子去那裡看A片，讓自己爽一下，而且別人還付錢給他，心情怎麼可能不好？凱思霖講得興致勃勃，滔滔不絕誇他身強體健、相貌堂堂、聰明敏銳，而且個性迷人。

「應有盡有。」她信心滿滿地說。

我從沒聽過凱思霖這麼興高采烈，所以我馬上登入，點開他的簡介，瀏覽他的健康紀錄，讀他寫的短文，聽他面談時的錄音檔。我馬上知道——跟大家說的一見鍾情一樣——就是他了！他喜歡的、他排斥的、他的幽默感、他的興趣、他的價值觀——全都讓我感覺像一家人。我喜出望外，但也精疲力盡，我想我得先睡一覺，等早上再來確認細節。隔天正好是我生日，我大概作了我寶寶的夢整整八個小時。這個夢第一次如此鮮活，我總算能想像一個具體的、出自兩個獨一無二的人的寶寶，而不是一個遺傳有一半空白的、朦朦朧朧的「寶寶」概念。

到了早上，我興沖沖跳下床，腦中響起「我的寶寶」之歌。**祝我生日快樂！**我想要孩子好幾年了，找到感覺不錯的捐贈者，應該是我收過最好的生日禮物。我直奔電腦，為我的好運歡笑——我，**真的**要做這件事了！我輸入精子銀行的網址，找到那個捐贈者的簡介，重新讀過一次，覺得跟昨晚一樣篤定。不會錯了，就是**這個人**——如果我孩子將來問起：有那麼多捐贈者能選，為什麼偏偏選他呢？我確定自己可以講出一番道理。

我把捐贈者擺進線上購物車（好像在Amazon買書一樣），又檢查一次訂單，點下「訂購」。**我要生小孩了！**我在心裡歡呼。這是我人生中重要的一刻。

等訂單處理時，我開始計畫接下來的事：預約授精，買產前營養品，挑嬰兒用品，還要把寶寶的房間布置好。我一邊打算，一邊瞅瞅電腦，發現訂單還得花點時間才能完成。被稱為「死亡旋轉輪」

的圈圈還在螢幕上轉，動作慢得出奇。我等了又等，等了又等，最後還按了一下後退鍵，想知道電腦是不是當機了。可是什麼事也沒發生。最後，死亡旋轉輪終於消失，跳出一則訊息：**缺貨中**。

缺貨中？我想電腦一定出了什麼狀況，也許是按後退鍵造成的吧？於是我馬上打電話去精子銀行找凱思霖，可是她正好外出，我被轉給另一個叫芭芭（Barb）的客服。

芭芭查了一下，告訴我電腦沒出狀況，問題出在我選了一個炙手可熱的捐贈者。她說這些捐贈紅人賣得很快，雖然公司也盡力常「進」他們的「貨」，可是隔離和檢驗得花上六個月。就算有貨，可能也得等很久，因為有些人願意排隊預訂。聽芭芭這樣說，我才知道凱思霖昨天為什麼急著打給我。我突然想到，搞不好她跟好幾個人推薦這個捐贈者？是不是很多人都跟我一樣，因為凱思霖對精子來源實話實說而與她保持聯繫？

芭芭把我填進等候名單，但也叫我別白白浪費自己的時間（聽起來真不是好兆頭）。我放下電話，整個人有股麻木感。經過幾個月毫無結果的搜尋，我好不容易找到中意的捐贈者，我未來的孩子總算有了現實感，不再只是我腦子裡的空想。但現在，在我生日這天，我眼睜睜看著孩子溜走。我又得重來一次。

闔上筆電，我開始發呆。坐了一段時間之後，我才注意到書桌角落有張名片，那是我上星期在同業聯誼會上拿的。對方是製片，叫亞歷克斯（Alex），二十七歲。我只跟他聊了大概五分鐘吧，但感覺是親切聰明的人，而且似乎滿健康的，不如……我憑著走投無路之人的愚勇心想：不如別在網路銀行兜圈子了，去現實世界找捐贈者吧。亞歷克斯符合我找捐贈者的條件，幹嘛不問問他願不願意考慮呢？反正最糟也不過是被拒絕而已。

說做就做。我仔細斟酌主旨欄的標題（「不情之請」），設法把信寫得語焉不詳（「嗨，記得我嗎？我們聯誼會那天聊過」），然後邀他一起喝杯咖啡，好談談我的「不情之請」。亞歷克斯回覆了，問我能不能在信裡告訴他是什麼問題。我回說希望能當面談。他說好。接下來我只記得，我們約好星期天中午喝咖啡。

❖ ❖ ❖

用比較溫和的方式說，我到春曉咖啡時很緊張。衝動寄出那封信後，我百分之百確定亞歷克斯會說不，然後把這件事告訴他十個朋友，而我會無地自容到沒臉再去參加同業聯誼。該打退堂鼓嗎？可是我想要小孩想瘋了，哪怕只有萬分之一的可能，我都覺得自己非問不可。**問題不講出口，答案永遠是不**，我不斷告訴自己。

亞歷克斯一臉親切跟我打招呼，我們開始輕鬆閒聊——可能太輕鬆了，不知不覺就過了一個鐘頭，到了切入主題的時候。我幾乎忘了自己是來這裡做什麼的，直到亞歷克斯傾身向前，看著我的眼睛，像是認定這是約會一樣，深情款款地問我：「所以，你的『不情之請』是什麼？」

頓時，我臉頰發燙，手心冒汗，做了身在這種處境中的正常人都會做的事——啞口無言。我要問的問題之重大、之瘋狂，讓我說不出一句話。

亞歷克斯靜靜等，我結結巴巴擠出幾個字，用牛頭不對馬嘴的比喻解釋我想請他幫什麼忙。例如「食譜上的食材我還差一樣」，又例如「有點像捐腎，可是不用摘器官」。講出「器官」的時候我變得更窘，甚至想改變話題。「也有點像捐血，」我說：「可是不用針，只要上床就好。」我真想縫上自己的嘴！亞歷克斯用一種奇怪的表情盯著我看，我對自己說，**這是我這輩子最丟臉的時候**。

錯了，更丟臉的還在後面。我很快發現亞歷克斯根本不知道我想講什麼。

「是這樣，」我想辦法穩住：「我三十七歲了，我很想要小孩。可是精子銀行那邊找得很不順利，所以我在想……你會不會願意考慮……」

看得出來亞歷克斯終於懂了，因為他全身僵住，連他那杯抹茶拿鐵都停在半空。除了醫學院時看過的僵直型思覺失調症患者之外，我從沒見過一個人能坐得這麼挺。最後，亞歷克斯的嘴巴總算動了一動，跑出一聲「喔」。

接著，慢慢地，更多字跑出來。「我完全沒想到是**這個**。」

「我懂。」我點點頭。害他這麼尷尬，我覺得很糟。也是，這種事本來提都不該提的。令我訝異的是，我正想開口跟他這樣說，他卻跑出一句：「我們先談看看吧。」

這下輪到我全身僵住，好不容易才吐出一個「喔」。接下來幾個鐘頭過得飛快：我和亞歷克斯無話不談，從小時候的事聊到未來的夢想。談完精子這個話題似乎能卸下所有矜持，就像第一次發生性關係後常常情感閘門大開。我們總算聊完要走的時候，亞歷克斯說他得再想想，我說好，他說他會再跟我聯絡，而我滿確定他好好想過之後，絕不會再跟我聯絡。

可是那晚，亞歷克斯的名字真的出現在我信箱。我點開信，心想應該是委婉拒絕吧。但居然不是，他說：**到目前為止我覺得ＯＫ，但還有問題想問**。於是我們又約見面。

我們接下來幾個月常常在春曉碰面，次數多到我說它是我的「精子辦公室」，我朋友更直接，開始叫它「春洨」。我跟亞歷克斯在春洨無所不談，從精液樣本、健康狀況到合約、跟小孩見面等等。

最後我們談到重點：要怎麼授精？請醫生做人工授精呢？還是親自上陣增加懷孕機率？

他選親自上陣。

老實說，我不反對；更誠實點說：我為這個發展**興奮死了！**畢竟我要當媽媽了，以後沒什麼機會嘗亞歷克斯這麼豪華可口的二十七歲小鮮肉，瞧他結實的腹肌、深邃的臉龐，嘖嘖。

在此同時，我緊盯經期。有一天也是在春洨，我告訴亞歷克斯我快排卵了，如果我們這個月要試，他有整整一個星期的時間作決定。在其他情況下，這似乎是給他壓力，可是當時感覺已經談妥，而我沒有多少時間可以浪費。我們已經方方面面談過這個計畫，法律、情感、倫理和實際層面的問題全都談了。何況我們那時已經很熟，給彼此取綽號、開只有我們兩個才懂的笑話，也都滿心期待這個孩子。一星期前，他甚至像打探商業情報般地問我「有沒有找別人」，還是只有找他。我一時衝動想說競爭激烈，下單請早，趕快把事情定下來（**皮特問過幾次，蓋瑞也有興趣，所以你最好星期五前決定好，授精這種事很熱門的**）。但我終究還是希望彼此完全坦誠，反正我想亞歷克斯一定會答應。

提出期限隔天，我們相約去海邊散步，最後一次討論合約細節。沿著海岸溜達時，天空莫名下起毛毛雨。我們對看一眼——要回頭嗎？不料毛毛雨頓時成了傾盆大雨，我們都穿短袖，亞歷克斯把繫在腰上的夾克披上我肩膀。在雨中的海灘，我們全身濕透。彼此對望時，他正式對我亮了綠燈。在反覆交談之後，在彼此了解之後，在仔細討論過這對我們和孩子的意義之後，我們終於準備好了。

「我們來生孩子吧！」他說。我們擁抱、歡笑，我披著長及膝蓋的過大夾克，抱住這個要給我精子的人。我**等不及**將來告訴孩子這一天的故事。

回到車上，亞歷克斯拿簽好的合約給我。

然後他就不見了。

❖ ❖ ❖

我整整三天沒他的消息。三天聽起來或許不長，但你要是年近四十、即將排卵，而你唯一一個其他選項是在等候名單上等到天荒地老，三天就有如永恆。我盡可能別想太多（壓力有害懷孕），但當亞歷克斯終於再次出現，傳訊息說「我們得談一下」，我全身癱軟。地球上每個成年人都知道這是什麼意思，我也一樣：他準備甩掉我了。

隔天早上，我們坐在春洨裡同樣的位子，亞歷克斯不敢看我，吞吞吐吐講出標準分手用句：「不是你的問題，是我的問題」；「我現在太沒定性，不知道給不給得起這麼大的承諾，為你著想，我不想把你綁住」；當然還有經典萬年金句：「希望我們還能當朋友。」

「沒關係啦，天涯何處無芳草。」我用陳年老哏裝堅強，想辦法讓氣氛輕鬆一點，也讓亞歷克斯知道我理性的一面很講道理，可以了解他為什麼過不了捐精這關。可是我心裡嘔死了，因為這是我第二次能清楚想像一個孩子，卻永遠抱不到手。我有個朋友剛好在那段時間第二次流產，她說她的感覺跟我一模一樣。回家後，我決定找捐精者這件事得緩一緩，我得休息一下，因為實在太難過了。我跟那個流產的朋友一樣，全力閃躲跟寶寶有關的事，連看到尿布廣告都撲向遙控器，立刻轉台。

幾個月後，我知道自己得再接再厲，繼續跳進網海撈針。但就在我登入之前，我接到一通出乎意料的電話。

是凱思霖，精子銀行的實驗室美眉。

「蘿蕊，好消息！」她用她濃濃的布魯克林腔宣布：「有人退了一瓶小克隆尼。」

小克隆尼……不就我真命天子嗎？「應有盡有」那個。

「退的？」我問，不知道對**退貨**的精子該作何反應。這種東西不就跟個人衛生用品一樣，連有收據都不能退嗎？但凱思霖跟我保證小克隆尼沒出過精子銀行，它好端端存在液態氮裡，原封不動。「貨」一點問題也沒有，只是有人懷上孩子了，所以不需要了。如果我想買，得立刻下單。

「你知道，小克隆尼排隊的很多——」她話沒講完，我已經說要。

❖ ❖ ❖

那年秋末，準媽媽派對結束後，我們一群人外出用餐。我媽媽發現喬治．克隆尼本尊就在隔壁桌。我們這桌都知道凱思霖「年輕版喬治．克隆尼」的評語，親戚朋友一個個指指我鼓脹的肚子，再轉頭望望電影明星。

他看起來比演《急診室的春天》時成熟好多。我覺得自己也比在NBC當小製作人時長大好多。我們的人生都經歷了好多事。他即將拿下奧斯卡獎。我即將生下兒子。

一週後，「小克隆尼」有了新名字：札克里．朱利安（Zachary Julian），ZJ。他是愛，是喜樂，是奇蹟，是魔法。用凱思霖的話說，他「應有盡有」。

快轉八年之後，似曾相識的情景又出現了。當男友講出「我沒辦法再跟小孩住上十年」，我剎時回到亞歷克斯在春曉告訴我他不能當捐贈者那天。我那時會想起自己曾經多麼崩潰，也會想起凱思霖沒過多久就傳來佳音，讓我幾乎破滅的夢想起死回生。

情況似乎很像（一廂情願、計畫落空），所以，即使男友的話讓我心碎，我應該還是能抱持希望，相信一切會自動好轉。

可是，這次有種感覺很不一樣。

17 無憶無求
Without Memory or Desire

二十世紀中期，英國精神分析師威爾菲德・比昂（Wilfred Bion）講過：心理師對病人應該「無憶無求」（without memory or desire）。在他看來，心理師的記憶很容易滲入主觀詮釋，並隨著時間變形；希求則可能與病人的心願牴觸。因此，記憶和希求可能讓心理師對治療抱持成見（稱之為公式化概念〔formulated ideas〕）。比昂認為，心理師應該在每次晤談時全心聆聽病人當下的心聲（不受記憶影響），同時對各種結果保持開放（不為希求所動）。

我實習時的督導很認同比昂的看法，我也以此為志，要求自己每次晤談都要「無憶無求」。我欣賞不受既有概念或計畫束縛，不持己見在我看來頗有禪意，很像佛教說的「心無所住」。可是在實務上，這其實更像是在模仿神經學領域的著名病人H・M，他因為腦傷的關係只能活在現在，無法想起剛剛發生的事，也無法為未來預做打算。我的額葉既然完好無缺，自然沒辦法讓自己進入那種失憶狀態。

當然，比昂的觀點比我這裡講的更複雜，注意記憶和希求讓人分心的面向也非常重要。但我之所以提到比昂，是因為在我開車去跟溫德爾晤談時，我突然在想：對病人（也就是我）來說，要是能「（對男友）無憶無求」，簡直是老天賞賜的禮物。

❖ ❖ ❖

又是週三上午，我坐在溫德爾的沙發，座位A和座位B之間，剛喬好背後椅墊的位置。

我本來想從昨天早上的事說起。我在公用廚房看到一疊準備擺到候診室的書報，最上面是一本叫《離婚》（*Divorce*）的雜誌。我想像訂它的人忙了一天回家，打開帳單，翻開商品型錄，接著映入眼簾的是雜誌封面的鮮黃大字「離婚」。我又想像那些人走進空蕩蕩的屋子，打開電燈，自己熱微波食物，或是打電話叫外賣，一個人坐著吃，漫不經心地翻這本雜誌，心想：**我怎麼落到這般田地？**我想像那些走出離婚的人，他們找到別的事做，不再看這種東西；而大多數訂戶大概是我這樣的人，剛被狠狠傷到，還在試著搞清楚狀況。

當然，我跟男友沒有結婚，所以我們不算離婚。可是我們**本來要結婚**，所以我當時閃過的念頭是：我也是離婚族了。不過，人不就是因為情況已經很糟，所以才離婚嗎？如果哀悼失去是必經之路，有一大堆不愉快能沖淡美好的回憶，會不會更容易一點？割捨一段幸福的關係，是不是比放掉一段充滿冷戰、爭吵、背叛和失望的關係更難？

對我來說，答案是肯定的。

於是我坐下來吃優格，瀏覽雜誌目錄（「從拒絕中復原」；「管理負面想法」；「打造全新的你！」）。這時手機響起，有人寄電郵給我。我（不切實際地）希望是男友寄來的，當然不是。信件標題是「準備迎接最美好的夜晚！」我猜八成是垃圾郵件——可是，如果不是呢？我現在覺得糟透了，何苦白白刪掉最美好的夜晚？

我點開來看，是我幾個月前訂的音樂會門票確認信，那時原本是想給最近生日的男友一個驚喜。我們都喜歡那個樂團，他們的歌就像我們交往過程的原聲帶。第一次約會時，我們發現彼此最喜歡的歌居然是同一首。除了男友之外，我想不出還能找誰去聽這場音樂會——何況是在他生日那天。我該去嗎？該跟誰去？他的生日難道不會讓我想念他嗎？這帶出另一個問題：他想念我嗎？如果沒有，我不就對他毫無意義了嗎？我回神看到《離婚》的標題：「管理負面想法」。

我發現自己很難管理負面想法，因為除了溫德爾的諮商室之外，這些想法沒有多少出口。分手也許就跟流產一樣，也是一種消聲的失落（silent loss），因為這種失落在別人眼裡不太具體——別人看不到流產的人失去孩子，也看不到分手的人失去伴侶。所以朋友以為你相對來說比較容易走出來，而音樂會票券之類的東西簡直是你求之不得的證據，具體證明你的確有失去什麼——不只失去那個人，還失去時間、陪伴、例行公事、只屬於你們的玩笑和默契，以及你往後只能獨自回味的、曾經屬於你們倆的共同回憶。

在沙發上坐定之後，我本來想對溫德爾講這一切，可是我的眼淚成串落下。

淚眼朦朧中，我看到面紙盒朝我飛來，可是我再一次漏接（很棒，除了情緒低落之外，我現在還手眼不協調，我心想）。

我對自己突然失控既驚訝又羞愧——我跟他甚至連招呼都沒來得及打——每次我好不容易停下來，才講完「抱歉」就又失聲痛哭。進諮商室後，我差不多有五分鐘是這樣：哭，試著停下來，說**抱歉**。哭，試著停下來，說**抱歉**。哭，試著停下來，說**天啊，我真的很抱歉**。

溫德爾想知道我在抱歉什麼。

我指指自己：「我這種樣子！」我擤面紙的聲音大如喇叭。

溫德爾聳聳肩，像是在說，**喔，這樣喔——那又怎樣？**

我連停下來說「抱歉」都做不到了，只是哭，試著停下來；哭，試著停下來：哭，試著停下來。

就這樣又過了幾分鐘。

哭的時候，我想起分手後的早晨，一夜未眠的我起身，下床，開始一天的生活。

我想起載札克上學，在他下車時對他說「愛你喔」，他看看四周，確定沒人聽見之後也說了句「愛你喔」，然後跑向朋友。

我想起那天開車上班，我腦子裡一直飄出珍說的話：我不知道這件事算不算結束了。

我想起走進電梯，按下辦公室的樓層，莫名其妙想到「逃避雖可恥但有用」這個哏，居然笑了出來——然後繼續逃避：**也許他會反悔**，我心想，**搞不好這是一場天大的誤會**。

當然，這不是天大的誤會，因為我在這裡，在溫德爾面前哭哭啼啼，對他痛罵自己居然一蹶不振，居然把自己弄成這副德性。

「欸，打個商量，」溫德爾說：「在這裡的時候對自己寬厚一點，出去之後愛怎麼自責都隨便你，如何？」

對自己寬厚？這我倒沒想過。

「可是……可是就只是分手而已啊！」我一秒忘記要對自己寬厚。

「不然這樣好不好？我在門邊掛個拳擊手套，讓你整節晤談都能扁你自己，這樣會不會比較輕鬆？」溫德爾笑了。我吸氣，吐氣，放鬆，試著寬厚。突然靈光一閃，我想到自己看到自我苛責的病人時常有的想法：**你如果需要找人談談自己，千萬別找現在的自己**。我總是告訴他們：自我苛責（self-blame）跟自我負責（self-responsibility）不同，後者應該像傑克・康菲爾德（Jack Kornfield，禪學與心理學大師）說的那樣：「靈性成熟的第二個特質是寬厚，它的基礎是從根本處接受自己。」心理治療也一樣，我們追求的是自我同理（**我也是人**），而非自我評價（**我是好人還是壞人？**）。

「拳擊手套免了。」我說：「我只是覺得之前明明好一點了，現在卻哭個沒完。我覺得退步了，好像又回到分手那個禮拜。」

溫德爾歪歪腦袋，說：「問你一下喔。」我以為他要問感情的事，趕緊抹抹眼淚，等他開口。

「你當心理師一段時間了，」他說：「你有沒有陪過悲傷的人？」

他的問題讓我剎時定住。

❖ ❖ ❖

我陪人處理過各式各樣的悲傷：失去孩子，失去父母，失去配偶，失去手足，失去婚姻，失去寵物，失去工作，失去身分認同，失去夢想，失去身體的一部分，失去青春。我陪伴過痛苦得表情扭曲的人、哭得雙眼紅腫的人，還有張嘴悲嚎如孟克（Munch）的《吶喊》（*The Scream*）的人。我陪過的病人說悲傷如「洪水猛獸」、「千斤壓頂」，有個病人告訴我悲傷讓她「異常麻木，痛不欲生」。

我也曾遠遠看著悲傷。念醫學院時，我有一天在急診室裡負責送血液檢體，走到半路，我被一聲淒厲的聲音嚇到差點掉了試管。那是哀嚎。它刺耳、原始，比起人聲，更像是野獸的叫聲。我找了一下才發現來源。它來自走廊上一個三歲孩子的媽媽，就在她帶寶寶上樓換尿布的兩分鐘裡，她的孩子跑出後門，在游泳池中溺斃。在哀嚎聲中，我看到她丈夫匆匆趕來，得知噩耗，震驚大叫，像是在呼應他太太的哀嚎。那是我第一次聽見交織悲傷與痛苦的哀歌，但從那之後，我又聽了無數次它獨特的曲調。

不令人意外的是，悲傷（grief）可能貌似憂鬱（depression）。正因如此，直到幾年以前，我們這行的診斷手冊還有「傷慟排除條款」（bereavement exclusion）。大意是說：當一個人在至親好友去世後兩個月內出現憂鬱症狀，應診斷為傷慟（bereavement）；但這些症狀要是持續超過兩個月，就該診斷為憂鬱症。傷慟排除條款現在已經刪除，部分原因是時間拿捏有疑義：人真的能在兩個月內弭平悲傷嗎？悲傷難道不會持續半年、一年，或是以某種形式持續一生？

此外，「失去」其實是多面向的，它包括具體的失去（例如我失去男友），以及潛在的失去（「失去男友」所代表的意義）。所以對很多人來說，離婚之痛只有一部分跟失去配偶有關，失去配偶的重量未必大於這項變化所代表的意義——失敗、拒絕、背叛、未知，還有不符合自己期待的人生故事。如果是中年離婚，失去的可能還包括建立親密關係的機會，此後，你很難再了解一個人和被對方了解到同樣程度。我記得讀過一名離婚女性的經驗，她雖然在幾十年的婚姻結束後認識新的情人，但是，「我永遠不會和大衛在產房裡彼此對望」，還有，「我從沒見過他的媽媽」。

所以，溫德爾的問題才這麼重要。這為我喚起陪伴悲傷之人的記憶，也告訴我他現在能幫我什麼。他無法為我修復破碎的關係，也無法改變既成事實，但他還是能幫到我，因為他知道：我們都深深渴望了解自己和被人了解。我做伴侶諮商的經驗也是如此：一方對另一方的抱怨常常不是「你不愛我」，而是「你不了解我」（有個太太對她先生說：「你知道對我來說，哪三個字比『我愛你』更浪漫嗎？」

「『你好美』嗎？」他試著回答。「不對，」他太太說：「是『我懂你』。」）

我又開始掉淚，也不禁在想：溫德爾現在陪我的感覺不知如何？我們心理師陪病人時所做的、說的、感受到的一切，都受到自身生命歷程的影響；我所經歷的一切，會影響我在將來某個時間、某次晤談裡的表現。不論是剛收到的簡訊、跟朋友的對話、對客服解釋我帳單有誤的互動、天氣、睡得夠不夠、早上第一次晤談前想了什麼，或是病人的事讓我想起的回憶，都會影響我對病人的舉止。與男友分手前的我跟現在的我不一樣，我兒子嬰兒時的我跟為人諮商的我不一樣，跟現在與溫德爾晤談的我也不一樣。溫德爾也不例外，現在為我諮商的他，會因為人生到此為止所經歷的事而有所不同。也許我的淚水讓他想起曾經經歷的悲傷，所以這次晤談對他也很難熬。我對他是謎，他對我也是謎，可是我們現在聚在一起，一起梳理我為什麼在這裡。

溫德爾的任務是協助我修訂我的故事。每個心理師都得思考：故事是否經過誇大？哪些配角非常重要，或者無關緊要？故事有往前推進嗎？還是主角一直在兜圈子？情節之間看得出主軸嗎？

我們有點像動腦部手術，讓病人全程清醒那種。手術進行時，醫生要不斷問病人問題：**你感覺得到這個嗎？你能講出這些字嗎？你能重複這句話嗎？**他們得一再確認自己離大腦敏感區域多近，如果碰到了就馬上退回，免得造成傷害。心理師窺探的是心而不是腦，我們必須從最細微的姿勢或表情，判斷是否觸及敏感神經。但我們跟神經外科醫生不一樣，我們是**朝向**敏感區域挖掘，而且還小心施壓，即使這會讓病人不太自在。

這是我們探尋故事深層意義的辦法，故事核心常常是某種形式的悲傷。不過，表層與核心之間往往還有很多情節。

莎曼珊（Samantha）是二十多歲時來接受心理治療的，目的是釐清她深愛的父親的死因。小時候別人告訴她她父親死於船難，但成年後她越想越不對勁，懷疑父親可能是自殺身亡。自殺經常留給在世親友解不開的謎：**原因究竟何在？我們原本可以做什麼來避免憾事？**

在此同時，莎曼珊不斷在每段戀情裡找碴，一再挑三揀四，非要找出能讓自己拋棄對方的理由。她不願看到這些男友像她父親一樣變成謎團，可是她的回應方式卻是不智地重新創造拋棄的故事——只不過在這些版本裡，是她拋棄了別人。這種方式的確讓她擁有掌控權，但她最後孤獨無依。在心理治療過程中，莎曼珊發現她想解開的謎其實更大，不只是查明父親是否自殺而已。她想知道的其實是：**父親活著的時候**是個怎麼樣的人？**她**自己又因為這個結果成了什麼樣的人？

人都想了解和被了解，可是對大多數人來說，我們最大的問題是不知道自己有什麼問題，於是一再陷入同樣的困境。很多人一定想過：**為什麼我明明知道這樣做對自己的幸福有害，卻還是一做再做？**

我哭了又哭，心裡驚訝自己竟能哭這麼久，也在想我搞不好已大量脫水，可是眼淚還是繼續掉下來。在我察覺之前，溫德爾拍了拍腿，表示晤談結束。我深吸一口氣，發現自己居然變得異常平靜。在溫德爾的諮商室裡放肆地哭，就像裹在溫暖的毯子裡，舒適、安全，與外界完全隔絕。我又想了想傑克·康菲爾德的話，「接受自己」那句，心裡卻忍不住嘀咕：**我是來付錢給人看我哭四十五分鐘嗎？**

是也不是。

即使我們一言不發，溫德爾跟我還是有對話。他看著我悲傷，卻不打斷、不分析，不出手緩和氣氛。他讓我用我今天需要的方式說我的故事。

我擦乾眼淚、起身離開時，想到溫德爾每次問我生活中的其他面向——男友和我交往那段時間還發生了什麼事？認識男友之前，我的生活是什麼樣子？——我都隨便帶過（家人啦，工作啦，朋友啦，**唉！沒什麼好講的啦！**），把話題拉回男友。但現在，當我把面紙往垃圾桶扔，我突然明白：我對溫德爾說的故事並不完整。

嚴格來說，我沒有說謊，但我也沒把故事全講出來。

這樣說吧，我漏了一些細節。

PART 2

誠實的藥效更勝同情，後者帶來安慰，但常有所隱瞞。
——葛蕾特・爾立區（Gretel Ehrlich），美國作家暨詩人

18 週五四點會
Fridays at Four

我們在同業麥欣（Maxine）的辦公室——椅子舒適大方、木紋散發古風、織品花色典雅，色調柔和粉嫩。現在輪到我跟諮商小組講個案了，我想談的是一個我似乎幫不上忙的病人。

到底是她的問題？還是我的問題？我想在這裡找出答案。

貝卡（Becca）三十歲，一年前因為人際關係問題來找我諮商。她工作表現不錯，但同事排擠她，從不邀她一起午餐或喝一杯，她覺得很受傷。另外，她前前後後交過不少男友，但每個都是一開始你儂我儂，兩個月後就分手。

究竟是她的問題？還是他們的問題？她想透過心理諮商找出答案。

這不是我第一次在週五四點會談貝卡。雖然沒有規定心理師必須組諮商小組，但很多心理師會固定聚會，像我們就每週聚一次。我們平時單打獨鬥，不論表現得不錯或是有改進空間，都不太有機會聽見別人的回饋。組成諮商小組不但能討論個案，也能幫助我們檢視**面對病人的自己**。

在我們組裡，安德麗雅（Andrea）會告訴我：「那個病人聽起來有點像你弟弟。也許是因為這樣，所以你會有那種反應。」我能幫助伊恩（Ian）處理他對某個病人的感覺（那個病人每次晤談都從星座運勢講起，而伊恩的內心話是：「我受不了這種裝神弄鬼的屁話！」）。諮商小組雖不完美，但相當可貴，因為它能提供不同角度，讓我們保持客觀。在集中精神緊盯主題之餘，也不錯過治療中其他的重要線索。

我老實招認：週五四點會很歡樂，大家會開不少玩笑——而且還有點心和紅酒。

「還是老問題。」我對麥欣、安德麗雅、克萊兒（Claire）和我們唯一的男士伊恩說。每個人都有盲點，我補充，但值得注意的是，貝卡好像很沒興趣了解自己。

大家紛紛點頭。沒錯，很多人剛開始做心理諮商時，好奇的不是自己，而是別人（**為什麼我丈夫那樣做？**），可是我們會在每次晤談時播下好奇的種子，因為心理諮商幫不了對自己不好奇的人。我甚至會在某些時刻點病人一下（「我在想喔，我怎麼好像比你對你自己更好奇？」之類的），看看他們有沒有收到這個訊息。大多數人會開始對我的問題感興趣，但貝卡不是。

我深呼吸，繼續講：「她對我做的不滿意，她沒有進展，但也不去找別的心理師，反而每週報到——像是要證明她對我錯似的。」

麥欣當心理師三十年了，是週五四點會的大家長。她晃晃酒杯，問：「你為什麼繼續看她？」

我邊想邊從盤子裡切下一片乳酪。其實大家幾個月來提了不少建議，但沒一個成功。比方說：如果我問貝卡為什麼流淚，她會回我一句：「應該是我問你吧？要是我知道問題出在哪裡，我幹嘛來這裡？」如果我開口談我們之間的問題（她對我失望；她覺得我誤會她；她認為我沒幫上忙），她會離題說她從不會跟別人弄得這麼僵，只有跟我才會。要是我想把話題拉回我們（她覺得我在責備或批評她嗎？），她會生氣。當我試著談談她的怒氣，她就不說話了。如果我問她，是不是因為怕我講的東西會讓她難過，所以拒不講話？她會說我又誤會她了。當我問她如果覺得我誤會她這麼深，為什麼會繼續找我？她會說我想丟下她不管，一定巴不得她趕快離開——就跟她那些男朋友和同事一樣。如果我試著鼓勵她想想，為什麼這些人會對她敬而遠之，她會說那些男人害怕承諾，同事一個比一個勢利眼。

一般而言，心理師和病人間的問題，也會發生在病人和其他人之間。在諮商室這樣的安全空間裡，病人可以開始了解原因（如果心理師和病人間的互動變化，沒有延伸到病人的其他關係，常常是因為病人沒有夠深刻的關係——就是這樣。表面維持關係平順不難）。貝卡跟我和其他人的互動，似乎重現了她跟父母的關係，可是這部分她還是不想談。

當然，在心理師對病人產生反移情的時候，和病人怎麼相處都不對勁。跡象之一是：你開始對病人產生負面感受。

貝卡的確讓我冒火，我坦白對小組成員說。可是，這是因為她讓我想起以前遇過的什麼人，還是她這個人真的很難相處？

心理師會用三種資訊評估病人：病人說了什麼，病人做了什麼，還有**我們跟病人互動的感覺**。病人有時就像脖子上掛個牌子：**我讓你想到你媽！**我受訓時有督導講過：「你們跟病人第一次晤談後的感覺是真實的——好好運用。」我們對病人的感覺之所以重要，是因為我們感覺到的，可能跟病人生活中的每一個人感覺到的一樣。

知道這點有助於我同理貝卡，讓我更能體會她也有她的難處。已故記者阿力斯・泰森（Alex Tizon）相信人人都有史詩般的故事，「藏在他們負荷和渴望糾結的某處」。問題是，我找不出貝卡的故事藏在哪裡。與她晤談越來越讓我身心俱疲——不是因為情緒勞動，而是因為沉悶至極。她來之前我總會吃巧克力、開合跳，想辦法讓自己精神飽滿，後來還把她的時間從傍晚挪到上午第一節。可是每次她坐好開始講話，我都被一股沉悶籠罩，覺得自己對她無能為力。

「她搞不好就是要讓你覺得無能，用這種方法來告訴自己『我很厲害』。」克萊兒說，她是很紅的心理師：「如果你失敗，她就不必覺得自己很失敗。」

也許克萊兒說對了。最棘手的病人不是約翰那種，而是貝卡這種。約翰那種病人會發生改變，雖然他們自己未必感覺得出來；貝卡這種病人則是一直來諮商，可是毫無變化。

貝卡最近交了新男友韋德（Wade），上星期她跟我說他們吵了一架。原因是韋德發現貝卡經常抱怨她的朋友，問她說：「如果你跟他們處得那麼不愉快，為什麼還要繼續當朋友呢？」

貝卡說她「簡直不敢相信」韋德會問這種問題。他難道不知道她只是吐吐苦水而已嗎？她只不過想跟他談談這些事，結果他居然想要她「住口」。

這裡的對照似乎挺明顯的。我問貝卡她現在是不是也在吐苦水？她對我是不是跟對朋友一樣，雖然偶爾會起摩擦，可是這些關係對她來說還是重要的？貝卡說沒這回事，是我又誤會她的意思。她是來這裡談韋德的。她沒發現她在要我住口，就像之前沒發現自己想讓韋德住口一樣，反而覺得是對方想讓她住口。她不願意去看自己與人相處出了什麼問題，以致別人很難給她她想要的東西。雖然貝卡是為了改變某些生活面向而來找我，但她似乎不太願意做出實際改變。她陷在一場已經過去的爭執裡，結果是與這次晤談脫節。貝卡有她的侷限，我也有我的侷限。我認識的每個心理師都有自己的侷限。

麥欣再次問我為什麼還在跟貝卡談。她特別提醒我什麼方法都試了，不論是受訓時學的、執業後的經驗，還是諮商小組裡其他心理師的建議——我全都試了，可是貝卡還是沒進步，我為什麼還想繼續跟她談？

「我不想造成她情緒波瀾。」我說。

「她已經有情緒波瀾了，」麥欣說：「她周遭每一個人都造成她情緒波瀾，包括你在內。」

「是啦，」我說：「可是我怕我結束治療，會加深她『沒人幫得了我』的執念。」

安德麗雅挑挑眉毛。

「怎樣？」我問。

「你不需要向貝卡證明你的能力。」她說。

「我知道啊。我擔心的是貝卡。」

伊恩裝作嗆到，大聲咳了一下。小組哄堂大笑。

「好啦，可能有一點。」我在小餅乾上抹起司。「我有個病人就是這樣。感情狀況不佳，男朋友對她不太好，可是她就是不分手，因為她或多或少想向他證明自己值得被好好對待。她男朋友根本不領情，可是她就是不放棄，一直試個沒完。」

「你得承認失敗了。」安德麗雅說。

「我從沒跟病人斷過。」我說。

「跟病人斷是很恐怖，」克萊兒邊說邊往嘴裡放了幾顆葡萄：「但要是不斷，等於是失職。」

屋裡一片贊同。

伊恩看看大家，搖了搖頭：「我接下來要講的話你們一定不同意，」——伊恩愛對男女差異開地圖炮在我們組裡是出了名的——「可是事情就是這樣：女人比男人更會忍受鳥事。男女兩方要是女的對男的不好，男的會理直氣壯提分手。要是病人跟我談沒幫助，我也確定自己盡力了，可是就是搞不出名堂，我就跟他們斷，不會想東想西的。」

我們一如往常斜眼瞪他：女人跟男人一樣懂好不好？但我們也知道他沒完全說錯。「敬一刀兩斷。」麥欣帶頭舉杯。我們彼此碰杯，只不過不是為了慶祝。

這是滿讓人心痛的事。病人寄希望於你，但到頭來你知道自己幫不了他。遇到這種情況，你心裡會一直記掛一個問題：**要是我用了別的方式，或是及時發現關鍵所在，是不是就能幫上他了？**而你給自己的答案會是：**也許吧**。不論我的諮商小組怎麼說，我都沒有用對方法打動貝卡。在這個意義上，我的確有負於她。

❖ ❖ ❖

心理治療並不容易，而且辛苦的不只是心理師而已，因為病人也必須為改變負起責任。要是你以為心理師跟你談一小時只會應和你，你錯了。心理師當然支持你，但我們支持的是你的成長，不是你對另一半的低評價（我們的角色是了解你的看法，但未必會為它背書）。在心理治療過程中，你必須負起責任、敞開弱點。我們不會拉著病人直搗問題核心，我們只會輕輕推著他們靠自己走到那裡，因為最有力的真相——人最嚴肅看待的真相——是他們自己一點一滴領悟的真相。心理治療契約隱含的是病人願意忍受不自在，因為有些不自在是心理治療發揮作用所無法避免的。用麥欣在週五四點會的話來說：「我不做『你好棒棒』治療。」

雖然聽起來違反直覺，但心理治療是在人開始好轉時效果最好——在他們較不沮喪、較不焦慮，或是度過危機之後。他們這時比較不會被情緒帶著走，比較能集中精神在當下，也比較有心力投入心理治療。可惜的是，人有時候症狀一減輕就走了，不知道（也可能太知道）工作才剛剛開始，繼續下去需要更多努力。

有一次晤談快結束時我跟溫德爾說：有些時候，我離開諮商室時比進來時更糟——覺得自己被扔向世界，覺得自己還有好多東西沒講，覺得自己的痛苦如此之多——在那些時候，我討厭心理治療。

「值得做的事多半不好做。」溫德爾回答。他的語氣和表情讓我覺得不是說教，而是經驗談。他還說，雖然每個人都希望晤談結束時心情更輕鬆，但我比任何人更該知道心理治療未必如此。如果我想在短時間內改善情緒，我該去吃塊蛋糕，或是享受一下性高潮。但他不是開快樂速成班的。

他補了一句：你也不是。

但我其實很想速成——至少變成病人時是這樣。心理治療之所以有挑戰性，在於它要求病人以平常不願意的方式看待自己。雖然心理師會盡可能以同理心捧著鏡子，但願不願意好好照鏡子還是要看病人自己。他們得自己決定要轉頭不看，還是要盯住鏡子，說：「哇！怎麼會這樣！接下來該怎麼辦？」

我決定接受諮詢小組的建議，中止與貝卡的治療關係。對此，我既感失望，也覺輕鬆。下次晤談和溫德爾提到這件事時，他說他完全了解跟貝卡相處的感覺。

「你也有這樣的病人？」我問。

「有喔。」他說，笑容燦爛得異常，我很難不注意。

雖然我反應慢了點，但還是懂了：他是指我。嗯，好。所以，他跟我晤談前也會灌咖啡、開合跳？很多病人會想：我的人生這麼乏味，心理師會不會聽得無聊？不，這種病人才不無聊，真正無聊的病人是不願分享人生，晤談從頭到尾只注意微笑，每次講的東西都不著邊際，或是一再重複。我們對這樣的病人其實一頭霧水：他們為什麼要跟我講這個？這件事對他們到底有什麼重要性？要談無聊，最無聊的莫過於拒你於千里之外的病人。

對溫德爾來說，我之前沒完沒了地講男友的事就是如此——他沒辦法接近我，因為我不讓他靠過來。現在他把問題挑明了：我對他的態度，就跟我和男友對彼此的態度一樣——我和貝卡其實半斤八兩。

「跟你談這個，是在邀請你。」溫德爾說。我在想：我對貝卡的邀請不知道被拒絕了幾次？我不想這樣對溫德爾。

雖然我沒幫到貝卡，但她或許幫到了我。

19 做夢的人 What We Dream Of

有一天，一個我看了幾個月的二十四歲女子走進諮商室，告訴我她昨晚的夢。

「我在購物中心碰到麗莎（Liza），」荷莉（Holly）開始說：「那個女的高中時對我爛得要死。有的女生是大剌剌欺負我，麗莎不是那種，她是完全不理我！這本來也沒什麼大不了的，可是我們在學校外面碰到，她會裝作根本不認得我。這太**詭異**了！因為我們同校三年，有幾門課還一起上，可是她見面裝不認識。」

「她家跟我家只差一條街，根本是鄰居嘛，所以我們常常遇到——可是我得裝作沒看到她，因為我如果跟她揮手或是打招呼，她會揉揉額頭，一副拚命回想我是誰卻想不起來的樣子，然後用甜膩假掰的聲音問什麼『不好意思，我們認識嗎？』、『不好意思，我們見過嗎？』，哪天她大小姐心情好認出我了，又來一句：『實在不好意思，可以跟我再說一次你叫什麼嗎？』」

荷莉的聲音抖了一下，接著繼續講。

「好，回到我那個夢。我在購物中心，麗莎也在。可是我們不是高中生了，我看起來也不一樣了——我瘦下來了，穿搭完美，秀髮飄逸。我一件一件撥衣服看，麗莎也走過來看同一個架上的衣服，隨口跟我聊幾句款式，跟一般陌生人閒聊一樣。我一開始有點生氣，想說又來了，這個人怎麼**還是**假裝不認得我。但我馬上發現她不是裝的——她真的沒認出我，因為我現在看起來太棒了！」

荷莉在沙發上挪挪身子，用毯子蓋住自己。我們之前談過她老愛蓋條毯子的事——她用它來遮掩體型。

「我裝作什麼也沒發現，開始跟她聊衣服、聊工作。她邊聊邊露出認出我是誰的表情，像是努力把十二年級的我——那個肥胖、頭髮毛躁、滿臉青春痘的我——跟現在的我連起來。我看到她在腦袋裡把兩個形象連起來，說：『天啊！你是荷莉對不對？我們是高中同學！』」

荷莉咧開嘴笑。她高大魁梧，栗色長髮，眼睛碧綠，目前仍超重四十磅。

「於是呢，」她繼續：「我揉揉額頭，用她以前那種甜膩假掰的聲音問她說：『欸……抱歉，我們認識嗎？』她說：『我們當然認識啊！我是麗莎！我們地理、古代史和法文都同班——赫雅（Hyatt）老師那班啊！』我說：『這樣喔……我記得赫雅老師，可是……我不記得你。你也是那班？』她說：『荷莉！拜託一下，我們兩個住得很近，只差一條街。以前我常在電影院和冰店碰到你，還有一次在維多利亞的祕密的試衣間……』」

荷莉又咯咯笑。

「根本完全自爆！她明明一直認得我。可是我說：『咦？好奇怪……我怎麼不認得你？沒關係。遇到你真好。』這時我手機響了，她高中男友要我快一點，電影馬上要開始了。於是我照她以前的樣子，高高在上對她笑笑。也發現手機鈴聲其實是鬧鐘的聲音，這全是場夢。」

荷莉後來把這場夢稱為「天理報應之夢」。對我來說，她談到的是心理治療裡經常出現的主題——排擠，害怕自己被拋下、忽視、迴避，最後沒人喜歡，孤身一人。這個主題不只出現在夢裡。

卡爾・榮格（Carl Jung）提出「集體潛意識」（collective unconscious）的概念，指的是人心中承襲祖先記憶或全人類共同經驗的部分。佛洛伊德是從**客觀層次**（object level）詮釋夢，亦即思考夢的內容和做夢者在現實生活裡的關係（夢裡出現哪些人？在什麼情境？）；榮格心理學則是從**主觀層次**（subject level）解讀夢，亦即探究夢和我們集體潛意識裡的共同主題的關連。

並不令人意外的是，我們經常夢見自己的恐懼，而我們的恐懼很多。

我們怕的是什麼？

我們怕受傷。我們怕被羞辱。我們怕失敗，也怕成功。我們怕孤獨，也怕與人連結。我們怕聆聽內心的聲音。我們怕不快樂，我們也怕快樂過頭（夢裡總是樂極生悲）。我們怕得不到父母認可，也怕接受自己真正的樣子。我們怕生病，也怕好運。我們怕嫉妒別人，也怕擁有太多。我們怕期待可能得不到的事物。我們怕改變，也怕沒有改變。我們怕孩子出事，怕工作出問題。我們怕失去掌控，也怕自己的力量。我們怕生命短暫，又怕離死亡太遠（我們怕死後被人遺忘）。我們怕為自己的人生負責。

有些時候，我們得花點時間才能承認自己的恐懼，對自己承認尤其如此。

我注意到夢可能是自白的徵兆——某種自白前奏。埋藏的東西開始浮上表層，但沒露出全貌。有個病人夢見自己躺在床上抱著室友，她原本以為這代表姊妹倆交情深厚，後來才發現自己受女性吸引。有位男士一再夢見自己在高速公路上超速被抓，做這種夢一年之後，他開始在想：也許自己逃稅幾十年的事——以為自己高法律一等的事——即將東窗事發。

我跟溫德爾談了幾個月後，荷莉的夢悄悄滲入我的夢：我在購物中心撥衣服看，男友也逛到同一個架子，顯然是來幫新女友挑生日禮物的。

「喔?是幾歲生日啊?」我在夢裡問。

「五十歲。」他說。我大大鬆了口氣——前男友的新女友不是二十五歲幼齒嫩草,而且年紀甚至比我還大。這兩個人會湊在一起不是沒道理的:男友說他不想再跟小孩同住,而她要是有小孩的話,年紀也大到上大學了。我跟男友聊得挺愉快,態度友善,內容無害,直到我瞥見衣架旁鏡子裡的自己——我那時才發現自己成了個七老八十的老太婆,男友他五十歲的女友其實比我年輕幾十歲。

「你的書到底寫了沒?」男友問。

「蛤?什麼書?」我盯著自己跟梅乾一樣皺的嘴唇在鏡子裡開闔。

「那本談你的死亡的書啊。」他漫不經心地說。

我的鬧鐘這時響起。一整天下來,我聽著病人的夢,也忍不住想著自己的夢。這夢纏著我不放,我很困擾。

我之所以困擾,是因為它是我的自白前奏。

20 自白 The First Confession

請先讓我辯解一下。我跟溫德爾說分手之前什麼事都好好的，絕對是事實；或者說，是我知道的事實；換句話說，是我想看到的事實。

剝掉辯解之後的真相是：我說謊。

有件事我沒跟溫德爾說：我現在應該在寫書才對——可是進行得不太順利。「進行得不太順利」的意思是：我其實沒在寫。不寫書本來也無所謂——如果我沒簽合約、在法律上沒義務寫出一本書、也不必退回我戶頭裡不復存在的預付款的話。好吧，就算我有辦法退回預付款，沒動筆的問題還是很大條——因為我除了當心理師之外，也是文字工作者。寫作不只是我分內的事，也是我之為我的意義所在。如果我不寫作，我會失去自己很重要的一部分。而且經紀人告訴我：要是這本書交不出來，也沒機會寫下一本了。

我並不是文思枯竭、下不了筆什麼的。事實上，在我應該好好寫書的那段時間，我寫了一大堆機鋒處處、深情款款的電郵給男友——還同時對家人、朋友，甚至男友宣稱我忙著寫書。我像是隱瞞賭癮的賭鬼，每天早上穿得人模人樣，親吻家人，說聲再見，然後直奔賭場，而非辦公室。

我本來真的想跟溫德爾講這件事，但我每次晤談都把焦點放在度過分手，所以沒機會講。

當然，這也是彌天大謊。

我之所以沒跟溫德爾提這本我沒在寫的書，是因為我每次想到都頭痛不已，驚慌、恐懼、後悔和羞恥一湧而上。每當這件事闖進我腦袋（它一再發動突襲，跟費茲傑羅〔Fitzgerald〕說的一樣：「在靈魂深夜，總在凌晨三點，日復一日。」），我都肚子一緊，像是快麻痺似的。接著我會開始質疑一路走來每條岔路上的爛決定，因為我深信自己之所以會落入這般窘境，都是因為做了一個人生裡數一數二的超級爛決定。

也許你在想：**哇咧！是要命多好才有人找你簽約寫書啊？結果你不寫？要不要來工廠一天做十二小時看看蛤？你嘛幫幫忙！**這種質疑我懂。畢竟，我以為我是誰啊？《享受吧！一個人的旅行》（*Eat, Pray, Love*）的伊莉莎白．吉兒伯特（Elizabeth Gilbert）嗎？明明丈夫愛她她卻選擇離開，多委屈似地躲在浴室哭？還是《過得還不錯的一年：我的快樂生活提案》（*The Happiness Project*）的葛瑞琴．魯賓（Gretchen Rubin）呢？有體貼英俊的丈夫、健康活潑的女兒，超過大多數人一輩子見識過的錢，卻還是覺得哪裡怪怪的，隱隱有種少了什麼的感覺？

講到魯賓的書倒提醒我一件事：我還沒講那本我沒在寫的書中最重要的細節——主題是什麼？快樂。是的，一本談快樂的書讓我鬱悶得要死。這很諷刺，但一點也不好笑。

我本來根本不用寫談快樂的書的，會答應要寫只是因為——如果溫德爾的「為更大的事難過」理論正確的話——只是因為我很鬱悶。話說從頭：我決定要寫那本書的時候才開業沒多久，也剛為《大西洋雜誌》（*Atlantic*）寫了封面專題：〈怎麼讓您的孩子需要心理治療：為什麼我們這麼在意孩子快樂與否，反而可能造成他們成年後不快樂？〉。在當時，那是《大西洋雜誌》創刊一百多年來被轉傳最多的文章。我上全國電視和廣播節目談它，外國媒體也找我電話訪問。一夕之間，我成了「親子教養專家」。

事情接著這樣發展：出版商想找我把〈怎麼讓您的孩子需要心理治療〉擴寫成書。他們開出價碼，想蹭熱度——我不知道還能怎麼說——海撈一大筆。那個價碼是我這種單親媽媽做夢都夢不到的，足以讓我們這個單薪家庭財務輕鬆好一陣子。那樣的書能帶來全國各地學校的演講邀請（我喜歡演講），也能吸引數量可觀的病人（這對剛剛自立門戶的我很有幫助），電視台甚至考慮把那篇文章拍成劇（如果再加上暢銷書光環，很可能已經成事了）。

簡言之，書商給我機會把〈怎麼讓您的孩子需要心理治療〉寫成書，而這本書可能改變我職涯生活和財務未來的風景，我的回覆呢？白目得令人髮指：**感謝你們的邀約，但……容我辭謝**。

我腦子沒壞，只是拒絕了。

之所以拒絕，是因為我覺得這樣不對。主要是我認為世界上不需要再多一本談過度教養的書。敏銳、深刻、從各種角度談過度教養的書已經幾十本了。早在**兩百年前**，哲人歌德（Johann Wolfgang von Goethe）就已簡潔俐落地用一句話總結：「太多家長太熱中於讓孩子過得輕鬆，結果是讓他們的人生困難重重。」再把時間拉近一點——精確點說，拉到二〇〇三年——在最早談過度教養的那些書裡，有一本的書名取得貼切：《無時無刻不操心》（*Worried All the Time*）。裡頭這樣講：「良好教養的原則很單純——溫和，同理，以及隨孩子的性情做調整，這些原則不太可能因為最新科學發現而改變。」

我自己也是媽媽，對親職焦慮也不能免疫。事實上，我當初之所以會寫那篇文章，是希望能幫到可能尋求心理諮商的家長。要是我為了跟風撈錢把它擴寫成書，讓自己變成另一個誇誇其談的「親子教養專家」，我會覺得自己也成了這個問題的一部分。在我看來，家長不需要再一本書告訴他們冷靜下來，讓自己喘一口氣；他們需要的其實是從教養書洪流中抽身（《紐約客》〔*The New Yorker*〕後來也對教養書氾濫的現象幽了一默，說：「此時再出同類書籍只是殘忍。」）

於是，我拿出抄寫員巴托比（Bartleby the Scrivener）的口頭禪：「恕難從命」，而結局也跟他一樣慘。接下來幾年，我眼睜睜看著越來越多談過度教養的書橫掃書市，卻只能用各種後悔照三餐捶心肝：這麼大筆錢送上門來還拒絕，我算是成熟的大人嗎？我才剛剛完成無薪實習，有研究所學貸得還，而且家裡得靠我一個人養，我幹嘛不答應下來，趕快寫一本親子教養書交出去，坐等名利雙收，然後快樂過日子呢？畢竟，世上有多少人有這般奢侈，能只做自己覺得最有意義的事？

沒答應寫親子教養書的後悔，也因為讀者對那篇文章持續不斷的迴響更形複雜：我每個星期繼續收到讀者來信和演講邀約——全是關於〈怎麼讓您的孩子需要心理治療〉。讀者和聽眾一個接一個問：「這會出書嗎？」不會，我真想回答，因為我腦子進水。

我認真覺得自己那時腦子進水，因為：為了彌補沒有搭教養書熱潮大賺一筆的遺憾，我答應寫一本（現在讓我既煩惱又鬱悶的）快樂書。為了在剛開始執業之際維持收支平衡，我非寫一本書不可，而且我覺得自己還是可以給讀者一些建議。只是這次不是講家長過於努力結果讓孩子不快樂，而是談我們太過努力結果讓自己不快樂。我覺得這個觀念深得我心。

可是，每當我坐在書桌前開始動筆，我都覺得這個主題跟過度教養一樣，不太能讓我產生共鳴。相關研究未曾、也無法反映我在諮商室裡觀察到的細微之處。有些科學家甚至用複雜的數學恆等式推算快樂值，他們的前提是：快樂並不是因為事態發展多好，而是因為事態比預期中更好。那個恆等式長這樣：

$$\text{Happiness}\,(t) = w_0 + w_1 \sum \gamma^{t-j}\, CR_j + w_2 \sum \gamma^{t-j}\, EV_j + w_3 \sum \gamma^{t-j}\, RPE_j$$

簡單來說就是：快樂等於現實減掉期望。照這樣說，先告知壞消息再把話收回來能讓人快樂（個人認為這只會讓我抓狂）。

我是能把一些有趣的研究兜在一起，但我覺得那只是隔靴搔癢，沒辦法真正講出我想講的東西。可是，不論從我的新職業或生命歷程出發，隔靴搔癢都不再能讓我滿足。人不可能受過心理治療訓練卻一成不變，你會變得更在意事物核心，即使你沒有發現。

無論如何，我告訴自己沒關係，**寫就對了，擺平它吧**。我已經搞砸一本教養書，不能再搞砸這本快樂書。可是一天過了一天，我就是沒動力好好寫，它為我燃起的熱情跟教養書一樣微弱。我怎麼搞的？怎麼又讓自己落入這種局面？

念研究所時，我們會透過單面鏡見習心理諮商。有時候我坐下來寫快樂書，會想起當時觀察過的一個三十五歲病人。他來尋求心理治療的原因是：他明明很愛他太太，也覺得她很迷人，但就是忍不住發生外遇。他跟他太太都不知道他為什麼這麼矛盾，為什麼他的行為這麼牴觸他認為他想擁有的信任、穩定和親密。他在晤談時說，他厭惡外遇給他太太和婚姻帶來混亂，也知道自己不符合自己理想中的丈夫或父親形象。他談了一陣自己多想停止外遇，可是又對自己為何一再外遇毫無頭緒。

心理師對他說，人不同的部分想要的事物常常不同，如果硬要自己無法接受的部分噤聲，它們可能會以其他方式要求被聽見。心理師請他坐到房間另一頭，讓選擇外遇那部分的自己發聲，先別急著把它趕走。

那個病人剛開始有些不知所措，但他漸漸講出隱藏的自我是怎麼想的。驅使那個負責、深情的丈夫做出自我挫敗行為的，正是這部分的他。他被自己的兩個面向拉扯，我也一樣：一部分的我想養家活口，另一部分的我想做點有意義的事——能觸動我的靈魂、最好也能打動別人靈魂的事。

男友剛好在這時出現，讓我從內心交戰中分心。少了他之後，我本來該好好寫書的，但我卻用上網肉搜他來填補空虛。我們很多自毀行為都源於情感空虛，而這片空虛總是召喚別的事物填補。現在，既然溫德爾要我別再肉搜男友了，我覺得自己該負起責任。我沒藉口不好好寫書了，即使這本談快樂的書讓我無比鬱悶。

而且，我好像該讓溫德爾知道我闖了什麼禍。

21

戴套治療

Therapy with a Condom On

「嗨，是我。」我趁晤談之間聽聽留言，胃部一緊——是男友。雖然我們上次講話已經是三個月前的事了，他的聲音還是一下把我拉回過去，像老歌一樣。可是繼續聽下去，我發現不是男友，因為（一）男友不會打我辦公室電話，（二）男友不是拍電視的。

這個「我」是約翰（實在詭異，男友和約翰居然聲音很像，都是低沉型），這是第一次有病人打電話來不留名字，好像他是我唯一的病人，我的人生只有他這個「我」。連想自殺的病人都會留個名字。我從沒聽過這種留言：**嗨，是我。你要我想自殺時打電話給你。**

約翰留言說他在攝影棚走不開，今天不能來這裡，要改用Skype跟我談。講完他的Skype帳號之後，他說：「三點聊。」

我發現他沒**問**今天能不能用Skype談，也沒**問**我有沒有用Skype。他覺得這都是理所當然的事情，因為世界就該這樣為他運作。雖然我願意在某些情況下跟病人用Skype談，但我覺得約翰不適合，因為幫助他的很多主意都依賴面對面互動。不論科技能帶來多少便利，但用我同業的話說，螢幕互動就像「戴套做治療」。

在面對面晤談時，心理師不只是聽病人說的話和觀察他們的動作（抖動的腳，微微的表情扭曲，顫抖的下唇，因憤怒而瞇起的眼睛等等）。除了聽和看之外，還有一個較不具體、但同樣重要的線索——你們**一起**在諮商室裡營造的氣場。不與病人共處於同一個物理空間，就感受不到這無以言喻的面向。

（螢幕互動還有故障問題。有一次，我用Skype跟一個暫時去亞洲的病人晤談。就在她開始崩潰大哭時，聲音沒了。我只看得到她的嘴型，但她不知道我聽不見她講了什麼。我還沒來得及讓她知道通訊有狀況，連線就完全斷了。重新連上花掉十分鐘，不但時機錯過了，晤談時間也耗光了。）

我馬上寫電郵給約翰，建議改預約時間，但他立刻傳簡訊給我，簡要得像現代版電報：「急。不能等。拜託。」我對他用「拜託」有點驚訝，更意外的是他承認自己需要緊急協助——他需要我幫忙，也總算把我當回事了。所以我說好，三點用Skype談。

一定出了什麼事，我暗忖。

❖ ❖ ❖

三點整，我打開Skype，按下通話，以為會看到約翰在辦公桌前坐好。但接通之後，我看到一間很眼熟的屋子。我之所以覺得眼熟，是因為那是我和男友非常愛看的影集（我們以前常勾肩搭背窩在沙發追進度）。現在，攝影和燈光人員在我螢幕上走來走去，我往那間我看過幾百萬次的臥室裡看，約翰的臉擠了進來。

他對我的招呼是「等一下」，然後他的臉不見了，我只看得到他的腳。他今天穿了雙挺時髦的格紋運動鞋，似乎要帶我走去哪裡（也許是想找隱密點的地方吧）。我跟著他的鞋晃蕩，沿路看到一些粗電線，也聽到四周的嘈雜聲。接著，約翰的臉又出現了。

「好，」他說：「我可以了。」

現在他身後有一面牆，他開始連珠砲似地低聲說：

「是瑪歌跟她白痴心理師的事。我不知道那傢伙怎麼會有證照，他不但沒讓事情變好，反而弄得更糟。我老婆找他本來是要解決憂鬱問題，結果她現在反而看我越看越不順眼，什麼我老是沒空、不好好聽她講話、我冷淡、我躲著她、事情都記在行事曆上我還忘掉等等——喔對，我有沒有跟你講過，她現在搞了一個Google共用行事曆，說是要讓我不再忘掉『重要』的事。」講到「重要」的時候，他用空著的那隻手打個引號：「結果我現在**壓力更大**，因為我行事曆上全是瑪歌的事，我本來已經夠忙了！」

這件事約翰已經跟我講了好幾次，所以我不太知道他今天急的是什麼。當初是他勸瑪歌去看心理師的（「這樣她跟**他**抱怨就好了。」），可是瑪歌開始接受心理治療之後，約翰常跟我說那個「白痴心理師」對他太太「洗腦」，「灌輸她一些莫名其妙的想法」。我感覺那個心理師在幫瑪歌釐清感受，想清楚自己什麼事能忍、什麼事不能忍。其實瑪歌早該好好想想這些事了，畢竟，嗯，當約翰的太太一定不容易。

可是在此同時，我也能同理約翰，因為他的反應很常見。家庭系統裡只要有人開始改變——即使是朝健康、正面的方向改變——系統裡的其他成員往往會盡一切努力維護原狀，恢復恆定狀態。舉例來說，當酗酒的人開始戒酒，其他家人常常會在不知不覺間破壞他的復原。因為為了讓系統恢復恆定，必須**有人**擔任出狀況的角色。可是誰想擔任這種角色呢？人有時候甚至排斥朋友的正面改變：**幹嘛那**

麼常去健身房？待晚一點啦，你哪需要睡那麼多！為了升官這麼拚命是何苦呢？這樣沒意思了！

要是約翰的太太變得沒那麼憂鬱，約翰還怎麼當夫妻之間正常的那一方呢？要是瑪歌開始朝更健康的方向調整，約翰還怎麼維持他經年累月精心安排的自在距離呢？我不意外約翰對瑪歌的心理治療產生負面反應。瑪歌的心理師應該做得不錯。

「然後是昨天晚上，」約翰繼續講：「瑪歌叫我上床。我說一下就好，有幾封電郵非回不可。她通常等不到兩下就會開始念我——**幹嘛不上床？為什麼你老是在工作？**可是昨晚不一樣，她沒催也沒念。我高興得要死！我想，上帝耶穌天老爺啊，她去心理治療總算有用了！她總算知道念東念西也沒辦法讓我早點上床，她懂事了！於是我從從容容回完電郵，可是上床時瑪歌已經睡了。沒關係，這不重要，重點是：今天早上我們起床之後，瑪歌跟我說：『我很高興你工作做完了，但我想你。我好想你。我只想讓你知道我想你。』」

約翰轉頭看看左邊，我也聽到他聽到什麼——附近有人在講燈光的事——他什麼話也沒說，接下來我只知道我又盯著他的鞋子，看著它們走過地面。他的臉重新出現時，他背後的牆不見了，我的螢幕右上角倒是能遙遙看見影集裡的明星。他帶著一臉壞壞的笑容，尖酸刻薄地評論影集裡戀愛中的主角（我很確定寫這個角色的是約翰）。

我很喜歡這齣戲裡的演員，所以我瞇著眼找出其中三個，跟艾美獎典禮外那些搶看明星的粉絲差不多。只是這裡沒有紅地毯，我看到的他們一派自然，在休息時間邊聊邊喝水。**狗仔隊會為了這個鏡頭殺人**，我心想。重新專心在約翰身上花了我九牛二虎的意志力。

「反正，」他壓低聲音說：「**我就知道天底**下沒這麼好的事。昨天晚上我還以為她懂事了，結果今天早上還是從抱怨開始，她一開口就提這件事。所以我說：『你想我？你是在耍哪門子內疚感啊？』我是說，我明明都在，每天晚上都在。我對婚姻百分之百忠誠，以前沒偷吃，以後也不會偷吃。我努力賺錢讓全家過得好好的，也努力當個好爸爸。家裡連狗都歸我照顧，因為瑪歌說她恨死拿個撿屎袋在外面晃。我不在家就是在工作，又不是去什麼地方樂逍遙。所以我跟她說：好啊，那我辭職不幹，每天在家裡混吃等死好不好？這樣你就不用那麼想我了。還是你覺得我繼續工作比較好？至少全家有得吃有得住！」他對某個我看不到的人吼了一句：「等一下！」然後繼續講：「你知道我講完這些她怎麼回嗎？回得跟歐普拉似的——」他講到這裡突然模仿歐普拉的聲音和表情，超像：「『我知道你做了很多，我很感激，但即使你在家，我還是想你。』」

我想開口，但約翰說個沒完。我從沒看過他這麼激動。

「她吵到這裡通常會用吼的，所以我一時之間還鬆了口氣，可是我馬上發現不對勁——這完全不像瑪歌會講的話。一定有問題！果然，她說：『我真的需要你好好聽我講話。』我說：『我有好嗎？我又不是聾子。我也想早點上床，可是我總得先把工作做完。』講到這裡她一臉難過，像是要哭一樣。我最受不了她這種表情，因為我不想害她難過。我最不想做的事就是讓她失望。可是我還沒來得及開口，她就說：『我需要你好好聽我多想你。如果你不聽，我不知道還能繼續這樣跟你溝通多久。』我說：『你這是威脅我嗎？』她說：『不是威脅，是事實。』」約翰眼睛睜大，空的那隻手手心朝上往空中一揮，好像在說：你相信有這種鳥事嗎？

「我想她不會真的鬧離婚，」他繼續：「可是這嚇到我了，因為我們再怎麼吵，都沒人拿離婚威脅過。我們結婚時講好了，不管多氣，都不能拿離婚當威脅。結婚十二年都是這樣。」他看看右邊：

「OK，湯米，我看一下——」

約翰停了下來，我突然又盯著他的運動鞋看。跟湯米交代完後，他開始朝某個地方走。一分鐘後他的臉又出現了，這次後面是另一面牆。

「約翰，」我說：「我們退一步看。先跟你說，瑪歌的話讓你不高興，這我可以了解——」

「**瑪歌**？跟瑪歌無關！我不爽的是她那個白痴心理師，根本就是藏鏡人！她崇拜那個王八蛋，開口閉口都在講他，好像他是什麼大師一樣。這混蛋不知道給這些女人灌了什麼迷湯，每個都吵著要跟丈夫離婚，就因為這王八蛋講的屁話！我去盤了一下他的底，想知道是哪個地方瞎了眼睛發執照給他，結果果然是個**智障心理學會**。這王八蛋還博他媽士咧，什麼溫德爾．布朗森的。」

等等。

溫德爾．布朗森？

！

！！

！！！！

！！！！！！！

瑪歌看的是**我的**心理師？那個「白痴心理師」是溫德爾？我腦袋爆炸，一瞬間湧進各種問題：瑪歌第一次晤談時坐沙發哪個位置？溫德爾有丟面紙盒給她嗎？還是她坐得夠近，可以自己拿？我們曾經在溫德爾那裡擦身而過嗎？（她是不是那個滿臉淚痕的漂亮女子？）她晤談時有沒有提過我的名字？（「約翰找了個莫名其妙的心理師，什麼蘿蕊．葛利布的，她跟我先生說……」）不對，我想起來了，約翰把心理治療這件事對瑪歌保密——我是他付現金叫的「雞」——我現在對此簡直感激涕零。我不知道怎麼處理這則訊息，所以我做了心理師都學過的事：在我們對某件事反應複雜、需要更多時間思考時，什麼也別做——在當下什麼也別做。我得問問別的心理師的意見。

「我們還是先談一下瑪歌。」我說，安撫約翰也安撫自己：「我覺得她的話很貼心。她一定真的很愛你。」

「蛤？她威脅要離婚耶！」

「我們先換個角度來看。」我說：「我們之前談過批評和抱怨的不同，前者帶有評判，後者帶有請求。可是抱怨也可能是沒有明說的稱讚。我知道瑪歌的話感覺起來常常像抱怨——它們也的確是抱怨，可是是溫情的抱怨，因為每個抱怨裡都有她對你的稱讚。她的表達方式也許不理想，但她要說的是她愛你，她希望你多把心思放在她身上，她想你，她希望你更貼近她。她現在想說的其實是她想跟你在一起，可是你沒做到，這讓她很難過，難過到可能沒辦法忍受下去。為什麼呢？——**因為她非常愛你。**」我頓了一下，讓他玩味最後一部分：「這的確是稱讚。」

我一直幫約翰認出當下的感受，因為感受引導行為。人一旦了解自己的感受，就能選擇是否要跟隨它們。但要是它們一出現我們就急著推開，我們很可能會走錯方向，最後再次迷失在混亂裡。

男性在這個面向上往往條件不利，因為他們在成長過程中對內心世界認識不深，社會也不太能接受男性談論自己的感受。文化壓力對女性的要求是言行得體，對男性的要求則是情感得體。女性通常會向朋友或家人吐露心事，可是當男性在晤談時告訴我他們的感受，我幾乎總是第一個聽他們講出口的人。男病人面對的問題跟女病人差不多，常常不外乎婚姻、自我評價、自我認同、事業、父母、童年、被愛和被了解——可是他們很難用有意義的方式跟男性朋友談這些話題。難怪中年男性藥物濫用和自殺率持續上升，因為很多男性覺得除此之外別無他途。

我讓約翰花些時間整理感受，重新檢視自己對瑪歌的「威脅」的反應，體會其中更柔軟的訊息。我從沒見過他跟自己的感受共處這麼久，也很欣慰他現在做得到了。

約翰的目光倏地往下，再瞥向一邊——在我的話觸動病人的脆弱面向時，他們時常出現這種反應。這種情形我很樂見。不先變得脆弱就不可能成長。看來約翰還是有好好把話聽進去，這是他第一次體會自己對瑪歌的影響。

約翰總算回神看我：「嗨，抱歉，我剛剛得關靜音。他們在錄影。我沒聽到，你剛剛講什麼？」

我真他媽的不敢相信。我剛才名符其實在自言自語。難怪瑪歌想離婚！我實在應該聽從直覺堅持面談，跟約翰改約時間。無奈我一時心軟以為他真的狀況「緊急」，現在可好，我該怎麼抽身？

「約翰，」我說：「我真的很想幫你。可是我覺得這件事太重要了，沒辦法用Skype談。我們還是約你方便的時間過來好嗎？這裡也不會有那麼多干擾——」

「不行不行不行！」他打斷我：「這不能等。我要先跟你講清楚狀況，這樣你才能跟他談。」

「蛤？跟誰談？」

「那個白痴心理師呀！他顯然只聽到這些事的一面，而且不是很正確的一面。可是你懂我的，你能幫我作證，你能在瑪歌秀逗之前跟那混蛋講另一面。」

我在腦袋裡整理了一下來龍去脈：約翰要我打電話給我的心理師，告訴他我的病人對我的心理師**為我的病人的太太做的治療很不爽**。

呃，別鬧了。

就算溫德爾不是我的心理師，我也不能打這通電話。我有時候的確會打電話跟別的心理師談我的病人，但那通常情況特殊（例如我為一對夫婦作伴侶諮商，我同業又為其中一個諮商），而且交換資訊必須要有很充分的理由（比方說其中一個有自殺或暴力傾向，或是我們努力的目標可以透過對方相互補強，或者我們希望能看得更全面）。不過，即使遇上這種罕見情況，心理師透露資訊之前還是要請雙方簽字同意。換句話說，不論我病人的太太的心理師是不是溫德爾，我都不能在雙方簽同意書之前，為非臨床原因打電話給那位心理師。

「問你一下喔。」我對約翰說。

「問什麼？」

「你想瑪歌嗎？」

「你問**我想她**嗎？」

「嗯哼。」

「你不會打電話給瑪歌的心理師對不對？」

「對。你也不會跟我說你對瑪歌真正的感覺對不對？」我覺得約翰和瑪歌之間埋藏了不少愛意，因為我知道：愛經常看起來像很多看似不是愛的東西。

約翰笑了。我看到一個人（應該又是湯米）拿著劇本走進畫面。我又被轉向地面，速度快得我有點頭暈，像是搭雲霄飛車俯衝。盯著約翰的鞋子，我聽到他們來來回回討論某個角色——我最喜歡的那個！——這一幕要讓他當個澈澈底底的渣呢？還是讓他對自己的渣有點自覺？（有趣的是，約翰投自覺一票）湯米跟約翰道謝後離開。讓我意外的是，約翰似乎十分和藹，不但跟湯米道歉自己不見人影，還解釋說他正在「搞定電視台的人」（所以我是電視台的人）。也許他嘴巴壞歸壞，對同事還是很有禮貌的。

是我想多了。等湯米離開，他又把我舉回臉部高度，用嘴型說，**白痴**，往湯米方向白了一眼。

「我真是不懂，她的心理師也是**男的**，怎麼就看不到另一面呢？」他繼續：「連你都看得出來這些事有**兩面！**」

連我都看得出來？我笑：「你是在稱讚我嗎？」

「我不是在損你。我的意思是……唉你知道我意思啦。」

我的確知道，但我想讓他講出來。他正以他的方式認同我，我也希望他能在情緒世界裡待久一點。可是約翰又回過頭來叨叨絮絮發牢騷，怪瑪歌沒對心理師講出全貌，批溫德爾是江湖郎中，因為他的晤談時間是四十五分鐘，不像別的心理師都五十分鐘（順帶一提，我也覺得這怪怪的）。我注意到約翰談溫德爾的方式，其實跟丈夫提到讓妻子著迷的男性很像。我覺得他在嫉妒，可能還有股失落感，因為他無法參與瑪歌和溫德爾的晤談。（其實我何嘗不嫉妒！我好想知道溫德爾會不會被瑪歌的笑話逗笑？他是不是更喜歡她？）我想把約翰帶回他幾乎與我產生連結的那一刻。

「很高興你覺得我懂你。」我說。約翰表情呆滯了一秒，然後繼續。

「我只是想知道怎麼對待瑪歌，就這樣而已。」

「她已經告訴你了，」我說：「她想你。從我和你互動的經驗，我知道你多會把關心你的人推開。我不會離開，可是瑪歌說她有可能會。所以，你要不要換個方式對她？也許你可以讓她知道你也想她。」我停頓一下：「我不知道我有沒有看錯，但我認為你的確想她。」

他聳聳肩。這次他眼神向下飄時，我沒被靜音。「我想念我們以前的樣子。」他說。現在，他的表情不是憤怒，而是悲傷。憤怒是大多數人都有的感受，因為它是向外的，怒氣沖沖責怪別人可以讓人自感優越。然而憤怒常常是冰山一角，只要看透表層，你會發現還有很多感受浸在水裡：恐懼、無助、嫉妒、寂寞、不安全感等等。可能是你沒察覺到，也可能是你不想顯露出來。但你若能容忍這些較深的感受，直到能夠了解它們、能夠傾聽它們想告訴你的事，你就不只能以更建設性的方式處理你的憤怒，也不會再那麼容易生氣。

當然，憤怒還有另一個功能——把人推開，不讓他們靠近你、了解你。我在想約翰是不是故意要別人氣他，這樣他們就不會看到他的悲傷。

我正要開口就聽見有人大聲喊約翰，他嚇了一跳，掉了手機。就在我覺得自己的臉要撞上地板時，他接住手機，回到螢幕。「幹！我得走了！」他壓低聲音罵人：「一群白痴。」螢幕隨之一黑。

這節晤談顯然結束了。

❖ ❖ ❖

我趁下節晤談開始前去廚房吃點心，兩個同事已經在那了。希拉蕊（Hillary）在泡茶，麥可（Mike）在吃三明治。

「假設，」我說：「假設你病人的太太去看你的心理師，而你的病人認為你的心理師是白痴，你會怎麼做？」

他們挑挑眉毛看看我。這間廚房出現的假設從來不是假設。

「我會換心理師。」希拉蕊說。

「我會繼續看我的心理師，換掉病人。」麥可說。

他們嘻皮笑臉。

「欸，說真的，」我說：「你們會怎麼做？而且情況更尷尬：我的病人要我跟我的心理師談一下他太太。他太太還不知道他在做心理治療，所以現在還不是問題。問題是：要是哪天他告訴太太這件事，要我去跟我的心理師談一下他太太，而且他太太同意了，那該怎麼辦？我到時候得講出他是我心理師嗎？」

「當然要。」希拉蕊說。

「沒必要。」麥可同時開口。

「你們看，」我說：「這件事模稜兩可對不對？你們知道為什麼模稜兩可嗎？因為這種事**絕不可能**！怎麼可能有這麼巧的事？」

希拉蕊倒了杯茶給我。

「我有一次接到一對剛分居的夫婦，他們是分別來找我的。」麥可說：「他們的姓不一樣，因為分居，留的地址也不一樣，所以我不知道他們是夫婦。等到第二次晤談，我才發現我聽到的是同一個故事的兩個版本。後來總算搞清楚：他們是同一個朋友介紹來的，而那個朋友是我之前的病人。我能怎麼辦？只能轉給其他心理師。」

「沒錯，」我說：「可是這是兩個病人有利益衝突，我的情況還攪進我的心理師，怎麼會這麼巧啊?!」

我發現希拉蕊別過臉去。「怎麼了？」我說。

「沒事。」

麥可看看她。她臉紅了。「講啦講啦。」他說。

希拉蕊嘆口氣說：「好啦，這大概是二十年前的事了。我那時剛開始當心理師，有個憂鬱症的年輕病人。我覺得我們有進展，可是後來好像就停在那裡了。我以為他還沒準備好跨出去，可是其實是我經驗不足。我那時候太嫩，沒看出真正的原因。總之，他沒再繼續了。大概一年後吧，我居然在我心理師那裡碰到他。」

麥可嘿嘿賊笑：「你的病人從你這邊跑掉，然後跑去你心理師那邊？」

希拉蕊點頭。「最好笑的是，我跟心理師講過我跟這個病人卡住的事，也提過他走掉時我覺得自己很沒用。我敢說那個病人鐵定跟我心理師談過我，前一個心理師能力不足啦什麼的，應該也報了我名字。反正，我的心理師一定想得到是我。」

我想了想這跟溫德爾困境的關連。「可是你的心理師完全沒提？」

「沒有。」她說：「所以有一天我乾脆自己講出來。但當然，她不能說她在看這個病人，所以我們的對話集中在我怎麼處理菜鳥心理師的不安全感。**哇咧**，談**我的**感受咧！無論如何，我超想知道**他們**的治療情形，她到底是用什麼辦法讓他改善的啊？」

「你永遠不會知道。」我說。

希拉蕊搖搖頭：「我永遠不會知道。」

「我們跟金庫一樣。」麥可說：「一絲風也不漏。」

希拉蕊轉頭看我。「所以，你要不要跟你心理師講？」

「我該講嗎？」

他們不約而同聳了聳肩。麥可看看時鐘，把垃圾扔進桶子。希拉蕊和我把茶喝完。下一節晤談要開始了，廚房顯示版上的綠燈一一亮起。我們魚貫而出，去候診室接我們的病人。

22 牢籠 Jail

「嗯。」溫德爾沉吟。我花了好一段時間鼓起勇氣，告訴他書寫不出來的事。

這兩個星期我默默挪到座位B，打算將一切從實招來。可是每次坐到沙發犄角跟他大眼瞪小眼，我就開始顧左右而言他，談我兒子的老師（懷孕了）、我爸的健康（不好）、某天做的夢（怪異）、巧克力（完全離題，我承認）、額頭浮現的皺紋（居然切題?!）、生命的意義（當然是我的）。溫德爾試著讓我專注，但我靈活敏捷地從一個話題跳到另一個話題，一一化解他的攻勢。至少我以為如此。

怎料，溫德爾張口打了個大哈欠。那是假哈欠，戰術性哈欠，一個超大、超誇張、高調到讓人傻眼的哈欠。這個哈欠說的是：**除非你老實告訴我心裡在想什麼，不然你會一直卡在這裡**。他重新坐好，盯著我瞧。

「我有事要告訴你。」我說。

他用眼神說**別再鬼扯**。

於是我一口氣講出整件事。

「嗯。」他又嗯了一聲。「所以你不想寫這本書？」

我點頭。

「然後，你如果交不出去，在金錢和工作上都會有嚴重後果？」

「對。」我聳聳肩，像是在說：看我搞得多慘？「要是我當初寫那本教養書，」我說：「我就不會陷入這種處境了。」這是我過去幾年每天唉個想個沒完的副歌——有時是每小時都唉。

溫德爾如常使出「聳肩－微笑－等」連環招。

「我知道我知道，」我嘆氣：「我犯了一個天大的、無法收拾的錯。」一陣恐慌再次襲來。

「我倒不是這樣想的。」他說。

「那你怎麼想？」

他開始哼歌：「我下半輩子完了，喔耶。我下半輩子不見了。」

我翻了個大白眼，可是他照唱不誤。是首藍調。我在想是伊特・珍（Etta James）的還是比比金（B.B. King）的？

「我好想回到從前，喔，改變過去，多點時間，把事做對……」

我突然懂了：這不是什麼名曲，是素人音樂家溫德爾・布朗森的即興創作。歌實在很爛，但他的嗓音渾厚得令我驚訝。

他顯然樂在其中，邊彈指頭邊用腳打拍子，唱個沒完。要是在外面，我大概會覺得這個穿開襟衫的傢伙是怪胎；可是在這裡，他的自信和自然令我震撼。他敢於完全做自己，毫不在意別人覺得他在要寶或不專業。我無法想像我在病人面前這樣做。

「因為我下半輩子完——ㄢㄢㄢㄢ了。」他總算唱到結尾，以爵士舞手勢作結。

溫德爾停了下來，一臉嚴肅看著我。我本來想跟他說這樣很討人厭，把別人焦慮不堪的實際問題編成歌胡鬧，一點也不好笑。但一股憂傷無端而起，我還沒開口就覺得千斤壓頂，腦子裡繼續飄著他的歌聲。

「我覺得跟瑪麗．奧利佛（Mary Oliver）那首詩講的一樣，」我對溫德爾說：「『你打算做些什麼？在這狂野、珍貴、唯有一次的生命裡』。我以為我知道自己要做什麼，可是現在什麼都變了。我本來應該要跟男友結婚。我本來應該要寫對我有意義的東西。我從沒想過——」

「——會陷入這種處境。」溫德爾看我一眼。**又來了**。我們現在變得跟老夫老妻一樣，隨便就能接上對方的句子把話講完。但溫德爾陷入沉默，而且不是我熟悉的那種刻意的沉默。我突然在想是不是連溫德爾都難倒了？我晤談時有時也會這樣，病人卡住，我也卡住。他已經試著用哈欠和唱歌把我帶回來，準備要問重要的問題，結果我還是走回老路，死抓著失落的故事。

「我在想，你想在這裡得到什麼？」他說：「你覺得我能怎麼幫助你？」

他的問題讓我一矇。我一時不知他是把我當心理師同業，還是當他的病人。但不論是哪一種，我都沒有答案。是啊，我**到底**想從心理治療中得到什麼？

「我不知道。」話一出口，我一陣心驚——會不會溫德爾**也**幫不了我？會不會沒人幫得了我？是不是我非得學會面對自己的選擇？

「我覺得我幫得上忙，」他說：「不過幫的方式可能跟你想像的不一樣。我沒辦法挽回你男友，也沒辦法讓時間倒流。今天你講出這本書的事，希望我救你。可是這我也做不到。」

我哼了一下這番謬論。「我才沒有要你**救**我，」我說：「我靠自己打拚養一個家，不是什麼嬌弱無助的大小姐。」

他定定看著我。我別過頭。

「沒有人會救你。」他靜靜地說。

「我說了，我沒有要人救！」我雖然嘴硬，但部分的我開始動搖，欸？我真的想嗎？從某種程度上說，人不都想被救嗎？尋求心理治療的人都希望能變得更好，但什麼才是「好」呢？

有人在我們診所廚房的冰箱上貼了一塊磁鐵，寫的是「平靜」。**平靜不代表沒噪音、沒困擾、沒難題，而是指身處這些干擾之中，心依然安寧。**我們能幫助病人找到平靜，只不過這種平靜可能跟他們尋求治療時希望得到的不一樣。心理治療師約翰．魏克蘭（John Weakland）晚年有句名言：「心理治療成功之前，是同一件屁事一再發生；心理治療成功之後，是一件屁事接著另一件屁事。」

我知道心理治療沒辦法讓我的問題全部消失，沒辦法防止新問題出現，也沒辦法保證我從此以後言行舉止永遠清明。心理師做的不是人格移植，而是幫你修磨稜角。病人在心理治療後可能情緒反應不再那麼激烈，態度不再那麼苛刻，心境更開放，也更能接納別人。換句話說，心理治療是認識**真正的自己**。不過，認識自己的一部分是**除去對自己的認識**——不再受你告訴自己的、關於你是什麼樣的人的故事束縛，讓你活出自己的人生，不被你告訴自己的、關於你的人生的故事困住。

至於怎麼助人做到這點，是另一個問題。

我在心裡把問題重新想過。我得寫書養家。**可是我拒絕了能讓我養家好幾年的出書機會。我似乎寫不出這本題材蠢到讓我難過的書。我得逼自己寫這本愚蠢又讓我覺得很慘的快樂書。我試過逼自己寫這本愚蠢又讓我覺得很慘的快樂書，結果是掛在臉書，嫉妒每一個順利解決麻煩的人。**

我想起愛因斯坦的一句話：「沒有哪個問題能由製造它的同一意識層次解決。」我一直覺得這句話很有道理，可是我跟大多數人一樣，也以為只要一而再、再而三地想自己是怎麼掉進問題的，就能想出解套辦法。

「我實在不知道該怎麼辦，」我說：「不只是書而已，是這**整個狀況**——什麼事都不對勁。」

溫德爾讓自己陷進沙發，放下腳又翹腳，然後閉上眼睛。他整理思緒時好像都是這樣。

等他睜開眼睛，我們一語不發坐了一會兒，兩個心理師自在地沉默了一陣子。我稍往後挪，享受這段空白。我真希望每個人在日常生活中多一些這種時光，只是單純同在，沒手機，沒電腦，沒電視，沒言不及義的閒扯。只安住於當下。這樣靜坐能讓我既放鬆又恢復精神。

終於，溫德爾開口了。

❖ ❖ ❖

「我想到一個滿有名的漫畫，」他開始說：「畫的是一個囚犯。他關在牢裡，死命搖鐵窗，使盡吃奶的力氣想逃出去——可是他左右兩邊明明開著，沒有鐵窗。」

他稍稍停頓，讓腦海裡的畫面更加生動。

「這個囚犯其實只要**巡巡牢房**，就能找到出口，可是他瘋了似地猛搖鐵窗。我們大多數人都是如此。我們**覺得**自己完全困住了，囚禁在自己的情緒牢籠裡，可是出口明明一直都在——只要我們願意去看。」

他再次停頓，讓最後一句話沉澱下來。**只要我們願意去看**。他用手在空中畫了一個想像的監牢，邀我去看。

我別過視線，但感覺得到溫德爾盯著我看。

我長嘆一聲。**好吧**。

我閉上眼睛，深呼吸，開始想像牢房。這裡空間窄小，黃褐色的牆斑駁陳舊。我想像粗厚生鏽的鐵窗，想像自己身穿橘色囚衣，怒氣衝天猛搖鐵窗，求外面的人放我出去。我想像自己關在狹小的牢房，裡頭空無一物，只有刺鼻的尿臊味，以及黯淡無光、備受束縛的未來。我想像自己尖聲叫喊：「放我出去！**救我！**」想像自己驚慌失措地左顧右盼——這才猛然看見左右兩邊都有出路。我發現整個身體都起了反應，全身輕快，像是一千磅的擔子一下子沒了，我霎時領悟：**你是你自己的獄卒**。

我睜開眼睛看溫德爾。他挑挑右眉，像是在說：**我知道——你看到了。我看到你看到了**。

「繼續看。」他輕聲鼓勵。

我再次閉起眼睛：我在牢房裡走了幾步，然後朝出口走去。一開始有些猶豫不決，但接近出口我就跑了起來。出了牢房，我的腳踏在實實在在的土地上，微風輕拂皮膚，陽光溫暖臉龐。我自由了！我全力奔跑了一會兒，接著放慢腳步，看看背後。沒有獄卒追來——當然，因為本來就沒有獄卒！

大多數人尋求心理治療時覺得困住了，覺得陷在自己的思考、行為、婚姻、工作、恐懼或過去之中，無法自拔。我們有時會以自我懲罰的敘事禁錮自己。當我們可以從兩套敘事中選擇一套相信（例如「我值得被愛」和「我不值得被愛」），而兩套都有證據支持，我們往往會選擇讓自己感覺不好的那個。為什麼堅持要聽充滿雜訊的電台（「別人的人生都比我好」台、「我不信任別人」台、「我沒救了」台），而不試著重新調整頻率？換個頻道。巡巡牢房。除了自己之外，誰會阻止我們？

有出口的——**只要我們願意去看**。竟然是漫畫教導了我人生的祕密。

我睜開眼睛，笑了。溫德爾也對著我笑。這是同謀之間的笑，它說：**別被騙了。雖然你好像有了驚天動地的突破，但這只是開始。**我完全知道接下來會有什麼挑戰，溫德爾也知道我知道，因為我們都知道另一件事：自由需要負責，而大多數人心裡多少害怕責任。

待在牢裡感覺更安全嗎？我再次想像牢房和它的出口。一部分的我勸我留下，另一部分的我叫我走。我選擇走。不過，在腦袋裡巡巡牢房是一回事，在現實生活中尋找出路是另一回事。

「洞見是心理治療的安慰獎」，這是我最喜歡的心理治療業箴言，指的是你就算聽過世上所有洞見，要是你回到現實世界時不做改變，洞見（和心理治療）就一點用也沒有。洞見能讓你自問：**這種事是我運氣不好碰上呢？還是我自找的？**答案會給你選擇，但怎麼選擇還是由你決定。

「你準備好要討論你的戰鬥了嗎？」溫德爾問。

「你是說跟男友的戰鬥？」我說：「還是跟自己的？」

「都不是。我說的是你跟死亡的戰鬥。」溫德爾說。

我楞了一下，但馬上想起在購物中心巧遇男友的夢。**他：你那本書到底寫了沒？我：什麼書？他：那本談你的死亡的書。**

喔，我的老天吶。

心理師通常會超前病人幾步，不是因為我們比較聰明或比較有智慧，而是因為旁觀者清。當病人買了戒指，卻好像老是找不到時機向女友求婚，我會對他說：「我不覺得你決定好要娶她。」他會反駁：「哪有？我當然要娶她！我週末就要求婚了！」可是到了週末，他還是沒有求婚，因為天氣不好，而他想在海邊求婚。我們會重複同樣的對話好幾個星期，直到他有一天摸摸鼻子說：「我好像不想娶她。」很多人聽完心理師的話會說：「哪有？我才不是這樣。」結果一個星期、一個月或一年後改口：「沒錯，我真的就是這樣。」

我有種感覺：溫德爾早就準備好這個問題了，只是在等出手時機而已。心理師總是在培養信任和碰觸問題之間權衡，讓病人不致一直受苦。我們從一開始就既緩而急，慢慢釋放內容，加速建立關係，沿途隨策略播下種子。跟自然界一樣，播種太早不會發芽，播種太晚雖然還是能生長，但你錯過了最肥沃的土地。如果能在對的時間播種，種子就能充分吸收營養，生長茁壯，結實纍纍。我們的工作是錯綜複雜的舞，在支持與刺激之間往復周旋。

溫德爾問得正是時候，我的確是該面對自己與死亡搏鬥這件事——但原因很多，多到他想像不到。

23 喬氏超市 Trader Joe's

星期六上午的喬氏超市生意興隆，我左右張望哪個收銀台排隊最短，兒子一溜煙跑去挑巧克力棒。儘管人潮洶湧，收銀員似乎老神在在。臂上全是刺青的年輕人搖了下鈴，穿緊身褲的裝袋工應聲過來，邊包邊隨罐頭音樂舞動身體；下一排的收銀員很潮，剪個大龐克頭，在撥電話確認價格；最邊邊那排是個金髮美女，正拋接柳丁哄嬰兒車裡大哭的小孩。

我花了點時間才認出她是茱莉，我的病人。她晤談時講過她買了頂金色假髮，這是我第一次看到。「太誇張了嗎？」動念改變髮色時，她來問我意見。因為我答應過要是她做得太過火，我會跟她說。於是，當本地樂團登廣告找歌手，她問我能不能去試試；想報名參加電視遊戲節目，她問我這樣做適不適當；看到有禁語一週的禪修營，她問我該不該去嘗試一下。這都是那種奇蹟藥物對她的腫瘤施展奇蹟之前的事。

我很高興看到她的轉變。她向來謹小慎微，但她的世界最近越來越開闊。她原本一直以為拿到終身教職能帶給她自由，但現在，她嘗到另一種完全出乎意料的自由。

「這會不會太超過啊？」冒出新主意時，她有時會這樣問我。她非常想改變按部就班的人生路，但也不敢走得太遠而迷失自己。不過，她提的主意從沒嚇到我。

後來，茱莉總算提了一個讓我吃驚的想法。她說在她相信自己時日無多的那幾個星期，她有一天在喬氏超市排隊等結帳，結果被收銀員迷住了。他們似乎很懂得**做自己**，與顧客和同事之間互動得非常自然，而且能輕鬆自在聊一些看似瑣碎、實則重要的生活小事（食物、交通、天氣等等）。她不禁心想：這跟我的工作差距好大！她的確熱愛學術工作，但學術界的壓力也不小，她必須不斷推進知識、發表論文，持續精益求精。既然未來人生已攔腰而斬，她想做些能立即看到具體成果的事——像打包雜貨、逗逗顧客、堆放貨品等等。這樣一天下來，你至少知道自己實實在在做了些有用的事。

茱莉決定：如果她剩下的日子不多（假設一年好了），她想週末去喬氏超市兼職當收銀員。她知道自己把這份工作理想化了，但她還是想體驗一下那種使命感和社群感。她想成為很多不一樣的人的生命裡小小的一部分——即使只在為他們結帳的短短時間。

「也許喬氏超市是我的荷蘭的一部分。」她若有所思。

我感覺得到自己排斥這個主意。我坐了一會兒，試著了解原因。這可能與我治療茱莉時面臨的兩難有關。如果茱莉沒有罹癌，我會試著幫她看見自己長期壓抑的部分。她似乎正在敞開剝奪自己喘息空間的面向。

可是，我們該為將死之人做心理治療嗎？還是只提供支持就好？我該把茱莉當健康的病人看待，設定更有野心的目標？還是我該盡量讓她感到安慰，別再節外生枝？我有時會想：要不是受到大限將至的震撼，茱莉還會開始挖掘自己尚未察覺的面向嗎？她還會問自己這些關於風險、安全、身分認同的問題嗎？現在她既然問了，我們又該探索到什麼程度呢？

其實我們都遇過這種問題的溫和版：我們想知道多深？知道多深是太深？當你即將步入死亡，知道多深是太深？

去喬氏超市打工的夢想似乎代表某種逃避（像小孩說：「我要逃去迪士尼樂園！」），我在想這跟茱莉罹癌前的自我有多少關係。更重要的是，我懷疑她有沒有打這種工的體力。實驗療法讓她變得更加疲倦，她需要休息。

她跟我說，她先生覺得她瘋了。

「你時間有限，卻想去喬氏超市打工？」他問。

「有什麼不好？如果只剩一年壽命的是你，你會怎麼做呢？」茱莉反駁。

「我會減少工作，不是增加。」他說。

茱莉對我說起馬特的反應時，我也想到：雖然我和他都希望茱莉快樂，但我們好像都不太支持這項嘗試。我們當然有實際考量，可是，我們的猶豫是不是因為……因為我們都以某種奇怪的方式嫉妒茱莉和她追夢的決心？（雖然這聽起來很怪。）心理師常告訴病人：跟著嫉妒走，它會讓你看見你渴求的東西。見到茱莉發光發熱，是否讓我們更加在意自己的怯懦——我們都不敢像茱莉那樣追逐自己的喬氏超市夢——從而希望茱莉繼續跟我們一樣只空想不行動？然而，除了我們給自己設下的牢籠，還有什麼東西能限制我們？

還是只有我是如此？

「還有，」馬特和茱莉商量時說：「你不想多點時間在一起嗎？」

茱莉說她當然想，可是她也想去喬氏超市打工，她就是放不下這個念頭。於是她去應徵，而就在她得知腫瘤消失的那天，她也獲得週六早班的兼職。

在諮商室裡，茱莉拿出手機，放兩段語音訊息給我聽：一段是她的腫瘤醫生，另一段是喬氏超市的經理。她笑得燦爛，好像不只中了樂透，還拿下威力彩中的威力彩。

「我跟他們說沒問題。」喬氏超市經理那段播完時，她對我說。她是這樣想的：沒有人知道腫瘤會不會回來，她不希望光是增加心願清單上的項目，也要劃掉幾個。

「你總得完成幾樣，」她說：「光說不練，心願清單就成了心酸清單。」

❖ ❖ ❖

於是我現在站在喬氏超市，猶豫該排哪個隊伍。當然，我知道茱莉開始打工了，但我不曉得她是在這家喬氏超市打工。

她還沒看到我，而我忍不住遠遠望著她看。她搖鈴找裝袋工、送貼紙給一個孩子，跟顧客一起為某個我聽不見的事情笑。這裡像人人都想參加的舞會，而她耀眼如收銀員王后。大家好像都認識她——不意外，她實在太俐落了，那一排動得很快。我覺得眼眶泛淚，接下來只聽見我兒子喊：「媽！這邊！」他朝茱莉那排擠去。

我有點遲疑，畢竟茱莉可能覺得幫自己的心理師結帳很怪。老實說，我恐怕也不太自在。她對我知道得很少，少到連把購物車裡的東西一個個拿出來，都顯得洩漏太多。更重要的是，我想起她跟我提過：雖然她和馬特也在設法成為父母，但她每次看到朋友的小孩都一陣傷感。要是她看到我帶著兒子，不曉得心裡會不會不太好受？

「來這邊！」我向札克比另一條。

「可是這條比較短！」他喊回來。廢話，那條當然比較短，因為茱莉的效率無敵好。就在這時，茱莉伸頭望望我的兒子，再順著他的視線看到我。

登楞。

我對她笑。她對我笑。我開始朝另一排走，但茱莉喊：「嘿，太太，聽小朋友的。這條比較短！」於是我跟著札克排茱莉那排。

等的時候，我試著別盯茱莉看，但忍不住。她晤談時提過的夢想，現在在我眼前化為現實——她真的圓夢了。輪到我和札克時，茱莉像招呼別的客人那樣跟我們說笑。

「喬氏麥片，」她對我兒子說：「選得好。吃對早餐很重要。」

「那是我媽的，」他說：「抱歉啊，但我覺得歡樂牌的比較好吃。」

茱莉左右張望一下，確定沒人聽得見之後，對他眨下眼睛小聲說：「別跟別人說喔，我也這樣覺得。」

他們接著聊起我兒子挑的各種巧克力棒，直到結帳結束。東西包好，我們推著購物車往外走，札克低頭研究茱莉給他的貼紙。

「我喜歡那個阿姨。」他說。

「我也是。」我說。

半小時後，我在廚房一一打開袋子，看到信用卡收據上草草寫了句話。

我懷孕了！

24 我到家囉 Hello, Family

個案紀錄表，麗塔：

病人為離婚女性，因憂鬱問題就診，後悔人生蹉跎和做過一些「壞選擇」。自述如果生活無法在一年內改善，就「自行了斷」。

「你看看這個。」麗塔（Rita）說。

在候診室和我辦公室之間的走廊上，她把手機遞給我。麗塔從來沒拿手機給我看過，在進諮商室、坐定、關門之前，也很少開口說話。所以我對這個舉動有點驚訝。她指指螢幕，要我看上面的東西。那是約會ＡＰＰ Bumble上的一份個人簡介。麗塔最近開始用Bumble，因為它跟Tinder那些約炮性質較重的ＡＰＰ不一樣（「噁心死了！」她說），Bumble只讓女性跟男性聯絡。很巧的是，吾友小珍才剛看過一篇講它的文章，轉寄給我時鼓勵道：**想再交男友時用得上**。我回了句：**時候未到**。

我的目光從手機回到麗塔。

「怎樣？」進諮商室時，她一臉八卦問我。

「什麼怎樣？」我交還手機，不確定她想問什麼。

「什麼怎樣？」她露出難以置信的表情：「他八十二歲耶！對啦，我不是什麼二八姑娘，可是八十二歲？拜託一下！我知道八十歲的裸體是什麼德性好不好？光是想到就讓我做惡夢一個禮拜。抱歉，七十五歲是我的上限了。這沒得談，別勸我放寬標準！」

我應該先講一下：麗塔六十九歲。

被人慫恿了幾個月後，麗塔終於在幾星期前決定試用約會APP，畢竟她在日常生活中不太容易認識單身老男人，罔論搆得上她標準的老男人：聰明，溫和，財務穩定（「我才不當看護兼提款機」），身體健康（「能在對的時間勃起就可以」）。頭髮可有可無，但她堅持一定要有牙齒。

在這個八十老翁之前，麗塔跟一個同年齡的男士約會過，只不過那個男士不是什麼正人君子。他們一起外出晚餐一次，本來說好了第二次約會在麗塔家裡，因為他說他想嚐嚐麗塔的手藝。約會前一晚，麗塔傳了一道鮭魚的食譜和照片給他。**嗯**，他回訊，**看起來鮮嫩多汁**。麗塔正要回覆，另一個**嗯**忙不迭跳了出來，後面接的是「你這樣太不乖了」，然後是「你再不停下來，我會站不起來」。一分鐘後，他又傳來一則訊息：**抱歉，剛剛那個是傳給我女兒的，我們在談我最近背痛**。

「背痛咧！最好是！王八蛋！」麗塔的聲音越來越高：「天知道他跟哪個狐狸精在幹什麼事？反正他絕不是在說我的鮭魚！」沒有第二次約會了。事實上，直到那個八十老翁跟麗塔聯絡為止，她完全沒有人約。

麗塔是春初來找我的。第一次晤談時，她陰鬱到敘述自己的情況像是在念訃聞。她認為自己的人生是悲劇一場，結局也已注定。麗塔離過三次婚，四個孩子都是問題大人（她歸咎於自己沒盡好母職），沒有孫子女，獨居，已經從她不喜歡的工作退休。她說她實在不懂為什麼不一睡不醒。

她給自己列的錯誤清單很長：嫁錯人；沒有把孩子的需要放在自己的需要之上（包括沒有保護他們不受酗酒老爸虐待）；沒有好好發揮才能，實現自己；年輕時沒努力建立人際圈。她一直用否認麻痺自己，直到最近連否認都不再有效。她原本喜歡畫畫，也擅長畫畫，但她現在對畫畫也興趣缺缺。

眼見七十歲生日就要到來，她跟自己約定：到生日那天，要不讓人生變得更好，要不就結束人生。「我覺得沒人幫得了我，」她結論道：「但我想試最後一次，確定一下我真的沒救了。」

先別緊張，我心想。雖然自殺念頭（正式名稱叫「自殺意念」〔suicidal ideation〕）在憂鬱症裡很常見，但大多數人經過治療可以緩和，不會將這股絕望的衝動付諸行動。事實上，自殺風險是在病人開始**好轉**時提高。在這微微敞開的窗口中，他們不再憂鬱到連吃飯和睡覺都難如登天，可是尚未化解的痛苦仍足以讓他們想結束生命。這個階段危險地混和了殘存的憂傷和新得的精力。但只要憂鬱緩和、自殺念頭消失，一扇新窗就在眼前打開。人到這時將能做出改變，顯著而長期地改善人生。

不論提起自殺的是病人或心理師（有人擔心談到自殺會「灌輸」病人自殺念頭，其實不會），心理師都必須評估情況。病人有具體計畫嗎？他們有執行計畫的方法嗎？（例如家裡有槍、配偶出遠門等等）？他們之前嘗試過嗎？有特定風險因素嗎（例如缺乏社會支持或案主是男性。男性自殺率是女性的三倍。）人談起自殺往往不是因為想死，而是因為想結束痛苦。只要他們能找到結束痛苦的辦法，他們很可能願意繼續活著。我們會盡己所能做好評估，只要沒有立即的危險，我們就密切觀察，同時設法處理憂鬱。但如果病人已經鐵了心要自殺，我們會立刻採取一連串步驟。

雖然麗塔說她打算一死了之，但她也講得很清楚：她會嘗試一年，七十歲生日前暫時按兵不動。她要的是改變，不是死亡。而且怎麼說呢？她的內心在某種程度上已經死了。所以我現在擔心的不是自殺。

我真正擔心的是麗塔的年紀。

有件事我實在不好意思承認：剛開始時，我擔心自己可能暗暗同意麗塔晚景堪慮。也許的確沒人幫得了她——至少她想要的幫助沒人給得了。心理師應該承載希望才對，在憂鬱的人還無力抱持希望時，幫他們留住希望，可是我真看不出麗塔有多少希望。我通常能看見病人的其他可能性，因為他們多少會有支撐自己走下去的東西。給他們動力的可能是工作責任（即使他們不愛那份工作），可能是朋友支持（只要有一兩個能談心的就好），可能是親人陪伴（即使那些親人也有自己的問題，只要能適時出現就好）。家裡有孩子、寵物或自身有宗教信仰，也能防止自殺。

然而最明顯的是：我看的憂鬱症病人比較年輕，可塑性比較大。他們的人生雖然現在看來一片黯淡，但他們還有時間扭轉乾坤，創造新的未來。

可是麗塔的情況猶如警世故事：年事已高，極其孤獨，缺乏目標，滿腔遺憾。照她說從沒有人真正愛過她。她是獨生女，父母年紀大了才生下她，跟她關係疏遠。她自己也把親子關係弄得一團糟，孩子全都不想理她。她沒有朋友，沒有親人，也沒有社交生活。她的父親過世幾十年了，她的母親雖然活到九十歲，但多年深受阿茲海默症之苦。

她坦誠講出她的困境，帶給我不小的挑戰。「咱們實事求是，」她問：「我的年紀這麼大了，還改變得了什麼嗎？」

大約一年以前，一位年近八十、備受敬重的精神科醫師打電話給我，問我能不能看看他的病人。他的病人是個三十多歲的女子，還在找伴，正考慮凍卵。他說讓這個病人跟我談應該比較有幫助，因為他不夠了解現在三十世代對戀愛、生小孩的想法。他的感受我現在懂了。我不確定自己真的了解今日老年人的心思。

我受訓時學過年長者需要面對獨特的挑戰，可是在心理健康服務上，這個族群常被忽視。有些老人認為心理治療是新奇玩意兒，跟數位錄放影機差不多。此外，他們大多從小就被教導要自立自強，總覺得管他困難是什麼，什麼事都能靠自己「挺過去」。另一些老人是靠退休金過日子，只願意去收費低廉的診所求助。但這些診所用的多半是二十多歲的實習心理師，老人家覺得跟小毛頭吐露心事不太自在，沒多久就放棄了。還有一些老人以為負面感受是老化的正常現象，不知道心理治療可能有幫助。結果就是：很多執業心理師看的年長者相對較少。

在此同時，老年期在一般人人生中占的比例比以前更大。今天的六十世代在技能、知識和經驗上往往達到顛峰，與幾十年前的六十世代不可同日而語，可是他們還是會被更年輕的雇員擠出專業領域。美國目前平均預期壽命大約在八十歲上下，活到九十以上也越來越普遍。換句話說，六十世代還有幾十年人生要過，他們這段時間的身分認同會產生什麼變化呢？老化過程伴隨著很多失去，包括健康、家庭、朋友、工作和目標。

但我發現，麗塔主要不是因為老化而經歷失去，而是隨著年老逐漸意識到自己一輩子都在失去。於是她來到這裡，希望再有一次機會，但她只給自己一年實現。在她看來，她已失去太多，多到沒什麼好失去了。

這部分我也同意——大部分同意。麗塔其實還有健康和美貌可以失去。她的身材高挑修長，有雙水汪汪的碧綠眼睛，顴骨高，紅髮濃密自然，灰髮只有寥寥幾撮。她在遺傳上得天獨厚，外表看來只有四十多歲（她很擔心跟母親一樣長壽，落得退休金山窮水盡，所以她並沒有花錢打「現代美容妙方」——她對肉毒桿菌的委婉說法）。她也每天早上去ＹＭＣＡ上運動課（「只是想給自己一個起床的理由」）。介紹她來我這裡的醫生說：「在我看過這個年紀的病人裡，她的健康狀況是頂尖的。」

可是在其他各個方面，麗塔跟死了一樣沒有生氣，連動作都有氣無力的。比方說，她走到沙發像用慢動作播放。這是憂鬱症的跡象之一，叫「心理動作性遲緩」（psychomotor retardation）（我在溫德爾的諮商室一再漏接面紙盒，也能用大腦與身體協調遲緩解釋）。

開始治療時，我常常請病人敘述過去二十四小時的事，越詳細越好。這種方式能讓我大致掌握他們的狀況——與人連結的程度？有沒有歸屬感？生活中有哪些人？身上有什麼責任？有哪些壓力？人際關係平和還是激烈？平時選擇怎麼運用時間？我們大多數人其實沒有意識到自己怎麼利用時間，或是一整天裡做了什麼，直到把一天一小時一小時拆開，並大聲講出來。

麗塔的一天是這樣過的：早早起床（「停經毀了我的睡眠」）；開車去ＹＭＣＡ；回家；配《早安美國》（*Good Morning America*）吃早餐；畫畫或打盹；吃午餐配報紙；畫畫或打盹；熱微波食物（「一個人吃，煮飯太麻煩了」）；坐在她那棟大樓的門階上（「我喜歡傍晚看人帶小孩和毛孩出來遛」）；看「垃圾」節目；睡覺。

麗塔好像幾乎沒跟人接觸，很多時候一整天也沒人跟她講話。不過，最令我吃驚的不只是她的生活如此孤獨，還有她整個人散發的氛圍——她說的和做的幾乎每一件事，都讓我聯想到死亡。正如安德魯．所羅門在《正午惡魔》（*The Noonday Demon*）中所說：「憂鬱的反面不是快樂，而是活力。」

活力。是的，麗塔一輩子鬱鬱寡歡，際遇複雜，但我不確定一開始該不該把焦點放在她的過去。

因為就算她沒給自己設下一年的期限，她還有另一個誰也改變不了的期限：死亡。她的情況對我來說跟茱莉很像，我不知道該以什麼為治療目標。她只是需要跟人聊聊，好減輕憂傷和寂寞呢？還是願意更進一步，了解自己在造成這種局面中扮演什麼角色？這也是我在溫德爾的諮商室裡不斷掙扎的問題：在我的人生裡，什麼應該接受？什麼又該改變？可是，我比麗塔年輕了不只二十歲，她現在自救太遲了嗎？或者我該問：自救有太遲的時候嗎？她願意忍受多少情緒不安來找出原因呢？我默默惦量後悔的兩種結果，一種是將你束縛在過去，另一種是推動你做改變。

麗塔說她希望人生在七十歲前好轉。既然如此，我想我們或許先不要揭過去七十年的傷痕，從為她的生命注入活力開始——一刻不拖，馬上動手。

❖ ❖ ❖

「找伴？」麗塔一臉詫異。我跟她說我不會勸她放寬標準，別以七十五歲為找伴上限，她說：「喔，傻孩子，別這麼天真好不好？我不只要找伴。我還沒死吶。連我都知道現在能偷偷在家上網訂東西。」

我過了一下才會意過來：**她買按摩棒嗎？好樣的！**

「你知道多久沒人碰我了嗎？」她追加一句。

她接著講起約會多令她心灰意冷——至少在這個方面她不是孤獨的。我最常聽各年齡層的單身女性講的話就是：**約會爛透了**。

不過，婚姻對她來說也沒好到哪去。她二十歲時認識了後來的老公一號，急著想離開她死氣沉沉的家。對她來說，家裡「沉悶無聊，一片死寂」，而大學「充滿有趣的觀念和人」，每天通學猶如穿梭兩個世界。不過為了生活，她下課後必須兼差。當她坐在房屋仲介的辦公室打著味同嚼蠟的文件，她的思緒總飄向她無比憧憬的社交生活。

這時出現了理查（Richard），一名風度翩翩、成熟世故的高年級生。他們在英文討論課上認識，聊得很深。理查讓麗塔的世界幡然一變，她終於擁有夢想的生活——直到他們的第一個孩子在幾年後出生。理查從那時起工作時間變長，也開始酗酒。麗塔又像以前在娘家時一樣，既無聊又寂寞。在生了四個孩子、吵了無數次架、理查多次上演酒後毆妻揍子戲碼之後，麗塔萌生離去之意。

可是能怎麼走？要怎麼自力更生？她已經從大學輟學，該怎麼養活自己和孩子？跟理查在一起，孩子們至少有得吃、有得穿、有好學校讀，也有朋友作伴。她靠一己之力能給他們什麼呢？麗塔覺得自己在很多面向上也像個小孩，什麼事都無能為力。沒過多久，理查不再是家裡唯一酗酒的人。

後來出了一件非常嚇人的事，麗塔終於鼓起勇氣離開，但那時孩子們也都十多歲了，整個家分崩離析。

五年後，麗塔嫁給老公二號。愛德華（Edward）與理查恰恰相反：他和藹可親，體貼細心，當時剛失去太太，成了鰥夫。他們是這樣認識的：麗塔三十九歲離婚之後，又去做沉悶乏味的文書工作（雖然她非常聰明，也很有藝術天份，但這是她唯一的謀生技能），當一個保險代理人的祕書，而愛德華是那個保險代理人的客戶。他們認識六個月後結婚，但愛德華仍未走出喪妻之痛，麗塔難免嫉妒他對亡妻的愛。他們經常吵架。婚姻維持了兩年，愛德華提出分手。麗塔的老公三號是為了她而拋棄妻子的，但五年後，他又為了另一個人拋棄麗塔。

每次分手，麗塔都為自己再度孑然一身而震驚，但聽過她的歷程，我一點也不意外。我們找的對象總是自己沒完成的事。

接下來十年，麗塔對約會敬謝不敏。離男人遠遠的，不是窩在家裡，就是去YMCA做有氧運動，直到最近碰上那位八十老翁。跟她最後一任老公比起來（他們離婚時他五十五歲），這個老先生的身體萎靡、衰老、鬆垮得恐怖。麗塔是在交友APP上認識鬆垮哥的，據她說，她之所以會跟他聯絡，是因為「我想被撫摸，我覺得可以嘗試一下」。她說，鬆垮哥看起來比實際上年輕（「像七十歲的人」），長得也很英俊——穿上衣服的時候是這樣。

麗塔跟我說，他們完事之後，鬆垮哥想跟她相擁而眠，但她逃進浴室，發現他「藥多得像開藥局」，其中也包括威而鋼。麗塔覺得這整件事「噁心死了」（她覺得很多事噁心死了），她等了一下看鬆垮哥昏昏入睡（「他的鼾聲跟他的高潮一樣噁心死了」），直接叫計程車回家。

「絕對沒有下次。」她對我說。

我試著想像跟八十歲的人上床的情景，有點好奇大多數老人會不會對伴侶的身體退避三舍？還是只有之前沒看過老年人身體的人才大驚小怪？會不會只有與你共度五十年的人不會在意呢？畢竟他們是逐漸習慣你身體的變化的？

我記得看過一篇報導，記者訪問一對結婚超過一甲子的夫婦，問他們幸福婚姻的祕訣。老調重彈完溝通和讓步的重要之後，老先生補充：口交仍是他們的性生活選項。不令人意外，這篇報導在網路瘋傳，大多數留言是「矮額」之類的。看看公眾對老人身體的直覺反應，無怪乎老年人不常被撫摸。

可是，撫摸是人類深層需求。很多文獻指出：從生到死，撫摸對人的幸福都很重要。撫摸能降低血壓、減輕壓力、促進心情愉悅、提升免疫系統。幼兒可能因為缺少撫摸而死，成人也一樣（常被撫摸的成人壽命較長）。這種情況甚至還有專有名詞：皮膚飢餓（skin hunger）。

麗塔跟我說，她之所以捨得花錢修腳，不是因為她在乎腳趾甲有沒有塗（「誰會看啊？」），而是因為唯一會摸她的人是個叫康妮（Connie）的女人。康妮幫她修腳好幾年了，雖然她一句英文也不會講，但麗塔說她的足部按摩功夫「能讓人升天」。

第三次離婚時，麗塔甚至不知道一星期沒有人撫摸該怎麼活，整個人躁動不安。怎料她就這樣過了一個月，然後是十年。她也不想花錢在沒人看的腳趾甲上，可是她哪有其他選擇？修腳之所以成了她的必需品，是因為不與人接觸她會瘋掉。

「這跟召妓差不多，付錢讓別人碰我。」麗塔說。

這不跟約翰找我一樣嗎？我心想——我是他在情緒上的「雞」。

「重點是，」麗塔回頭談鬆垮哥：「我本來以為再次被男人碰可以感覺好一點，但我覺得以後還是只找修腳的好了。」

我跟她說別畫地自限，她未必只有康妮和八十翁兩種選擇，但她瞪了我一眼，我知道她在想什麼。

「我不知道你接下來會認識什麼人，」我馬上讓步：「但你也許還是會遇到你在乎、也在乎你的人，身體被他撫摸，心也被他觸動。也許你被觸摸的方式會完全不一樣，也許那種方式比其他幾段關係更能讓你滿足。」

我以為她會「嘖」我一下（這是麗塔版的翻白眼），但她沉默不語，碧綠的眼睛盈滿淚水。

「我跟你講件事。」她邊說邊掏包包，好不容易撈出一張皺巴巴、像是用過的面紙，無視她身旁桌上就有一盒新面紙。「我公寓對門住了一家人，」她開始說：「大概一年前搬來的。本來不是城裡人，正存錢買房子。他們有兩個小孩。丈夫在家工作，常在院子陪孩子玩，把她們舉高，讓她們坐在肩膀上，陪她們丟球。那些事我全沒做過。」

她又掏包包找面紙，但沒找到，她拿剛剛擤過鼻涕的那張擦擦眼睛。我一直在想她為什麼不從面紙盒裡抽張新的，只離她幾吋而已。

「總之，」她說：「每天黃昏大約五點，那個媽媽下班回家，每天都是一樣的儀式……」

講到這裡她激動得說不出話，停了下來，繼續用那張面紙擤鼻涕、擦眼睛。我真想大叫：**拜託你抽張新的！**這傷心的女人啊，沒人跟她講話，也沒人觸摸她，而她甚至不讓自己抽張乾淨面紙。麗塔捏捏手裡已經搓成一團的面紙，擦擦眼睛，深呼吸。

「每天都一樣。」她繼續說：「那個媽媽拿出鑰匙，開門，喊一聲：『我到家囉！』她是那樣打招呼的：『我到家囉！』」

她聲音顫抖，花了點時間讓自己穩下來。她說，那兩個孩子會興奮地尖叫，跑向媽媽，而她丈夫會送上一個熱情的吻。麗塔說她透過門孔把一切看在眼裡——為了偷窺，她偷偷把門孔挖大（「別教訓我。」她說）。

「你知道我怎樣嗎？」她說：「我知道這很沒風度，但我好激動，好不甘心。」她又開始啜泣：「從來沒人對我說：『我到家囉！』」

我試著想像在人生此刻，麗塔渴望的是什麼樣的家——也許有個老伴？或是跟她成年的孩子和好？但我也想到其他可能性：也許她能用藝術熱情走出新路？或者建立新的友誼？我想到她兒時經歷的冷落，還有她自己的孩子經歷的創傷。他們都沒辦法看出問題癥結，也不知道自己還是可以創造不一樣的人生，對此，他們一定充滿怨懟，也深深感到被剝奪。我想到連我都曾自認對麗塔愛莫能助，懷疑她的人生是否還有機會改變。

我起身走向面紙盒，把它遞給麗塔，坐到她旁邊的沙發上。

「謝謝，」她說：「這是從哪兒跑出來的？」

「一直都在。」我說。但她還是沒有抽張新的，繼續用手上那團面紙擦眼睛。

❖ ❖ ❖

開車回家的路上，我打給小珍。這個時候她大概也正開車回家。

她一接起電話，我劈頭就說：「快告訴我，我不會退休了還在找伴。」

她笑了：「難說喔。搞不好我退休了還在找伴。以前是另一半死了就收山，可是現代人會繼續求偶。」我聽出她語氣酸酸的，她繼續說：「而且啊，現在有好──多離婚的人喔。」

「你對你老公有什麼不滿嗎？」

「對。」

「他又一直放屁？」

「對。」

這是他們的日常玩笑。她老公有乳糖不耐症，一吃奶製品就脹氣。小珍警告過他要是繼續吃奶製品，她晚上就要搬到隔壁房睡。可是他愛奶製品，小珍愛他，所以她從來也沒搬過。

我開進車道，跟小珍說我先掛了。我停好車，拿出鑰匙，回到我和我兒子的家。今天希薩（Cesar）

來當保姆顧他。雖說希薩是來我家打工的，但實際上我們親如家人，他就像札克的哥哥，也像我的第二個兒子。我們跟他父母、手足和他那群表兄弟姊妹都很熟。我看著他從小男孩變成大學生，他也一路幫我當保姆顧札克。

我打開大門，提高音量：「我到家囉！」

札克從他房間裡喊：「嗨，媽！」希薩正在廚房裡準備晚餐，他拿下一邊耳機，揮手跟我打招呼：「嗨！」

沒人興奮地跑來歡迎我，也沒人高興得尖叫，但我沒有像麗塔那樣心頭一緊——恰恰相反。我進房換了件運動褲，出來後大家開始聊天，講講白天發生了什麼事，互相開開玩笑、鬥鬥嘴，拿碗盤，倒飲料。兩個男生搶著擺餐桌，爭著拿最大的那份。**我們到家囉**。

我跟溫德爾講過我老是做出爛決定，我想要的東西常常不會以我預期的方式出現。但有兩個天大的例外，後來也證明那是我人生裡最好的兩個決定。它們都是我年近四十時做的。

一個是決定生小孩。

另一個是決定當心理師。

25 郵差先生 The UPS Guy

札克出生那年，我開始對郵差先生不規矩。

我的意思不是我勾引他（當你的T恤上到處都是奶漬，是很難有吸引力的），而是每次他來送包裹（經常，因為小寶寶需要的東西很多），我都試著藉由攀談留住他。不為別的，就只因為我太想要有成年人陪伴。我想辦法沒話找話，談天氣、聊重大新聞，甚至連包裹多重都能拿來當話題（「哇，誰知道尿布這麼重啊！你有小孩嗎？」）。郵差先生則勉強擠出笑容，不斷點頭稱是，動作不甚靈巧地後退，回到他安全的郵車。

我那陣子專職寫作，每天待在家裡寫稿。換句話說，除了照顧一個超級可愛但需求很多、而且擅長鬼吼鬼叫的十磅人類之外，我整天都一個人穿著睡衣在電腦前寫作。我日復一日餵寶寶、換尿布、陪他玩、哄他睡，照我最黑暗的時刻的說法，我基本上在跟「消化道加兩片肺」打交道。有孩子之前，我喜愛不進辦公室上班的自由；但現在，我好希望每天打扮整齊上班去，有會講話的成年人為伴。

在這場寂寞蔽天加雌激素暴跌的完美風暴裡，我開始思考離開醫學院的決定是不是錯了。我寫稿寫得如魚得水，幫幾十本刊物寫了幾百個題目，而它們都圍繞我深感興趣的一個主題：人類心理。我不想停止寫作，可是在三更半夜處理寶寶的嘔吐物時，我再次想起身兼二職的可能性。我的想法是：

如果我當精神科醫生，我就能用有意義的方式與病人互動，幫助他們變得更快樂；在此同時，我也能保有寫作和陪伴家人的餘裕。

這個念頭轉了幾星期後，在春天的一個早上，我打電話給我在史丹佛的前院長，跟她談我的計畫。她是聲譽卓著的研究者，也是醫學院版的營隊媽媽——待人溫暖，充滿智慧，直覺敏銳。我讀醫學院時有辦過她的母女讀書會，算是很了解她。我很篤定她聽我講完來龍去脈之後，一定會支持我的計畫。

沒想到她說：「你幹嘛做那個？」

然後：「還有，讓人快樂的不是精神科醫生喔！」

我想起醫學院流傳的那句老吐槽：「讓人快樂的不是精神科醫生——處方才是！」我知道她的意思，頓時清醒過來。不是她瞧不起精神科醫生，而是現在的精神病學更側重藥物對神經傳導物的作用，而非人生故事的幽微細節——她知道我也清楚現況。

無論如何，她問了我幾個問題：我真想一邊帶寶寶一邊當三年住院醫生嗎？我想不想在兒子上幼稚園之前多陪陪他？我記不記得念醫學院時跟她講過，我希望能跟病人建立更深厚的關係，而不僅止於目前醫療體系所能提供的支持？

接著——在我想像我的前院長在電話那端搖頭時，在我巴不得時光倒流，直接刪除這通電話時——她講出改變我人生方向的話：「你該去念研究所，拿個臨床心理學學位。」她說，走臨床心理學更接近我的理想，這條路能讓我用我一直在講的方式跟病人互動——每個病人花五十分鐘而非十五分鐘，雙方關係更深，治療效果也更長久。

我渾身一顫。雖然這種形容方式被用到浮濫，但我當時真的渾身一顫，全身起雞皮疙瘩。感覺太對了！對到頭皮發麻，像是我的人生使命終於揭曉。當報導者能訴說人的故事，但無法改變他們的故事，可是當心理師能幫助別人改寫他們的故事。對我來說，這樣身兼二職是完美結合。

「當心理師不但理解力要強，也很需要創造力。」前院長繼續說：「結合兩者是門藝術。用這種方式結合你的能力和興趣，不是再好不過？」

這次對話後不久，我就坐在一群大學高年級生中間考了GRE（研究所版的SAT）。我就近申請研究所，用往後幾年拿到學位。我繼續寫作，聽故事、分享故事，在我的人生發生改變的同時，也學著幫助別人改變。

在這段時間，我兒子開始說話，學會走路，郵差先生送來的東西也漸漸從尿布變成樂高。「哇！絕地星際戰機！」我攀談的話題也變了：「你迷星際大戰嗎？」終於要畢業時，我對郵差先生講了我的喜訊。

第一次，他沒有試著溜回車上，反而向前給我一個擁抱。

「恭喜！」他說，他的臂膀環繞我的背。「哇塞！邊帶孩子邊念研究所！超強！我為你驕傲。」

我又驚訝又感動，站在那裡擁抱我的郵差。總算鬆手時，他說他也有件事要講：他不會再來這邊送信了。跟我一樣，他也決定回學校念書。為省下房租，他打算搬去跟家人同住，離這裡幾個鐘頭路程。他想當承包商。

「恭喜！」我再次擁抱他：「我也為你驕傲。」

別人大概覺得我們怪怪的（「那個包裹鐵定內情不單純。」我想像鄰居這樣竊竊私語），但我們就那樣沉浸在彼此的喜悅裡，感覺停留了好一陣子。

「對了，我叫山姆。」擁抱完後，他對我說。

「對了，我叫蘿蕊。」我說。他之前總叫我「太太」。

「我知道。」他用下巴比比包裹，上面貼著我的姓名地址。

我們都笑了。

「好！山姆，我會為你加油。」我說。

「謝謝！」他說：「我很需要。」

我搖搖頭。「我覺得你會很順利的，但我還是會為你加油。」

他最後一次請我簽收，走回他的棕色大貨車，在駕駛座上朝我比了比大拇指，開車離去。

❖ ❖ ❖

幾年後，我收到山姆寄來的名片。**我有把你地址記下來**，他在名片後的便利貼寫道，**如果你有朋友有相關需求，還請幫忙介紹，謝謝！**我把它擺進抽屜收好。雖然我那時還在實習，但已清楚知道我什麼時候會用到。

我辦公室裡書架的來歷？山姆釘的。

26 最是尷尬巧遇時 Embarrassing Public Encounters

我和男友剛開始交往的時候，有一天，我們正排隊等著點優格冰淇淋，我做諮商的病人姍姍進店。「喔，嗨！」凱莎（Keisha）跟我打招呼，排到我們後面。「沒想到會在這裡碰到你。」她微微向右轉身：「這是路克（Luke）。」

路克三十多歲，和凱莎一樣大方迷人。他對我笑了笑，和我握手。雖然我們沒見過面，但我完全清楚他是什麼人。我知道路克是凱莎的男友，最近劈腿，而凱莎是怎麼發現的呢？因為他和她上床時不舉。他每次偷吃完都是如此（凱莎有一次說：「他的老二有罪惡感。」）

我還知道凱莎打算跟他分手。她漸漸發現自己一開始為什麼會被路克吸引，現在希望能更有自主性，另找一個值得信任的伴侶。上次晤談她告訴我她準備週末提分手，而現在是星期六。我腦子開始轉：她後來還是決定要跟路克在一起嗎？還是她打算星期天分，用星期一的工作幫自己穩定心情？她跟我說過她想在公共場合跟路克提，免得他一哭二鬧三跪求她不要分手——這種事已經發生兩次了，凱莎之前也試著到路克家跟他好好談，兩次都敗給耍賴。她不想再次因為他說得天花亂墜而屈服。

回到優格冰淇淋店。男友站在我身邊，一臉等著被介紹的表情。我那時還沒跟他講過心理師的潛規則：為了保護病人隱私，我如果在辦公室外看到病人，除非他們先對我打招呼，否則我會裝作不認得。心理師主動招呼可能會給對方帶來困擾，因為他們身邊的人要是問他們我是誰，他們就得傷腦筋要含糊帶過還是坦誠以告。如果病人身邊的是同事、老闆或第一次約會的對象，天知道我的一聲招呼可能給他們帶來什麼麻煩？

就算病人先跟我打招呼，我也不會把他們介紹給跟我在一起的人——如果跟我在一起的人問我們怎麼認識的，除非我說謊，否則我就違背了保密原則。

於是男友看著我，路克看著男友，凱莎看著我和男友牽住的手。

男友不知道的是，我已經跟他一起遇過我的病人了。那是幾天以前的事：我跟男友在逛街，我伴侶諮商裡的丈夫迎面走來。他對我說嗨，我也回他一聲嗨，但兩個人都沒停下來，繼續往相反的方向走。

「那是誰啊？」男友問了一下。

「喔，工作上認識的啦。」我隨口帶過，儘管我對他的性幻想知道得比對男友的還多。

在週六之夜的優格冰淇淋店，我朝凱莎和路克笑笑，便轉身面向櫃台。排隊的人不少，男友領會我的意思，開始跟我閒聊優格口味，而我努力不去注意路克在講什麼。唉，他興致勃勃地跟凱莎說他的度假計畫，想趕快把日子定下來。凱莎則吞吞吐吐，語多保留。路克問她是不是想下個月再去，凱莎說待會再談吧，悄悄把話題帶開。

我真為這兩個人尷尬。

男友和我點完優格後，我領他坐到出口旁邊遠一點的位子。我刻意背對店裡的客人，讓凱莎和我都能保有自己的空間。

沒幾分鐘，路克橫衝直撞掃過我們這桌，奪門而出，凱莎跟在後頭追去。我們透過落地窗看見凱莎頻頻道歉，路克則匆匆上車疾駛而去，差點撞到凱莎。

男友大概把這些事串起來了：「喔，你們是因為**這樣**才認識的。」他開玩笑說跟心理師交往跟和CIA探員約會差不多。

我笑笑說當心理師有時感覺像當小三，而且是同時跟你以前到現在的個案有一腿。對那些我們知道很多祕密的人，我們永遠得裝作不認識。

不過，心理師和病人在外面巧遇的時候，不自在的常常是心理師。畢竟我們已經知道病人的現實生活，但病人不知道我們的。在辦公室外，我們就像Z咖明星，幾乎沒人知道我們是誰，但少數知道的一眼就認得出來。

身為心理師，有些事你不能在公開場合做：在餐廳向朋友哭訴；跟另一半吵架；把電梯按鈕當嗎啡幫浦不停猛按。就算你趕著上班，也絕不能對慢吞吞擋住停車場入口的車按喇叭，免得被病人看到（而且搞不好你叭的**就是**你的病人）。

如果你跟我某個同事一樣，是備受敬重的兒童心理學家，你當然不想在麵包店裡示範親子教育。比方說你四歲大的孩子因為不能多買一份點心而崩潰，賴在地上用尖厲刺耳的聲音嘶吼：「媽——咪——壞——壞！」而你六歲大的病人跟她媽媽就在旁邊，一臉驚愕。當然，你也絕對不想像我一樣，在百貨公司胸罩部門遇到以前的病人，而櫃姐興沖沖地大聲宣布：「太太，太好了！我找到三十四A的魔術胸罩了！」

在晤談之間跑廁所時，最好避開你下個病人隔壁那間，在你或病人要拉出奇臭無比的屎時尤其如此。如果你去辦公室對街的藥局買藥，你當然不想被看到在挑保險套、衛生棉、便秘藥、成人紙尿布、陰道感染或痔瘡藥膏，或是性病或精神疾病處方藥。

有一天我覺得全身無力，像是感冒了，去辦公室對面的藥局買藥。藥劑師本來應該拿抗生素給我，但我看標籤是抗憂鬱藥。那是幾星期前風濕科醫生開的，她認為我的長期疲倦可能跟纖維肌痛有關，開抗憂鬱藥當仿單標示外使用藥物治纖維肌痛。但考慮到抗憂鬱藥的潛在副作用之後，我們決定過一陣子再說。我沒拿處方箋買藥，醫生也取消了藥單。但不知什麼原因，它還是存在電腦裡。於是我每次買藥，藥劑師都拿抗憂鬱藥出來，朗聲念出藥名，我默默祈禱我的病人沒排在後頭。

當病人看到我們常人的一面，往往選擇離我們而去。

❖ ❖ ❖

約翰開始找我諮商後不久，我在湖人隊球賽時遇到他。當時是中場休息，我跟我兒子排隊買球衣。「搞屁啊我操。」我聽到有人喃喃開罵。朝聲音來處一看，我才發現約翰就排我們旁邊那隊前面。他跟另一個男人和兩個女生是一起的，其中一個女生大約十歲，是約翰大女兒的年紀。父女約會吧？我想。約翰跟朋友抱怨他們前面那對夫妻慢吞吞的，買東西磨磨蹭蹭——他們一直忘記收銀員跟他們講過哪些尺寸沒了。

「欸，你們幫幫忙好不好？」約翰忍不住發難，聲音大得四周都轉過頭看：「科比黑色每個尺寸都賣光了，只剩S號——顯然不是你的尺寸吧？科比白色只剩童版的——顯然也不是你的尺寸——可是是這兩個女生的尺寸。我們是來看湖人隊比賽的。下半場什麼時候開始呢？」他故意動作誇張地看錶：「喔！四分鐘後。」

「老弟，放輕鬆點。」夫妻中的丈夫對約翰說。

「放輕鬆？」約翰說：「是你們放得太鬆了吧？你要不要稍微算一下呢？中場十五分鐘，你們後面還一大群人。我看看——二十個。十五分鐘，二十個人，一個人不到一分鐘——靠，你要我怎麼放鬆？」

他一臉挖苦對那人哼地一笑，就在這時，他發現我在看他。他當場楞住，不敢相信他的情婦／雞／心理師竟然在這。他打死不想讓他老婆知道我的存在——也許朋友、女兒全不知道更好。

我們都別開眼睛，裝沒看到。

可是我和兒子買完之後，正手拉手跑回座位，我發現約翰遠遠看著我們，表情複雜。

我要是在諮商室外面遇到病人，通常會在下一次晤談時問問他們的感覺（第一次遇到時尤其會問）。有些心理師是等病人主動提起再談，但刻意迴避常常讓小事顯得像大事，坦率談開反而比較輕鬆。所以隔週和約翰晤談的時候，我問他看湖人隊時遇到我是什麼感覺。

「天啊這什麼鬼問題？」約翰長嘆一聲，面露無奈：「你知道那天看比賽的有多少人嗎？」

「很多。」我說：「可是在諮商室外碰到心理師有時很怪。看到他們的孩子可能也怪怪的。」

我其實想過約翰看我和札克一起跑時的表情，暗自猜測他看到母子倆手拉手的心情，畢竟他從小就失去媽媽。

「你知道我看到我心理師跟她孩子的感覺嗎？」約翰說：「覺得賭爛。」

我滿驚訝約翰居然願意講出自己的感覺。「為什麼？」

「因為我女兒那個尺寸的科比球衣——最後一件被你兒子買走了。」

「蛤？」

「對啊，所以賭爛。」

我等著看他想不想多說，也許玩笑開完會有幾句有意義的話。我們兩個沉默了一會兒，然後約翰開始數：「一秒鐘，兩秒鐘，三秒鐘……」他一臉火大瞪著我：「我們是要這樣呆坐不說話多久？」

我了解他的挫折。在電影裡，心理師閉口不言已經成了老橋段，可是人只有沉默時能聽見內心的聲音。說話會讓人停在大腦層次，安安穩穩閃躲情緒。沉默則像清垃圾，當你停止徒勞無益地拋話、再拋話，重要的東西會浮上表面。當沉默成為共同的經驗，它甚至可以成為心理探索的金礦，讓病人察覺連自己都不知道存在的想法和感受。我跟溫德爾的那次晤談就是這樣，從頭到尾只是哭，幾乎沒講話。其實，沉默有時反而最能傳達強烈的喜悅。例如病人好不容易得到升遷或訂婚，但找不出話來訴說她浩浩湯湯的感受，我們便沉默相對，讓笑容說明一切。

「我想聽聽你有什麼話想說。」我對約翰說。

「好，」他說：「這樣的話，我也有問題問你。」

「嗯？」

「你那天遇到我是什麼感覺？」

以前沒人這樣問過我。我想了想自己當時的反應，也琢磨了一下該怎麼傳達給約翰。我記得那天對他數落前面那對夫婦的態度有點生氣，但另一方面，我也對自己為他暗自叫好有罪惡感（因為我也想趕快回到球場看下半場）。我還記得回到座位之後，我到處張望，看到約翰他們坐在場邊。我看到他女兒拿他手機上的東西給他看，他湊頭過去，摟摟女兒，兩個人笑了又笑。那一幕實在令我感動，我簡直無法把視線移開。我想跟他分享這件事。

「嗯，」我開始講：「我那天——」

「喔拜託一下，我開玩笑的好不好！」約翰立刻打斷我：「我根本沒在管你那天覺得怎麼樣。我要講的是**這個**！那是湖人隊比賽啊拜託！我們是去看湖人隊的。」

「OK。」

「O什麼K？」

「你沒在管。OK。」

「真他媽對極了，我沒在管。」約翰臉上再次浮現那種表情——他看我跟札克一起跑回座位時那種。我們接下來談得很不順利，不論我用什麼方法和他互動——提醒他放慢速度，注意自己的感受；談他和我在諮商室的經驗；在對話中分享一些我的經驗——他都封閉自己，不願多說。

一直到離開的時候，他才從走廊轉身對我說：「對了，小朋友很可愛。我說你兒子。他跟你牽手的樣子。男生不會一直這樣。」

我等著下文。但他只是定定看著我的眼睛，幾乎是憂傷地說：「還有的時候要好好把握。」

我在門邊站了一陣子。**還有的時候要好好把握**。

他是想到女兒嗎？也許她長大之後就不讓約翰在外面牽她手了？可是他還有說到「男生不會一直這樣」。他是兩個女兒的爸爸，怎麼突然講起帶男生的事？

也許是想到他跟媽媽的事吧？我想。我把這幾句話記下，等他準備好談媽媽時再提。

27 溫德爾的媽媽
Wendell's Mother

在溫德爾還小的時候，每年八月，他都和四個兄姊擠進旅行車，跟爸媽從中西部郊區一路開到湖邊別墅，跟全家族一起度假。他們表兄弟姊妹加起來大概有二十個，孩子們會成群結隊到處閒晃，早上一起出去，中午回來跟大人一起吃午餐（在綠油油的草地上鋪墊子野餐），狼吞虎嚥後又一哄而散，到晚餐時間再回來。

表兄弟姊妹有時會騎腳踏車出去，但年紀最小的溫德爾不敢騎，而且每次爸媽兄姊說要教他，他都裝作興趣缺缺。不過，大家其實知道他為什麼不想學：鎮上有個年紀較大的男生曾摔過車，撞傷頭部，後來失聰。這件事讓溫德爾心裡對騎腳踏車有個疙瘩。

還好，這裡的娛樂不只有騎腳踏車。就算幾個哥哥姊姊騎腳踏車出遊，還是有不少孩子能陪溫德爾去湖裡游泳、爬樹，或是玩永遠玩不膩的奪旗遊戲。

溫德爾剛滿十三歲那年的暑假，他失蹤了。午餐時，其他孩子像往常一樣回家吃飯，等到大家開始津津有味吃西瓜，才有人發現沒看到溫德爾。他們回別墅察看。不見人影。家人紛紛出動，分頭去湖邊、樹林和鎮上找他，可是到處都找不到。

全家心驚膽跳了四個鐘頭之後，溫德爾回來了——騎著腳踏車。原來他在湖邊遇到一個可愛女生，受邀一起騎車。於是他去腳踏車店，向老闆說明他的問題。老闆看這個十三歲的清瘦少年如此心切，馬上出手相助。他關上店門，帶溫德爾去荒廢的空地教他騎車，並免費借車給他一天。

於是，他現在慢悠悠地騎車回到別墅。他的父母總算放下心中大石，喜極而泣。

溫德爾後來天天跟這個女生騎車兜風，直到假期結束。回家之後，他們又繼續通信了好幾個月。但有一天，她寫信對溫德爾說她很抱歉：她在學校交了新男朋友，以後不會再寫信給他了。溫德爾的媽媽清垃圾桶時發現撕碎的信。

溫德爾裝無所謂。

「那年他騎車和戀愛都遇上波折。」溫德爾的媽媽後來說：「你放膽嘗試，跌倒，站起來，再重頭來過。」

溫德爾的確振作了起來，而且及時不再裝作什麼都無所謂。大學畢業後，他一度幫忙打理家中生意，但他漸漸發現自己確實著迷心理學，不應繼續假裝那只是閒暇嗜好。於是他退出生意，一路念到心理學博士——這時換成是他爸爸得裝無所謂了。不過，老布朗森最後也和溫德爾一樣，重新爬上人生的「腳踏車」，學會接受兒子的決定。

至少，溫德爾的媽媽是這樣說的。

當然，這些事她不是對我講的。我知道這些都拜網路之賜。

我很想告訴大家我是碰巧看到這些東西的，我很希望能跟大家說：我要寄支票給溫德爾，所以上網找他地址，誰知道就這麼巧，打上他的名字一搜——**喔喔，這什麼東西啊**——搜尋結果第一頁就是他媽媽的訪問。我很想這樣說，真的。可是唯一真實的部分是我搜了他的名字。

❖ ❖ ❖

令我稍感心安的是：上網探心理師底細的不只是我。

我報導過茱莉學校裡的一個科學家，她有一次跟我提起他的事，好像我跟她講過我也認識他一樣（並沒有）。麗塔有一次間接提到我跟她都在洛杉磯長大，但我從沒跟她講過我在哪裡長大。約翰有一次又在嘮叨身邊全是白痴，罵到一個剛從史丹佛畢業的菜鳥，「什麼西部哈佛咧，吃屎」——然後怯怯掃了我一眼，補上一句「不是講你」。他一定知道我念過史丹佛，可是我沒跟他講過。我剛好也知道他搜過溫德爾（八成是想知道他太太的心理師究竟是何方妖孽），因為他有一次抱怨溫德爾沒網站也沒照片，實在十分可疑——「這白痴到底有什麼見不得人的事？」他說：「喔對了——他無能。」

總之，很多病人會上網搜尋自己的心理師，但這不是我的藉口。事實上，我從沒想過要搜尋溫德爾，直到他提醒我一直搜男友是巴著已經取消的未來。我這樣做等於是看著男友的未來開展，卻把自己鎖在過去。而我應該做的是接受我和他的未來已經分開、我和他的現在也已經分開，我們還共同擁有的只剩過去。

坐在筆電前，我想起溫德爾把這些話說得多白，然後突然想到：除了他跟介紹他給我的凱若琳一起受訓之外，我對他幾乎一無所知。我不知道他在哪裡拿到學位，不知道他專長哪些方面，也不知道一般人看心理師之前會上網查的那些基本資訊。我一開始只急著找人求救，所以凱若琳一推薦溫德爾給我的「朋友」，我查也不查就馬上跟他聯絡了。

要是某個方式無效，就試試別的方法。在受訓期間，每當我們跟病人進入撞牆期，督導總會提醒我們這件事。同樣地，我們也會提醒自己的病人：如果同一件事做了總是沒幫助，為什麼還要一做再做？溫德爾想告訴我的是：既然一直上網搜尋男友的近況只是困住自己，我應該改做別的事。但改做什麼呢？我閉上眼睛深呼吸，設法打斷強迫性衝動。有效！——有效到某種程度。睜開眼睛後，我沒上Google搜男友的名字。

我搜溫德爾的。

約翰說得沒錯，溫德爾在網路世界幾乎是隱形人。沒網站，沒LinkedIn，沒訂《今日心理學》（*Psychology Today*），也沒有公開的臉書或推特。只有一條連結提到他的辦公室地址和電話。如此而已。以我這個世代的開業者來說，溫德爾老派得超乎尋常。

我又瀏覽了一次搜尋結果。是有幾個溫德爾．布朗森，但都不是我的心理師。我繼續找，翻過兩頁才在某個網路評價網站上找到溫德爾。那是一則客戶評語。我點開來看。

寫評語的人叫Angela L.，連續五年榮獲「菁英級」評論者，實至名歸——她評過餐廳、乾洗店、寢具行、狗公園、牙醫（經常換）、婦科醫師、美甲沙龍、屋頂裝修、花店、時裝店、旅館、除蟲公司、搬家公司、藥局、汽車代理商、刺青店、人身傷害律師，甚至還評過一個刑事辯護律師（起因是被「不實指控」違規停車，後來不知怎的變成需要刑事辯護律師）。

不過，Angela L.讓人嘆為觀止的不只是評論奇多，包山包海，她的負評之刻薄也令人瞠目結舌——而且幾乎篇篇如此。

「**爛爆！**」、「**腦殘！**」，她的評論充斥諸如此類的話。從去角質功夫到接待員跟她說話的方式，Angela L.似乎對每一件事都極不滿意，連去度假都不鬆懈嚴格監督萬事萬物。她對租車中心給評，對旅館櫃台給評，對房間給評，一路上在哪吃、在哪喝都給評，甚至對海灘也給評（她在理應柔滑如絲的沙灘上踩到石子，據說腳受了點傷）。而當然，她碰到的人不是懶惰就是無能，或是極其愚蠢。

她讓我想到約翰。我一時閃過一個念頭：Angela L. 該不會是瑪歌吧？因為世上唯一沒讓 Angela L. 覺得爆怒或遭到差別對待的就是溫德爾。

他得到 Angela L. 有史以來第一個五星評價。

我看過很多心理師——不令人意外——這次總算讓我覺得自己有進步，她寫道。她滔滔不絕誇獎溫德爾的同理與智慧，說他幫她看到自己的言行如何讓她的婚姻問題惡化。因為溫德爾的緣故，她說，她和丈夫分居後終於和好了（好吧，**不是瑪歌**）。

這則評論是一年前寫的。掃過她的後續評論之後，我發現一個趨勢：她原本鋪天蓋地的一到兩顆星劣評，逐漸變成三顆星、四顆星的讚美。Angela L. 對世界的怒氣漸漸減弱，比較不會把自己的不快樂怪到別人頭上（這種傾向叫「外化」〔externalizing〕），比較少對客服人員發怒，比較不常感到被輕視（個人化〔personalization〕），也更能自我覺察（她在某篇評論裡提到自己不好取悅）。她的評論數量也大幅下降，似乎沒那麼沉迷給評了。她漸漸能做到「情緒清明」（emotional sobriety），亦即有能力不靠自我藥療（self-medicating）來調節自身感受，不論這「藥」是花錢、防衛、外遇或網路。

感恩溫德爾讚嘆溫德爾。從 Angela L. 在這個網站的評語變化，我看得出她在情緒上有進步。

但正當我對溫德爾的功力欽佩不已時，我又看到 Angela L. 的另一則一星評語。那篇評的是一家客運公司，而且她之前給過他們四星評價。讓她怒氣衝天的是車上罐頭音樂放得很大聲，司機卻不知道怎麼轉小聲。他們怎麼能這樣「攻擊」乘客呢？Angela L. 洋洋灑灑寫了三大段，通篇充滿全部大寫的怒罵和驚嘆號，最後，她這樣作結：**我搭了這家客運幾個月，以後絕不再搭。從此一刀兩斷！！！**

在一連串較為公道的評論之後，她突然跟客運公司翻臉。這種轉折其實不算罕見。她可能跟很多人一樣，退步了，發作了——接著後悔了。她赫然發現自己故態復萌，光是節制顯然還不夠，必須完全戒除給評的習慣才行。到目前為止她很成功——那是Angela L.的最後一則評論，貼文時間是六個月前。

倒是我還沒準備好戒掉鍵盤柯南的習慣。半小時後，我的游標在溫德爾媽媽的訪談連結上盤旋。我認識的這個心理師似乎既嚴格又溫和，既自信又羞怯，既循規蹈矩又不按牌理出牌。是什麼樣的人養大他的呢？我覺得我看到母方的線索在招手。

當然要點開來看。

❖ ❖ ❖

那是篇十頁長的家族史訪談，出現在某個中西部地方文史團體的部落格裡。那個計畫是記錄當地望族半世紀以來的歷史。

訪談稿說溫德爾的父母都出身貧寒。他的外祖母死於難產，所以他媽媽從小住在姑姑的小公寓裡，姑姑的家成了她的家。溫德爾的爸爸苦學出身，是他的家族中第一個上大學的人；溫德爾的媽媽也是家族中第一個拿到大學學位的女性，他們兩人在就讀州立大學時認識。兩人結婚之後，爸爸創業，媽媽生了五個孩子。到溫德爾十多歲時，他們家已相當富裕——這是我看得到這篇訪談的原因之一，溫德爾的爸媽顯然將大多數財產捐給慈善事業。

到我找出溫德爾的兄姊和他們的配偶、兒女的名字時，我已經變得跟Angela L.一樣瘋魔。我研究了溫德爾的整個家族——他們是做什麼的、住在哪些地方、孩子年紀多大、哪幾個離婚了。這些資訊一點也不好查，我交叉對照了好幾個鐘頭才達成任務。

老實說，從溫德爾諮商時有意透露的隻字片語，我已經知道他幾件私事。例如有一次我講到男友事件時抱怨：「這不公平！」溫德爾定定看著我，溫和地說：「你聽起來跟我家十歲小朋友一樣。你為什麼認為人生應該是公平的呢？」

我懂他的意思，但也同時心想：**喔，原來他有個年紀跟我兒子差不多的孩子**。在他拋這些訊息給我時，我總覺得像收到意外禮物般驚喜。

可是掛在網上那晚，「意外禮物」取之不盡，一條線索指向另一條線索，一個連結通往另一個連結。原來他跟太太是透過共同朋友認識的；原來他的老家是西班牙式建築，據房地產公司資料，價格已比購入時高出一倍；原來他最近之所以要跟我改晤談時間，是因為他要在會議上報告。

到我總算闔上筆電時，夜晚已經結束。我覺得空虛、疲累，還有股罪惡感。

網路既是慰藉也是毒品，它可以在阻擋痛苦（安慰）的同時製造痛苦（成癮）。網路藥效消退之後，你會覺得更糟，而非更好。病人經常以為自己想多了解心理師，但查到資料之後，他們往往希望自己沒有找過，因為得知這些可能汙染彼此關係，讓病人在有意無意間扭曲心理師在晤談時說的話。

我知道自己這樣做很糟糕。我也知道我不會跟溫德爾說我做了這件事。每次病人無意間露出口風，洩漏他們對我知道的比我分享過的更多，我開口問時，他們總會在坦承和說謊之間顯出一絲猶豫——他們的心情我懂。承認自己上網調查過心理師的確不容易。我覺得很慚愧——因為我侵犯溫德爾的隱私，也因為我浪費了一整晚——我（也許跟 Angela L. 一樣）發誓絕不再犯。

然而傷害已經造成。下個週三我去找溫德爾時，我覺得自己被新發現的八卦壓得沉甸甸的。我忍不住想，我恐怕遲早會說溜嘴——跟我的病人一樣。

28 上癮 Addicted

個案紀錄表，夏綠蒂：

病人二十五歲，自述近幾個月雖然沒有大事發生，卻常感「焦慮」，同時也對工作感到「厭倦」。病人提及與父母有摩擦，不適應繁忙的社交生活，沒有刻骨銘心的戀愛。自述為放鬆一下，每晚會「喝兩杯酒」。

「你一定會宰了我。」夏綠蒂邊說邊慢悠悠走進來，從從容容坐進我右手斜對角的大椅子，理理膝上的椅墊，在上頭披張小毯子。她從來沒坐到沙發上過，連第一次晤談時也沒有。她習慣把那張椅子弄成她的寶座，總是從包包裡一件一件掏出東西，慢慢擺好，緩緩開始她的五十分鐘。左扶手放手機和計步器，右扶手擺太陽眼鏡和一瓶水。

她今天擦了口紅也一臉羞紅，我知道這代表什麼——代表她又去勾搭候診室裡那個男的。我們診所有個大接待區，病人在那裡等心理師來帶他們。離開時比較隱密，可以從裡面的走道連上這棟樓的大走廊。病人在候診室通常自己坐著，不太跟別人互動——可是夏綠蒂不一樣。

夏綠蒂叫她勾搭的對象「靚仔」。他是我同事麥可的病人，晤談時段和夏綠蒂一樣。夏綠蒂說，靚仔第一次來，他們就馬上注意到對方，彼此邊看手機邊互相偷瞧。他們這樣眉來眼去了幾個星期。每次晤談（同時）結束，他們也在走道上和電梯裡彼此偷看，直到分道揚鑣。

有一天，他們總算有了進展。

「靚仔剛剛跟我講話！」夏綠蒂壓低聲音告訴我，好像靚仔隔了幾間也能聽到一樣。

「他說什麼？」我問。

「他說，『所以，你有什麼問題？』」

還真會講話啊，我想。雖然聽了不太舒服，但的確讓人印象深刻。

「接下來這部分你會宰了我。」她那天深吸一口氣，正經八百地說。可是我聽這句話好多遍了。要是她上星期喝太兇，晤談一開始她就會說「你一定會宰了我」；要是她勾搭男人又後悔（經常如此），她也會拿「你一定會宰了我」開頭；連她申請研究所拖拖拉拉誤了期限，我都會宰了她。我們之前談過這件事，這種投射裡其實有很深的羞愧感。

「好好好，你不會宰了我。」她趕忙收回：「可是，**唉！**我不知道怎麼回，所以當場傻住。結果我居然完全沒理他，假裝在回訊息。天啊，我恨我自己。」

我腦子裡冒出一個畫面：此時此刻坐在幾道牆後另一間諮商室裡的靚仔，搞不好正在跟我同事講同一件事。**我總算跟候診室那個女生講話了，結果她完全不理我。**唉！**我講話跟個白痴一樣。天啊，我恨我自己**。

無論如何，他們下個星期繼續勾搭。夏綠蒂跟我說，靚仔一走進候診室，她就拋出她練了一星期的話。

「你知道我有什麼問題嗎？」夏綠蒂說：「每次有陌生人在候診室問我問題，我都會傻住。」靚仔一聽笑了出來。事實上，我開門要去接夏綠蒂時，聽到他們兩個正笑得開心。

靚仔看到我時刷地臉紅。**作賊心虛嗎？**我猜。

走回諮商室的路上，我和夏綠蒂跟麥可擦身而過，他是去接靚仔的。麥可和我眼神對一下，立刻移開視線。**果然，**我心想，**靚仔也跟他講了夏綠蒂的事。**

到了下一週，這場候診室情緣進入高潮。夏綠蒂跟我說她去問靚仔的名字，而他說：「不能告訴你。」

「為什麼不行？」她問。

「這裡的一切都要保密。」他答。

「是喔？保密。」她回嘴：「我叫夏綠蒂。我要去跟我心理師講你的事。」

「希望你錢花得值得。」他咧嘴一笑，施放性感魅力。

我看過靚仔幾次，夏綠蒂說得沒錯，他的微笑迷死人綽綽有餘。雖然我一點也不了解他，但我隱約感覺到夏綠蒂有麻煩了。從夏綠蒂的男性交往史來看，我覺得整件事不會有好結果——兩星期後，夏綠蒂告訴我最新情報：靚仔來諮商時帶了個女的。

不意外，我心想。夏綠蒂就是喜歡「得不到」這種型。事實上，她每次提到靚仔時也是這樣講的：**他完全是我的型**。

我們口中的「型」指的多半是吸引力，可能是外貌上的「型」，也可能是個性上的「型」。可是，讓我們傾心的「型」的背後其實是熟悉感。父母脾氣大的人往往選擇脾氣大的伴侶，父母酗酒的人常受愛喝酒的人吸引，父母木訥或好批評的人容易愛上木訥或好批評的人——這些都不是巧合。

為什麼人會這樣對待自己？因為「家」的感覺會形塑一個人的偏好，成年後的渴求很難與童年時的經驗分開。所以弔詭的是：曾經被父母以某種方式傷害的人，有時特別容易迷上與自己的父母有同樣特質的人。雖然剛認識對方時很難看出這些特質，但潛意識自有調校精準的雷達系統，意識察覺不到。這些人並不是想再次受到傷害，而是希望能控制童年時無能控制的情境。佛洛伊德稱之為「強迫性重複」（repetition compulsion）。他們在潛意識裡想：**跟相似、但不一樣的人交往，也許能回去治好很久以前的那道傷**。唯一的問題是：選擇相似的伴侶不但很難達成這個目標，而且結果往往正好相反——他們再次撕開那道傷，甚至更加相信自己不值得被愛。

當事人對此常常毫無所覺，夏綠蒂就是如此。她說她想交可靠又願意建立親密關係的男友，但每次遇到她喜歡的型，都免不了一場混亂和挫敗。相反地，雖然她最近認識一個很符合她交往條件的男性，約會完來晤談時卻說：「太可惜了，但我們兩個就是擦不出火花。」對她的潛意識來說，對方情緒穩定反而顯得格格不入。

心理師泰瑞·瑞爾（Terry Real）說過：長年積習是「我們內化的原生家庭」，而這內化的原生家庭是「我們人際關係主題的曲目」。你不是非靠別人講出自己的故事才能了解他們，因為他們一定會把自己的故事演給你看。病人經常投射負面預期（negative expectations）到心理師身上，但如果心理師不符合這些負面預期，這種與可靠而善意的人互動的「矯正性情緒經驗」（corrective emotional experience）往往能改變病人，讓他們學到世界與他們的原生家庭並不一樣。如果夏綠蒂能好好跟我處理她對父母的複雜感受，她會逐漸受到不同類型的人吸引，這個人或許能帶給她不熟悉的經驗——亦即她想在可靠、成熟、有同理心的伴侶身上尋找的經驗。可是到目前為止，每當她認識可以交往、也可能愛她的人，她的潛意識就把對方的穩定貶為「乏味」。她還是以為被愛的感覺是焦慮，而非平靜。

於是同樣的戲碼一再重演。同一種人，名字不同，結果相同。

「你有看到她嗎？」夏綠蒂問，她指的是陪靚仔來諮商的那個女的：「她鐵定是他女朋友。」我剛剛匆匆一瞥是有看到他們兩個，雖然相鄰而坐，但沒有互動。那名年輕女子跟靚仔一樣身材高䠷、髮色偏暗、頭髮濃密。也許是他妹妹跟他來做家庭諮商吧，我想。但夏綠蒂也許是對的，她更有可能是他女友。

而今天——靚仔的女友成為我們固定話題兩個月後——夏綠蒂又一次宣布我會宰了她。我在腦子裡快速考慮各種可能，第一個是她不管靚仔已經有女朋友，跟他上床了。我想像那名女子跟靚仔和夏綠蒂一起坐在候診室，但渾然不覺夏綠蒂已睡了她男友。我想像那名女子逐漸發現這件事，甩了靚仔，於是夏綠蒂和靚仔成了一對。我又想像夏綠蒂犯了她交男朋友時的老毛病（不願進一步建立關係），靚仔也犯了他交女朋友時的老毛病（只有麥可知道是什麼毛病），然後整件事以無比華麗的方式爆開。

但我錯了。夏綠蒂今天認為我會宰了她的原因是：她昨晚毅然放下財報下班，準備參加她第一次的戒酒無名會（Alcoholics Anonymous）聚會，怎料她同事約她一起喝兩杯，她覺得這是建立交情的好機會，就答應了。她告訴我——絕無反諷之意——因為她很氣自己沒去戒酒無名會，所以她卯起來狂喝。

「天啊，」她說：「我恨我自己。」

❖ ❖ ❖

督導有一次跟我說，每個心理師都會遇到跟自己非常像的病人，像是看到自己的分身一樣。夏綠蒂走進諮商室時，我知道就是她了——幾乎是。她簡直是我雙十年華時的翻版。

我們不只長得像，連閱讀習慣、癖好和不良思考模式都像（想太多又負面）。夏綠蒂來找我時才大學畢業三年，表面上看一切順利——有朋友，有不錯的工作，而且經濟獨立。但她對職涯方向感到徬徨，跟父母常起摩擦，也總是莫名感到失落。我二十多歲時雖然不貪杯，也沒到處跟人上床，但那十年的確渾渾噩噩，跟沒頭蒼蠅一樣。

很多人以為，遇到跟自己很像的病人處理起來比較容易，因為你憑直覺就能了解對方。雖然這樣講似乎言之成理，可是在很多方面，這種相像反而會讓事情更為棘手。因為我在晤談時得格外留意，確定自己把夏綠蒂當成獨立個體，而不是我能藉機修正的年輕的我。在病人岔題失焦時，我必須抵抗插嘴導回正題的誘惑，在面對夏綠蒂時尤其如此。當她咚地一聲倒進椅子，隨口閒扯不著邊際的小事，最後用問句暗暗要我肯定她的想法（「我經理這樣不是太不講理了嗎？」、「你相信我室友居然講這種話嗎？」），我必須提醒自己不要急著逼她言歸正傳。

不過，夏綠蒂畢竟才二十五歲，人生雖然有煩惱，但還沒經歷太大的遺憾。她跟我不一樣，還沒發生中年危機。她跟麗塔也不一樣，沒有嫁錯對象或連累孩子。時間是她的優勢，只要她好好善用。

夏綠蒂一開始是為了憂鬱和焦慮尋求心理治療，那時並不認為自己有成癮問題。她堅稱自己沒有酗酒，只是每晚「喝兩杯酒」讓自己「放鬆一下」（我馬上拿出心理治療標準算式換算：對用藥或飲酒問題防衛心重者，用量依其所述乘以二）。

我後來總算問清楚了：夏綠蒂每晚平均喝四分之三瓶酒，有時還先喝一杯雞尾酒（或兩杯）。她說她從來不在白天喝酒（「週末例外，」她補充：「早午餐配兩杯。」），也很少在別人面前喝醉，而且長年下來酒量越來越好——但有時候隔天的確想不太起來喝酒之後的事。

不過，她還是覺得「應酬喝兩杯」沒什麼好大驚小怪的，她「真正」上癮的其實是另一個東西，她接受心理治療越久就越依戀的東西——我。她說，如果可以的話，她真想每天來治療。

每個星期，每當我提醒她時間到了，她總會誇張地嘆一口氣，一臉驚訝地問：「真的嗎？你說**真的？**」然後，我都站在門口送她了，她才慢條斯理收拾一個個家當——太陽眼鏡，手機，水瓶，髮帶——而且常常漏掉什麼東西，之後再跑回來拿。

「**看吧**，」當我點出她藉由漏東漏西緊抓住晤談時間不放，她說：「我就說我對治療上癮。」她常用較籠統「治療」取代較親暱的「你」。

也無怪乎夏綠蒂不想離開。對她這種既渴望關係又逃避關係的病人來說，心理治療中的人際距離近乎完美。我們的關係理想結合了親近和距離，她可以靠近我，又不能太靠近我，因為晤談時間一到，不論她喜不喜歡，她都得回家。同樣地，在兩次晤談之間那幾天，她可以靠近我，又不能太靠近我。她會轉寄她覺得不錯的文章給我，寫一兩句話跟我說那幾天發生的事（**我媽打電話來發瘋，但我沒吼她喔**），也不時寄來她覺得有趣的東西的照片（例如有輛車車牌是4evJUNG——但願那不是她酒醉駕車時拍的）。

可是我如果想在晤談時聊聊這些東西，她會滿不在乎搖手拒絕（「喔，我只是覺得好玩啦。」她對車牌是這樣講的）。有一次她轉寄文章給我，內容是說她這個年齡層的人普遍孤獨，我問她是不是心有戚戚。「沒有啦，真的沒別的意思。」她一臉茫然回答：「我只是覺得這個文化現象很有趣。」

病人在兩次晤談之間想到心理師是很正常的事，可是對夏綠蒂來說，想著我的感覺比較不像穩定保持連結，反而更像克制不了自己。要是她變得太依賴我怎麼辦？

她說這是她的「執念」，也一直設法抗拒。但由於擔心自己變得太依賴我，她已停止治療又重新回來兩次。兩次都沒事先告知。

第一次，她在晤談時宣布她「必須戒掉這個習慣，而唯一做得到的方式是盡快離開」，然後她真的立刻起身走出諮商室（其實那天我一開始就覺得不太對勁：她沒從包包拿出家當放在扶手上，也沒動椅子上的小毯子）。兩個月後，她問我能不能回來諮商，「一次就好」，她想談談她表姊的事。見面之後，我才知道她憂鬱症復發了，所以一談就談了三個月。可是，她才剛剛覺得好轉，也開始做出正面改變，有次晤談前一小時她寄信給我，說她這次真的下定決心，非戒不可。

她指的是心理治療，不是酒。

後來有天晚上，夏綠蒂參加完生日派對回家，開車撞上電線桿，警方告她酒駕。隔天上午她打電話給我。

「我根本沒看到。」她進門時手上打了石膏，說：「我視而不見的不只是電線桿而已。」她的車撞得稀爛，只斷一隻手真是奇蹟。

「我想，」她第一次說出口：「我的問題是酒，不是心理治療。」

可是她遇見靚仔時仍在喝酒，那已是車禍一年以後。

29 強暴犯 The Rapist

約翰的晤談時間到了，門邊綠燈亮起。我穿過走廊去候診室，但打開門後，我發現約翰平常坐的那張椅子是空的，只放了一袋外賣。我一時以為他去旁邊的洗手間，可是那裡的門沒上鎖。我有些躊躇：約翰是晚一點到呢？（畢竟他午餐都叫了。）還是決定今天不過來了——因為上週的事？

那天一開始跟平常沒什麼兩樣。外送員一如往常送來我們的中式雞肉沙拉，約翰先抱怨一番醬料（「淹出來了」）和筷子（「太細了」），便切入正題。

「我在想啊，」約翰開始說：「你們心理師不是叫 therapist 嗎？」他吞進一口沙拉：「這個字如果拆開來看……」

我剛好知道他要講什麼。Therapist 的拼法跟「the rapist」（強暴犯）一樣，我們常被開這個玩笑。我笑笑：「你想說的是不是：在這裡有時候覺得很彆扭啊？」我先招：我在溫德爾那裡的確渾身不自在，在他盯著我看、讓我覺得無處可躲時尤其如此。心理師每天都在聽別人的祕密、狂想、羞愧和失敗，闖進他們平時不願示人的領域，然後——咻——時間到。心理師的日常差不多是這樣。

我們是在強暴別人的情緒嗎？

「在這裡覺得彆扭？」約翰說：「別傻了。你有時候是很討厭沒錯，可是我最受不了的地方不是這裡。」

「所以你覺得我討人厭？」我努力不拉高「你」和「我」，像是：「所以你覺得我討人厭？」

「廢話。」約翰說：「你的鬼問題太多了。」

「哦？比方說？」

「這個就是。」

我點點頭：「了解。看得出來這種問題會讓你覺得煩。」

約翰眼神一亮：「你看得出來？真的？」

「嗯，可以。我覺得每次我想多了解你，你都把我推得遠遠的。」

「天天天天天啊，又來了。」約翰翻了一個誇張的白眼。每次晤談我至少會引出這種模式一次：我試著跟他建立連結，他試著閃躲。也許他現在抗拒承認這種模式，但我樂見他抗拒，因為抗拒是提醒心理師留意的信號，能透露出幫助他的關鍵是什麼。在受訓那段時間，每當我們實習心理師為固執抗拒的病人頭大，督導總是建議：「抗拒是心理師的朋友，別跟它鬥——跟著它走。」換句話說，我們要設法推想病人為什麼會抗拒。

在此同時，我對約翰講的第二個部分也感到好奇。「乾脆讓你更煩一點好了，」我繼續說：「我還想問另一件事。你剛說你最受不了的地方不是這裡，那是哪裡？」

「你不知道？」

我聳肩。**不知道**。

約翰瞪大眼睛：「真的不知道？」

我點點頭。

「拜託——不可能，你一定知道。」他說：「猜猜看嘛。」

我不想跟約翰在這邊糾結，所以我聽命一猜。

「工作時覺得沒人了解你？在家時覺得你讓瑪歌失望？」

約翰發出益智節目的喇叭聲：「錯！」他夾了一口沙拉，吃掉，然後揮動筷子強調他的話：「你也許記得，也許不記得，我來這裡是因為我有睡眠問題。」

我注意到他特別加重那個「不」字。

「嗯，我記得。」我說。

他深深嘆了口氣，像是在召喚甘地般的耐心。「好吧，福爾摩斯，既然我有睡眠問題，你覺得我最受不了的是什麼地方呢？」

「床。」我說。

這裡，我超想這樣說。你在這裡渾身不自在，但我們等時機到了再說吧。

「賓果！」

我等他繼續講，但他又開始吃沙拉。我默默看著他吃，直到他揮筷子罵人。

「欸！你不是該講些話嗎？」

「我想多聽你講一點。」我說：「你在床上睡不著的時候，在想什麼？」

「天哪實在見鬼了今天！你的記性出了什麼事嗎？我想什麼？你說我會想什麼——就我每個星期跟你說的這些屁事啊！工作，小孩，瑪歌——」

約翰開始說他昨晚又跟瑪歌吵了一架，吵的是該不該送大女兒一支手機當十一歲生日禮物。瑪歌覺得為了安全該給她一支，因為葛蕾絲想下課後跟朋友走路回家，約翰則認為瑪歌過度保護。

「就兩條街而已！」約翰說他跟瑪歌這樣講：「還有，要是哪個人真的想綁架她，你覺得她可能說『喔，綁匪先生，請等一下，我要從包包拿手機打給我媽』？可能嗎?!除非那綁匪完全是白痴——搞不好還真的是。反正哪個混帳王八蛋要是真想綁她，你信不信，第一件事就是搜她包包找手機，然後扔了還是砸了什麼都好，反正不會讓我們查到他們的位置。手機？手機有個屁用？」約翰脹紅了臉，他真的火氣上來了。

我們上次用Skype談話時，約翰講過瑪歌有暗示她不無可能離去，在那之後，他們兩個都試著冷靜下來。約翰說他有盡量多傾聽，也盡可能早點下班回家。可是在我看來——如約翰所說——他只是在「安撫她」而已，瑪歌要的其實也是我巴望約翰做到的事：別心不在焉。

約翰把殘羹剩肴包進外送袋，扔過房間，砰地一聲掉進垃圾桶。

「你說我怎麼睡得好？」他繼續：「才十一歲需要什麼手機？而且你知道嗎？她最後一定會拿到。因為我要是堅決反對，瑪歌就會生氣，瑪歌一生氣，就又會講什麼她要離開的喪氣話。你知道她為什麼會開始講這種話嗎？因為她那個白痴心理師！」

溫德爾。

我試著想瑪歌會怎麼跟溫德爾講這件事：我們本來在談葛蕾絲生日送她手機的事，結果講沒兩句，約翰就抓狂了。我腦子裡冒出溫德爾穿卡其褲、開襟衫、坐在座位C歪著頭看瑪歌的樣子。他大概會跟禪師一樣問瑪歌：你好不好奇約翰為什麼反應這麼激烈？晤談結束時，瑪歌應該能換個角度看約翰的動機，就像我漸漸發現男友沒那麼沒心肝一樣。

「你知道她還會跟那個白痴心理師講什麼嗎？」約翰繼續：「她會跟他說她的爛老公對她沒性趣了。為什麼呢？因為我每次放著那些信不回，陪她一起上床——喔對，這也是為了讓她高興——我都他媽一肚子窩囊，窩囊到不想碰她。她想要，我就說我累了或不太舒服，這裡痠那裡痛跟個歐巴桑一樣。真他媽的。」

「人的情緒有時候真的會影響身體。」我試著讓約翰平常心看待。

「別繼續聊我老二好嗎？這不是重點。」

我看過的病人幾乎都會講到性事，頻率跟愛情一樣高。因為約翰和瑪歌的關係出現問題，我前陣子問過他們的性生活。一般認為性生活反映出兩個人的關係，關係親密性生活就好，反之亦然——但並不盡然。有人在關係上問題重重，但性生活非常美滿；也有人深愛彼此，可是到了床上就不合拍。兩種類型的人都不少。

約翰那時跟我說他們性生活「OK」。我問他「OK」是什麼意思，他說他還是覺得瑪歌很有魅力，也喜歡跟她親熱，可是他們兩個上床時間不一樣，所以不像以前那麼常歡愛了。可是約翰經常自我矛盾：本來說通常是他採取主動，但瑪歌不要；後來又說是瑪歌採取主動，「但只有在我白天順她的意的時候」。有一次說他們會敞開來談彼此的性需求；另一次又說：「我們兩個床上打滾不只十年了，彼此清楚得很，有什麼好講的呢？」所以我現在隱隱覺得約翰有不舉的問題，但他覺得太丟臉了不想講。

「重點是，」約翰繼續說：「我們家根本雙重標準。如果是瑪歌太累了不想做，我就算了。我不會隔天早上她還在刷牙就追著她說：」——他到這裡又切換成歐普拉的語氣——「『喔，我好遺憾你昨天晚上不舒服，也許我們今晚可以找時間再試看看。』」

約翰抬眼看著天花板，搖了搖頭。

「男人不會這樣講話。我們不會什麼事都反反覆覆想有什麼『意義』。」講到「意義」時，他伸手比了個引號。

「鑽牛角尖窮追不捨的意思？」

「對！」約翰點頭：「現在都得她說了算，否則我就成了壞人！只要我看法不同，就是不『同理』——更多引號——「瑪歌的『需求』。現在連葛蕾絲都有樣學樣，什麼我不理性啦、其他人『都』有手機啦、二比一女生贏啦……她還真這麼說：『女生贏！』」

他放下手，不比引號了。「我那時總算知道我為什麼諸事不順又睡不好——家裡陰盛陽衰，沒人了解我的想法！蘿比明年才上小學，但已經跟她姊姊一個樣。蓋比現在動不動就鬧情緒，像是提早進入青春期。我在自己家裡像個屁，每個人都對我要求東要求西，沒人知道搞不好我也有我的需求——平靜一點，安靜一點，有資格講一下我的意見！」

「蓋比是？」

約翰坐起。「蛤？」

「你剛說蓋比現在愛鬧情緒，是指葛蕾絲嗎？」我快速搜尋記憶：他四歲大的女兒叫蘿比，十一歲的是葛蕾絲。剛剛不是說葛蕾絲要手機當生日禮物嗎？還是我搞錯了？有些女生的小名像是男生，像有人把「夏綠蒂」（Charlotte）叫成「查理」（Charlie）。「蓋比」（Gabe）也是嗎？「蓋布莉耶拉」（Gabriella）的暱稱？我有一次把蘿比跟他們家的狗蘿希搞混，但我很確定大女兒叫葛蕾絲。

「我那樣講？」他好像有點慌，但馬上恢復過來。「喔，對，我要說的是葛蕾絲。我顯然睡眠不足。剛講過了。」

「可是你認識一個叫蓋比的人？」約翰的反應讓我懷疑那不只是失眠而已。也許蓋比是他生命裡很重要的人——哥哥？童年玩伴？還是他爸爸的名字？

「聊這個很白痴。」約翰別過臉。「口誤而已。我說的是葛蕾絲。佛洛伊德博士，有時候雪茄就是雪茄，不代表什麼別的東西。」

我們凝在那裡。

「蓋比是誰？」我柔聲問。

約翰沉默了一陣，臉上快速閃過一連串表情，像是暴風雨的縮時攝影。他通常只有兩種模式，一種是生氣，另一種是嘲諷，從沒有像這樣過。最後，他低頭看著自己的鞋子——我在Skype裡看到的同一雙格紋運動鞋——切換成最安全的表情：面無表情。

「蓋比是我兒子。」約翰的聲音輕得我幾乎聽不見。「案情出乎意料吧，福爾摩斯？」

他拿起手機，走出諮商室，關上門。

❖ ❖ ❖

於是，我現在站在空蕩蕩的候診室，不知如何解釋為什麼我們的午餐到了，約翰卻不見人影。他說溜嘴後我們還沒談過，但我一直在想他的事。我腦子裡時不時響起「蓋比是我兒子」，上床睡覺時尤其如此。

這感覺像典型的「投射性認同」(projective identification)。心理投射(projection)是病人把自己的信念投**向**另一個人;投射性認同則是將信念投**進**另一個人。舉例來說,張三上班時對老闆很火大,回家後卻對太太說:「你看起來在生氣。」如果他太太其實沒有生氣,他就是在心理投射。另一方面,如果張三對老闆很火大,回家後卻**把自己的怒意塞給另一半**,讓對方真的感到生氣,這就是投射性認同。投射性認同像是把燙手山芋拋給別人,讓別人接收你的怒意,於是你不必繼續生氣。

我在週五四點會上談到約翰的事。之前是他躺在床上腦袋轉個不停,現在是我躺在床上腦袋轉個不停——既然我把他的焦慮都接收了過來,他現在可能酣然入夢,一覺到天明。

在此同時,我絞盡腦汁在想:該怎麼處理約翰離去前扔的那顆重磅炸彈?**他有兒子?年輕時就有了嗎?他還有另一個家?瑪歌知道嗎?**我閃過湖人隊球賽巧遇後的那次晤談,他提到我跟兒子手牽手時說:**還有的時候要好好把握**。

約翰的情況並不罕見——至少奪門而出那部分並不罕見。被情緒壓得喘不過氣的病人有時會逕自離開,在伴侶諮商時尤其常見。心理師打通電話過去有時能讓病人好過一點,如果他們之所以爆發是因為感到被誤解或被傷害,主動關心的效果尤其顯著。不過,最好的處理方式往往還是讓病人靜靜面對感受、整理方向,然後在下次晤談時協助他們度過這關。

我的諮商小組也認為讓約翰靜一靜比較好。如果他已經覺得快被周遭的人逼瘋了,我再打電話給他恐怕是不能承受之重。大家看法一致:緩一緩,別逼他,等他自己回來。

可是他今天沒出現。

我翻翻候診室那包沒寫收貨人的外賣,裡面是兩份中式雞肉沙拉和約翰愛喝的汽水——沒錯,是我們的。是他忘了取消訂單？還是他想用這份外賣表達什麼，讓我更強烈感受到他今天沒出現？有些時候，病人會用缺席來懲罰心理師，藉此送出一個訊息：**你惹得我不高興**。還有些時候，病人爽約不只是為了逃避心理師，也是為了逃避自己，逃避面對自知非談不可的羞恥、痛苦或真相。出席情形也是一種溝通，不論是匆匆趕到、遲到、前一小時取消預約，或是根本不見人影。

我走到廚房，把外賣放進冰箱，決定用這小時補上晤談紀錄。坐回書桌之後，我才發現有幾通電話留言。

第一通是約翰的。

「嗨，是我。」他開始說：「靠，我完全忘了取消我們的……呃，約。剛剛看到手機提醒我才想到。媽的，平常行程全都交給助理，只有這種事我得自己記……唉，反正我今天不能去。忙翻天，完全走不開。抱歉。」

我原本以為約翰需要一些空間，下星期就會回來。我猜他大概掙扎到最後一刻才決定不來，所以沒有事先來電——所以他訂的餐到了，人卻沒到。

直到我播放下一則留言。

「嗨，又是我。其實，呃，我**沒有**忘記。」一陣長長的停頓，長到我以為約翰掛了。我正要按下刪除，他終於又說：「我是要跟你說，呃，我不會再去諮商了。別擔心，不是因為你是白痴。只是我突然想到：睡不著不是該吃安眠藥嗎？**很明顯嘛**！所以我吃了，問題也解決了！**藥到病除**，哈哈！至於，呃，至於另一件事呢，你知道我壓力很大，可是人生不就是這樣嗎？睡得好了，我應該也不會煩這件事了。倒是腦殘沒藥醫，白痴永遠是白痴，對吧？要是有藥醫的話，這裡一半的人都該吃藥，哈哈！」他對自己的玩笑笑了幾聲，跟說我像他情婦時的笑聲一樣。笑是他的防衛。

「總之，」他繼續說：「抱歉這麼晚才跟你說。我今天欠你一次。別擔心，我很好。」他又笑了幾聲，然後掛斷。

我盯著電話，發呆。就這樣？沒有**謝謝**，連**再見**也沒有，就……這樣？剛開始治療約翰時，我想過可能會發生這種事，但我們談到現在都快六個月了，我很訝異他會突然離開。約翰似乎以他自己的方式與我產生連結——或者該說，是我與他產生連結？我已經看到他討人厭的外表下的人性，已經真的開始欣賞這個人了。

我想起約翰的兒子蓋比。他還是小孩，還是已經長大了？他知不知道自己有這個父親？我在想約翰在某種程度上是不是故意留下這個謎團，為我沒有夠快讓他感覺變好留下一個大大的幹？**收下吧，福爾摩斯，去你的大白痴**。

我想告訴約翰我在這裡，我們能一起面對諮商時談到的事。不論他和蓋比的情況或關係多難處理，我都希望他知道在這裡談這件事很安全。在此同時，我也想尊重他現在的情緒。

我不想從 therapist 崩壞成 the rapist。

當然，面對面談這些會好得多。每次開始治療病人之前，我都會給他們一份知情同意書，建議他們結案晤談至少做兩次。接下新病人時，我會一開始就跟他們談這件事，這樣如果在治療過程中有什麼事讓他們不愉快，他們才不會為了擺脫不舒服的感覺而衝動行事。就算他們真的認為最好停止治療，至少這個決定可以經過反思，讓他們感到離開是深思熟慮後的選擇。

拿出個案紀錄表時，我想起約翰無意間提到蓋比時講過的話。**家裡陰盛陽衰，沒人了解我的想**

法……我在自己家裡像個屁……每個人都對我要求東要求西……沒人知道搞不好我也有我的需求——平靜一點，安靜一點，有資格講一下我的意見！

這就說得通了。蓋比能改變家裡陰盛陽衰的環境。約翰認為蓋比要是在他身邊，一定能（或很可能）了解他的想法。

我放下筆，撥約翰的電話。語音信箱嗶聲響起後，我對他說：「嗨，約翰，我是蘿蕊。我聽到你留言了，謝謝你打來。我把我們的午餐放到冰箱了。我想到你上星期有提到，沒有人了解你可能也有你的需求。我覺得你說得對，你有你的需要，但我想未必沒有人懂。每個人都有需要，而且往往需要很多。我很想聽你談談你的需要是什麼。你有提到你需要平靜和安靜，我在想，找到平靜和讓腦袋安靜下來，也許需要蓋比？當然，也可能不需要。不過，如果你不想談蓋比的事，我們不是非談不可。我只是想讓你知道，如果你改變主意，決定下星期繼續談，我會在這裡，就算只是來談最後一次也一樣。我歡迎你過來。先這樣。拜拜。」

我寫好約翰的紀錄，闔上。打開檔案櫃時，我決定今天先不把它放到結案區。我記得在醫學院的時候，我們學生總是很難面對病人去世，很難接受自己沒辦法再為他們多做什麼，只能「宣告」那幾個恐怖的字：**死亡時間**……我看看鐘——三點十七分。

再等一星期吧，我想。我還沒準備好宣告結束。

30 新手上工 On the Clock

研究所最後一年是臨床訓練。臨床訓練是之後三千小時實習的幼兒版，做完之後才能取得執照。我那時已修完課程，在課堂上練習過角色扮演，看過知名心理師無數個小時的晤談影片，也坐在單面鏡後面見習過幾個教授實際進行晤談。

現在是我為自己的病人諮商的時候了。跟這個領域大多數新血一樣，我會在督導監督下在社區診所受訓，跟實習醫生在教學醫院受訓差不多。

第一天到院聽完介紹、熟悉環境之後，我督導就拿了一疊紀錄表給我，跟我說第一張就是我第一個個案。紀錄表上只有姓名、生日、地址、電話等基本資訊。我的第一個病人叫米雪（Michelle），三十歲，緊急聯絡人是她的男友，她不到一個小時就到。

要是你覺得不可思議——怎麼會讓我這個晤談時數是零的人治療病人？——那是因為心理師訓練就是如此：從做中學。醫學院教學生也是這樣，真槍實彈「看一次，做一次，教一次」。換句話說，你先看醫生怎麼做腹部觸診，再自己做腹部觸診，最後教另一個學生腹部觸診——**恭喜！**你學會腹部觸診了。

可是對我來說，心理治療不太一樣。我覺得腹部觸診和靜脈注射都很具體，按部就班就能完成。

倒是尋求心理治療的病人情況各異，如何整合過去幾年學的數不清的心理學抽象理論，把它們應用到我可能遇到的幾百種情境之中，確實令我頭大。

不過，我去候診室找米雪時並沒有太緊張。首次五十分鐘晤談叫初談（intake），主要是大致了解情況，同時與案主建立關係。我只要參考問題列表收集資訊就好，之後再跟督導報告結果，一起想出治療方案。幾年記者生涯下來，我多少已經知道怎麼讓素昧平生的人放鬆，怎麼問試探性問題。

還能難到哪裡去呢？我心想。

❖ ❖ ❖

米雪個子很高，但身材過瘦，衣著邋遢，頭髮蓬亂，臉色蒼白。在諮商室坐定之後，我問她來尋求心理治療的原因，她說她最近什麼事都沒辦法做，一直哭。

話才說完，她就開始哭。而且她是嚎啕大哭，像是得知自己最愛的人剛剛去世的那種哭。沒暖身，沒眼眶紅，沒熱淚盈眶，她的眼淚直接成串掉下來。簡直像突然出現四級海嘯，她全身顫抖，涕淚縱橫，氣喘不止。老實說，我不曉得她這樣有沒有辦法呼吸。

我們就這樣過了三十秒。在學校練的模擬初談可不是如此。

除非你曾與正在哭泣的陌生人待在安靜的房間裡，要不你很難體會這種既尷尬又親密的感覺。更荒謬的是，我根本不知道她為什麼突然大哭，因為我連問題都還沒開始問。這名極其憂傷的女子就坐在我伸手可及之處，但我對她一無所知。

我不知道該怎麼做，甚至不知道該看哪裡。看她嗎？她會不會覺得不自在？不看她嗎？要是她覺得被冷落怎麼辦?我該說幾句話打開僵局嗎?還是等她哭完再說?我不知所措,尷尬不安到擔心自己咯咯傻笑。我想辦法集中精神,回想問題列表。嗯,對,我該問她這種情況持續多久了(「現狀簡述」)?情況有多嚴重?是不是有什麼事引起這種情況?(「觸發事件」)

可是我什麼也沒做。天啊,真希望我督導現在人在這裡。我覺得自己像個廢物。

海嘯繼續肆虐,毫無減弱跡象。我考慮等她把這陣情緒發洩完。她應該沒過多久就會精疲力竭,到時候就能開始講話。我兒子更小的時候就是這樣,大發脾氣之後像沒電了一樣。可是她一直哭。繼續哭。最後我決定還是先說一兩句,但話一出口,我就知道我講了心理諮商史上心理師說過最蠢的話。

我說:「嗯,好,你好像很憂鬱。」

我實在為她難過,超想在這句話上批個大大的「廢」。這可憐的三十女子正在受憂鬱煎熬,她可不是來這裡聽第一天受訓的菜鳥講這種誰都看得出來的事。我一邊想怎麼改正錯誤,一邊猜她會不會要求換心理師。我想她鐵定不想讓我這樣的人照顧。

沒想到米雪不哭了,轉換速度跟她開始時一樣突然。她拿面紙擦乾眼淚,做了個又深又長的呼吸,接著微微苦笑。

「對,」她說:「**我他媽憂鬱死了**。」講這句話好像讓她用盡氣力。她對我說,這是第一次有人說她的情況是憂鬱。

她繼續告訴我:她是建築師,在工作上小有成就,曾參與設計幾座頗受關注的大樓。雖然她向來鬱鬱寡歡,但沒人知道她情況這麼嚴重,因為她社交活動不少,生活也很忙碌。可是大概一年前,她發現自己不太對勁：精力衰退，食慾不佳，光是起床好像都很費力。她睡不好，對同居的男友失去感覺，但不知是因為她低潮所以沒了火花，還是因為他們倆其實並不適合。過去幾個月，她每晚都趁男友睡著時躲在浴室裡哭，小心翼翼不吵醒他。她從沒像剛才那樣在別人面前哭。

講到這裡，她又哭了一陣，邊哭邊說：「這像是在做……情緒瑜伽。」

她告訴我，現在之所以會來尋求心理治療，是因為她工作表現下滑，而且老闆也注意到了。她沒辦法專心做事，因為忍著不哭就已需要使出渾身解數。她去查憂鬱症症狀，發現每個症狀她都有。雖然之前沒做過心理治療，但她知道自己這次需要幫助。她看著我的眼睛說：沒有人知道她多憂鬱，連朋友、家人、男友都不懂——只有我懂。

只有我懂。只有我這個從沒做過心理治療的受訓的懂。

（你一定聽過：人在網路上呈現的是生活中較好的一面。如果你想看看證據——來當心理師，上網搜尋你的病人吧！我後來出於關心，上網查米雪的背景〔我馬上學到千萬別再這樣做，應該以病人為他們的故事的唯一敘事者〕，一下子跑出好幾頁來。有她拿下大獎的照片、在宴會上站在某個帥哥身旁微笑的照片、英姿颯爽的照片、自信灑脫的照片，還有雜誌上一張氣定神閒的照片。網路上的她跟諮商室裡坐我對面的她完全不一樣。）

我開始跟米雪談她的憂鬱，設法了解她有沒有自殺念頭、目前的生活自理能力、支持系統強弱、應對憂鬱的方式等等。我一直惦記要寫好紀錄給督導（診所要留底備查），但我每次提問，米雪講著講著就岔到別的方向。雖然我盡可能不著痕跡把話題導回來，可是我們還是一再離題，我很清楚這樣下去沒辦法完成紀錄。

我決定先不提問，專心聽她說一陣子，卻止不住雜念亂竄：其他受訓的人知道怎麼做初談嗎？要**是第一天就緊張得傻笑會不會被開除？**米雪又開始哭了，到底怎麼說或怎麼做能幫到她？結束前總要**多少幫上一點忙吧……欸，等等，還剩多少時間？**

我朝擺在沙發旁茶几上的鐘掃了一眼。晤談已經開始十分鐘了。

不可能！我在心裡暗叫。我們在這裡**一定**不只十分鐘！應該是二十分鐘才對，搞不好是三十分鐘，不然就是……我不知道。但怎麼可能才十分鐘？米雪現在開始鉅細靡遺地講她怎麼把人生攪得一團混亂。我回神聽了一陣，又瞄瞄鐘：還是只過了十分鐘。

我這下懂了：鐘根本沒動！電池八成沒電了。我的手機在另一個房間，雖然米雪包包裡應該有一支，但我總不能打斷她的話，問她現在幾分了吧？

真棒。

怎麼辦？我能自作主張宣布「時間到了」，即使我根本不曉得是過了二十分鐘、四十分鐘、還是六十分鐘？要是結束得太早怎麼辦？時間超過太多也不行，因為我下節要接第二個新病人。他該不會現在已經在候診室等，疑惑我是不是忘了他的約？

我心慌意亂，沒辦法繼續專心聽米雪講話。突然我聽到：

「欸？時間已經到了？比我以為的快。」

「嗯？」我一時沒反應過來。米雪朝我背後指了一指，我轉身一看，才發現我正後方也放了時鐘，讓病人好掌握時間。

呃，我根本不知道還有一個時鐘，更希望米雪沒發現我不知道。我只知道我心臟急速狂跳，還有雖然米雪覺得晤談時間過得很快，這五十分鐘對我來說有如永恆。我還得多多磨練才能讓晤談節奏化為本能，才能熟悉每個小時的步調，中間三分之一最緊湊，最後要留三或五或十分鐘把病人帶回來，時間長短依主題、脈絡和病人當時多脆弱而定。我還得花好幾年學習什麼時候該或不該引出什麼課題，還有怎麼善用剩下的時間，讓它發揮最大效益。

我送米雪出門，心裡十分慚愧。我怎麼會慌亂、恍神到這種地步，連基本問題都沒問到？這下可好，我得兩手空空去跟督導報告了。整個研究所階段，我們學生哪個不期待在這個日子大顯身手，漂亮獻上心理治療處女秀？太棒了，我心想，我的處女秀非但不亮眼，還丟臉到家。

❖ ❖ ❖

還好，那天下午跟我督導討論晤談情形之後，她說我雖然不夠熟練，但表現得不錯。我在米雪痛苦時陪伴了她，對很多人來說，這是難得可貴的經驗。下次不必太煩惱要做些什麼為她療傷止痛，我已經在她需要時聆聽了她，讓她講出藏在心裡的種種憂鬱。用心理治療理論的術語來說，我已經「遇見病人當下的樣貌」——紀錄表算什麼。

幾年以後，當我做過上千次初談，收集資訊也成了第二天性，我會以另一種標準衡量初談做得好不好：**病人有感到被了解嗎**？有件事我一直很驚訝：病人踏進諮商室時還與我互不相識，但五十分鐘過後，他們離開時卻覺得受到了解，而且幾乎每一次都這樣。要是病人不覺得受到了解，他們不會再來。米雪決定她會再來，所以那場初談整體來說是成功的。

至於為時鐘方寸大亂的事，我督導說得直白：「不要跟病人講幹話。」

她緩了一下讓我思考，然後解釋：不知道的就坦承不知道。如果我不知道怎麼判斷時間，就請米雪稍等一下，去外面拿個時鐘進來，以免分心。我督導說，如果我能在受訓期間學到什麼，那就是在諮商室裡除非保持真誠，否則什麼人也幫不了。既然我關心米雪，有心幫忙，也盡力傾聽——那好，開啟關係的關鍵要素都備齊了。

我向她道謝，準備起身離開。

「不過，」我督導說：「接下來幾個禮拜要把紀錄表補好。」

之後幾次晤談，我得到了我需要的資訊，順利寫完診所要求的初談紀錄表。但我那時也明白了——那只是表格而已。不論是聽人說故事，或是讓人把故事說完，都需要時間。在你理出真正的脈絡之前，大多數人的故事聽起來都雜亂無章，我的故事也不例外。

PART 3

讓心靈沉入黑夜的，也留下繁星。

——維克多・雨果（Victor Hugo）

31 我的子宮，遊蕩中
My Wandering Uterus

我有祕密沒說。

我的身體有狀況。也許是絕症，也許什麼事也沒有。但不論是哪種情況，我都沒必要講出來。問題是幾年前出現的，就在我認識男友幾週之前（至少我覺得是那個時候）。當時是夏天，我和兒子去夏威夷度假，跟我爸媽輕鬆愜意過了一週。回家前一天晚上，我身上莫名其妙起了疹子，又痛又癢，而且來勢洶洶，一下子就竄遍全身。回程飛機上，我把臨時買的皮質醇軟膏抹了厚厚一層，抗組織胺的副作用弄得我頭暈目眩，但還是奇癢難耐。我搔個不停，飛機降落時連指甲都微微帶血。幾天後疹子消失，醫生為我做了幾項檢查，判斷是過敏反應。可是，這場疹子給我一種不祥的預感，我隱隱覺得山雨欲來，好像什麼東西正埋伏在我體內，準備在接下來幾個月攻擊我的身體，但我的注意力隨即轉向別處（轉到我男友迷人的雙眸裡）。

沒錯，我的確感到虛弱和疲倦，也出現一堆惱人的症狀，但儘管身體情況變差，我還是告訴自己沒什麼好擔心的，我已經四十多歲了，體力衰退是很正常的事。醫生幫我做更多檢查之後，雖然發現我有幾個自體免疫疾病標記，但它們並不能連結到特定疾病（如紅斑性狼瘡）。他把我轉介到風濕科，而風濕科醫生雖然懷疑是纖維肌痛，但這種病症沒辦法藉特定檢查做出診斷。於是，她決定先治療症狀，看看情況能不能有所改善（她就是這時開了抗憂鬱藥當仿單標示外使用藥物，所以我辦公室對面的藥局才會有這筆紀錄）。我很快變成藥局常客，三不五時去買皮質醇軟膏、抗生素和抗心律不整藥，對付奇怪的疹子、神祕的感染，還有不規則的心率。我看了好幾個醫生，但他們查不出原因。我安慰自己這是好事：要是我**真的**生了什麼大病，醫生們一定已經查出來了。**沒消息就是好消息**。

我面對健康隱憂的方式，和面對那本讓我鬱悶的快樂書一樣：悶不吭聲，自求多福。不過，與其說我是刻意瞞著家人和好友，不如說我更想對自己隱瞞這件事。我跟那些懷疑自己有癌症又遲遲不做檢查的醫生一樣，覺得最方便的處理方式就是**置之不理**。雖然我漸漸沒精力運動，還沒來由地瘦了十磅（我懶散無力，儘管體重降低，卻覺得全身沉甸甸的），但我告訴自己沒什麼大不了的，可能是因為……我不知道耶，更年期吧（可是我明明還沒停經）。

認真起來想這件事的時候，我會上網搜尋資料，然後發現基本上什麼東西都能致死。我想起在醫學院時，我們醫學生多半會得「醫學生症」。這是有文獻可考的真實現象，醫學生在學校學到什麼病症，就以為自己也得了那個病症。學淋巴系統那陣子，我們幾個同學有一天晚餐時彼此摸淋巴結，其中一個摸我脖子時驚呼：「哦！」

「哦什麼？」我問。

她皺著臉說：「感覺像淋巴瘤。」我趕忙伸手摸摸脖子——她說得沒錯，我有淋巴瘤！其他幾個同學也一一過來摸我脖子，大家都同意：我麻煩大了。他們建議我檢查一下白血球數——不，還是做切片好了！

第二天早上上課，我們請教授幫我摸摸脖子。嗯，我的淋巴結是比較大，不過在正常範圍內。我沒有淋巴瘤，我是得了醫學生症。

於是，體力衰退又發無名疹的我心想：也許我現在也沒有什麼問題吧。可是內心深處我知道不太對勁：一個以前是跑步健將的人，怎麼四十多歲就不能跑了，還天天覺得病懨懨的？有時我一早醒來只覺渾身刺痛，指頭紅腫得像香腸，嘴唇也跟蜜蜂叮了似的。我的醫生幫我做了更多檢查，有些結果不太正常（用他的話說是「奇怪」）。他再為我安排掃描、切片、磁振造影，有些結果也很「奇怪」。於是他把我轉介給專科醫師，希望他們有辦法解釋這些奇怪的檢查結果、掃描結果和症狀。我接二連三看了好幾個專科醫生，多到我開始把這趟漫漫旅程稱作醫學懸疑之旅。

說它「懸疑」一點也沒誇大。有醫生認為我得了一種罕見癌症（依實驗室檢查判斷，但掃描結果排除這個可能），有醫生指出始作俑者是某種病毒（因為一開始是起疹子），有醫生猜測是新陳代謝問題（因為我的眼睛充斥某種沉積物，沒人診斷得出那是什麼），還有醫生推斷我得了多發性硬化症（我的腦部掃描顯示出一些斑點，雖然不太尋常，但跟典型的多發性硬化症斑點並不一樣）。醫生們看法分歧，我得的可能是甲狀腺疾病，可能是硬皮病，喔，對了，也可能是淋巴瘤（判斷依據又是淋巴腺腫大，這個問題是不是從我醫學院時就開始，蟄伏多年才出現症狀？）

但檢查結果全是陰性。

❖ ❖ ❖

我這樣四處求醫差不多一年，連手和下巴都微微出現顫抖。這時，有個腳踏綠色牛仔靴、口操濃重義大利腔的神經科醫生，認為自己破解了我身上的謎團。第一次看診時，他走進診間，連上醫院網路，掃過我看過的一長串專科醫師名單（「哇靠，你真的把這裡每個人都看過了咧！」他語氣輕浮，好像我睡遍所有醫生一樣），接著跳過檢查，當場宣布診斷結果：他認為我得的是轉化症（conversion disorder）——佛洛伊德女性歇斯底里症的現代名稱。

這種病症是人的焦慮被「轉化」為神經症狀，例如癱瘓、平衡問題、失禁、失明、失聰、顫抖或癲癇。這些症狀往往是暫時性的，源頭通常是心理壓力（有時只是象徵性的相關）。舉例來說，看見創傷事件之後（例如目睹兇殺案或配偶跟別人上床），病人可能失明；跌跤時受到嚴重驚嚇，病人可能腿部癱瘓（即使沒有證據顯示神經受到損傷）。當一個人無法接受自己對妻子的怒意，他想像中會毆打妻子的那隻手可能麻痺。

轉化症跟佯病症（factitious disorder）不一樣，病人不是裝病。佯病症病人需要別人把自己看成病人，他們會刻意**表現出**症狀。轉化症病人則是真的**經驗到**症狀，只是找不出足茲驗證的醫學解釋。那些症狀似乎是病人完全沒意識到的情緒不安引起的。

我不認為自己是轉化症。問題是：如果轉化症是**沒意識到的**心理因素引起的，我又怎麼知道自己是不是轉化症？

轉化症歷史悠久，遠在四千年前古埃及就有紀錄。和大多數情緒問題一樣，女人被診斷為轉化症的人數不成比例地高。事實上，這些症狀曾被認為是子宮上下移動而起，被統稱為「子宮遊蕩」（wandering uterus）。

怎麼治呢？引誘——準備氣味宜人的薰香或香料，在子宮可能遊蕩位置的反方向薰，把子宮引回它該在的位置。

公元前五世紀，希波克拉底（Hippocrates）以希臘文的「子宮」為這種病命名，即「歇斯底里」（*hysteria*）。他也發現薰香療法效果不彰，改成建議「歇斯底里症」的女性做運動、按摩和泡熱澡。這種作法一直沿用到十三世紀初，到了那個時候，歇斯底里被認為是女性接觸魔鬼所致。

新療法呢？驅魔。

到十七世紀晚期，學者總算認為歇斯底里牽涉的是大腦，不是魔鬼或子宮。至於如何看待這些無法以生理因素解釋的症狀，至今仍有爭論。在目前使用的《國際疾病分類標準》第十版（ICD－10）中，「伴有運動症狀或缺失之轉化症」被歸為「多種人格障礙」（「歇斯底里」一詞也被列為多種人格障礙亞型）。可是在《精神疾病診斷與統計手冊》第五版（DSM－5）裡，轉化症被歸入「身體症狀障礙」。

有趣的是，在規範嚴格又少有情緒表達機會的文化裡，轉化症更為常見。整體來說，這個診斷在過去五十年已逐漸減少，可能原因有兩個：首先，醫生不再將梅毒症狀誤診為轉化症；第二，以前會得轉化症的「歇斯底里」女性多半受到性別角色束縛，而現在有越來越多女性享有自由，處境不可同日而語。

這個穿牛仔靴的神經科醫生顯然另有主張。掃過我看的那串專科醫生名單之後，他掉過頭看著我，露出對三歲小兒或做夢成人的那種笑容。

「你想東想西想太多了。」他用他那義大利腔說道。我單身，又是職業婦女，又當媽，他斬釘截鐵說我一定壓力太大了，只要去按摩或好好睡一覺就沒事了。明快果決地診斷我是轉化症後（他的用詞是：**焦慮**），他開褪黑激素給我，要我每週去做一次Spa。他說，雖然我「看起來像帕金森氏症」（因為我眼袋大又顫抖），但我其實不是帕金森氏症。我是睡眠不足，睡眠不足一樣會有這些症狀。我跟他說我其實因為疲倦睡得太多，而非太少（所以我兒子早上只能找男友看樂高），但牛仔靴醫生只是笑笑：「可見你睡眠品質不好。」

我的內科醫生倒是挺篤定我沒有轉化症，不只是因為我的症狀是長期的，而且逐漸惡化，也因為每個看過我的專科醫生都找出一些問題（肺部過度充氣，血液裡什麼值過高，扁桃腺腫大，眼睛一堆沉積物，腦部掃描發現「間隙」，當然還有那些又痛又癢的皮疹），他們只是不曉得怎麼把這些問題兜在一起而已。有的專科醫生說，這些症狀搞不好跟DNA有關，我的基因某個地方出了差錯。他們想幫我做基因定序，看看能否看出端倪。可是保險公司堅持不為基因定序埋單——而且幾個醫生說服了幾次都說不通——理由是就算發現我有某種不為人知的遺傳疾病，目前也沒有治療方法。

不論找不找得出病因，都治不好我。

我沒跟任何人提起我的醫學懸疑之旅，連男友都沒說。要是你覺得我對別人裝沒事很怪，那是因為我有我的顧慮。首先，就算我想跟別人說我身體有異狀，我也不知怎麼解釋。我沒辦法告訴別人「我生了○○病」。事實上，連憂鬱症這種有名字的病都是如此，對沒親身經歷的人來說，它的症狀似乎既模糊又不具體，結果就是他們很難體會你的困擾。難過嗎？想開一點就好了嘛！

對旁人來說，我的症狀就跟情緒問題一樣含糊。要是我跟他們提這件事，他們八成會想：你都病得這麼嚴重了，怎麼會找不出原因呢？看過你的醫生都是白痴嗎？

換句話說，在牛仔靴神經科醫生說我只是想太多之前，我已經預見別人可能做出這種評斷。事實上，看過他那次之後，我的電子病歷上就多了個「焦慮」，以後每個醫生點開我病歷都會看到這個字。雖然嚴格說來這也沒錯——我的確為我那本悲慘的快樂書焦慮，也為我的健康情況焦慮（後來又為與男友分手而焦慮）——但我覺得不是滋味，好像從此無法拿下這個標籤，別人再也不會相信我的症狀不是焦慮造成的。

我把這件事藏在心底，因為我不想被當成子宮遊蕩的女人。

❖ ❖ ❖

接著又發生這件事：我跟男友剛開始交往、陷入熱戀、可以無話不談聊上好幾個鐘頭那陣子，有一次約會時他隨口說到，認識我之前他曾經很喜歡一個女人，兩個人也約會了幾次。但他後來得知她關節有問題，沒辦法健行，就不再跟她交往了。我問他有沒有別的原因，畢竟對方並不是什麼重症，聽起來只是一般關節炎。大家都中年人了，這種問題相當普遍。何況男友本身並不特別迷健行。

「我不想哪天她嚴重了還得照顧她。」我們一邊同吃一份甜點，他一邊說：「如果我們已經結婚二十年，然後她生病，那當然是另一回事。可是現在明明知道她身體有狀況，何必繼續下去？」

「可是人都會生病啊。」當時的我並不認為自己是「病人」，總覺得身上的症狀要嘛是暫時的（只是出了點小狀況），要嘛可以治好（甲狀腺失調）。踏上醫學懸疑之旅後，我的否認進一步升級成魔幻思考：**只要還沒確診，就先別跟男友提這件事——繼續拖，死命拖，拖到天荒地老——搞不好最後發現什麼事也沒有**。他（有時）知道我覺得「不太對勁」，還去做了些檢查，但我總拿牛仔靴醫生的說法解釋我為什麼疲倦：我是職業婦女又自己帶孩子，每天都很忙。有時我也自嘲年紀大了，人老珠黃。總之我不想測試他對我的愛，不想讓他知道我身體出了問題，或是以為我小題大作，稍微不舒服就杞人憂天。

不過，我的確很擔心自己的情況，擔心到期盼這些症狀自動消失。我不斷告訴自己：**我和男友就要共度此生，把心思放在我們的未來吧**。也因為如此，我一再忽視我們不適合作伴的線索。要是那個未來不見了，我就不得不面對那本沒寫的書，還有逐漸衰弱的身體。

而現在，那個未來**真**的不見了。

於是我開始想：男友離開我，是因為我病了？還是因為他覺得我對自己的健康太神經質？還是……他是因為我對他像他對我一樣不坦誠才離開我？因為我隱瞞自己的情況沒告訴他？因為我不誠實面對自己對伴侶的期待？這樣說來，我跟他其實沒那麼不同。儘管我們不適合作伴，但為了繼續跟自己真心喜歡的人在一起，我們都把一些事拖著不說。如果男友不想再跟小孩在一個屋簷下共度十年，如果他非常渴望自由，那麼如果有一天我需要照顧，他顯然不會想挑起這個擔子。這是我早在那次約會就知道的事——跟他知道我有孩子一樣早。

而我現在又故技重施——拖——跟溫德爾拖，因為說出口有代價：說出口就必須面對現實。我的病人茱莉講過，她總希望能凍結時間，讓時間停在掃描和得知結果之間那幾天。因為在接起電話之前，她仍能告訴自己一切都會好好的，而真相可能改變一切。

向溫德爾坦白的代價，並不是他會像男友那樣離開我，而是他會要我好好面對這個神祕疾病，不能繼續裝沒事。

32 緊急晤談 Emergency Session

「你標準好高。」麗塔發布自殺通牒後一個月，我對她說。儘管她的過去傷痕累累，我決定把重點放在現在。目前的重點是以行動打破憂鬱狀態，創造人際連結，發掘日常目標，為她找出每天起身下床的理由。考量麗塔的狀況之後，我試著幫她找方法讓日子過得更好，但我的建議幾乎全部告吹。

最早的時候，我向她推薦一位很棒的精神科醫生，建議她同時尋求藥物協助。她看看他的簡介，發現他七十多歲，立刻拒絕，因為「他太老了，一定不清楚最新醫藥發展」（完全無視他在教現在的醫學生精神藥理學）。於是我介紹她看另一個年紀較輕的精神科醫生，可是麗塔覺得「她太嫩了，不懂事」。所以我又推薦一位中年精神科醫生給她，麗塔這次倒不反對（「這個看起來挺帥。」）可是她一吃藥就想睡。醫生幫她調整藥物，但新處方讓她容易焦慮，而且失眠得更嚴重。於是她決定再也不吃藥。

在此同時，麗塔跟我說她那棟公寓的管委會出缺，我鼓勵她參加，因為這是跟鄰居混熟的好機會。但她說：「謝了，我沒興趣。有趣的鄰居忙得很，才沒空參加這種東西。」

我跟麗塔腦力激盪很多次。因為她很喜歡畫畫和藝術史，我建議不如多參加一些藝術活動，或是去美術館當志工，可是她照樣舉出不少理由拒絕。我也跟她聊過重新跟她的孩子聯絡，畢竟他們現在都是大人了，而且以前沒機會好好認識彼此，但她覺得要是失敗她承受不住（「我已經夠憂鬱了。」）

建議她試試交友APP的也是我，結果就是她碰上那個「八十老翁」。

在這段時間，我覺得真正急迫的不是她的生日自殺宣言，而是她從以前到現在長期過得這麼痛苦。麗塔飽受煎熬，部分固然是環境所致（童年孤獨、丈夫粗暴、中年多舛，她與人的相處模式也一再讓她陷入困境），但隨著我對她認識越深，我覺得應該還有其他因素，我希望能找到機會跟她談談。我的看法是：即使麗塔能讓自己減輕痛苦，她也不會容許自己快樂。有些東西會拉她回去。

沒過多久，她打電話約緊急晤談。

原來麗塔也有祕密沒說。原來她這段時間心裡一直有個人——而她現在面臨感情危機。

❖ ❖ ❖

麗塔來緊急晤談時情緒激動，樣子邋遢得異乎尋常，她說問題出在她「曾經的朋友」米隆（Myron）。他們的友誼在六個月前結束，在那之前他是她唯一的朋友。沒錯，她在YMCA是會跟幾個婦人打招呼，但她們年紀較輕，沒興趣跟「我這種老女人」交朋友。她覺得受到排擠，像個隱形人，跟人生中大多數時候一樣。

可是米隆注意到麗塔。去年年初，六十五歲的米隆從東岸搬到西岸，在麗塔那棟公寓落腳。他結褵四十年的妻子三年前過世，而成家立業的孩子住在洛杉磯，他們一直鼓勵他搬過來。

麗塔和米隆第一次見面是在公寓門口的信箱。米隆當時正在翻看當地活動的傳單（麗塔向來不看這種傳單，總直接扔進垃圾桶），他對麗塔說他剛搬到這裡，想問她哪幾個活動辦在附近。麗塔看看傳單，跟他說農夫市集很近，離這裡幾條街而已。

太好了，米隆說，我不曉得會不會迷路，你可以陪我去嗎？

我沒興趣約會，麗塔說。

我不是找你約會，他說。

麗塔覺得丟臉得要死。**廢話，誰想跟我約會？**她想。

她怎麼可能吸引米隆？她當時穿條鬆垮垮的運動褲，T恤甚至有個破洞，而他一臉悲傷，神情委靡，一頭油膩膩的頭髮像是憂鬱得顧不了洗。麗塔心想，要說她有什麼能引起米隆興趣，大概也是她手上那疊郵件：現代藝術館手冊、《紐約客》雜誌，以及一本橋牌雜誌。米隆正努力融入這座城市，而麗塔看起來跟他年齡相仿。他說，麗塔也許有些朋友可以介紹給他認識？他想重新建立社交生活。

（哪裡曉得麗塔是獨來獨往的隱士？）

於是他們一起去農夫市集，邊逛邊聊老電影、麗塔的畫、米隆的家庭，還有橋牌。接下來幾個月，米隆和麗塔形影不離，一起散步、逛博物館，聽了幾場講座，嘗了幾家新餐廳。但大多數時候，他們一起做晚餐，窩在米隆的沙發上看電影，兩個人有聊不完的話題。當米隆要為孫子的命名禮買套新衣服，他們一起去購物中心，用麗塔敏銳的藝術眼光挑了套完美新裝。麗塔給米隆布置住處出主意，有時候看到他穿起來好看的襯衫，也會買下送他。米隆也投桃報李，幫麗塔掛在牆上的作品裝防震扣，每次她電腦當機或收不到無線網路訊號，他總會立刻過來幫忙。

他們沒有約會，但大多數時間形影不離。雖然麗塔一開始只覺得米隆「看得過去」（五十歲以上的男人很難吸引到她），但米隆有一天拿孫子們的照片給她看，她覺得心裡某處起了波動。她本來以為那是嫉妒他和家人關係親密，但她無法否認自己感覺到了別的東西。儘管這股感覺越升越高，但她盡量不去想。畢竟，從他們在郵箱尷尬相識之後，她就知道自己和米隆的關係是柏拉圖式的。

可是這樣相處六個月後，他們的互動顯然像是在交往，這讓麗塔認真思考要跟米隆把事情談開。她告訴自己非談開不可，因為她實在無法跟米隆在沙發上挨著坐，美酒在手，螢幕在黑暗中閃動，而當他把酒杯放上茶几，無意間擦過她的膝蓋（真的是無意嗎？她自問），她卻要表現得若無其事，無動於心。另外她也在想：雖然米隆第一次跟她搭話時，是她說沒興趣約會的——可是，米隆會不會本來有這意思，後來只是為了保住面子才說他不是找她約會呢？

她恨透自己已年近七十，卻還像大學時一樣瘋狂分析男人的舉動。她恨透自己像個懷春少女，茫然無助又傻里傻氣。她恨透自己又在意起穿著打扮，試這件、換那件、這件不好、那件不搭，扔得床上全是她不安全感和血拚過度的證據。她很想趕跑這些感覺，單純享受友誼，但她也擔心自己已無法化解內心衝突——繼續這樣下去，她遲早會忍不住親吻米隆。這樣患得患失她無法再忍，非說開不可。事不宜遲。立刻要談。

怎料米隆竟然搭上另一個人，而且哪個地方不好交朋友，居然是透過約炮 APP Tinder。（「噁心死了！」）讓麗塔作嘔的是，那個女人年輕多了——才五十多歲！名字叫曼蒂、珊蒂還是凱蒂什麼的，總之是菜市仔名，有個蒂。麗塔猜那狐狸精八成很假掰地改成珶，變成曼珶、珊珶或凱珶。管她的，反正老娘不記得。她只知道米隆不見了，她的生活空了一大塊。

麗塔就是這時開始找心理師，並決定如果到了七十歲生日還沒有改善，就自我了斷。

講到這裡，麗塔抬眼看我，像是告一段落。我覺得很有意思的是：雖然米隆是促使她尋求心理治療的真正原因，但她之前從沒提過他。我想知道她為什麼現在願意講，還有她今天為什麼來緊急晤談。

結果麗塔長嘆一聲。「等等，」她悶悶地說：「我還沒講完。」

她說，米隆搭上那個管她叫什麼的女人之後，他們還是會在YMCA遇到。他游泳，她做有氧運動，只是他們不再一起開車去了——因為米隆現在經常跑去曼珶／珊珶／凱珶那裡過夜。他們下午還是會在郵箱那裡巧遇，米隆試著搭話，麗塔冷眼相待。原來邀麗塔參加公寓管委會的是米隆，而她一口回絕。有一次她出門做諮商，好巧不巧在電梯裡遇到米隆，米隆開口稱讚她的打扮（心理諮商算是她的每週一次小旅行，她總是會「把自己打理得像個人樣」）。

「你今天艷光四射！」他說。麗塔冷冷回了個「謝謝」，直到出電梯都把他當空氣。她現在晚上絕不出門，寧可讓魚骨頭在垃圾桶裡臭一夜也不拿出去倒，因為她不想撞見曼珶／珊珶／凱珶跟米隆在一起——她真的碰過幾次，這對狗男女不是手牽手就是調笑，有時更糟，居然接吻。（「噁心死了！」）

愛就是痛。講完幾次失敗的婚姻之後，麗塔這樣說過。數落完那個八十老翁之後，她也這樣說過。**幹嘛自討苦吃？**

可是她這樣講的時候，米隆還沒跟曼珶／珊珶／凱珶分手；她還沒不回米隆的簡訊（**可以談談嗎？**她隨手刪掉）、讓他的電話直接進入語音信箱，結果昨天在YMCA停車場被他堵到；她還沒在陽光下的停車場見到曾經熟悉的米隆，發現他「看起來老了一些」；米隆也還沒對她說這段時間一直想告訴她的事。他說他原本不懂，直到跟蘭珶（原來她叫**蘭珶**！）交往三個月後才恍然大悟。

米隆豁然發現的是：他想念麗塔。非常想。他每天每時每分都想跟她講話，就像他對做了一輩子夫妻的米娜（Myrna）一樣。麗塔能逗他笑，能讓他想，當他收到孫子們的照片時，他自然而然就想跟麗塔分享。可是他對蘭珶沒有同樣的感覺。他愛麗塔的聰明機智，更愛她的風趣慧黠，還有她的創意、她的善良。他愛她在小店裡總能挑中他愛的起司。

他欣賞麗塔的成熟世故，喜歡她幽默的點評，還有她在他需要的時候總提供絕佳建議。他愛死她洪亮的笑聲，她那雙在陽光下碧綠、在室內棕黃的眼睛，她亮麗的紅髮，還有她的價值觀。他喜歡他們開啟一個話題，又延伸出兩三個主題，最後再慢慢繞回來，或是沉浸在岔出去的話題，忘了一開始在聊些什麼。她的畫和雕塑讓他悸動。他對她好感興趣，好想多聽她談談她的孩子、她的家庭、她的人生，還有**她自己**。他多希望她能自在地跟他聊聊往事，也疑惑她為什麼總像個謎，這麼少談自己的過去。

還有，啊，他覺得她好美。明艷動人。但拜託一下，可以別再穿那些活像抹布的T恤嗎？

他們倆站在YMCA的停車場，米隆一口氣說完，重新調整呼吸。麗塔頭暈、不穩——怒氣攻心。

「我不是給你填補寂寞的。」她說：「你跟那個不曉得叫什麼的狐狸精分手是你的事。你想念太太、受不了寂寞也是你的事。」

「你真的這樣想嗎？」米隆問。

「那當然。」她高傲地說：「我就是這樣想的。」

然後他吻了她。一個激烈、輕柔、堅定、足以搬上電影螢幕的吻。這吻似乎永無絕期，最後結束在麗塔甩了米隆一巴掌，跑回車上，打電話跟我約緊急晤談。

❖ ❖ ❖

「酷！」麗塔講完時，我忍不住說。我完全沒想到會這樣轉折，而且我打從心裡佩服她。但麗塔只哼了一聲，我這才發現她看這件事的角度不太一樣。

「他講得很美啊，」我說：「還有那個吻——」我看她閃過一絲微笑，但馬上壓抑下來，變得一臉陰沉。「嗯，那部分是不錯。」她說：「但我後來再也沒跟米隆講話。」她打開包包，撈出一團面紙，斬釘截鐵地說：「我絕不再愛。受夠了。」

我想起麗塔先前的宣言：**愛就是痛**。她的心已凍結幾十年之久，現在總算因為生命中出現米隆而開始融化，可是在她嘗到希望的滋味之後，又失去了它，所以米隆這件事才讓她這麼心煩意亂。我這時想到：麗塔跟我第一次見面時之所以那麼絕望，不只是像她說的那樣，因為自己快滿七十歲而已，而是因為米隆那時有了新歡，讓她開始想著我第一次見溫德爾時想的問題：跟這個男人分手之後——用我的話來說——我「窮途末路」了嗎？我是不是再也沒有愛的機會了？麗塔跟我一樣，難過的是更大的事。

但那個吻為麗塔帶來另一個危機——重拾愛情的可能。對她來說，這或許比她的痛更難承受。

33 業 Karma

夏綠蒂今天遲到，因為她從公司開車出來時出了車禍。她說她沒事，只是小擦撞而已。倒是熱騰騰的咖啡從杯架上掉下來，把她筆電潑了一片。筆電裡有她為明天的會議準備的報告，她沒有備份。「你覺得我該告訴他們出了什麼事，還是今晚熬夜趕出來？」她問。「我想好好報告，又不想熊貓眼上台。」

上個星期，她在健身房不小心讓啞鈴砸到腳趾。瘀青一直沒退，她也還是很痛。「你覺得我要不要去照個X光？」她問。

在那之前，她最喜歡的大學教授發生露營意外去世（「雖然我老闆會很火，但我是不是該飛去參加葬禮？」）；更早之前是她錢包被偷，她好幾天都在跟身分竊賊周旋（「我以後是不是該把駕照留在車上，擺在雜物箱？」）

夏綠蒂認為自己是「業力引爆」，她好像每個星期都會出點事，交通違規、分租問題等等。我一開始很同情她，試著幫一點忙，但我漸漸發現心理治療被擺到一邊了。怎麼會這樣呢？夏綠蒂不斷把焦點挪到外在風波，讓自己不必面對真正的問題——內心問題。人生裡的「戲劇性事件」不論多不愉快，它們有時卻是一種自我治療，一種迴避內在風暴、讓自己冷靜下來的方法。

夏綠蒂還在等我回答她怎麼處理報告的事，但從現在開始，她會發現我不會像之前那樣有問必答。當心理師之後，我很驚訝有這麼多人想要我告訴他們該怎麼做，好像我有正確答案、或是日常生活的一大堆決定有對或錯似的。我在檔案旁邊貼了一個字：。ultracrepidarianism，意思是「習於對超出自身知識或能力的事誇誇其談或亂給建議」。這是我對自己的提醒：身為治療師，我可以了解病人，幫助他們想清楚**自己**想做什麼，但不能**為**他們做人生決定。

不過我剛開始時不是這樣，有的時候，我覺得自己好像必須提有益的（或我認為有益的）建議，但我漸漸發現：人其實並不喜歡別人告訴自己該做什麼。沒錯，他們也許會一而再、再而三地**求**你給建議，但你講了之後，就算他們一開始感到鬆一口氣，後來還是會心生怨懟，即使問題順利解決也是一樣。因為說到頭來，人還是想為自己的人生作主。也因為如此，小孩子總是吵著要自己做決定（然後長大後又要我把這份自由拿走）。

病人有時以為心理師有答案，只是不告訴他們或瞞著他們而已。可是我們並沒有吊人胃口。我們之所以不太願意給答案，一來是因為病人未必真的想聽，二來是因為他們經常把聽到的話詮釋成另一種意思（於是我們在心裡大呼冤枉：**我從來沒建議你對你媽講那個！**）。最重要的是，我們希望能支持病人獨立自主。

可是等到自己進了溫德爾的諮商室，我把這些全都忘了，連執業幾年對給建議這件事學到的經驗也忘個精光。我忘了病人提供的資訊往往已經被他們自己的成見扭曲；忘了在扭曲漸漸減輕之後，他們說出的資訊也會改變；忘了他們真正的難題可能完全是另一件事，而它目前尚未露出端倪；我忘了他們有時候是要你支持特定選擇，而且這點在你們關係更深之後會更加明顯；我忘了病人希望別人為他們做決定，這樣要是結果不如預期，他們就不必負起責任。

我問過溫德爾這種問題：「冰箱用十年就壞算正常嗎？」（溫德爾：「你來這邊問這種問Siri就知道的問題？你認真的嗎？」）「你覺得我該給我兒子選這間學校還是那間學校？」（溫德爾：「我覺得你先想清楚這個決定對你來說為什麼這麼難，對你比較有幫助。」）他有一次說：「我只知道我會怎麼做，不知道你該怎麼做。」我完全不理他的提醒，接口就說：「好，沒關係。那你跟我說你會怎麼做？」

我的提問隱含的假設是：溫德爾比我能幹。我有時甚至會想：**我算哪根蔥，哪有資格為我的人生做這麼重要的決定？我真的夠格嗎？**

每個人心裡多少都會天人交戰：順著孩子還是依著大人？安全重要還是自由重要？人不論落在光譜哪個位置，做決定時都是以兩件事為權衡基礎：恐懼和愛。心理師的努力目標，就是教會你怎麼分辨兩者。

❖ ❖ ❖

夏綠蒂有一次跟我提到一個電視廣告，她說她看著看著就哭了。

「那是汽車廣告。」她說，接著酸了一句：「可是我記不得是哪個牌子，顯然他們廣告沒做好。」她說廣告設定的時間是晚上，駕駛座有隻狗。廣告一開始是那隻狗開車穿過郊區，然後鏡頭帶到車內，有隻小狗坐在後座的安全座椅上，吠個不停。狗媽媽繼續開車，不時從後視鏡瞄瞄小狗，直到平穩的路程讓小狗入睡。最後，狗媽媽終於開進家中車道，愛憐地看看睡著的小狗。沒想到她才剛停好車，小狗就醒了，又開始吠叫。狗媽媽露出無奈的表情，開車出庫，再一次載小狗兜風。看到這裡，觀眾才意識到她已在附近繞了好一陣子了。

夏綠蒂講完故事已淚流滿面，這不像平時的她。她幾乎不曾流露真正的情緒，她的表情、陳述和顧左右而言他都是面具。她並非刻意隱藏情緒，而是難以感受情緒。這種情緒盲有個詞叫「述情障礙」（alexithymia）。她不知道自己感受到的是什麼，也不會用言詞表達。講到老闆賞識她時，她的語氣平淡漠然，我得慢慢探……仔細探……繼續探……才總算看出一絲自豪。講到大學被性侵的事──她在派對上喝了酒，醒來時發現自己身在陌生的宿舍，全裸倒在床上──她還是一樣平淡漠然。提起跟媽媽衝突的混亂對話，她像是在複誦《效忠誓詞》。

有些時候，人之所以無法分辨自己的感受，是因為小時候被灌輸該忽視它們。小孩子說：「我生氣了。」爸媽回：「什麼？這麼小的事也生氣？你玻璃心嗎？」小孩子說：「我好難過。」爸媽說：「別難過了。欸？你看，有氣球耶！」小孩子說：「我會怕。」爸媽說：「沒什麼好怕的。你是大孩子了。」問題是，沒有人有辦法永遠封住深層的感受，它們總是會在最意想不到的時候竄出來──例如看電視廣告的時候。

「我不知道那為什麼讓我這麼難過。」夏綠蒂講完汽車廣告後說。

看著她哭，我不只明白了她的痛苦，也想通她為什麼一直要我為她做決定。對夏綠蒂來說，駕駛座上從來沒有狗媽媽。她的媽媽陷在自己的憂鬱裡，每晚流連派對，爛醉方休，沒有一天清醒著送女兒上床睡覺；她的爸爸則是經常「出差」不見人影。父母兩方都問題不小，也不斷為誰離棄誰吵個不停，什麼髒字都說得出口，有時聲音大到鄰居都來抗議。夏綠蒂不得不早熟，不得不自己為人生找路，像硬著頭皮接下方向盤的無照未成年駕駛。她很少看到父母表現得像個大人，像她朋友的父母那樣。

我想像她的童年：什麼時候該出門上學？以後怎麼跟今天說我壞話的朋友相處？在爸爸抽屜裡發現毒品如何是好？媽媽三更半夜還沒回家是發生什麼事？該怎麼申請大學？夏綠蒂不得不坐上父母的位置，為自己和弟弟擔起教養之責。

不過，小孩子並不喜歡被迫變得超級能幹。所以不令人意外的是，夏綠蒂現在想讓我擔任母親的角色。我可以當「正常」的家長，既愛她又開車穩當，讓她能以前所未有的方式獲得被照顧的經驗。可是，為了讓我扮演能幹的一方，夏綠蒂相信她必須把自己變成無助的一方，讓我只看得到她的問題——用溫德爾形容我對待他的方式來說，她在「用她的可憐引誘我」。病人談到正面事物時，經常會以這種方式提醒治療師「我還有痛苦」。夏綠蒂的生活也會發生好事，但她很少告訴我；如果她開口說起，那一定是事情過了或好幾個月後。

我開始思考可憐與引誘的關係，夏綠蒂對我是如此，小時候的她對父母恐怕也是如此。可是，不論她做了什麼——酗酒、晚歸、跟男人胡搞——顯然都沒有達到預期效果。**我做這不對，做那也不對。你有注意到我嗎？拜託你關心我。**

而現在，問完咖啡潑到筆電該怎麼辦之後，夏綠蒂接著問，該怎麼跟候診室的那個靚仔互動。她之前有幾個星期沒看到他，後來他帶著女友出現，但今天又是一個人來。而幾分鐘前在候診室，他居然開口找她約會——至少夏綠蒂覺得他找她約會。他問夏綠蒂今晚有沒有興致「出來玩玩」。她說好。

我盯著夏綠蒂。**你到底是哪根筋不對居然答應？**

好的，我其實沒講出口。不只對夏綠蒂這樣，我有時候聽病人講他們做了或想做某些自毀舉動（例如為了保持「真誠」，跑去跟老闆說你對他真正的想法），我都得費九牛二虎之力才能忍住不喊：不！

千萬別幹這種事！

但另一方面，我無法眼睜睜看著慘劇發生。

我跟夏綠蒂談過三思而後行，做決定之前要預想後果，但我也明白這不只需要理性而已。強迫性重複（repetition compulsion）是頭恐怖的野獸。對夏綠蒂來說，穩定和伴隨穩定而來的快樂並不值得信任，穩定讓她焦慮不安。為什麼呢？如果你從小知道父親雖然關心你，但他天生愛玩，經常莫名其妙不見人影，隔一陣子又跑回來，表現得像什麼事也沒發生一樣——而且屢勸不改——你會相信快樂無常善變。如果你的母親長期憂鬱，可是有時候會突然振作，關心起你的生活，表現得像其他小朋友的媽媽一樣，你會不敢感到快樂，因為你從經驗得知這只是暫時的，遲早會化為烏有——而且它的確轉眼成空，毫無例外——你會深信對穩定最好不要有什麼期待。所以，當候診室那傢伙主動撩你，管他有女友還是已經分手，跟他「玩玩」就是了。

「我不知道他會跟他女朋友怎麼講，」夏綠蒂繼續說：「你覺得這樣是不是不太好？」

「你自己的感覺呢？」

「我不知道。」夏綠蒂聳聳肩：「興奮？害怕？」

「害怕什麼？」

「不知道。搞不好他不喜歡我在診所外的樣子。搞不好我只是他分手後的替代品。搞不好他跟女朋友本來就問題很大，已經快瘋了。我的意思是說，他們都跑來諮商了，一定有什麼問題，對吧？」

夏綠蒂開始坐立不安，隨手拿起放在扶手上的太陽眼鏡玩。

「不過，」她繼續：「他也可能還跟女朋友在一起，剛剛不是找我約會，只是想交個朋友？要是我誤會了……那不就糗大……而且之後每個星期還會在候診室遇到……」

我對夏綠蒂說，她談靚仔的方式讓我想起之前的一次晤談。她那次說她跟父母互動前總會上演內心小劇場，而且不只小時候如此，成年後的現在也是一樣。會順利嗎？他們能表現得像個正常人嗎？**還是我們會吵起來？爸會過來嗎？還是又在最後一刻取消？媽會不會又在公共場合出醜？這次能聊得愉快嗎？還是我會自討沒趣？**

「嗯，好，決定了。」夏綠蒂說：「我還是不去好了。」可是我知道她會去。

晤談結束時，夏綠蒂一如往常進行她的整套儀式（驚呼不敢相信時間居然過得這麼快，慢慢收拾家當，懶洋洋地舒展身體）。她慢條斯理走到門口，又停下來——她經常這樣，臨走才拋出一個晤談時就該問或講的問題或事情。她跟約翰都愛這樣，我們把這稱為「臨別爆料」（doorknob disclosures）。

「對了，」她看似隨口聊聊，但我有種感覺，她接下來講的話絕不是臨時起意的。有些病人整節晤談都在東拉西扯，直到最後十秒才講出重要的事（「我覺得我是雙性戀」、「我的生母在臉書上找到我了」），這種情況不算少見。這樣做的理由五花八門，有人是覺得尷尬講不出口，有人是不想給你回話的機會，有人是想讓你跟他們一樣不安（**驚喜吧？我這場禍闖得夠誇張吧？這星期請好好糾結喔！**），也有人是要傳達心願：**好好把我放在心上。**

可是這次風平浪靜，夏綠蒂只是站在那裡。我正想她想講的事是不是很難啟齒——她又喝個爛醉？她好希望爸爸下週生日那天會接她打去的電話？——但她說的卻是：「你那件上衣是在哪裡買的？」

這個問題似乎太簡單了點。已經有一個Uber司機、一個星巴克店員、還有一個路上遇到的陌生人問過我同樣的問題。我非常喜歡這件新上衣，既為自己的品味自豪，也為幸運入手得意，所以每次回答都不帶一絲猶豫：「Anthropologie，大特價！」但夏綠蒂一問，我卻有些遲疑。倒不是擔心她開始穿得跟我一模一樣（我有個病人真是如此），而是我隱隱感覺到她為什麼想問：她打算也買一件，跟靚仔約會時穿——但她剛剛才說她決定不去。

「Anthropologie。」我還是講了。

「很好看！」她笑著說。「下週見囉！」

她正要轉身，我們的眼神對了一瞬，她閃開視線。

我們都知道接下來會發生什麼事。

34 順其自然 Just Be

受訓到差不多一半的時候，我跟我髮型師聊到心理治療。

「你為什麼想當心理師啊？」柯瑞邊問邊揉揉鼻子。他說他常常覺得自己像心理師，一天到晚聽人的煩惱。「真是怪了，」他繼續說：「我明明是剪頭髮的，跟我掏心掏肺幹嘛？我不懂耶，這些人幹嘛跟我講心事？」

「講那麼私人的東西喔？」

「呴！有些人會喔！我不知道你怎麼做到的，聽這些東西實在——」他停下來想該用什麼詞形容，剪刀停在半空：「實在覺得虛脫。」

他繼續動工，我看他喀擦喀擦把我瀏海修出層次。

「那你跟他們怎麼講？」我問。我突然想到，在客人跟他說祕密時，他們應該是看著鏡子，像我們現在聊天這樣——彼此看著對方的倒影。我有點好奇：這樣比較容易吐露心事嗎？

「我聽完他們心事之後怎麼講？」他問。

「對啊。你會給他們建議嗎？還是稍微談談你的看法？」

「都不是。」他說。

「那你是……？」

「順其自然囉。」他說。

「蛤？」

「我跟他們說，『順其自然』。」

「你這樣講啊？」我開始笑，想像自己在諮商室一本正經地說：**你有困擾是嗎？順其自然。**

「你應該跟病人試試，」他也笑了：「搞不好有用。」

「對你客人有用嗎？」我問。

柯瑞點頭：「好像有喔。怎麼說呢……有點像給他們剪完頭，他們下次回來說想換個髮型。我就好奇啦：『為什麼想換？上次那種覺得不好嗎？』他們說沒有沒有，上次那個很棒，只是想換個不一樣的而已。好啦，我就給他們剪了**一模一樣**的髮型，可是他們覺得不一樣，而且還很喜歡。」

我等他繼續說，可是他正忙著處理我分岔的髮尾。我看著自己的頭髮落下。

「嗯哼。」我說：「可是這跟他們的煩惱有什麼關係？」

柯瑞停下動作，從鏡子裡看我。

「搞不好他們煩惱的問題根本不是問題！搞不好現在這樣好得很，甚至很棒！跟他們上次理的髮型一樣棒。如果他們順其自然，別忙著**改變**什麼，搞不好還更快樂。」

我玩味了一下他的話，裡頭的確有些道理。人有時候得接受自己和別人目前的樣貌。可是為了變得更好，我們有時候需要照照鏡子，但不是我現在照的這種讓人顯得神采煥發的鏡子。

「你有沒有做過心理治療？」我問柯瑞。

「我？沒有。」他用力搖頭：「還是別了。」

雖然柯瑞說他討厭掏心掏肺，但幫我做頭髮這些年，他也跟我講過不少自己的事：他為愛受了多少煎熬；家人多難接受他的同志身分；他爸爸一輩子隱瞞自己是同志，雖然大家都知道他跟男人偷情，他還是不出櫃。我還知道柯瑞動過好幾次美容手術，可是他對外表還是不滿意，打算再去挨一次刀。他連我們聊天時都會打量鏡中的自己，嫌自己這裡那裡不夠美麗。

「那寂寞和難過的時候你怎麼做呢？」我問。

「上Tinder。」他一臉認真回答。

「約炮？」

他笑笑。**那還用說。**

「約一次就不見面了？」

「通常是喔。」

「感覺有比較好嗎？」

「當然啊。」

「然後下次覺得寂寞或難過，就再上Tinder補血？」

「沒錯。」他放下剪刀，拿起吹風機。「這跟每個星期去諮商室補血差不多吧？」差多了。不一樣的地方可多了。而且心理師幫病人補血沒那麼容易。有一次我聽一個記者說，做好訪問有點像幫別人剪頭髮：看起來輕鬆，剪刀拿到手上才不知所措。我當時已漸漸知道心理治療也是如此，但我不想跟柯瑞辯，畢竟，不是每個人都適合心理治療。

「對啊，」我對柯瑞說：「順其自然的方式很多。」

打開吹風機，他說：「你用心理治療。」接著朝他手機點點頭：「我用我的辦法。」

35 選哪個？ Would You Rather?

茱莉一一掂量幾個器官的價值，考慮該留下哪一個。

「要結腸？還是子宮？」她挑挑眉毛問道，像是在開玩笑：「另一個入圍的你絕對想不到——陰道。所以簡單來說是這樣：我要能拉屎呢？生小孩呢？還是做愛呢？」

我覺得喉嚨被什麼東西哽住。茱莉像變了個人，不但跟幾個月前在喬氏超市時不一樣，也跟幾週前醫生向她宣布噩耗時不一樣。醫生對她說：為了保住她的性命，他們得從她身上取走更多。她熬過了第一次癌症和復發，為死刑爭到延緩執行，懷孕更為她帶來希望。可是老天跟她開了太多次玩笑，她還是垮了。她眼睛充血，皮膚看起來又薄又皺。有時我們一起哭泣，她離開時總抱抱我。

喬氏超市的人都不知道茱莉病了，她打算繼續瞞到瞞不了為止。她希望他們認識的她首先是人，而不是癌症病人。這聽起來很像我們心理師對病人的態度：我們希望在了解他們的問題之前，先了解他們。

「這滿像以前睡衣派對玩的『選哪個』。」她今天說：「你要死在空難還是火災？要瞎掉還是聾掉？要一輩子聞起來臭臭的，還是一輩子聞到臭東西？有一次輪到我回答時，我說：『都不要。』大家都說：『不行，一定要選一個。』我說：『好，那我選都不要。』這好像讓大家滿意外的，但我覺得，在兩個選擇都很糟的情況下，**都不要**應該也是一種選擇。」

在高中紀念冊上，她朋友在她名字底下寫「我都不要」。長大後，她還是依這套邏輯作決定。申請研究所時，有一家名門大學願意收她，但獎學金不多；另一家學校給她全額獎學金，但沒什麼名氣。雖然大家紛紛為她權衡利弊得失，但她獨排眾議，選擇都不要。結果很好：沒過多久，另一家更好的學校給她入學許可。而且那家學校地點極佳，剛好跟她妹妹在同一座城市。後來，她也在那裡認識了她的丈夫。

然而發病之後，「都不要」再也不是選項：你要切除乳房活下去，還是保留乳房但死去？她選擇活。後來她又遇上一連串這種選擇，決定都很艱難，但該選哪個卻很明顯，茱莉每一次都從容面對。可是現在碰到這個獨特的「選哪個」——人體器官輪盤賭——她實在不知道該怎麼選。畢竟，她還沒從最近流產的震驚中恢復過來。

❖ ❖ ❖

茱莉懷孕了八週。在這段時間，她的妹妹妮琪（Nikki）剛好也懷上第二個孩子。姊妹倆打算懷孕三個月後再告知親友，在此之前先為彼此保密。不過，她們還是興高采烈開了個共享行事曆，分別標上懷孕十二週的進程。茱莉的標記用藍色，因為她覺得自己懷的是男生。她給他取小名ＢＢ，帥小子（Beautiful Boy）。妮琪的標記是黃色（小名ＢＹ，黃寶寶〔Baby Yellow〕），因為她打算把嬰兒房漆成黃色。妮琪想把孩子的性別當驚喜，跟生第一胎時一樣。

茱莉第八週結束時開始出血，她妹妹這時剛進入第六週。茱莉進急診室時收到妮琪傳來的訊息。

是一張超音波圖片，上頭寫：**嗨，你好，我有心跳了！我表哥BB好嗎？BY敬上。**

BY的表哥不太好。BY的表哥停止了發育。

至少我沒有癌症。茱莉離開此時已熟門熟路的醫院時心想。這次入院總算是因為同齡人也會遇到的「正常」問題。婦產科醫生說在懷孕初期流產的人很多，何況茱莉的身體已受了不少折騰。

「有時候就是會碰到這種事。」她的醫生說。

茱莉一向是理性解釋的信徒，這是她第一次為找不出原因欣慰。畢竟這些日子以來，醫生每次講出什麼事的原因，那個原因總是災難性的。對現在的她來說，只要不要又來一個恐怖的診斷，「命運」、「倒楣」、「或然性」什麼的都只是小菜一碟。現在碰上電腦掛了、廚房水管爆了，她只會輕輕說句：**有時候就是會碰到這種事**。

這句話讓她露出笑容。而且思索一番之後，她發現它壞事好事都講得通。我們不是也會莫名其妙遇上好事嗎？她告訴我：喬氏超市停車場常常可以看到一個女街友，有一天，有個客人帶她進來，跟茱莉說：「你看到那邊那個女的嗎？我跟她說給自己買點食物，我埋單。她來結帳時請叫我一下，帳我來付。」她下班後跟馬特說起這件奇遇，聳聳肩說，**有時候就是會碰到這種事**。

事實上，茱莉沒過多久又懷上了孩子。BY雖然沒了表哥，卻有了表弟或表妹。有時候就是會碰到這種事。

茱莉這次不給寶寶取小名，免得招來霉運。她對寶寶唱歌、說話，像守著沒人看得到的鑽石一樣守著祕密。只有三個人知道這件事：茱莉的丈夫、她的妹妹，還有我。連她媽媽都被蒙在鼓裡（「她藏不了好消息。」茱莉笑著說）。所以，是我聽她講懷孕進展，是我聽她說懷孕六週第一次照胎兒心跳超音波時，馬特準備了一個心形氣球帶進診間；是我在一週後接到她的電話，告訴我她又流產了，檢查發現她的子宮「無法著床」，必須先切除子宮肌瘤。不過對她來說這不算壞消息，因為這種問題很常見——而且可以處理。

「至少我沒有癌症。」她說。這句話成了她和馬特的口頭禪。不論發生什麼能讓人滿腹牢騷的大小問題，只要茱莉沒有癌症就謝天謝地。切除子宮肌瘤只是小手術，茱莉之後可以繼續試著懷孕。

「又要開刀？」馬特得知後有些疑慮。

他覺得茱莉的身體已經承受太多，也許他們應該改成領養孩子，或是用他們冷凍的胚胎找代理孕母代勞。馬特跟茱莉一樣謹小慎微，這是他們兩個湊到一起的原因之一。流產了這麼多次，真的還要繼續嘗試自己懷孕嗎？何況如果要找代理孕母，他們正好有絕佳人選。

最近那次流產進急診室時，茱莉打給喬氏超市的同事愛瑪（Emma），問她能不能幫她代班。茱莉當時並不知道愛瑪為了圓大學夢，剛登記成代理孕母。愛瑪二十九歲，已婚，也生了孩子。她有志讀大學，也覺得藉著為別的家庭圓夢來圓自己的讀書夢，是個好主意。於是，當茱莉向她吐露子宮無法著床的問題，她馬上毛遂自薦。茱莉之前曾鼓勵她回學校完成學業，也就申請學校給了她不少建議。她跟愛瑪當了好幾個月同事，從沒想到愛瑪有一天可能幫她懷孩子。如果說茱莉過去考慮的總是「為什麼要做？」，這次她問自己的是：為什麼不做？

蜜月之後，茱莉和馬特就不斷被迫改寫人生計畫，他們這時訂出新的：茱莉先切除子宮肌瘤，然後再嘗試懷孕一次。如果失敗，就請愛瑪幫他們懷孩子。如果代理孕母這條路還是行不通，再試著透過領養成為父母。

「至少我沒有癌症。」茱莉在諮商室講完她再次流產、考慮找代理孕母的時候，曾經又一次這樣說。可是在準備切除子宮肌瘤時，醫生發現她的問題不只是子宮肌瘤。她的癌症又復發了，而且正在擴散。這次他們無能為力，也沒有實驗療法。如果她想，他們會竭盡全力延長她的生命，但她在過程中必須捨去很多。

她得仔細想想活下來能擁有什麼、又必須捨去什麼，還有，自己能這樣度日多久？

❖ ❖ ❖

最早聽醫生告知這件消息時，茱莉和馬特肩並肩坐在診間裡的塑膠椅上，失聲大笑。他們對著憂心忡忡的婦科醫生笑，隔天又對著一臉凝重的腫瘤科醫生笑。那星期結束時，他們已笑過腸胃科醫生、泌尿科醫生，還有兩個他們尋求第二意見的外科醫生。

他們甚至在見到醫生之前都咯咯笑。每次護理師送他們去檢查室，禮貌性地問：「今天好嗎？」茱莉都滿不在乎地回答：「喔，我快死了。**你呢？**今天好嗎？」護理師總不知道怎麼接話。

她跟馬特覺得這很好笑。

在談到可以考慮切除癌細胞生長最快的器官時，他們還是笑。

「我們現在用不到子宮。」在診間裡，馬特一派輕鬆地說：「問我的話，我投保留陰道切除結腸一票。可是選結腸還是陰道她說了算。」

「『選結腸還是陰道她說了算！』」茱莉捧腹大笑：「他好體貼是不是？」

另一次外科門診，茱莉對醫生說：「不知道耶醫生。切了直腸保留陰道的話，我不就得接個屎袋在身上？那樣上床好像不太性感。」馬特和茱莉一起狂笑。

醫生跟茱莉解釋，他們可以用其他組織重建陰道，茱莉再次大笑。「欸！手工陰道耶！」她對馬特說：「啊不就好棒棒？」

他們笑了又笑，笑了又笑。

然後他們開始哭。笑得多放縱，就哭得多痛。

茱莉告訴我這些時，我腦子裡閃過一幕幕畫面：男友對我說他不想再跟小孩共度十年時，我笑；有個病人摯愛的媽媽過世時，她笑得歇斯底里；另一個病人得知太太得了多發性硬化症時，也是笑。我想起自己在溫德爾的諮商室裡哭了整整一節。我看過病人這樣，茱莉前幾個星期也是這樣。

這就是悲痛：笑。哭。重複。

「我傾向保留陰道，切除結腸。」茱莉今天這樣說。她聳聳肩，彷彿在說日常瑣事。「我是在想，我的乳房已經是假的，再加個假陰道，我好像變得跟芭比娃娃沒什麼兩樣。」

這段時間她一直在想：失去多少之後她會不再是自己？就算活下來了，失去這麼多的生活是否還算生活？我想，大多數人或許寧願不思考這種「選哪個」問題，也很少跟年老的父母談這些。事實上，在你真正遭遇這些處境之前，它們只是思想實驗。什麼情況是你寧可死亡也不願接受的？失去行動能力？失去心智能力？如果是失去行動能力，是失去多少行動能力？如果是失去心智能力，是失去多少心智能力？當這些情況真的發生時，你還是寧可死亡也不接受嗎？

茱莉的底線是：要是她不再能正常進食，或是癌症擴散到大腦，讓她無法清楚思考，她寧可死。

她原本以為要是得在肚子打洞讓糞便流出來，她寧可死。但現在，她只煩惱腸造口袋。

「馬特一定會討厭那玩意兒，對吧？」

我在醫學院第一次看到結腸造口時，很驚訝那看起來竟然不怎麼突兀。現在甚至買得到頗有時尚感的造口袋，上面印小花、蝴蝶、和平符號、心形、珠寶做裝飾。有個女性內衣設計師給它取綽號叫「維多利亞的另一個祕密」。

「你有問過他嗎？」我說。

「問了。可是他怕傷到我，天知道他有沒有說實話。但我實在很想知道。你覺得呢？你覺得他會討厭造口袋嗎？」

「我覺得不會耶。」我發現我也變得小心翼翼，怕講話傷到她。「但他可能得花點時間習慣。」

「他已經不得不習慣很多東西了。」她說。

她跟我說他們前幾天吵了一架。馬特那時在看電視，茱莉有事想跟他講。馬特假裝有聽，但只是哼哼哈哈敷衍她，茱莉火了。她說，欸，你看。我在網路上看到這個，也許可以問一下醫生。馬特說，今天先不要，我明天再看。茱莉說，可是這很重要，我們時間不多了。馬特瞪了她一眼，眼神裡是她從沒見過的憤怒。

「我們難道一天不談癌症都不行嗎？」馬特大吼。這是他第一次露出和藹和支持之外的神情，茱莉嚇了一跳，但也馬上回嘴：「我沒有一天離得開癌症！」。她說：「要是能一天不管癌症，你知道我願意拿多少東西去換？」她跑回房間，關門生氣。沒過多久，馬特來為發脾氣道歉。我壓力很大，他說，對我來說，這整件事壓力很大，但無論如何不會大過你的壓力。很抱歉，我太沒神經。讓我看一下網路上的東西。茱莉聽了心頭一震。她從沒發現生病不只影響她的生活品質，也影響到馬特的生活品質。她從沒注意過這點。

「我後來沒跟他講網路上那個東西。」茱莉說：「我覺得我好自私。他是該有一天不管癌症。他娶我可不是為了每天癌症來癌症去。」

我看看她。

「對啦，結婚誓詞上有『不論生病或健康』、『不論境遇好壞』，都忠於對方什麼的。可是那跟下載APP或申請信用卡時勾同意條款差不多。你不會覺得那些東西真的會發生在你身上。就算你真的想過好了，你總不會在論及婚嫁之前就想吧？總不會料到度完蜜月這些事就跑出來吧？」

我滿高興茱莉開始想她的癌症對馬特的影響。之前她總是避談，每次我提到馬特經歷這些恐怕也很痛苦，她就改變話題。

那些時候，茱莉會搖搖頭說：「唉，他沒事的。他很棒。總是陪我一起。總之我在想……」

就算茱莉已經察覺馬特的痛有多深，她還沒做好準備面對它。不過在馬特爆發之後，有些事的確變了，茱莉不得不承認他們之間有道鴻溝。在這段不幸的旅途上，他們雖然始終同行，但已注定要分道揚鑣。

茱莉哭了。「他一直想收回那句話，但沒辦法，它已經懸在我們之間。我其實懂他為什麼想一天不談癌症。」她停頓了一下。「我賭他有在想要是我死了就好了。」

我賭他有時候有想，我閃過這個念頭。在婚姻裡，為了對方把自己的需求擱在一邊已經很難，他們之間更是失衡，付出和獲得完全不成正比。但我也知道情況更加複雜。我猜馬特覺得自己被困在過去，新婚、年輕，期待成家立業，過正常的生活，但人生一夕變調，他突然發現他跟茱莉的一切只是暫時的。他見到自己即將成為鰥夫，明白自己要四十多歲才當得上爸爸，而非三十多歲。他也許希望這種日子不必再過五年，畢竟他已經把人生顛峰的五年花在醫院，花在照顧他即將失去身體各個部位的年輕妻子上。但另一方面，我也敢賭這份經驗撞擊到他靈魂核心，他可能再也不一樣了。我有個病人跟妻子結褵三十年，在太太去世幾個月前，他說這段過程讓他覺得自己「永遠變了，活得顛三倒四」，我猜馬特也是如此。我敢賭馬特跟我那個病人一樣，並不想回到過去，改娶另一個人。可是馬特的人生正要開始打拚，三十多歲正是為未來打下基礎的階段。他的每一個同儕都在向前衝刺，但他已跟不上他們的腳步。而他所承受的悲傷、他所經歷的打擊，可能讓他更感孤獨，辛酸無人能解。

我並不認為讓茱莉知道所有細節對她有益，但我相信：在這段過程裡，如果能讓馬特有更多空間露出凡人的一面，他們在一起的時間會更加豐富。他們越能在還能共度的時間裡為彼此留下深刻的經驗，茱莉離去之後就越能在馬特心裡活得完整。

「你覺得馬特說他想一天不談癌症是指……？」我問。

茱莉長嘆：「一天到晚門診、不斷流產，這些我也巴不得一天不談的事。他想聊他現在做的研究、街上新開的墨西哥薄餅店……你知道，就我們這個年紀的人**正常**會聊的事。我發病之後，我們每天想的、談的全是找方法讓我活下來。結果他現在連跟我一起計畫一年後的事都沒辦法，也沒時間跟朋友見面。他開展人生的唯一一條路，就是我死了。」

我聽出她的意思。這場磨難背後是鐵一般的事實：不管馬特的人生受到多少影響，他終究能回到某種方式的正常。我猜這讓茱莉心裡很不痛快。我問她是不是在生馬特的氣？還是嫉妒？

「是。」她說得很小聲，彷彿講出見不得人的祕密。我跟她說沒關係的，馬特能繼續活下去，她怎麼能不嫉妒？

茱莉點點頭。「讓他經歷這些，我實在覺得有罪惡感。但我也嫉妒他有未來。」她調調背後的椅墊，說：「然後我又對感到嫉妒有罪惡感。」

嫉妒另一半的心情很常見，連日常生活裡都有，可是講出口卻是禁忌。我們不是該為對方的幸福高興嗎？愛不就該這樣？

我看過一對夫妻，在太太得到她夢寐以求的工作的同一天，先生失去他一直熱愛的工作，於是每晚餐桌上的氣氛變得極其尷尬。太太該怎麼分享白天發生的事，又不在無意間傷到丈夫？丈夫又該怎麼克制他的嫉妒，不掃太太的興？在另一半得到自己萬般渴望卻得不到的東西時，我們能要求後者表現得多高尚？

「馬特昨天晚上去健身房，」茱莉說：「回來時說這次練習得很好。我嘴巴說『很棒』，心裡卻難過，因為我們以前都一起去，他也總跟人說我比較強，能跑馬拉松。『她是溫拿，我是魯蛇』，後來在健身房交的朋友也都這樣叫我們。」

「以前我們上完健身房常常床戰，所以他昨天一回家就過來親我，我也親回去。我們上床，但我突然喘不過氣，以前從來不會這樣。我沒跟馬特講，所以他做完之後照常去沖澡。他去浴室的時候，我看著他的肌肉，心裡想：**以前是我比較壯**。那時我突然發現，看著我死的不只是馬特，還有我。我眼睜睜看著自己死。我好氣每一個能繼續活的人。我爸媽會活得比我久！搞不好我爺爺奶奶也會！我妹妹要生第二個孩子了，我呢？」

她伸手拿水壺。第一次癌症治療後，醫生跟她說多喝水有助於排出毒素，於是她開始走到哪裡都帶個兩公升水壺。雖然現在這樣做不再有用，但已經成了她的習慣，或祈求。

「想到這些的確會很傷心。」我說：「在為自己的生命難過時，想這些很難受。」

我們沉默了一陣子。最後，她擦乾眼淚，嘴角浮現一絲笑容。「我有個想法。」

我看著她，示意她繼續說。

「太奇怪的話你會跟我說吧？」

我點點頭。

「我是在想，」她開始說：「與其把時間花在嫉妒別人，不如用剩下的時間幫一下我愛的人，讓他們繼續向前。也許這能當我接下來的部分目標。」

她在沙發上挪挪位置，開始有些興奮：「拿我跟馬特來說好了。我們沒辦法一起變老了。我們連一起進入中年都不可能。我其實一直在想，對馬特來說，我死了感覺比較像分手，而不像婚姻結束。癌症團體裡提到自己得留下丈夫先走的女人，大多六、七十歲。有一個是四十多歲，可是她結婚十五年了，也跟丈夫生了兩個孩子。我希望馬特將來想到我的時候，是把我當妻子記得，而不是前女友。我想**表現**得像個妻子，而不是前女友。所以我在想，**快離開的妻子會怎麼做**？你知道那些當妻子的怎麼說嗎？」

我搖搖頭。

「她們說她們希望丈夫能好好過日子。」她說：「雖然我嫉妒馬特有未來，但我也希望他過得好。」

茱莉饒富深意看著我，好像我應該懂她意思，可是我不懂。

「怎麼做能讓你覺得他會好好過？」我問。

茱莉衝著我笑：「雖然這個念頭讓我想吐，但我想幫他找新妻子。」

「你是說讓他知道可以再愛別人嗎？」我說：「這一點也不怪啊。」快過世的人經常想給被留下的伴侶這份祝福，告訴他們可以愛上別人，可以把另一個人放進心裡，我們的愛容得下你再愛。

「不是不是。」茱莉搖搖頭：「我不想只讓馬特知道他可以再愛，我是想真的**給他找新妻子**。我想把這個當成留給他禮物。」

茱莉第一次提起想去喬氏超市打工時，我縮了一下。現在也是如此。這個想法聽起來很自虐，像在傷口上撒鹽，把已經很痛苦的處境弄得更痛苦。我想茱莉不會想看到這個，也沒辦法承受這個。馬特將來的新妻子會生下他的孩子，會跟他一起爬山、一起長途健行。她會依偎著他、和他一起歡笑，像茱莉以前那樣與他激情纏綿。世間當然有愛，當然有利他心腸，但茱莉也是人。馬特也是。

「你為什麼覺得馬特**想**要這份禮物？」我問。

「這很瘋狂，我知道。」茱莉說：「可是我癌症團體有個人的朋友就是這樣。她快死了，她最好的朋友的先生也快死了，她不希望先生和閨密將來寂寞，也知道他們合得來——他們有幾十年交情，一直是好朋友。所以她的遺願就是幫忙湊對，叫這兩個人葬禮之後約會一次。一次就好。他們照著她的意思做——現在訂婚了。」茱莉又開始哭，一邊擠了句「抱歉」。我見過的女性幾乎都會為自己的感受道歉，掉眼淚的時候尤其如此。我在溫德爾的諮商室裡也道歉過。也許男人是提前好幾步道歉——乾脆忍著不哭。

「唉，不是抱歉，是難過。」她可能想起我先前跟她講的話。

「你會很想馬特的。」我說。

「我會。」茱莉哽咽：「我會想他的一切。有時候一點小事都讓他好興奮，一杯好拿鐵，書裡的一句話。他吻我的方式。他起得太早得十分鐘才睜得開眼。他在床上暖我的腳。講話時看著我，眼神像是沉浸在我講到的一切、他聽到的一切。」茱莉停下來喘氣。「你知道我會最想念什麼嗎？他的臉。我會想念能看著他的帥臉。那是我全世界最喜歡的臉。」

茱莉不停抽噎，講不出話。我真希望馬特也在這裡聽到這些。

「你跟他講過嗎？」

「我一說再說。」茱莉說：「每次他握我的手，我都告訴他：『我會想你的手。』他在家吹口哨——喔，他好會吹口哨——我都跟他說，我會非常想念他的口哨聲。他以前總說：『小莉，我們還在一起啊。你可以握我的手、聽我吹口哨。』但現在——」茱莉痛哭失聲：「現在他說：『我也會很想你。』我想他開始接受事實了吧，知道我這次真的過不了這關。」

茱莉擦擦上唇。

「你知道嗎？」她繼續說：「我也會想我自己。以前什麼小事都讓我不安，我把人生全用在提心吊膽。我才剛開始真正喜歡自己。**我喜歡自己**。我會想念馬特、家人、朋友，但我也會想念自己。」

她開始細數但願自己發病前能更珍惜的事：切除乳房之前，她總覺得它不夠堅挺；以前有一雙壯腿可以跑馬拉松，但她老是嫌它們太粗；她善於安靜傾聽，但她也擔心別人覺得她很無聊。她也會想念自己獨特的笑聲，五年級時有男生說它「難聽」，讓她很多年心裡有個疙瘩，直到它讓馬特在擁擠的房間裡注意到她，直直擠過來跟她自我介紹。

「我還會想念我的結腸！」她說，笑了出來：「我以前太不珍惜它了。我會想念坐在馬桶上拉屎。

誰想得到自己會想念拉屎！」她掉下眼淚——憤怒的眼淚。

她每天失去在失去之前當成理所當然的東西。我看過一對夫婦也是這樣，他們原本彼此習以為常，直到婚姻似乎已無可挽回，他們才開始想念對方。我也聽很多女性講過，她們原本超恨生理期，但停經之後反而覺得感傷。她們想念流血猶如茱莉想念拉屎。

她的下一句話小聲得我幾乎聽不見：「我也會想念生命。」

「幹，幹，幹，幹，**幹**！」她的聲音由細轉強，音量大得連自己都嚇了一跳。她一臉尷尬看著我：「抱歉，我不是——」

「沒關係。」我說：「你說得對。的確很幹。」

茱莉笑了。「我居然讓我的心理師講**幹**！我本來不會像這樣罵髒話。我可不希望我訃聞上寫『她擅長罵幹』。」我想知道她希望訃聞上寫什麼，但時間快到了。我在心裡記下，準備下次再談。

「唉，管他的，罵一罵舒服多了。再來一次好了。」茱莉說：「你要跟我一起嗎？還有一分鐘，對吧？」

我一開始沒弄懂她的意思——一起做什麼？但她再次露出饒富深意的調皮眼神，我懂了。

「你是說——」

茱莉點頭。這乖乖牌要我跟她一起罵髒話。安德麗雅最近在週五四點會上講過，雖然我們必須對病人抱持希望，但那個希望必須是正確的。她說，如果我無法繼續希望茱莉存活，我應該希望別的東西。我當時說：「我沒辦法用她希望的方式幫她。」但現在坐在這裡，我覺得也許我可以，至少今天可以。

「好。」我說：「準備好了嗎？」

我們一起大喊：「幹！幹！幹！幹！幹！幹！幹！」喊完後我們喘了口氣，神清氣爽。

我送她到門口，她一如往常抱我道別。

離整點還有十分鐘，諮商室的門像時鐘一樣一一打開，走廊上陸續走過晤談結束的病人。茱莉離開時，幾個同事向我送來疑惑的眼神。我們的聲音一定傳到外面了。我聳聳肩，關上門，開始笑。**這倒第一次**，我心想。

但淚水接著湧上。笑，哭——悲痛。我會想念茱莉，我會有段為她哀傷的日子。

有時候，唯一能做的事就是喊：「幹！」

36

「要」的速度
The Speed of Want

受訓一年後，我開始在非營利診所實習，地點是一棟豪華辦公大樓的地下室。地上樓層空間敞亮，視野開闊，一邊是海岸，另一邊是洛杉磯的山。地下室就完全不是這麼回事，諮商室不但沒窗戶，而且空間狹窄有如洞穴。椅子像幾十年沒換過，沙發也千瘡百孔，連日光燈都有氣沒力的。不過我們實習心理師不在乎，一個個摩拳擦掌累積病人人數。一有新個案來，大家就爭先恐後撲上去搶。因為看的病人越多，就學到越多，也越快達到實習時數。由於晤談行程滿檔、臨床督導頻繁、文書作業如山高，我們其實很少想到自己整天待在地下室。

我們總在休息室裡匆匆扒完午餐（伴著一股微波爆米花加殺蟲劑的氣味），隨便吞點東西，抱怨時間太少。雖然每天總要行禮如儀發發牢騷，但我們對這場心理師入門禮士氣高昂。部分是因為學習曲線急速上升，而且睿智的督導不時口吐珠璣（例如：「你講這麼多，顯然沒在聽。」或是變個方式說：「人有兩個耳朵一張嘴，所以多聽少說符合人體比例。」），另一部分是因為——謝天謝地，我們知道這個階段只是暫時的。

如果說多年訓練是條隧道，盡頭的光就是執照。我們期待那天到來，想像自己到時候能發揮所長，用自己喜歡的工作幫助別人改變人生，而且時數可以排得較為合理，不必像現在這樣瘋狂趕場。我們沒意識到的是：在我們窩在地下室、手寫紀錄表、忙著找手機訊號的時候，地上正發生一場革命，一場追求速度、便利、立即見效的革命。而我們正在磨練的技藝——步調緩慢、需要病人一起付出努力，可是效果持久的技藝——會越來越乏人問津。

我在診所病人身上其實有看到一些變化跡象，但我那時自顧不暇，並沒有把這些現象串到一起。只是單純以為：病人本來就不容易放慢速度、集中精神、活在當下——不然他們幹嘛來心理治療？

我的生活沒有太多不同，至少這個階段是如此。越快做完工作，我就能越快回家陪兒子；越早哄他上床，我就能越早休息，然後第二天才能重新再趕一次。腳步越快，我看到的越少，因為什麼東西都糊成一團。

但我告訴自己：這很快會結束的。只要完成實習，我真正的人生就要開始。

有一天我跟幾個實習戰友在休息室閒扯，一如往常開始聊實習時數還剩多少、等到終於拿到執照不曉得幾歲了等等。數字越高，感覺越糟。有個六十多歲的督導正好走過，聽到我們的對話。

「你們遲早會三十歲、四十歲、五十歲，不管時數有沒有談完都躲不掉。」她說：「幾歲談完有這麼重要嗎？倒是今天一定不會回來。」

我們沉默下來。今天一定不會回來。

這項事實讓人發寒。我們知道督導想提醒我們很重要的道理，但我們沒空去想。

❖　❖　❖

速度講求的是時間，但也跟耐力和努力密不可分。一般認為速度越快，需要的耐力和努力越少。

可是在另一方面，耐心需要耐力和努力。耐心的定義是「忍受挑釁、打擾、不幸或痛苦而不埋怨、發怒、暴躁等等」。當然，人生很多時候會遇上挑釁、打擾、不幸或痛苦。從心理學的角度來看，我們或許能說耐心是忍受這些困難久到能克服它們。感受自己的悲傷和焦慮，有助於你認識自己和世界的核心層面。

不過，當我在地下室朝執照狂奔時，美國心理學會（American Psychological Association）發表了一篇文章：〈心理治療都跑去哪兒了？〉（Where Has All the Psychotherapy Gone?）。文章裡提到：跟十年前相比，二〇〇八年接受心理治療的病人少了三成。文章還說：一九九〇年代以後，管理式照護——也就是我醫學院老師警告過我們的那種制度——逐漸限制談話治療的次數和給付，但對藥物治療不是如此。光是在二〇〇五年，製藥公司直接向消費者宣傳的廣告費就有四十二億美元，向醫生推銷的花費更高達七十二億美元——幾乎是研發經費的兩倍。

注視內在的功課並不輕鬆，相較之下，吃藥當然簡單多了——也快多了。我不反對病人用藥讓自己好過一點，恰恰相反，我其實很相信藥物用對時機效果極佳。可是，美國真的有百分之二十六的人需要服用精神藥物嗎？畢竟心理治療不是沒用，只是對現在的病人來說，它的效果**不夠快**（病人顯然不是無緣無故被稱做「消費者」的）。

這整個現象充滿說不出的諷刺。人希望能迅速解決自己的問題，可是，如果他們的情緒困擾是因生活步調太快而起，再求速戰速決豈非飲鴆止渴？為了將來生活安逸，他們現在拚命衝刺，然而這個「將來」常常永不到來。精神分析家弗洛姆（Erich Fromm）五十多年前就講過這個道理：「現代人以為做事不快是損失時間，可是除了殺時間之外，他們並不懂得怎麼運用省下來的時間。」弗洛姆說得沒錯，人沒有用賺來的時間放鬆或與親友聯繫感情，反而把更多事情往裡頭塞。

有一天，我們實習心理師又爭著討案子，完全不管自己已接滿病人。督導搖搖頭。「沒想到連光速都過時嘍，」她挖苦地說：「現在大家都用『**要**』的速度移動啊。」

❖ ❖ ❖

我的確是全速衝刺，沒過多久就完成實習、通過考試，搬到樓上通風的辦公室，山光水色盡收眼底。在誤闖好萊塢和醫學院之後，我總算踏上能讓自己熱血奔騰的職涯。比其他新人年長讓我有種急迫感，總覺得自己曲曲折折繞了一大圈，開始當心理師已晚了人家一步。雖然我終於能放慢腳步，欣賞辛苦獲得的成果，但我覺得自己跟實習時一樣趕——只不過這時是趕著享受工作。我大發電郵公告周知我開始執業，也上網做了一些宣傳。六個月後我總算有了幾個病人，但數量好像已經進入高原期。而且不只是我，我聊過的每個人都是如此。

我參加了一個新手心理師諮詢小組。有天晚上討論完個案之後，我們的對話轉到彼此門可羅雀的慘況——是我們太傻太天真嗎？還是我們這一輩的心理師比較倒楣？有人說她聽說有專門幫心理師做品牌行銷的人，據說這些專家既懂追求方便迅速的當代文化，也清楚我們這行的訓練有何特色，能幫我們搭起橋樑。

笑聲此起彼落——**心理師**需要做品牌行銷？別鬧了！要是讓以前那些大名鼎鼎的心理師聽到，看他們還不從墳墓裡跳出來！我沒讓大家知道我其實很有興趣。

一個星期後，我撥電話給那個傳說中的心理師品牌顧問。

「現在已經沒有人想花錢做心理治療了。」顧問實事求是地說：「消費者只想花錢解決問題。」她給了我一些建議，慫恿我投入這個新市場，甚至提議我加做「簡訊心理治療」，但整件事讓我覺得渾身不對勁。

無論如何，她的觀察是正確的。聖誕節前一星期，一個三十多歲的男士打電話給我，想約心理諮商。他說他想釐清自己到底想不想跟女友結婚，但希望能「盡快搞定」，因為情人節快到了，他知道再不求婚女友會甩了他。我跟他說我是能幫他想清楚這件事，但無法保證能在期限裡做到。這是滿重大的人生問題，而我目前對他仍一無所知。

我們還是約了時間。可是，他在預定日期前一天打電話取消——因為他找到另一個能幫他釐清問題的人，而且對方保證四節晤談就能解決，趕得上他的情人節期限。

我還遇過一個真心想找人生伴侶的人。她說自己拚命用交友APP找對象，但因為太過心急，有一次剛傳訊息給感興趣的男性，對方就回她說小姐我們已經見過面了。他們甚至還一起喝過咖啡，聊了有一小時，但她換約會對象跟走馬燈似地，完全想不起來。

這兩個病人都用我督導說的「要的速度」過日子——這裡的「要」比較偏向「想要」。但我開始用稍微不一樣的方式思考這個詞：也許這個「要」不只是因為欲望，也是因為缺少或不足。

要是你在我剛起步當心理師時問我：來心理治療的人多半想得到什麼？我會說他們想減輕焦慮或憂鬱，希望能打開人際關係的結。雖然每個病人情況各異，但他們似乎都為寂寞所苦，他們渴望、但**缺少**強韌的人際連結——這種「要」是**需要**的「要」。雖然他們很少用這種方式表達出來，但我對他們了解越深，就越感覺得出這一種「要」——在自己身上，我也經常感覺到這一種「要」。

剛執業時有一天，由於距離下一場晤談還有滿長的時間，我上網閒逛，結果看到麻省理工學者雪莉・特克（Sherry Turkle）在一個影片中談寂寞。她說自己曾在一九九〇年代末去參觀護理之家，看到機器人在安慰一名失去孩子的老太太。那個機器人外型像小海豹，睫毛又多又密，語言功能也足以做出適當回應。老太太向機器人傾吐心事，機器人則隨著她的眼睛轉動，好像真的在聽她說話一樣。

特克說，雖然她的同事非常讚賞這個發明，認為這種機器人是一大進步，以後能讓人過得更輕鬆，她卻覺得心情極為低落。

巧合感讓我倒抽一口氣——我前一天才跟同事開玩笑說：「你幹嘛不把心理師灌進iPhone？」我當時作夢也沒想到：沒過多久，心理師真的進駐智慧型手機——用戶能用APP「隨時隨地」連上心理師，「彈指之間恢復好心情」。這種方式給我的感覺，跟那個對海豹機器人講話的老太太給特克的感覺一樣。

「這基本上是把定義人之為人的事物外包，我們為什麼會這樣做呢？」特克在影片裡問。聽了她的問題，我不禁想：是因為人無法忍受寂寞嗎？還是因為他們無法忍受與人相處？在這個國家隨便張望一下：不管是和朋友喝咖啡、跟同事開會、在學校吃午餐、在超市等結帳，還是和家人吃晚餐——一定有人忙著傳訊息、發推文、網路購物，偶爾假裝眼神接觸一下，有時候連裝都不裝。

有些人連在諮商室都是這樣。他們明明是花錢來做心理治療，但只要聽到訊息聲，就忍不住要瞄一眼是誰傳來的（他們後來往往承認自己在做愛時、上廁所時也是如此，只要手機一響就非看不可。聽過幾次之後，我決定在辦公室放瓶洗手液）。為避免分心，我總建議他們晤談時關機，效果不錯。但我發現：晤談結束後，有些病人還沒踏出門口，就已匆匆忙忙拿出手機滑訊息。都認真談完一節了，稍微花點時間想想剛才聊的內容，調整心理狀態，為回到外面的世界做些準備，不是比較好嗎？

難以與人相處的人也會寂寞，我發現，他們通常是空檔時感到孤獨。離開諮商室時、等紅燈時、排隊結帳時、搭電梯時，他們常拿出電子設備排遣寂寞。他們一直處在分心狀態，彷彿失去與別人相處的能力，也不懂得怎麼跟自己共處。

現在，諮商室可能是唯一能讓兩個人好好深談、五十分鐘不受打擾的地方。對我來說，與病人深度溝通不只是執業而已，人性相會本身便屬難得可貴。我當然希望諮商門庭若市，但我不願為了招攬病人而在溝通方式上妥協。我知道這種堅持有點奇怪，可能也有人覺得我是自己給自己找麻煩。可是對**我的**病人，我必須堅持，因為我相信這種作法能讓他們滿載而歸。我們如果願意創造空間、投注時間，就很有可能碰上值得等待的故事——定義我們人生的故事。

那我呢？我的故事呢？嗯，其實我漸漸只顧著聽別人的故事，沒給自己留時間和空間想**那個**。然而，在忙亂的諮商工作、接送札克、四處看診，還有跟男友談戀愛底下，長期壓抑的真實慢慢滲出表層，高聲宣告自己的存在。我進了溫德爾的諮商室，第一次晤談就嚷嚷「下半輩子完了」，卻渾然不知這個想法從何而起。倒是溫德爾一下子就掌握關鍵。我實習時聽督導講過的話，多年以後轉而由溫德爾講了出來。

今天一定不會回來。

時光就這樣一天一天飛逝。

37 終極關懷 Ultimate Concerns

這天早上，我進溫德爾的諮商室時全身濕透。從停車場過街到他辦公室才一小段路，卻給我碰上冬天第一場大雨。我沒帶傘也沒穿大衣，斗大的雨滴卻毫無預警從天而降，我只好把棉外套往頭上一蓋，拔腿就跑。

於是我現在外套滴水、頭髮凌亂，妝也糊了。濕答答的衣服像水蛭一樣黏著身體，說多彆扭就多彆扭。我濕到沒辦法坐，只好站在候診室的椅子旁邊，心裡嘀咕弄得這麼狼狽該怎麼上班。不久，諮商室的門打開，走出我之前看過的那個漂亮女人。她又在擦眼淚，低頭快步走過紙屏風。走廊傳來鞋子咔噠咔噠的回音。

瑪歌？

不，不可能——她也來看溫德爾已經夠巧了，難不成我們這麼有緣，每個星期的晤談時間還一前一後？不可能，一定是我偏執。不過，作家菲利浦．狄克（Philip K. Dick）說過：「詭異的是，偏執不時能串起真相。」

我跟隻落水狗似地站在那裡打顫。溫德爾的門再次打開，這次是讓我進去。

我拖泥帶水走向沙發，在座位B坐下，調整背後熟悉的椅墊（跟沙發實在不搭），把它挪到我習慣的位置。溫德爾輕輕關上門，穿過房間，瘦高身子往他位子一坐，翹起二郎腿。我們開始我們的開場儀式：大眼瞪小眼，用不說話代替招呼。

可是我今天弄濕了他的沙發。

「你要不要毛巾？」他問。

「你這裡有**毛巾**？」

溫德爾笑笑，走到衣櫃，扔給我兩條毛巾。我拿一條擦乾頭髮，另一條墊在屁股底下。

「謝謝。」我說。

「不客氣。」他說。

「你怎麼會在這裡擺毛巾？」

「人有時候就是會弄得一身濕。」溫德爾聳聳肩膀，好像辦公室裡本來就該準備毛巾。真是怪人啊，我想——但我覺得受關心的感覺很溫暖，跟他丟面紙盒給我時一樣。我心裡默記要在諮商室裡擺幾條毛巾。

然後，我們繼續大眼瞪小眼，用不說話代替招呼。

我不知道怎麼開口。最近幾乎什麼事都讓我焦慮，連答應做點小事都緊張得麻痺。我變得小心翼翼，如履薄冰，怕擔風險，唯恐出錯——因為我已經犯了一大堆錯，我怕自己不再有時間彌補。

前一天晚上，我躺在床上試著放鬆讀讀小說，剛好看到其中一個角色說自己整天憂心忡忡，好像「每分每秒都得逃避，永遠看不到終點」。**就是這樣**，我心想。過去幾個星期，我沒有一秒不在擔心。而我心裡清楚：這陣子之所以會這麼焦慮，最主要是因為溫德爾上次晤談結束時講的話。那次見面之後，先是我為了參加兒子學校活動取消一次晤談，接下來那週是溫德爾不在，所以我整整琢磨了他的話三個星期。我：**我哪有在對抗什麼？他：你在對抗死亡。**

今天路上被大雨當頭棒喝，似乎十分應景。我深吸一口氣，對溫德爾談起我遊蕩的子宮。

今天以前，我從來沒有從頭到尾講過這件事。之前是不好意思講，現在真正講出口了，我才發現自己原來這麼害怕。溫德爾先前提過我在難過「下半輩子完了」，這份哀傷上頭疊了層層焦慮，最頂端的是擔心自己會跟茱莉一樣早逝。對一個單親媽媽來說，沒有比拋下孩子離開世間更可怕的事。醫生是不是漏了什麼線索？要是我的問題本來可以醫好，卻因此延誤治療怎麼辦？如果醫生終於查出病因，卻發現是不治之症，又該怎麼辦？

還是這全是我**胡思亂想**？我的身體症狀是不是得用心藥治療？治得了我心病的，會不會就是坐我旁邊的這個人——溫德爾？

我講完之後，溫德爾搖搖頭，呼了口氣，說：「真是精采。」

「精采？你說精采？」**心理師可以這樣調侃病人嗎？！**

「對啊，的確精采，」溫德爾說：「你看，你不但講出過去幾年困擾你的東西，還透露出別的東西。」

我猜他八成要講「逃避」。我接受心理治療後跟他談的全是逃避，而且我們兩個都清楚：逃避幾乎總是跟恐懼有關。逃避男友和我不能長久的線索。逃避寫那本快樂書。逃避談不寫那本快樂書。逃避去想父母逐漸變老。逃避兒子正在長大的事實。逃避我的神祕怪病。我記得實習時學過：「逃避是以不處理來處理問題。」

「透露出逃避，對吧？」我說。

「嗯，從某些方面來說，這樣講也沒錯。」溫德爾回答：「可是我要講的是不確定感。你說的事流露出不確定感。」

沒錯，我想。不確定感。

我聽病人說話時總會感到世事無常。約翰和瑪歌還會在一起嗎？夏綠蒂會戒酒嗎？但現在看來，我自己的人生也充滿不確定。我能恢復健康嗎？我還能找到合適的伴侶嗎？我的寫作生涯會不會從此完蛋？我下半輩子會是什麼樣子呢？（如果我還有下半輩子的話。）我跟溫德爾講過：在想像自己走出牢房時，要是我不知道該去哪裡，我很難下定決心走出去。走出去也許能重獲自由，但接下來該往哪裡去？

我想起一個病人的事：有一天，她跟往常一樣下班回家。但才把車停進車庫，眼前就跑出一個闖門的拿槍指著她。她馬上得知他的同夥已經進了屋子，正押著她的小孩和他們的保姆。他們捱過一段心驚膽跳的時間，直到鄰居發現情況不對，才報警救了他們。我的病人告訴我：這次遇險最大的後遺症是毀了她的安全感。即使她原本的安全感的確太過天真，她還是想念變成驚弓之鳥之前的日子。

不過，我不曉得她有沒有發現：她還是對安全心存幻想。

那件事對他們一家造成創傷，他們沒辦法繼續在被打劫過的地方生活。他們搬到新家之後，我問那個病人說：「你現在會怕停車到新車庫嗎？」

「當然不會。」她斬釘截鐵地說，好像這問題多荒謬似的。「**這種事**哪有可能發生兩次？哪有人這麼倒楣？」

我跟溫德爾講這件事。他點點頭，問：「她的反應你怎麼看？」

溫德爾和我很少談到我當心理師的事。被他這麼一問，我有點緊張。我有時候會想溫德爾會怎麼治療我的病人，他對麗塔或約翰會怎麼說呢？心理治療經驗因心理師而異，找不同的心理師就有不同的經驗，絕不會一模一樣。因為溫德爾當心理師的時間比我久得多，我覺得我跟他像學生對老師，路克天行者對尤達大師。

「我覺得……人總希望世界是理性的。所以我病人的反應……是她試圖掌控人生無常的方式。」我說：「人一旦看過真相，就不可能再**回到無知**。但在此同時，為了讓自己不會因為知道真相而受苦，她只好說服自己不會再遭到攻擊。」我頓了一頓：「我答對了嗎？」

溫德爾嘴巴一打開，我就知道他要講什麼：**這不是考試**。

「好啦好啦，」我說：「那你怎麼想？你怎麼看她在不確定前表現的確定感？」

「跟你一樣。」他說：「我也會用你剛剛的思路解釋她的反應。」

溫德爾接著細數我對他講過的煩惱：分手、寫書、我的健康、我爸爸的健康、我兒子長大得好快，還有我應該只是隨口說說給晤談加料的話（例如：「我聽廣播說，美國現在居然有一半的人在一九七〇年代**還沒出生！**」）——居然全都籠罩著不確定感。我還能活多久？我死去之前還會發生什麼變化？我對這些事能有多少掌控？溫德爾說我跟我那個病人一樣，也想用自己的辦法應付不確定感，只不過我的方式是搞砸自己的人生：雖然我並不想死，但如果我能操縱自己的死，而非坐等死亡上門，我至少是自己選擇了死。這跟自己削掉鼻子毀容一樣，是對無常人生使意氣說：**要就拿去！**

我試著想通這個弔詭：用自毀來掌握人生。**如果我能操縱自己的死，我就不是坐等死亡上門，而是自己選擇死**。我之所以死守注定觸礁的戀情、毀掉自己的寫作生涯，不去面對身體出的問題，反而躲在恐懼裡自欺，是為了把自己變成活死人——雖然也是死，但至少是我能掌控的死。

❖ ❖ ❖

學者兼精神病學家歐文．亞隆（Irvin Yalom）常說：心理治療是了解自我的存在主義式體驗，所以心理師是依照人而非問題調整治療方向。也許兩個病人的問題一模一樣（例如不願在關係之中坦承自己的脆弱），但我們的治療方式會因人而異。心理治療過程是極其個人化的，因為助人度過最深層的存在恐懼——亞隆稱之為「終極關懷」（ultimate concerns）——不可能套用同一種方式。

亞隆歸納的四個終極關懷是死亡、孤獨、自由和無意義。死亡是我們經常壓抑的本能恐懼，而這種恐懼往往會隨年齡增長而提高。我們恐懼的不只是字面意義的死亡，更是灰飛煙滅、蕩然無存，喪失最核心的身分認同，失去年輕又有活力的自己。怎麼對抗這種恐懼呢？我們有時是拒絕長大，有時是故意自毀，有時是直接了當否認死亡將臨。不過，亞隆在《存在心理治療》（*Existential Psychotherapy*）裡也說：覺察死亡能讓我們活得更完整，而且焦慮不但不會增加，還可以減少。

茱莉積極嘗試那些「瘋狂」的事就是絕佳例子。我踏上醫學懸疑之旅之前從沒多想自己的死亡，就連開始四處求醫之後，與男友的新戀情也讓我可以轉移焦點，逃避對職涯和人生可能灰飛煙滅的恐懼。不但如此，男友還化解了我對另一個終極關懷的恐懼——孤獨。單獨囚禁能把犯人逼瘋不是沒道理的。獨囚犯人會產生幻覺、恐慌發作、出現強迫行為，變得偏執、絕望、難以專注，並產生自殺念頭。獲釋之後，他們經常出現社交萎縮的後遺症，無法與人互動（其實，求快的生活方式已讓我們「要」得越來越多，卻越來越寂寞。更生人的社交萎縮難題，或許只是現代社會通病的加強版而已）。

接著是第三個終極關懷：自由，以及自由帶給我們的一切存在難題。從表面上看，我還煩惱不夠自由簡直可笑。畢竟溫德爾講過，只要我願意把牢房檢查一番，一定能發現自由唾手可得。但實際上，人年紀越大，需要面對的限制也越多。轉換跑道更難，適應新環境更難，重新與人結為連理也更難。他們的人生幾乎定型，所以他們不時渴望年輕的自由。不過，年紀太小同樣自由受限。小朋友一舉一動都得照著父母的規矩，他們只在一個面向上真正自由——情緒上。小孩子至少有一段時間能想哭就哭、想笑就笑，想發脾氣就發脾氣。他們可以擁有遙不可及的夢想，可以毫不掩飾地表達欲望。但我呢？我跟很多同齡人一樣，並不覺得自由，因為我們已經不再熟悉情緒自由。我來接受心理治療的目的之一，就是讓自己在情緒上重拾自由。

從某種角度來看，與中年危機牽涉更深的是開放，而非封閉；是擴大，而非侷限；是重生，而非死亡。溫德爾講過我希望有人救我，可是，他並不是來救我或解決我問題的，而是來引導我面對人生**原本的**樣貌，讓我能掌握不確定中的確定，但不以自毀為手段。

我開始領悟：不確定代表的其實不是失去希望，而是可能性。**我不知道未來會如何——那人生不就潛力無窮、充滿驚喜？**不論我有沒有生病、找不找得到伴侶，時光都會流逝，所以我得好好想出怎麼運用我的生命。

換句話說，我得仔細思考第四個終極關懷：無意義。

38 樂高樂園 Legoland

「你知道我為什麼遲到嗎？」我才推開候診室的門，約翰就劈頭問了這麼一句。晤談時間已經過了十五分鐘，我還以為他不來了。突然消失一個月後，約翰終於回了我的留言——他又憑空冒了出來，要跟我約諮商時間。不過，在真正見到他之前，我其實想過他會不會臨陣退縮。果然，穿過走廊的時候，他跟我說他早就到了，只是進了這棟大樓的停車場之後，他又待在車上掙扎要不要上樓。管理員跟他要車鑰匙，約翰叫他等一下，於是管理員叫他開走。等到約翰下定決心要談，管理員跟他說停車場滿了。他只好去街上找停車位，剛剛跑了兩條街才到我辦公室。

「怪了，坐在自己車裡想事情是礙著誰了？」約翰一臉不爽。

進諮商室時，我想起約翰多常覺得全世界都在跟他作對。他今天看起來神情疲憊，無精打采。看來安眠藥對他幫助不大。

約翰坐上沙發，踢掉鞋子，手腳一伸彎身躺下，頭往椅墊上一靠，再調調位置。平常他都盤腿坐在沙發，躺著是第一次。我也注意到他今天沒訂午餐。

「好吧，算你贏。」他開口長嘆。

「我贏什麼？」我問。

「贏到有我陪伴的樂趣。」他面無表情地說。

我挑挑眉毛。

「我是來揭曉謎底的，」他繼續說：「我會跟你說那件事。算你運氣好——你贏了。」

「我不曉得我們有在比賽，」我說：「但我很高興你在這裡。」

「唉，拜託一下，」他說：「不要什麼事都嘴好不好？快切入正題吧，再不開始我要走了。」

他扭過身面對椅背，然後非常小聲地對椅套說：「嗯……好，我們那時是全家出遊，去樂高樂園。」

❖ ❖ ❖

約翰說，他當時載著瑪歌和孩子沿加州海岸兜風，目的地是卡斯巴德（Carlsbad）的樂高樂園，他們一家準備在那裡度週末。其實他跟瑪歌有點摩擦，但他們說好了不在孩子面前吵架。到那時為止，兩個人都有守住諾言。

約翰當時剛剛開始嶄露頭角，正在執導他的第一部電視劇。為了每週順利播出新的集數，他得日夜待命。瑪歌的擔子也不輕，不但要照顧兩個年紀還小的孩子，還得設法滿足她平面設計客戶的要求。不過夫妻倆的壓力畢竟不同，約翰打交道的至少是大人，瑪歌若不是在「伺候公子小姐」（她的話），就是在跟她的電腦互動。

瑪歌每天盼著約翰下班回家，可是約翰上了餐桌還是電話不斷，每每招來太座的「殺人眼神」（約翰的話）。有時約翰忙到不能回家吃飯，上床之後瑪歌總要他關掉手機，希望兩個人能不受打擾好好聊聊，一起放鬆一下，但約翰總說他不能讓人找不到。

「我這些年這麼拚命，可不是為了得到這次機會，又把自己的節目搞砸。」他說得沒錯：這齣戲開播時跌跌撞撞，收視率不甚理想，但劇評讚譽有加，所以電視台同意多給它一點時間，看看能不能開發觀眾，起死回生。不過緩刑時間很短，要是收視率提升得不夠快，這齣戲還是得叫停。約翰加倍努力，做了一些改變（例如「炒了一些白痴」），終於扭轉乾坤。

於是，電視台的收視率一路長紅，約翰的妻子則越來越火。

節目叫好叫座，約翰也一天比一天更忙。**你還記得你有老婆嗎？**瑪歌問他。**想想你的孩子。**瑪歌說她現在一喊：「把拔來囉！」孩子們不是跑向前門，而是衝向電腦——因為他們已經習慣用視訊跟爸爸說話。小的那個甚至開始叫電腦「把拔」。沒錯，瑪歌承認，約翰在週末的確有陪孩子，跟他們在公園玩好幾個鐘頭，帶他們去郊遊，在家裡陪他們打鬧——可是就連這些時候，約翰還是電話接個沒完。

約翰不懂瑪歌為什麼把這件事看得這麼重。當上爸爸的時候，他好驚訝親子之間的羈絆竟然這麼強烈、這麼緊密。他也沒想到自己會這麼喜歡孩子，甚至稱得上「猛烈」。這讓他想起媽媽在世的日子，想起小時候多愛媽媽。雖然他很愛瑪歌（儘管他們經常意見分歧），但他從來沒有對她產生這樣的愛。

說起瑪歌，他們第一次見面是在派對上，他看到她站在房間另一頭，對著幾個滔滔不絕的蠢蛋微笑。即使隔得老遠，他還是看得出來那是禮貌性的笑，笑的人心裡八成在罵：「白痴！」

約翰對瑪歌一見鍾情，二話不說走向她，逗得她真心一笑。一年後，他們結婚。

總之，他對妻子的愛跟對孩子的愛不一樣。如果說對瑪歌的愛浪漫而和煦，他對孩子的愛就有如火山爆發。有天晚上他念《野獸冒險樂園》（*Where the Wild Things Are*）給他們聽，他們問野獸為什麼想吃孩子，他發現自己完全知道答案：「因為牠們太愛他了啊啊啊啊！」他假裝要吃了他們，他們咯咯直笑，上氣不接下氣。愛到想吞了孩子的感覺，他太懂了。

所以，他陪孩子的時候接幾通電話有什麼大不了的？他沒有忽略孩子，孩子也很愛他。何況他事業成功，讓全家人生活優渥。身為兩個教書匠的幼子，他巴不得小時候有這種環境。沒錯，約翰的工作壓力的確不小，可是他喜歡創造角色，喜歡用一枝筆虛構整個世界——他爸爸一輩子都巴不得有這種機會。總之，不論約翰是運氣好、天分高，或是兩個都有，他達成了自己和父親的夢想。他對瑪歌說他現在分身乏術，有手機這種東西簡直該謝天謝地。

「謝天謝地？」瑪歌說。

當然，約翰說。**謝天謝地**。因為有手機，他才能同時又工作又陪家人。

可是瑪歌不這樣想，相反地，她覺得這正是問題所在。**我不要你同時又工作又陪家人。我們不是你同事，我們是家人**。瑪歌恨透每次跟約翰話講到一半、接吻到一半，或是隨便什麼事做到一半，就被劇組什麼戴夫、傑克還是湯米打斷。**我可沒有邀他們晚上九點來家裡**，她說。

去樂高樂園前一晚，瑪歌拜託約翰度假時別理手機。這段時間應該留給家人，而且才三天而已。瑪歌求他：「除非有人死了，」——約翰解讀成**有緊急狀況**的意思——「這幾天拜託別接電話。」

約翰不想又為手機吵起來，答應了。

❖ ❖ ❖

孩子們早就等不及要去樂高樂園，幾個星期前就講個沒完。他們興奮得按捺不住，不斷在安全座椅裡扭來扭去，隔幾分鐘就問一次「還有多久？」、「快到了嗎？」

他們選擇景色優美的海濱路線，沒走高速公路。約翰和瑪歌設法轉移孩子們的注意力，叫他們數海上的船，還全家一起編了幾首耍寶歌。每個人編的歌詞一句比一句好笑，最後大家都精疲力盡。

約翰的手機很安分，靜悄悄的。昨天晚上，他再三交代劇組別打電話給他。

「除非有人死了，」他照搬瑪歌的話：「有什麼事自己想辦法解決。」他也安慰自己：這些人不完全是白痴；節目到目前為止做得還不錯；有狀況他們能處理的；媽的，老子也不過才三天不在而已。

現在，全家人在車上編耍寶歌。約翰瞄瞄瑪歌，她笑得跟他在派對上第一次見到她一樣，她多久沒這樣笑了呢？——老實說，他忘了。瑪歌幫約翰揉揉後頸，約翰舒舒服服放鬆，他們多久沒這樣了啊？——嗯，他還是忘了。聽孩子們在後座童言童語，約翰心裡一陣平靜，腦海裡不知不覺浮出一個畫面：媽媽正從天堂或什麼鬼地方看著他，微笑，欣慰她最小的兒子現在過得很好。他一直相信媽媽最愛的是他，而他呢？他現在已經是傑出的電視編劇，正載著老婆孩子直奔樂高樂園，帶著一車歡笑與愛。

他記得小時候也是坐在後座，夾在兩個哥哥中間。爸爸媽媽在前座，爸爸開車，媽媽找路。一家人也是一邊編歌，一邊笑得前仰後合。他記得輪到自己的時候，他拚命想怎麼接哥哥的句子，而媽媽聽了他的遣詞用字總一臉驚喜。

「真是早慧！」媽媽每次都這樣說。

約翰不懂什麼是「ㄗㄠˇㄏㄨㄟˋ」，總以為媽媽要講的其實是「寶貝」——沒錯，一定是「寶貝」，因為他知道自己是媽媽最寶貝的兒子。雖然因為他比兩個哥哥小很多，哥哥常笑他是「意外」，可是他相信媽媽說的：他是「壓軸」。他記得媽媽也會幫爸爸揉揉後頸，就像瑪歌現在為他做的一樣。他覺得開朗、樂觀，他和瑪歌會回到從前的。

這時，約翰的手機響了。

手機放在他和瑪歌之間的中控台。約翰瞥了一眼。瑪歌朝他射來殺人眼神。約翰知道那群白痴會記住他的命令：除非有緊急狀況——**除非有人死了**——否則別打電話找他。但他也想起今天要出外景，出了什麼事嗎？

「不要接。」瑪歌說。

「我看一下是誰打的就好。」約翰回答。

「吃屎——」瑪歌抿嘴罵了一句，這是她第一次在孩子面前講髒字。

「別屎來屎去的！」約翰也抿嘴兇回去。

「我們才出門兩個鐘頭，」瑪歌聲音大了起來：「你答應不接電話的！」

孩子們安靜下來，手機鈴聲也停了。那通電話進入語音信箱。

約翰嘆氣，要瑪歌看看來電顯示，跟他說是誰打來的。但瑪歌搖頭，把臉別開。約翰伸出右手找手機。一台黑色休旅車就在這時撞上他們。

繫在安全座椅上的是五歲的葛蕾絲和六歲的蓋比，約翰生命中的摯愛。他們只差一歲，從小形影不離。葛蕾絲和約翰還有瑪歌活了下來。坐在約翰正後方的蓋比直接受到撞擊，當場喪命。

後來，警方試著拼湊這場悲劇的原因，但附近車上的兩個目擊者幫助不大。一個說休旅車變換車道，轉彎太快；另一個說休旅車轉過來時約翰沒放慢車速。最後血檢報告出爐：休旅車駕駛血液酒精濃度超標。他被控殺人，後來也進了監獄。可是約翰沒放過自己，他知道在休旅車轉過來那一剎那，他眼睛撇開了千分之一秒——也許吧，雖然他認為摸到手機時他有注意路況，但那又如何？瑪歌也沒看到休旅車過來。她那時正在賭氣，別過臉看副駕駛座窗外的大海，不想幫約翰看電話。

葛蕾絲什麼也不記得了。唯一看到休旅車快撞上來的似乎是蓋比。約翰最後一次聽見兒子的聲音，是他淒厲驚恐的尖叫：「把拔拔拔拔拔！」

對了，那通電話是打錯的。

❖ ❖ ❖

我聽得心如刀割，難過不已，不只為約翰，也為他全家。在我拚命忍住眼淚時，約翰已經轉過身來，面對著我，眼眶是乾的。他看起來疏離、遙遠，跟他敘述媽媽去世時一樣。

「喔，約翰，」我說：「這實在——」

「對對對對，」他插話的語氣帶著嘲諷：「好傷心好難過。我知道。真他媽令人難過。大家都這樣說。我媽死了，**好令人難過**。我兒子死了，**好令人難過**。說得對，對極了。可是改變得了什麼嗎？他們還是死了不是嗎？所以我不想提，也不想告訴你。我他媽不想一直聽『令人難過』，我超賭爛看人擺張苦瓜臉，呆子似的，好像在他媽的**可憐**我。我之所以會跟你講，是因為我前陣子做了個夢——欸，你們搞心理的最愛談夢，對吧？那個夢弄得我心神不寧，我非甩掉不可……」

約翰頓了一下，起身坐起。

「瑪歌昨天晚上聽到我大叫。我睡到一半爬起來叫，他媽的凌晨四點。我不能忍受這種屁事。」

我很想對他說他在我臉上看到的不是憐憫，而是同情、同理，甚至是某種愛。約翰不讓別人碰觸他的情感，也不讓別人的情感被他觸動，這讓他在已然孤獨的境遇中更加寂寞。失去摯愛的孤寂非常深，深到你只能用自己的方式承受。約翰六歲時失去母親，當上爸爸後又失去六歲的兒子，面對這些失去需要多少的勇氣？又得忍受多少寂寞？但我決定暫時不談這些，因為看得出來約翰正處在心理師稱為「淹沒」（flooded）的狀態，也就是神經系統超載。在病人被情緒淹沒的時候，最好先等一等。伴侶治療時，如果其中一方被憤怒或傷痛淹沒，一時只能發動攻擊或停止反應，我們心理師會先停下幾分鐘，讓他們的神經系統重置，恢復接收訊息的能力。

「跟我談談那個夢。」我說。

奇蹟似地，約翰居然沒有打退堂鼓。我發現約翰現在不抗拒了，而且今天完全沒看手機，甚至沒從口袋裡掏出來。他坐上沙發，把腿盤起，深呼吸，開始說。

「蓋比十六歲了——我是說，在夢裡十六歲了。」

我點點頭。

「OK，他十六歲了，要考駕照。他期待這一天期待了好久，現在總算到了。我們在監理處停車場，一起站在車子外面。他看起來很有自信，也開始刮鬍子了。我看到幾根鬍渣，發現他一下子長得好大。」

約翰的聲音微微顫抖。

「看到他長這麼大，你的感覺是……？」

約翰笑了：「我覺得很自豪，很以他為傲。不過……我不知道，我心裡有點酸，好像他快要離家上大學似的。**我陪他的時間夠多嗎？我有當好爸爸嗎？**我忍著不哭——我是說在夢裡，我忍著不哭——但我不曉得是驕傲得想哭、心酸得想哭，還是……媽的鬼才知道，反正——」

他別過臉，似乎此時也是忍著不哭。

「反正我們聊了一下他考完之後要幹嘛，他說要跟幾個朋友慶祝一下。我提醒他千萬別酒後駕車，也千萬別坐喝酒的人開的車。他說：『好啦好啦，我知道我知道，我又不是**白痴**。』就青春期小孩那種樣子，你懂吧？然後我又跟他說千萬別邊看手機邊開車。」

約翰又笑，可是是陰沉的笑。「如何？福爾摩斯，你覺得這個夢是什麼意思？」

我沒笑，等他講下去。

「反正，」他繼續說：「這時候考官來了，我跟蓋比互相比個大拇指。這是我們的老習慣，意思是『沒問題的』。我以前送他去幼稚園就是這樣，他進教室前我們會互相比個大拇指。倒是那個考官讓我有點緊張。」

「為什麼？」我問。

「不知道，就是感覺不太好。一種不安的感覺。我覺得信不過她，好像她會找蓋比麻煩，讓他考不過似的。總之，我看著他們上車，蓋比一個右彎開出車道，動作很流暢。我開始放心下來。結果這時瑪歌打來了，她說我媽一直打電話來，她想問我該不該接電話。對了，在夢裡我媽還活著。反正，我不知道瑪歌幹嘛問我這種事，有電話接起來就好了，你他媽幹嘛不接呢？結果她說：『你記不記得我們之前講過，除非有人死了，否則不接電話？』我一下子恍然大悟：要是瑪歌接電話，我媽就死定了。但她要是不接電話，就沒人會死——我媽就不會死。」

「所以我說：『對！你說得對！無論如何都**不要**接電話，響就讓它響。』」

「掛掉電話之後，我繼續在監理站等蓋比，可是一直不見人影。他們本來說二十分鐘就回來的。

我一直看錶。三十分鐘過了。四十分鐘也過了。最後那個考官總算回來，但我沒看到蓋比。她一個人朝我走來，我突然知道發生了什麼事。」

「她說：『很遺憾。我們出車禍了。撞我們的駕駛在講手機。』這時，我突然發現那個考官就是**我媽**。告訴我蓋比死了的人居然是我媽！我這才知道她為什麼一直打電話給瑪歌，因為**有人死了**——蓋比死了，考駕照時死了。害死他的王八蛋邊開車邊講手機！」

「我問她說：『是哪個王八蛋？叫警察了嗎？我宰了他！』結果我媽怔怔看著我。我一下子懂了：那個王八蛋就是我。是**我**害死蓋比。」

約翰深吸一口氣，開始說車禍之後的事。他說，蓋比死後，他和瑪歌彼此苦苦相逼。瑪歌還在急診室就對著他吼：「有手機要謝天謝地？謝天謝地個屁！**你腦子有洞！蓋比活下來才謝天謝地！**」後來看到報告說肇事駕駛酒駕，瑪歌向約翰道歉。但約翰知道，瑪歌在內心深處還是怪他。他之所以知道，是因為他在內心深處也怪**她**。他多少認為**她**也應該負責。要不是她那麼頑固，堅持不幫忙看來電顯示，害他必須從方向盤上騰出一隻手來找手機，他本來可以開得更穩，在酒駕駕駛撞上來之前反應更快，救全家脫離險境。

約翰說，可怕的是沒人知道誰該負責。也許那輛車無論如何都會撞上他們；也許要不是因為他們吵架分心，他們本來可以避開那輛車。

永遠沒有答案，讓約翰深感痛苦。

得不到答案對每個人來說都是煎熬。不知道你的男友為什麼離開。不知道你的身體出了什麼問題。不知道你本來是不是救得了你兒子。在人生某個時刻，我們都得接受自己找不出答案，或是有些事本來就沒有答案。有時候，我們永遠無法得知原因何在。

「總之，」約翰又回到那個夢：「我那個時候整個人驚醒，大叫。你知道我叫什麼嗎？我叫的是『爸——！』對，蓋比最後一句話。瑪歌聽到像瘋了一樣，衝到浴室哭。」

「你呢？」我問。

「什麼？」

「你有哭嗎？」

他搖搖頭。

「為什麼不哭？」

他嘆了口氣，好像答案非常明顯似的：「瑪歌都跑到浴室崩潰去了，我能怎麼辦？跟著一起崩潰嗎？」

「我不知道耶。如果是我做那種夢，整個人又驚醒又大叫，我應該會非常心神不寧。我可能各種情緒一下子湧上來——憤怒、難過、絕望、罪惡感等等。我應該會想發洩一些情緒，把洩壓閥鬆開一點點。不過，我不確定。我也可能像你一樣，整個人麻木，想辦法忽視感覺，盡可能冷靜下來。碰到忍受不了的情況，有這種反應也很合理。不過我覺得我遲早會爆發。」

約翰又搖搖頭。「我跟你說，」他凝視我的眼睛，語氣十分嚴肅：「我有兩個女兒。我要為人父母，我要把她們照顧好。我**絕不容許**自己崩潰，毀了她們童年。我**絕不容許**家裡兩個大人都失魂落魄，整天為死了的兒子哭。她們應該好好過日子。那件事不是她們的錯，是**我們**的錯。我們本來就該盡好對她們的責任，自己的屁股自己擦，不能連累她們。」

我試著體會他的感受：他覺得自己已經害了蓋比，不能再讓兩個女兒受傷；他覺得把痛苦藏在心裡可以保護她們。我想了一下這種「不連累孩子」的心情，決定跟他說我伯伯傑克（Jack）的事

我爸六歲那年——約翰喪母的年紀，蓋比去世的年紀——發現了一個祕密。他原本以為爸媽只有他和妹妹兩個孩子。有一天，他在閣樓翻看雜物，找到一盒相片。相片都是一個小男孩的，從出生到差不多上學的年紀。

「這是誰？」他問他爸爸。原來，那是他的哥哥傑克，五歲時死於肺炎。我爸爸是傑克死後幾年才出生的。在他發現這盒相片之前，我爺爺奶奶從沒提過傑克，因為他們也覺得要盡好職責，自己的悲傷自己吞，不能連累孩子。怎料，他們的六歲兒子對這份顧慮又驚愕又困惑，他想談談傑克——為什麼他們沒跟他講過？傑克的衣服到哪裡去了？還有他的玩具呢？也跟相片一樣收到閣樓去了嗎？為什麼他們從來不談傑克的事？這個日後變成我爸爸的六歲小男生想知道：如果他死了，他們也會把跟他有關的東西全拋掉嗎？

「你把心思全都放在當好爸爸上了。」我對約翰說：「可是，當好爸爸的功課之一，也許也包括容許自己流露各種情感，活出真實的自己，雖然有時候完整活出自己比不這樣做更難。你可以私下抒發一下自己的感覺，或是跟瑪歌一起，來這裡跟我一起也可以。你可以在大人面前流露這些情緒，這或許能讓你跟孩子都過得更豐富。也許這也是一種盡好父母責任、不拖累孩子的辦法。也許絕口不提蓋比反而會讓她們困惑。有些時候，容許自己憤怒、哭泣或落寞，反而比較容易處理這些情緒。偶爾談談蓋比，不把他當禁忌話題，也許家裡的氣氛能更自然一點。」

約翰還是搖頭。「我不想變得跟瑪歌一樣。」他說：「她什麼芝麻小事都哭，有時候像停不下來似

的。我不想把日子過成那樣。她好像停在那裡了，什麼都沒變。可是人有時候就是得下定決心往前走。我選擇往前走。可是瑪歌不是。」

我彷彿看到瑪歌坐在溫德爾身旁的沙發，抱著我最喜歡的那個墊子，告訴溫德爾她活在痛苦裡多麼孤獨；她丈夫封閉自己；她只能一個人承受一切。我又想到約翰一定也覺得孤獨，既不忍心看太太受苦，又不得不看著她受苦。

「我知道看起來可能是那樣。」我緩緩開口：「但我在想，瑪歌之所以會變得像現在這樣，部分原因是不是她承擔了兩個人的哀傷？也許這段時間以來，她是為你們兩個人哭？」

約翰眉頭皺起，低頭看看自己的腿。幾滴淚水落在他黑色牛仔褲上，剛開始慢，接下來快，最後疾如驟雨。他先是來不及擦，後來是放棄擦。那是他過去六年忍下的淚。

又或許他忍了不只三十年。

他哭的時候，我突然想到：雖然我之前有發現約翰很在意手機——為了要不要給女兒手機跟瑪歌吵架；為了晤談時能不能用手機跟我討價還價——原來它的意義比我以為的更深。我也想起看湖人隊球賽時跟兒子牽手的事——**還有的時候要好好把握**——還有他今天一開始講的話：「你贏到有我陪伴的樂趣。」也許他也喜歡有我陪伴吧？畢竟他今天決定要來，講出這一切。

我還想到：保護自己不碰說不出口的哀痛，方法何其之多。例如：切掉自己不能接受的部分，躲在假我背後，慢慢變成一個自戀的人。你告訴自己：沒錯，**我的確遇上很糟糕的事，可是我沒事，什麼也傷不了我，因為我與眾不同，我是壓軸好戲**。約翰小時候用追憶媽媽的讚美保護自己，阻隔對人生無常的恐懼；長大後面對蓋比的死，他改成用自命不凡安慰自己。因為對他來說，他在世界上唯一確定的是他很特別——只不過身邊老是有一群白痴。

流著眼淚，約翰說他最不希望的就是這樣，他不是來這裡崩潰的。

我要他放心，這不是崩潰，而是破繭。

39 人怎麼改變 How Humans Change

心理學有很多談「階段」的理論，這顯然是因為我們喜愛次序、清晰和可預測性。只要上過心理學入門課程，一定聽過佛洛伊德、榮格、艾瑞克森（Erikson）、皮亞傑（Piaget）、馬斯洛（Maslow）等人的發展理論。

晤談的時候，我幾乎每一分鐘都在想一種階段模式——改變的階段。如果說心理治療的目的是引導病人，讓他們從現在的樣子變成他們希望成為的樣子，我們就必須隨時反思人是怎麼改變的。

一九八〇年代，心理學家普羅恰斯卡（James Prochaska）歸納多項研究，提出行為改變的跨理論模式（TTM，transtheoretical model）。那些研究告訴我們：改變往往不像Nike說的那麼單純（「Just Do It!」），也不像許新年願望那麼簡單。改變需要依序通過一連串階段：

第一階段：前思考期
第二階段：思考期
第三階段：準備期
第四階段：行動期
第五階段：維持期

比方說你想多運動、結束一段關係，或是第一次嘗試心理治療，在開始考慮那件事之前，你都處在第一階段：前思考期。換句話說，那時的你甚至沒有想到該做改變。有些心理師把這個階段比做「否認」，意思是你還沒發現自己可能有問題。夏綠蒂剛開始晤談時就是這樣：她說媽媽經常借酒澆愁，但自己喝酒只是應酬，看不出母女兩人酗酒問題的關連。判斷她還處在前思考期之後，我有意刺激她發現問題，但她不是氣得不想繼續談（「我這年紀的人，哪個不會跟朋友出去喝兩杯？」），就是開始顧左右而言他，拿別的問題轉移焦點（「別管X了，倒是Y該怎麼辦？」）

當然，心理師不是說客。我們無法說服厭食症的人吃東西。我們無法說服酗酒的人不酗酒。當一個人只懂得用自毀逃避問題，我們也無法說服他停止自毀。我們能做的是試著協助他們更了解自己，讓他們懂得問對問題。這樣，在他們的內心或外在環境起變化時，他們才能自己說服自己。

拿夏綠蒂來說，出車禍又被控酒駕讓她進入下個階段——思考期。

思考期總充滿猶豫和矛盾。如果說前思考期是否認，思考期就是「抗拒」。這個階段的人意識到問題，願意開口談，（理論上）不排斥採取行動，只是似乎沒動力好好改變。夏綠蒂也經歷過這個階段：雖然被控酒駕對她猶如當頭棒喝，她也被要求參加強制戒癮課程，可是她上得意興闌珊，三天打魚兩天曬網，最後無法如期上完課程，不得不再花大錢請律師幫她展延期限。那時的她已經承認自己有酗酒問題，但還沒準備好做出改變。

人常常是從思考期開始接受心理治療。有個談遠距戀愛的女子說她男友缺乏誠意，一再拖延搬到同一座城的計畫，可是她遲遲不願提分手。另一個男人明明知道太太有外遇，但我們每次談到這個部分，他總為太太沒回他訊息找藉口，因為他不想跟太太對質。當人不知道拋下某個事物之後該用什麼取代，就可能以拖延和自我破壞來迴避改變——即使改變是正面的亦然。改變會失去舊的，而迎接新事物往往伴隨焦慮，所以思考期的人經常舉棋不定。雖然他們的三心二意常讓朋友和伴侶看得生氣，但這是思考期的一部分。人在準備好改變之前，就是需要一而再、再而三地做同樣的事，重蹈覆轍到近乎荒謬的程度。

夏綠蒂說她有試著「減量」，從每天三杯紅酒減成每天兩杯，如果晚餐時（和晚餐後）還會喝酒，當天的早午餐就不喝雞尾酒。她誠實面對酒精對她生命的影響，也承認自己總以酒精減緩焦慮。不過，她一時還找不到別的方式管理情緒，連吃精神科醫師開的藥都沒用。

為了幫助她處理焦慮，我們決定每週增加一次晤談。那段時間她的確喝酒較少，她也認為那樣安排可以控制她的酒癮。然而，一週晤談兩次本身也出了問題——夏綠蒂說她又對我上癮了——所以我們還是改回一週晤談一次。有幾次我覺得時機到了（例如她提到她又在聚餐時喝醉），建議她加入門診治療計畫，但她立刻搖頭：絕．不。

「那些計畫是要你完全不喝，」她說：「可是我聚餐時想喝。大家都喝只有你一個人不喝很奇怪。」

「大家都沒醉只有一個人醉也很奇怪。」我說。夏綠蒂回我：「對，對！可是我有在減量了。」這倒是，她的確有減量，而且她開始上網找成癮的資料，這讓她進入第三階段：準備期。夏綠蒂跟父母對抗一輩子，要她讓步簡直難如登天。「爸，媽，除非你們用我希望的方式對我，否則我不會變。」她在潛意識裡提出條件，只要父母不變，她也不變。但要是雙方都不變，結果就是雙輸。事實上，除非她能為這段親子關係帶進新東西，否則她和父母的關係無法改變。

兩個月後，夏綠蒂步履輕快走進來，從包包裡一一掏出家當，慢悠悠地擺到扶手上，說：「我有事想問。」——我知不知道哪個門診酒癮治療計畫比較好？這時的她進入第四階段：行動期。

行動期的夏綠蒂認真參加酒癮治療計畫。她每星期去三個晚上，用團體扶持取代酒，幫助她度過晚上時光。最後，她完全不喝了。

到了這個時候，目標當然是進入最後階段：維持期。維持期指的是長期保持這項改變，但還是會進進退退，並不代表不會退步。壓力和特定事物（例如某間餐廳，酒友的一通電話）仍有可能勾起老習慣，導致前功盡棄。這個階段很難，因為你想改變的行為已經跟人生其他層面交織，而且有成癮問題的人常會跟其他成癮者混在一起（不論他們上癮的是藥物、是激烈手段、是消極委靡，還是自我挫敗）。不過，進入維持期後就算一時退步，只要有正確支持，往往能回到正軌。

少了紅酒和伏特加，夏綠蒂注意力提高，記憶力變好，身體比較不容易疲倦，心態也變得較為積極。她申請了研究所，也加入一個動物慈善組織。她很喜歡那裡，參與得很積極。她總算願意跟我談談跟媽媽的摩擦，也開始用比較冷靜、溫和的方式與媽媽互動。生日那天，她對那些邀她出去喝兩杯的「朋友」敬而遠之（「拜託，二十七歲生日一生只有一次耶！」），選擇跟新朋友共度。他們準備了她最喜歡的餐點，調配各種非酒精飲料，一起舉杯慶祝。

然而，夏綠蒂的另一個癮不太好戒：靚仔。

❖ ❖ ❖

我直說吧：我不喜歡靚仔。他玩世不恭，言不由衷，還不斷耍夏綠蒂。上星期帶女朋友來，下星期又一個人出現。上個月跟夏綠蒂打得火熱，下個月又對她愛理不理。**我盯上你了**，每次我進候診室看到他坐在夏綠蒂旁邊，我都給他這種眼神。我跟汽車廣告那個開車的狗媽媽一樣，想保護夏綠蒂。但我也盡可能保持超然，不直接干預。

報告最新進展時，夏綠蒂常常手舉在半空，手指蠕動：「然後我說……」，「然後他就……」，「然後我就……」。

「你們用傳訊息談這些？」我有點驚訝，夏綠蒂以前不會這樣。我跟她說用傳訊息談感情的事可能有侷限（你不能看著對方的眼睛，也不能在對方心煩意亂時握著他的手安撫他），她回我：「喔不會啦，我們還有用表情符號。」

我想起自己分手那晚的事。因為男友沉默得怪異，因為他的腳不安地搓動，我感覺出事情不太對勁。如果我們那晚是用傳訊息商量要看哪場電影，他大概還會再拖好幾個月才告訴我。但我知道夏綠蒂八成認為我是老古板：對她這個世代來說，傳訊息溝通再正常不過，是**我**該跟上時代才對。

夏綠蒂今天眼眶泛紅，因為她在Instagram上看到靚仔跟他前女友復合了。

「他一直說他會改，結果是這樣。」她邊說邊嘆氣：「你覺得他會改嗎？」

我想了一下改變的階段（夏綠蒂在哪個階段？靚仔又可能在哪個階段？），同時也想到：以前是夏綠蒂的爸爸一再消失，這個部分現在好像被靚仔取代了。夏綠蒂很難接受即使改變**自己**，別人也未必會變。

「他不會變，對吧？」她問。

「也許他不想變，」我盡可能講得溫和：「也許你爸爸也不想變。」

夏綠蒂嘴唇緊抿，像是在思考她以前從沒想過的可能性。為了讓這些男人用她想要的方式愛她，她已盡了一切努力，可是就是改變不了他們，因為**他們不想改變**。這樣的情節在心理治療中很常見：病人的男友**不想**在週末不抽菸或不打電動；病人的小孩不想為用功讀書犧牲玩樂團；病人的另一半不**想**減少出差。有時候你希望別人改變，可是他們壓根兒沒興趣改——即使他們對你說他們想改。

「可是——」她才開口就停了下來。

我看著她，感覺她心裡起了變化。

「我一直想讓他們改變……」她幾乎是自言自語。

我點點頭。他不會變，所以她不得不變。

每段關係都是共舞。靚仔有他的舞步（靠近／後退），夏綠蒂也有她的（靠近／受傷）——所以他們才能共舞。如果夏綠蒂改變舞步，靚仔只有兩種選擇：要嘛跟著改變舞步，免得絆倒；要嘛退出共舞，找下一個舞步能跟他配合的人。

夏綠蒂戒酒四個月後第一次破戒。那天是父親節，她爸爸本來要飛過來找她，可是又在最後一刻取消。不過那是三個月前的事了。夏綠蒂不喜歡那場舞，決定改變舞步，此後滴酒不沾。

「我不能繼續跟靚仔見面。」她現在說。

我笑了一下，像是在說：**又來了**。

「欸！真的啦！我這次是講真的。」她說，可是她也笑了出來。畢竟在幾個月的準備期裡，她已經這樣宣告很多次了。「我們改一下晤談時間好嗎？」她問。今天，她要邁入行動期了。

「當然好。」我說。這其實是我之前的建議：改晤談時段，她就不會每個星期都在候診室裡遇到靚仔。不過她那時還沒準備好，沒有考慮。我跟她約了另一天的時間，她拿起手機記下。

晤談結束時，夏綠蒂一如往常收拾家當，慢條斯理走到門口，停下，耳語一般地說：「禮拜一見。」我們像是合謀擺了靚仔一道。下星期四的這個時候，靚仔一定百思不解夏綠蒂為什麼沒出現。讓他猜吧，我心想。

夏綠蒂穿過走廊時，靚仔也結束晤談走出來。我擺張撲克臉，跟麥可點頭問好。

也許靚仔跟麥可談的是女朋友的事，也許他們整節都在談他為什麼總愛耍弄人、誤導人、欺騙人（「哈，他這方面真的該接受治療。」夏綠蒂有一次這樣講，那時她已被他騙了兩次）。也許靚仔根本沒對麥可講這些。也許他還沒準備好改變。也許他沒興趣改變。

隔天，我對諮詢小組講了這件事，伊恩的回應簡單明瞭：「蘿蕊，記得一件事就好：他不是你的病人。」

我這才發現：不只夏綠蒂該放下靚仔，我也一樣。

40 人父 Fathers

年都過了我才開始大掃除。清理家裡時，我翻到研究所時的作業，寫的是奧地利精神醫學家維克多・法蘭克（Viktor Frankl）。掃過當年的筆記，我開始回想他的故事。

法蘭克生於一九〇五年，從小就對心理學非常感興趣。他高中時便與佛洛伊德頻繁通信，後來習醫，在學校講授心理學和哲學的交會，名之為「意義治療」（*logotherapy*）（詞源是希臘文「*logos*」，「意義」）。佛洛伊德相信人的動力來自於趨樂避苦（這是他著名的「快樂原則」），法蘭克則認為人最主要的動力不是追求快樂，而是發現自身生命的意義。

二次大戰爆發時，法蘭克三十多歲，猶太人的身分讓他身處險境。雖然他一度可以移民美國，但他不願拋下父母，最後選擇放棄。一年後，納粹逼法蘭克和他的妻子墮胎。短短幾個月內，他和家人全被送進集中營。三年後他總算重獲自由，才知道妻子、哥哥和父母都已被納粹殺害。

這樣的自由原本令人絕望。畢竟，他和囚友在集中營裡殷殷期盼的，如今已化為烏有。他們關愛的人死了，他們的家人朋友屍骨無存。可是，法蘭克卻以這份經驗為本，寫出一部談自我恢復和心靈救贖的傑作——《活出意義來》（*Man's Search for Meaning*）。他在書中分享的意義治療理論，不只讓他熬過集中營的恐怖，也適用於更常見的難關。

他寫道：「人的一切都能被奪走，除了一樣：人最終的自由——在任何處境中選擇自身態度的自由。」

法蘭克做到了。他再婚，生下一個女兒，筆耕不輟，著作等身，還遠赴世界各地演講，直到九十二歲去世。

重讀這些筆記，我想起跟溫德爾的對話。研究所時的我潦草寫著：**反應 vs. 回應＝反射 vs. 選擇**。法蘭克指出：即使面對的是死亡的恐怖，我們仍能選擇回應方式。約翰對失去媽媽和兒子是如此，茱莉對疾病是如此，麗塔對過去的不幸是如此，夏綠蒂對父母的教養方式也是如此。不論病人遭遇的是嚴重創傷還是家庭失和，我想不出有哪個病人不適用法蘭克的理論。法蘭克出版《活出意義來》六十多年後，溫德爾說我也有選擇：我可以選擇待在牢裡，也可以選擇找路走出去。

我尤其喜歡法蘭克書裡這句話：「刺激和回應之間有空間，空間裡是我們選擇回應方式的權力，回應方式裡有我們的成長和自由。」

除了商量晤談時間之外，我從沒給溫德爾寫過電郵。但這句話太能呼應我們之前談過的東西，我忍不住想跟他分享。我打上他的電郵地址，寫道：**我們之前談過這個。我想訣竅是找出那個難以捉摸的「空間」**。

幾小時後，他回信：

> 我一直很喜歡法蘭克。這句話真美。禮拜三見。

典型的溫德爾風格——溫暖，真誠，但明確表達心理治療要面對面。我第一次打電話給他時就是這樣，他幾乎什麼話都沒說。所以晤談時看他這麼善於互動，我著實驚訝。

無論如何，他的回信在我腦袋裡轉了一個星期。當然，我也可以把這句話寄給幾個也會喜歡的朋友，但意義不同。我和溫德爾就像與世隔絕的小宇宙，他能看見連跟我很親的人都看不見的面向。沒錯，我的家人朋友也能看見溫德爾看不見的面向，但沒人能比溫德爾更懂那封電郵的意義。

❖ ❖ ❖

接下來那個星期三，溫德爾主動提起那封電郵。他說他跟太太分享那句話，她打算在演講裡提到它。他之前從沒提過他太太，但我其實知道她很多事——因為我很久以前上網搜過她。

「你太太是做什麼的？」我裝作沒看過她的LinkedIn檔案。他說她在非營利組織工作。

「喔，酷。」我回答，不過那個「酷」的音調高得不太自然。

溫德爾看看我。我趕忙轉換話題。

我有一瞬間在想：如果現在是我當心理師，我會怎麼做？有時候溫德爾一句話才講完，我心裡就冒出一句，**我是你的話不會這樣講喔！**我知道我不該邊談邊嘀咕他的諮商風格，因為在這裡，我應該好好當病人才對。簡單來說，我得放下控制欲。雖然晤談話題看起來是病人主導的，似乎是病人決定要說什麼、不說什麼、要談哪些主題、焦點應該放在哪裡，但實際上，心理師會以自己的方式引導病人。我們會拿捏該說什麼、不說什麼、哪裡該立刻回應、哪裡該稍後再談、什麼時候該留意、什麼時候該放過，我們會透過這些方式暗中調整話題。

那節晤談後來談到我爸爸。我跟溫德爾說他又住院了，因為心臟問題。雖然他現在沒事，但我已經在害怕失去他。這次的事再次提醒我他年紀大了，身體不如以前。我慢慢開始消化他不會永遠陪伴我們的事實。

「我無法想像沒有他的世界。」我說：「我無法想像再也不能打電話給他，再也不能聽見他的聲音，再也不能問他建議，再也不能一起發現什麼事很有趣，再也不能一起笑。」我想到世上沒有什麼事比跟我爸爸一起笑更開心；我想到他博學多聞，幾乎無所不知；我想到他多麼愛我，又多麼和藹——不只對我，對每個人都是如此。只要提到我爸，大家第一個講的不是他聰明或幽默（雖然他兩者都有），而是他好體貼。

我跟溫德爾提到我去東岸讀大學的事。我那時候很想家，不確定要不要繼續待下去。我爸爸聽我聲音難過，飛了三千哩來找我，冰天雪地裡陪我坐在宿舍對面的公園長椅上。他沒說什麼，大多時候只是聽。他後來又待了兩天，也是這樣光聽我說，直到看我心情比較好了，他才放心回家。跟溫德爾講之前，我已經好多年沒想起這件事了。

我也告訴他上星期的事：我們一起去看我兒子的籃球比賽，比完之後，我爸爸趁孩子們衝去慶祝時帶我到一邊，跟我說他前一天去參加朋友的葬禮。葬禮結束時，他去找那個朋友的女兒（現在也三十多歲了），對她說：「你爸爸很以你為榮。我們每次講話，他總會跟我說到你，開口閉口都是『我以克莉絲丁娜為榮』。」他一點也沒加油添醋，可是克莉絲丁娜聽了很驚訝。

「他從來沒跟我講過。」她的眼淚奪眶而出。我爸爸當下也很驚訝，後來才想到他好像也沒跟我講過他對我的感覺。他有對我講過嗎？就算講過，講得夠不夠呢？

「所以，」我爸站在體育館外，對我說：「我想確定我有對你說我以你為榮。我想確定你知道。」他說得彆扭，明顯看得出來渾身不自在。畢竟他總是傾聽者，總是把情緒留給自己。

「我知道。」我說。其實他用過很多方式表達他以我為榮，我原本應該好好聆聽，只是我未必都有做到。可是那天，我無法不聽出他的言外之意：我快死了，時日無多。我們站在那裡，擁抱，流淚，無視一臉尷尬走過我們的人，因為我們兩個都知道：這是我爸爸道別的開始。

「你的眼睛正在打開，他的卻在闔上。」溫德爾開口。這句話多暖、多痛，又多真實。我領悟得晚，但好在及時。

「我好高興我們有這次機會，這對我們意義深重。」我說：「我不希望有一天他突然去世，我才發現太晚了，才發現我等得太久，來不及真正了解彼此。」

溫德爾點點頭，我頓時一陣不安，因為我想起他爸爸十年前猝逝，離開得十分突然。這也是我上網搜到的。我在他媽媽的訪問裡讀到他爸爸去世的事，後來還查到他的訃聞。溫德爾的爸爸出事前似乎十分健康，毫無異狀，直到那天晚餐時倒下。我不禁想到我這樣談爸爸會不會讓他難過，我也擔心再說下去會露出馬腳，讓他看出我知道太多。於是我趕緊煞車，一時忘了心理師所受的訓練之一，就是聽出病人沒講的話。

❖ ❖ ❖

幾星期後，溫德爾說他有點好奇（謝天謝地有「好奇」這個詞，不然我們心理師怎麼打開敏感話題？）：前幾次晤談，我好像藏著什麼事——他補充說明：是從我寄法蘭克那句話給他，他又隨口提起他太太開始的——提到他太太對我是不是有什麼影響呢？

「這我真沒想過。」我說。這是實話——我忙著裝沒搜過他都來不及了。

我看看自己的腳，再看看溫德爾的。嗯，今天的襪子是藍色鋸紋款。我抬頭看到溫德爾盯著我，挑挑右眉。

我突然懂了溫德爾在想什麼——他以為我嫉妒他老婆！以為我想獨占他！這叫移情，是病人對心理師常有的反應。可是「我愛上溫德爾」這件事實在太離譜，離譜得我幾乎噗嗤大笑。

我看看溫德爾：米黃色開襟衫，卡其褲，襪子今天挺時髦的，一雙碧眼盯著我。我想了一下嫁給溫德爾是什麼感覺。我看過他和太太參加慈善活動的合照，兩個人衣著正式，手挽著手，溫德爾對著鏡頭笑，他太太看著他，一臉愛意。我看到時的確羨慕得心中一痛，但我羨慕的不是他太太，而是他們似乎擁有我想擁有的關係——當然，我是想跟別人擁有這種關係，不是跟溫德爾。問題是：我越否認我有移情，溫德爾應該就越不相信。**嗯哼，她反應挺大的呢**。

這節晤談已經過了二十分鐘——即使我現在是病人，我還是感覺得出一小時諮商的節奏——我知道這個誤會非解開不可，而解決方法只有一個。

「我上網搜過你。」我別開視線。「不搜男友之後，我跑去搜你。你提到太太之前，我其實已經知道她的事。也知道你媽媽的事。」我停下來，最後這部分讓我覺得尤其丟臉：「我看了你媽媽那篇長篇訪問。」

我準備迎接……我不知道，反正不會是好事。我等著龍捲風破門而入，以某種看不見、卻無法彌補的方式改變我們的關係。我們再也不會像現在這樣了，我們會開始疏遠，變得生份。可是……感覺正好相反，像一陣雨蕭蕭掃過，留下的不是斷枝殘葉，而是乾淨清新。

我覺得身心輕鬆，卸下心頭重擔。道出難堪的真相或許得付出代價——不得不面對它們的代價——但也有報償：自由。真相讓我們不再羞慚。

溫德爾點點頭，我們靜靜坐著，無聲對話。我：**抱歉。我不該這樣的。這像探人隱私。他：沒關係，我了解。會好奇很正常。我：我很為你高興——有個充滿愛的家庭。他：謝謝。我希望有一天你也有。**

接著，這段對話變成有聲版。我們也談了一下我的好奇。為什麼我把這件事當祕密，守著不講？明明知道他這麼多事卻要保密，是什麼感覺？我原本以為講出來會發生什麼事？現在講出來了，又有什麼感覺？同為心理師，我問他得知自己被病人肉搜是什麼感覺？（當然，也可能是因為我就是肉搜他的那個病人，所以我非知道不可。）在我搜到的資料裡，有沒有什麼事是他不想讓我知道的？知道我肉搜他之後，他對我的看法變得不一樣了嗎？他覺得我們的關係變了嗎？

他的答案只有一個讓我驚訝：他沒看過他媽媽那篇訪談！事實上，他根本不知道網路上有。他是知道那個文史團體有訪問過他媽媽，但他以為只是留份紀錄供內部參考。我問他會不會擔心其他病人也看到那個訪談。他往後一靠，深呼吸。這是我第一次看他皺眉頭。

「我不知道。」他頓了一下才說。「我得想想。」

法蘭克那句話又閃過我腦海。溫德爾正在刺激和回應之間挪出空間，好選擇他的自由。

這節時間到了。溫德爾像往常一樣拍兩下腿，起身，送我出門。但走到門邊，我停下腳步。

「你爸爸的事我很遺憾。」我說。反正肉搜的事已經曝光，他知道我知道這些事了。

溫德爾微笑：「謝謝。」

「你想他嗎？」我問。

「每天都想。」他說：「沒有一天不想。」

「我想我也會這樣。以後我沒有一天會不想我爸。」我說。

他點點頭。我們站在那裡，一起想我們的爸爸。

他後退一步為我開門時，似乎眼眶微濕。

我想問他的還有好多好多。父親倒下之後，他能平靜面對過往的一切嗎？父子關係經常因為期望和尋求認可而糾結。他父親有跟他說過以他為榮嗎？有沒有讓他知道：他的心情不是「儘管兒子拒絕繼承家業，追求自己的路，還是以他為榮」，而是正因為兒子這樣選擇，所以以他為榮？

我對溫德爾父親的認識將僅止於此。接下來幾週、幾個月，我們會經常談到我爸。透過這些討論，我會越來越清楚：雖然我當初找男心理師，是想聽聽男性專業人士對男友事件的客觀看法，但我心裡真正想找的，其實是個像爸爸的人。

因為我爸也是這樣，讓我覺得自己被細心地、敏銳地聆聽著。

41 整全或絕望 Integrity Versus Despair

麗塔一身寬鬆便褲加低跟鞋坐我對面，細細解說為什麼她的人生了無希望。這節晤談跟她大多數晤談一樣，猶如祭文。讓我困惑的是，她的生活明明已經發生大大小小的改變，可是她卻一次又一次堅持什麼也不會變。

回到她和米隆相知相惜的那段日子（前蘭球時期），米隆幫麗塔架了網站，讓她能用網路給自己的作品編目。米隆說這樣好整理，跟別人分享也很方便。只是麗塔並不覺得自己需要網站。「誰會想看？」她問。

「我啊。」米隆說。三星期後，麗塔網站的訪客人數不多不少，正好一個——好吧，如果把麗塔也算進去的話，兩個。老實說，她還真喜歡這玩意兒。它看起來好**專業**。剛開始幾週，她每天都花好幾個鐘頭點自己的網站，腦子裡不斷冒出新的計畫，甚至開始想像辦展的樣子。可是，隨著米隆開始跟蘭球交往，她也沒了興致。知音移情別戀，幹嘛還放新東西上去？何況她也不曉得這鬼東西該怎麼操作。

一天下午，麗塔撞見米隆和蘭球在大廳手牽著手。為了讓自己舒坦一點，她跑去藝術用品店大肆血拚。提著大包小包回公寓時，幾個不知從哪兒衝出來的小孩撞上她。畫筆、壓克力顏料、水彩顏料、畫布、黏土掉了一地，麗塔也差點跌倒，好在一雙強壯的手及時扶住她。

這雙手屬於孩子們的爸爸凱爾（Kyle）。他是麗塔的對門鄰居，「我到家囉」之家的男主人。麗塔從門孔看過他很多次，但從沒打過招呼。他救了麗塔的髖骨。

凱爾叫孩子為走路不長眼道歉，然後跟她們一起收拾麗塔的東西，幫她提回家裡。麗塔的客廳早就變成她的畫室，他們一進門就看見滿滿的作品——畫架上有肖像畫和抽象畫，拉坯機旁邊是陶器，牆上的木板也掛著好幾幅沒畫完的炭筆畫。孩子們簡直到了天堂，凱爾也看得目瞪口呆。**您有天分**，他說。**貨真價實的天分**。**一定有人想買**。

他們回去之後沒多久，凱爾的太太安娜也回家了（「我到家囉！」）。孩子們說好說歹要媽媽跟她們走，去看看對門那位「畫家太太」的客廳。一如往常盯著門孔的麗塔頓時愣住，趕忙在敲門聲響起之前匆匆撤退，默默數到五，才若無其事地問：「誰啊？」然後裝作一臉驚喜招呼他們進來。

沒過多久，麗塔開始教蘇菲亞（Sophia）和愛麗絲（Alice）畫畫，她們一個五歲，一個七歲。麗塔成了「我到家囉」之家的常客，也經常受邀共進晚餐。一天下午，蘇菲亞和愛麗絲正在麗塔的客廳畫畫，對門傳來安娜的聲音：「我家寶貝咧？」兩個小女生馬上喊：「這邊！」愛麗絲轉過頭看麗塔，問她怎麼沒回她媽媽的話。

「因為我不是你們家寶貝啊。」麗塔實事求是地說。愛麗絲說：「你是啊！你是我們的加州奶奶！」她們的爺爺奶奶住在南卡羅萊納州和俄勒岡州，雖然他們常來，但幾乎天天陪著她們的是麗塔。

到了這時，安娜已經在客廳沙發上掛了一幅麗塔的畫，麗塔也為孩子們的房間畫了兩幅畫，蘇菲亞的是舞蹈家，愛麗絲的是獨角獸。兩個孩子都好得意。安娜原本想付潤筆費給麗塔，但麗塔堅決不收，說那是送給孩子們的禮物。最後，凱爾總算說服麗塔讓他這個電腦工程師盡一點力，為她的網站加上另一部分——網路商店。他還幫忙宣傳，寄電郵給蘇菲亞和愛麗絲的同學家長。沒過多久，麗塔就收到家長們的訂單，請她為孩子作畫。有個家長還跟她買陶器布置飯廳。

有了這些進展，我以為麗塔的心情能漸入佳境。她變得比較有活力，生活更開闊，每天有人說說話，藝術作品也廣獲好評。總之，她不像我們第一次見面時那麼不被關心。可是，不論她感受到的是幸福、喜悅，還是什麼無以名之的感覺（她的描述頂多是「應該算好吧」），她還是一片愁雲慘霧，不斷絮絮叨叨：要是米隆在YMCA停車場講的是真心話，他應該一開始就跟她交往，而不是搭上那個狐狸精蘭娣；還有，是啦，「我到家囉」之家是對她很好，但他們終究不是她的家人，她還是會孤獨寂寞地死去。

她似乎困在心理學家艾瑞克．艾瑞克森（Erik Erikson）說的「絕望」裡。

二十世紀中葉，艾瑞克森提出社會心理發展的八個階段。他的理論歷久彌新，直到今天仍在引導心理師的思考。與佛洛伊德相較：佛洛伊德的焦點是「本我」（id），劃分的是性心理發展階段；艾瑞克森關切的則是社會脈絡裡的人格發展（例如嬰兒如何對他人發展出信任感），區分的是社會心理階段。更重要的是：佛洛伊德的性心理發展階段結束在青春期，艾瑞克森的社會心理階段則延續整個人生。這些階段各有危機，也彼此相關，我們必須通過危機才能進入下個階段。艾瑞克森的八個階段如下：

一、嬰兒期（希望）（信賴 vs. 不信任）
二、幼兒期（意志）（自主 vs. 羞怯懷疑）
三、戲齡期（目的）（主動 vs. 罪惡感）
四、學齡期（能力）（勤奮 vs. 自卑）

五、青春期（忠誠）（自我認同 vs. 角色混淆）
六、青年期（愛）（親密 vs. 孤獨）
七、成年期（關懷）（創造力 vs. 停滯）
八、老年期（智慧）（整全 vs. 絕望）

麗塔這個年紀的人一般是在第八階段。艾瑞克森認為：人在晚年如果相信自己的人生過得有意義，便能經驗到整全感。整全感帶來一種圓滿的感覺，讓人更容易接受即將到來的死亡。然而，要是我們對過去有未能化解的遺憾——要是我們認為自己以前作錯決定，或是沒有完成重要目標——我們會感到沮喪、失落，從而走向絕望。

在我看來，麗塔目前對米隆的絕望與她以往的絕望有關，也因為這份絕望，她很難享受人生中好的進展。她習慣從壞的角度看世界，結果對喜悅越來越陌生。如果你已經習慣被拋棄，如果你已經知道別人讓你失望或拒絕你是什麼感覺——沒錯，這種感覺並不好，但至少這不令你意外，你覺得自己掌握得了這個世界的規則。可是你一旦踏入陌生領域——例如跟覺得你迷人或有趣的人相處——你可能感到焦慮而茫然，熟悉的東西頓時不見了。你覺得無所適從、不知所措，不知道接下來會發生什麼事。你習慣的世界消失了，一切充滿不確定。你原先所處的世界也許並沒有多好，甚至很糟，但你至少知道那裡有什麼（有失望、混亂、孤獨、責罵等等）。

我跟麗塔聊過這些，也談過她一直多麼希望自己能被**看見**、能有人在乎，而現在這些正在成真——鄰居與她感情日深，有人想買她的作品，米隆也向她示愛。這些人都喜歡她的陪伴，崇拜她，需要她，**看見她**——可是，她似乎不能認同好事正在發生。

「你覺得事情一定會變糟，是嗎？」我問。這種對快樂的非理性恐懼有個專有名詞：「快樂恐懼症」（*cherophobia*，*chero* 是希臘文的「喜悅」）。有快樂恐懼症的人像不沾鍋，黏不住喜悅（可是他們對痛苦卻黏得死緊，像沒抹油的鍋子）。受過創傷的人經常如此，以為災禍隨時可能降臨。他們就算遇到好事也不會靠過去，反而變得過度警覺，總是在等壞事發生。這或許可以解釋麗塔的一些行為，例如她為什麼明明知道身旁有盒新面紙，卻總是往包包裡掏面紙——最好別習慣有滿滿一盒面紙等著你，別指望親切的鄰居把你當家人，別以為有人買你的藝術作品有什麼了不起，更別奢望你喜歡的人在YMCA停車場吻你就代表他真心愛你。**這位太太，你就別作夢了吧！**一旦你過得太舒服，這些東西就會咻地一聲消失。對麗塔來說，好事不值得喜悅，因為它是痛苦的前兆。

麗塔看著我點點頭。「對，」她說：「事情一定會變糟。總是這樣。」她上了大學，又輟學；嫁給喜歡的人，結果他是酒鬼；她一生梅開三度，但每次都以離婚告終。爸爸過世之後，她總算開始跟媽媽培養感情，怎料媽媽被診斷出阿茲海默症，連女兒都不認識，麗塔後來照顧了她十二年。

當然，麗塔那時不是**非**把媽媽帶回家照顧不可，可是她選擇這樣做，因為她需要不幸。事實上，麗塔的媽媽在她成長過程中並沒有照顧她，可是麗塔從沒想過自己有沒有義務照顧媽媽。她沒去思索難題中的難題：**我欠父母什麼？他們又欠我什麼？**她其實大可讓外人照顧她的媽媽。晤談時我引導麗塔思考這些，但她說要是重來一次，她還是會選擇把媽媽帶回家裡自己照顧。

「因為我活該。」她說。她**活該**一生不幸，因為她犯了一大堆錯——毀了她四個孩子的人生，不夠同情第二任丈夫的喪偶之痛，甚至連自己的人生都沒有過好。最近閃現的幸福微光讓她恐懼，她覺得自己像是偷了中獎彩券的騙子。要是這些新認識的人發現她的真面目，他們一定會嫌棄她，對她避之唯恐不及。**她這個人噁心死了。**就算她真的騙得了他們幾個月、幾年，甚至更久，在她的孩子因她而不幸的時候，她怎麼有臉過得幸福？這樣還有天理嗎？鑄下大錯的人有什麼資格被愛？

所以她沒指望了，她說。面紙在她手上揉成一團。發生的事太多，她犯的錯也太多。

我看著麗塔，發現她講這些話時就像個小女孩——嘴巴氣鼓鼓的，雙手在胸前交叉。我想像她在童年的家，一頭紅髮套著髮箍，一個人待在房間裡想：爸媽跟我不親，是因為我做錯了什麼嗎？**他們是不是生我的氣？我是不是做了什麼事惹他們不高興，所以他們對我愛理不理？**他們等了好久，好不容易才有她這個孩子，她是不是不符他們期望？

我也想到麗塔的四個孩子。他們的律師爸爸前一分鐘還幽默風趣，下一分鐘就醉得忘乎所以，亂發脾氣。他們的媽媽麗塔不但從不阻止，還不斷給爸爸的惡行找藉口，保證他以後絕不再犯——他們都知道這是空話。他們一定很氣媽媽，一定不想再理麗塔。所以，儘管麗塔這些年也找過他們幾次，哭求他們重新與她建立關係，他們都冷漠以對。他們可能覺得麗塔這樣做只是為了自己——她每次都只為了自己。我在猜，麗塔的孩子之所以不想理她，是因為他們無法給她她似乎想要、卻從來沒有直接要過的東西：原諒。

我和麗塔討論過她為什麼沒保護孩子，為什麼縱容丈夫打他們，為什麼把時間花在閱讀、畫畫、打網球、研究橋牌，而不是陪孩子。梳理她多年以來為自己提出的種種解釋之後，我們看到她未曾察覺的感覺：麗塔嫉妒她的孩子。

麗塔不是特例。有的媽媽出身貧寒，後來每次買新鞋或新玩具給孩子都不忘說教：「你知不知道自己多幸運啊？」這種禮物等於是用批判包著。又例如有的爸爸陪孩子參觀想申請的學校。他自己當年其實也很想進這些學校，但沒被錄取。於是他一路數落導覽、課程、宿舍等等，不但讓孩子尷尬，可能也影響到他的錄取機會。

父母這樣做常常是因為嫉妒孩子的童年：嫉妒他們有這麼多機會，嫉妒他們的父母經濟和情緒穩定，嫉妒他們超越自己，嫉妒他們擁有自己已經失去的青春。父母固然會努力給孩子自己沒能擁有的東西，但孩子的幸福有時會讓他們心理不平，只是他們未必察覺得到。

麗塔嫉妒她的孩子有手足相伴、有舒適又附游泳池的家、有很多機會旅行和參觀博物館，而且父母年輕力壯。她之所以不讓他們擁有她未曾擁有的快樂童年，不給他們她小時候極其渴望得到的呵護，部分原因應該就是在潛意識裡嫉妒他們，命運的不公讓她憤怒。

我把麗塔的事帶到諮詢小組討論過。我跟他們說：雖然麗塔總是一臉陰沉，鬱鬱寡歡，但她是個溫暖有趣的人。另一方面，因為我沒經歷過她和孩子那一段，所以我對她沒有惡感。對我來說，她就像長我一輩的朋友，而且我還滿喜歡她的。可是，我們真能期待她的孩子原諒她嗎？

那我呢？**我**原諒她嗎？他們問。我想想兒子，覺得光是想像我讓人打他都很不舒服。

我不確定我能不能原諒麗塔。

❖ ❖ ❖

「原諒」這個課題幽微難解，道歉也是。道歉是為了讓自己釋懷，還是為了讓對方好過一點？你是因為自己做錯事而道歉，還是你覺得自己的行為完全合理，只是因為對方認為你**應該**道歉，所以你用道歉來安撫他？**道歉是為了誰？**

心理治療有個詞叫「被迫原諒」（forced forgiveness）。人有時候會覺得，不論造成傷害的是性侵他們的父母、搶劫他們家的匪徒，還是殺了他們兒子的黑幫，為了放下創傷，自己必須原諒對方。有些人可能出於好意對他們說：除非你原諒，否則你會一直陷在憤怒裡。對某些人來說，原諒也許是強而有力的釋放——你不寬貸惡行，但原諒做錯事的人，讓你自己能繼續走下去。可是常見得多的情形是：我們感到有原諒對方的壓力，甚至以為自己要是無法原諒，一定是出了什麼問題——不夠有智慧、不夠堅強，或是不夠有同情心。

我的想法是：我們可以同情對方，但不原諒。繼續往前走的方法很多，而假裝特定方法對自己有效並不管用。

我的病人戴夫（Dave）跟父親關係惡劣。照他說，他父親是不折不扣的混蛋，目空一切、吹毛求疵又自我中心。兩個兒子年紀還小的時候，他就對他們不理不睬；等他們長大之後，父子關係已經變得既疏遠又衝突不斷。父親臨終時戴夫五十歲，他那時已結了婚、生了孩子，想到要在父親葬禮上致詞就頭痛不已。能實話實說嗎？還是該敷衍幾句好話？他後來告訴我：他父親奄奄一息的時候曾握住他的手，講出他意想不到的話：「真希望當初對你好一點。我是爛人。」

戴夫登時大怒——人生已經走到盡頭，你居然還奢望得到寬恕？有心彌補就該趁早，哪有拖到生命最後一刻的道理？你憑什麼以為死到臨頭懺悔一下，別人就該原諒你？就該把恩怨一筆勾銷？

他實在忍不住：「我沒辦法原諒你。」可是話一出口他就後悔了，他好恨自己這樣講。然而，他父親讓他受了這麼多苦，他整個童年都在隱瞞自己的感受，現在要是為了安撫他而撒謊原諒，他覺得實在愧對好不容易才為家人帶來幸福的自己。不過，戴夫還是心裡忐忑，什麼人會對臨死的父親講這種話？

戴夫支支吾吾開始道歉，但他父親打斷他。「我懂。」他說：「我要是你，我也不會原諒。」

這時，奇妙的事發生了。戴夫告訴我，他坐在那裡握著父親的手，感覺變了。他人生第一次真心同情父親。不是原諒，而是同情。同情眼前這個自己也痛苦不堪的將死之人。因為這份同情，戴夫總算能真誠地在父親葬禮上致詞。

也是因為同情，我才能幫助麗塔。我不必原諒她對她子女所做的事。她和戴夫的父親一樣，必須自己處理自己造成的傷害。我們也許希望得到別人的原諒，但那往往是為了滿足自己。我們以懇求原諒來迴避更艱難的功課—原諒自己。

我想起溫德爾的話。在聽我細數我後悔犯下的錯、並以懲罰自己為樂之後，他問我說：「你覺得這些錯該判幾年？一年？五年？還是十年？」很多人即使已經真心彌補犯下的錯，卻還是折磨自己幾十年之久。這樣懲罰自己真的合理嗎？

拿麗塔來說：的確，她孩子的人生大受父母失職影響。他們共同的過去對麗塔是痛，對她的孩子也是痛。可是，難道不能給她一點機會彌補？難道她就活該日復一日、年復一年為難自己？我無意忽視他們心中巨大的傷疤，但我不想當麗塔的獄卒。

我不由得想起她與「我到家囉」之家的情誼，想起她對那兩個小女生的寵愛。要是她以前也用同樣的方式對待自己的孩子，現在不曉得會多不一樣？

我問麗塔：「你現在快七十歲了，你覺得自己二、三十歲犯的錯該怎麼罰？那些錯的確很嚴重，可是你已經自責幾十年了，也試過要彌補。你總該刑滿出獄了吧？至少也該假釋了，不是嗎？不然你覺得該怎麼贖罪？」

麗塔想了一下。「終身監禁。」她說。

「好，」我說：「終身監禁。不過陪審團裡要是有米隆或『我到家囉』那家人，我想他們不會同意。」

「可是我最在乎的人不原諒我——我的孩子絕不可能原諒我。」

我點點頭。「我們是不知道他們會怎麼做。可是把自己弄得慘兮兮的對他們沒有幫助。你過得慘不會**讓他們**過得好，你讓自己苦也不能減輕他們的苦。這樣一點用也沒有。你現在還是有很多條路可以選，你還是有機會當個好媽媽。判自己終身監禁無濟於事。」我發現我引起麗塔注意了。「在這個世界上，會因為你無法享受生命中的任何美好而得到好處的，只有一個。」

麗塔的額頭冒出一大堆皺紋。「誰？」

「你。」我說。

我對她說，痛苦可以是自我保護，停在憂鬱狀態也可以是某種形式的逃避。安安全全躲在痛苦的殼裡，就什麼也不必面對，也不必進入可能讓自己再次受傷的世界。麗塔需要她心裡那個打擊她的聲音：**我什麼也不要做，因為我不值得**。她的痛苦還有另一個好處：她可能覺得，如果她的孩子對她的處境幸災樂禍，她就能活在他們心裡。即使他們對她的回憶是負面的，至少還**有人**記得她——從某種意義上說，她就不會完全被遺忘。

她從面紙裡抬眼，像是用全新的角度看待自己緊抱幾十年的痛苦。也許，這是麗塔生平第一次看見自己面對的關卡——整全與絕望之戰，艾瑞克森說的老年期危機。

她會選哪一個？我很好奇。

42 我的「內夏瑪」 *My Neshama*

我跟同行凱若琳一起午餐。

我們聊聊近況，也談談工作上的事。凱若琳問起我的「朋友」，她之前介紹去找溫德爾的那個，不曉得他們談得如何？她說上次跟我通完電話之後，她想起她跟溫德爾的研究所時光。那時有個同學好迷他啊，可惜後來沒有結果，倒是溫德爾開始跟另一個女生交往——

哦！我趕忙叫她別再說了。我不方便聽。因為那次要找心理師的，呃，其實是我。

凱若琳楞了一下，然後噗嗤大笑，連冰茶都從鼻孔裡噴出來。「抱歉，」她拿餐巾擦臉：「我以為我介紹給他的是結了婚的男病人。我實在想不到是你去跟溫德爾談。」我懂她意思。想像你認識的人成了你認識的另一個人的病人，是挺難的；如果其中一個是你研究所時的老同學，更難。你對他們兩個都太熟了。

我跟她說我那時候覺得很丟臉，分手、書拖著不寫、身體出狀況等等，問題一大堆。她也跟我分享懷第二個孩子時的掙扎。午餐快結束時，她說她最近接了一個滿難搞的病人，可是初談時完全看不出來她這麼自命不凡，這麼頤指氣使，這麼……盧。

「哈，我也有一個。」我想到約翰：「可是我慢慢變得滿喜歡他的，也比以前更關心他。」

「希望我跟她也能像你們這樣。」講完之後，凱若琳又想了一下，說：「欸，如果我跟她不行的話，把她轉給你怎樣？你現在有沒有空檔？」我從她聲音聽得出來她是開玩笑的——大部分是。我之前也跟諮詢小組提過約翰的事，講到他傲慢自大，還有他那張嘴隨時都在損人。伊恩說這種病人他放棄，

「還有，要是你之後談不下去，務必把他轉給你討厭的人。」

「咆，不要這樣，」我對凱若琳猛搖頭：「別轉給我。」

「那我轉給溫德爾好了！」凱若琳說。我們大笑。

❖ ❖ ❖

「那個，」接下來那個星期三的早上，我對溫德爾說：「我上星期跟凱若琳吃午飯。」

他沒說話，只一雙眼睛盯著我看。我開始跟他說凱若琳對那個病人的感覺；其實我有時候對病人也會這樣；不過，每個心理師都會這樣吧？可是我還是有點在意……我們看待病人是不是太嚴厲了？我們有付出夠多同理心嗎？

「我說不上來是哪裡不對勁，」我繼續說：「可是那次交談讓我覺得怪怪的，整個星期都這樣。奇怪，吃午餐時我還沒有這種感覺，午餐之後它才跑出來——」

溫德爾皺起眉頭，可能在努力跟上我的思路。

「喔，對了，我跟你講這件事是為了專業交流。」我試著澄清動機：「我們心理師不可能把感覺全藏在心裡，可是在此同時——」

「你是不是有問題想問？」溫德爾插話問我。

有。我有。而且我想問的很多：溫德爾跟同事午餐時會談到我嗎？更重要的是，我**還是**讓他感到很挫折嗎？我給他的感覺，是不是**還像**我之前的病人貝卡給我的感覺？

溫德爾問得頗有技巧——他不是說「你是不是**有什麼事想說**？」而是「你是不是**有問題想問**？」他八成察覺我這些叨叨絮絮只是引言，我想帶出的是最關鍵、最精髓的重要問題，重要到我不知道怎麼開口。我敢說，世界上沒有別的事比問這個問題更讓人感到脆弱、赤裸：**你喜歡我嗎**？

病人總是想知道心理師對自己的感覺。即使我是心理師，我對這種情結也無法免疫——我想知道溫德爾對我的感覺。我有時候會對他失望；我對生病取消晤談卻還要付費會不爽（雖然我的取消規定也是如此），該講的事我未必會坦白告訴他，而且我時不時會不智地（或聰明地）扭曲他的話。溫德爾有時候會閉上眼睛，我一直覺得那是為了留點空間好好思考。但我現在懷疑那是他的開關，也許他閉上眼睛是為了提醒自己：**同理心，同理心，同理心**。就像我跟約翰談話時那樣。

我跟大多數病人一樣，也希望自己的心理師尊重我、喜歡有我陪伴，更重要的是，我希望我對他是**重要**的。打從內在深處覺得自己是重要的，是催化好的心理治療的元素之一。

人本主義心理學家卡爾．羅傑斯（Carl Rogers）把自己的方法稱為「當事人中心治療法」（client-centered therapy），這種療法的核心原則是「無條件正向關懷」（unconditional positive regard）。羅傑斯以「當事人」一詞取代「病人」，正顯示出他對心理治療對象的態度。羅傑斯認為：心理師與當事人建立正向關係不只是手段而已，更是心理治療成功的關鍵。羅傑斯是二十世紀中期提出這項主張的，在當時，這是非常具有開創性的觀念。

不過，無條件正向關懷並不代表心理師必須**喜歡**當事人，只是說心理師應該和顏悅色、不做批判，最重要的是：真心相信當事人若能受到鼓勵、獲得接納，一定有能力成長。這項原則的目的是尊重並珍惜人的「自主決定權」，即使當事人的選擇與你不同也應如此。無條件正向關懷是態度，不是感受。

可是我不只希望溫德爾對我無條件正向關懷，我還希望他喜歡我。原來我之所以想問：「你喜歡我嗎？」不只是因為我想知道我對溫德爾重不重要——這個問題本身也透露出他對我多麼重要。

「你喜歡我嗎？」我勉強擠出這句話，覺得自己問得可憐兮兮，而且笨拙——他還能怎麼說？總不能說不喜歡吧？就算他不喜歡我，他也可以不直接回答，反過頭問我「你覺得呢？」、「我想知道你為什麼想問這個？」如果我剛認識約翰時他問我這個問題，我應該會稍微避開我喜不喜歡他這個部分，多跟他談談我的真實經驗（他一直跟我保持距離，這讓我很難了解他等等），溫德爾當然也可以這樣應付我。

可是溫德爾完全不是如此。

「喜歡。」他的聲音既不勉強也不誇大，聽起來很真誠。這個回答很簡單——簡單得讓人感動，感動得超乎預期。**對，我喜歡你。**

「我也喜歡你。」我說。溫德爾笑了。

他說，雖然我希望他是因為我聰明或有趣而喜歡我，但他想說的是他喜歡我的「內夏瑪」（*neshama*）——希伯來文的「精神」或「靈魂」。他的意思我一聽就懂。

我跟溫德爾說：有個大學剛畢業的女生來找我，她考慮要當心理師，想知道我喜不喜歡我的病人，畢竟心理師一天到晚接觸的都是病人。我跟她說病人有時候外在表現是一個樣子，內在是另一個樣子。他們之所以表裡不一，往往是因為他們產生混淆，把我當成他們以前認識的某個人，所以用對待那個人的方式對待我，可是我看待他們的方式其實跟那個人不一樣。我對病人付出的感情是真心的，因為我會去看他們溫柔的部分，他們的勇敢、他們的靈魂——也就是溫德爾說的「內夏瑪」。

「你說的是專業層面，是嗎？」那個女生追問。我知道她還不懂，因為在我實際接觸病人之前，我也不懂。自己當了病人之後，我幾乎忘了這點。溫德爾的話提醒了我。

43 別對快死的人講什麼
What Not to Say to a Dying Person

「根本屁話！」茱莉講到喬式超市有同事流產，另一個同事想安慰她，跟她說：「一切都是神的安排。祂一定有祂的旨意。」

「『一切都是神的安排』根本屁話！」茱莉又講了一次：「流產、得癌症、小孩被瘋子殺掉，才不是什麼神的旨意！」我懂她意思。遭遇不幸的人常聽到一些很瞎的話，茱莉半開玩笑說她打算寫一本書，叫《別對快死的人講什麼：好心不白目指南》（*What Not to Say to a Dying Person: A Guide for the Well-Meaning but Clueless*）。

茱莉說下面這些話都不是好選擇：你真的快死了嗎？你有問過別的醫生嗎？要堅強。活下來的機率多大？別給自己太大壓力。境隨心轉，保持樂觀。你一定能打敗它的！我聽說有人吃維他命K治好了。我有看到縮小腫瘤的新療法──現在還在實驗階段，但對那些老鼠有用。你真的沒有家族病史嗎？（如果茱莉說有，問的那個人會鬆一口氣，因為這就成了遺傳問題。）還有一次有人跟茱莉說：「我認識一個女生，也是你這種癌症。」「她好了嗎？」茱莉問。那個人吞吞吐吐地說：「呃……她死了。」

聽茱莉細數各種說了不如不說的安慰，我想到很多病人也有類似經驗。不管你遇上什麼樣的悲劇，旁邊經常會有人對你說：再懷一個就好了。再養一隻就好了。他已經很長壽了。她現在到更好的地方去了。都一年了，該往前走了。的確，他們是想講幾句話讓你好過一點，可是在此同時，這其實也是為了自我保護，隔絕你帶給他們的不自在。諸如此類的陳腔濫調往往適得其反，它們讓說的人能比較輕鬆地看待悲劇，卻也讓身處其中的人更加憤怒和孤獨。

「大家以為不談我快死了，這件事就不會成真。問題是：這件事已經成真了。」茱莉搖搖頭說。不只是死，任何問題都不會因為避而不談就自動消失，我對這個道理有很切身的經驗。閉口不談不但無益於面對問題，反而會讓問題顯得更加恐怖。不過對茱莉來說，最糟的還是沉默，有人開始避著她，免得見面時不得不說這些蠢話。但茱莉說她寧可聽幾句蠢話，也不希望他們因為怕尷尬就避不見面。

「你希望能聽到什麼話？」我問。

茱莉想了一下，說：「可以說『這實在讓我難過』，或是『有沒有我幫得上忙的地方？』，或是『我不知道幫不幫得上忙，可是我關心你』。」

她在沙發上調了調姿勢，瘦弱的身形幾乎撐不起衣服。「他們可以實話實說。」她繼續講：「有個人脫口而出：『我不知道現在該說什麼』，我聽了反而輕鬆多了！我跟她說，我生病前也不知道探病該講些什麼。我帶的研究生剛聽到消息時，都說：『沒有你，我們怎麼辦？』我覺得這樣很好，因為這表達出他們對我的感覺。有人說『不會吧?!』，有人說：『如果你想談談，或是找點樂子，隨時打電話給我。』這些人記得我還是我──我還是他們的朋友，不只是癌症病人而已。他們可以跟我聊聊感情、工作，或是最新一集的《權力遊戲》。」

看著自己走向死亡，有件事倒是讓茱莉訝異：她的世界變得更鮮活生動，她習以為常的東西變得有如天啟，她好像重新變成小孩。味覺──草莓酸甜的汁液滴在下巴；奶油酥皮在口中融化。嗅覺

──前院的花朵，同事的香水，捲上海岸的水藻，馬特夜裡汗濕的身體。聽覺──大提琴的弦聲，緊急煞車時尖銳的摩擦聲，外甥的笑聲。經驗──在生日派對上跳舞，在星巴克看人，買件漂亮衣服，開信。她變得非常享受當下，不論多小的事，都讓她開心無比。她也發現：人要是欺騙自己還有無窮無盡的時間，會變得懶惰。

她沒想到在哀傷中仍能感到喜悅，而這些喜悅給了她生命力。她領悟到：雖然自己正走向死亡，但日子還是要過──雖然癌症正侵蝕她的身體，她還是要看推特。一開始她想：**剩的日子也不多了，幹嘛還浪費十分鐘看推特？**但她後來又想：**幹嘛不看？我就是喜歡推特！**她試著不一直想自己正失去什麼。「我現在還能好好呼吸，」茱莉說：「之後會越來越難，我到時候會感傷。可是在那之前，我會繼續呼吸。」

茱莉又舉了幾個例子，關於她跟別人說她時日無多時，希望對方怎麼回應。「擁抱就很棒，」她說：「說『我愛你』也很棒。我最喜歡的絕對是一句簡單的『我愛你』。」

「有人這樣說嗎？」我問。她說馬特就是這樣講的。他們得知茱莉罹患癌症時，馬特的第一句話不是「我們一定能打敗它！」或「媽的！」，而是「茱莉，我好愛你」。這是她唯一需要知道的事。

「愛勝過一切。」我說。這跟茱莉之前講的一件事有關：茱莉十二歲的時候，她的爸媽發生婚姻危機，兩個人分居了五天，週末又言歸於好。茱莉和妹妹問他們怎麼和好的，她爸爸深情地看著她媽媽，說：「因為到頭來，愛勝過一切。永遠要記住這個啊，小姑娘。」

茱莉點頭。**愛勝過一切。**

「要是我真的動筆寫那本書，」她說：「我大概會寫：最好的回應都是那些真誠不造作的人說的。」

她看看我：「像你。」

我試著回想茱莉跟我說她得了絕症的時候，我到底講了什麼。但我只記得第一次我心頭一緊，第二次幾乎跟著崩潰。我問茱莉我當時說了什麼。

她笑了：「你兩次說的話一模一樣，我絕對忘不了，因為我沒想到心理師會那樣講。」

我搖搖頭。哪樣講？

「你不由自主小聲、難過地說：『喔，茱莉。』——這種回應太完美了！不過，更讓我感動的是你沒講出口的部分——你熱淚盈眶。不過我猜你不想讓我看到，所以我什麼也沒說。」

那段回憶漸漸在我腦子裡成形。「很高興你有發現我差點哭了，你其實可以講的。希望你之後可以講出來。」

「喔，我會的。我們連我的訃聞都一起商量了，我還有什麼話不能對你說？」

❖ ❖ ❖

茱莉幾星期前寫好了自己的訃聞。我們那段時間談得很深：她希望怎麼死？希望到時候有誰陪在身邊？希望在哪裡去世？希望用什麼方式讓自己舒服一點？她害怕什麼？希望追思會或葬禮怎麼辦？什麼時候辦？要告訴來參加的人什麼？

診斷出癌症以後，茱莉其實已經發現不少自己隱藏的部分——更自然、也更有彈性的部分——可是她打從骨子裡是個凡事做計畫的人。如果她不得不面對自己會早逝，她希望能盡可能按自己的意思辦後事。

打訃聞草稿的時候，我們談過對她最重要的是什麼。她提到自己的專業成就、對研究和學生的情感、每週六上午回她的「心靈之家」喬式超市，還有當收銀員後享受的自由。茱莉談到一起跑馬拉松的朋友、組讀書會的朋友，還有愛瑪——在申請助學金的過程裡，茱莉幫了她不少忙，現在她終於能減少喬式超市的工作時數，去上大學。對茱莉最重要的是她丈夫（「陪我共度人生的最佳良伴，」她說：「也是陪我迎向死亡的最佳良伴。」），她的妹妹、外甥，還有她剛出生的外甥女（茱莉當了她的教母）。她還提到爸媽和四個爺爺奶奶，他們都想不通：家族裡的人都這麼長壽，茱莉怎麼年紀輕輕就得死去？

「我們好像在上心理治療速成班。」聊到我們認識之後的事，茱莉說：「我跟馬特也是這樣講的，我們像婚姻速成班，一輩子的事得擠在一塊兒，每天都在拚命趕進度。」講到一生必須擠於一時的時候，茱莉懂了：她之所以為人生短促而憤怒，全是因為它如此美好。

也因為這樣，在反覆修改幾次之後，茱莉決定訃聞簡潔就好。「在三十五年人生的每一天，」她希望大家記得：「茱莉．卡拉漢．布魯始終被愛著。」

愛勝過一切。

44 男友的信 Boyfriend's Email

我在書桌前寫我那本快樂書，咬牙苦撐，拚過一章又一章。我邊寫邊給自己打氣：只要把這本書交出去，下次就能寫比較重要的主題（管他什麼主題），越快解決這本，就越快脫離苦海（管他脫離苦海之後要去哪裡）。我終於願意擁抱不確定，也真的動筆寫我逃避已久的書。

朋友小珍來電，但我沒接。我最近才跟她提到我的身體有些狀況，她的回應方式跟溫德爾一樣——不急著幫我找診斷，但幫我面對找不出診斷的現狀——這對我幫助不小。我已開始學習怎麼跟不甚正常的情況如常共處，同時也繼續找能嚴肅看待我身體問題的專家——別再來個會診斷子宮遊蕩的醫生了，拜託。

無論如何，我現在得先寫完這章——這兩個小時就是要用來寫書，我規定的。我打的字一個一個出現在螢幕上，填滿一頁又一頁。我解決這章的態度跟我兒子解決額外作業一樣——水準其次，速度第一，越快寫完越好。我一直寫、一直寫，直衝這章的最後一行，然後給自己一個獎勵：看電子信箱加打電話給小珍！我打算休息十五分鐘，然後繼續解決下一章。我已經飆到最後一部分了，終點近在眼前。

我邊跟小珍聊天邊看電郵，眼睛突然定在其中一封——粗黑字顯示的，不正是男友的名字嗎？我很驚訝，因為我八個月沒他消息了。上次聯絡時我還忙著為分手找答案，帶著一疊電話筆記去諮商室逼問溫德爾。

「快開快開！」小珍一聽我說男友寄信給我，顯得比我還急。但我只是看著他的名字，腹部一緊。不過，這跟我還巴望他回心轉意時不一樣了。我之所以還有點緊張，是因為就算他夢到什麼神諭想跟我復合，我也一定會拒絕。我的身體反應告訴我兩件事：一是我不想跟他在一起了；二是即使如此，之前的事還是讓我隱隱作痛。不管他寫的是什麼，我都可能看了不舒服，而我現在不想為他的事分神。我的第一要務是解決這本我沒興趣的書，以便之後寫我真正感興趣的東西。我跟小珍說，我想等再幹掉一章之後再看男友的信。

「那你轉給我好不好？我超超超好奇的！」她說：「拜託別吊我胃口！」

我笑出來：「好啦。那我為你點開來看。」

信的內容既令人跌破眼鏡又不讓我意外：

你猜怎麼著？我今天碰到萊絲！她變我同事！

我讀給小珍聽。萊絲是我和男友各自認識的，我們私底下都覺得她有點討厭。如果我們還在一起，這個八卦他當然會告訴我。可是，我們不是已經分手了嗎？現在沒頭沒腦跟我講這個幹什麼？他忘了我們之間發生的事，也不記得上次交談是怎麼結束的嗎？我覺得男友還把腦袋埋在沙裡——我倒是把頭伸出來了。

「就這樣？」小珍問：「厭童癖只是要講這個？」

她停下來想讓我講。我實在忍不住……忍不住興奮！——這封信完完全全反映出他這個人，簡直是把我在溫德爾那裡領悟的、關於逃避的一切精鍊成詩。它讀起來甚至像俳句，只有三行，每一行的字音分別是五、七、五：

你猜怎麼著？
我今天碰到萊絲
她變我同事！

可是小珍不覺得有趣，事實上，她怒了。雖然我跟她講過我對分手也有責任——沒錯，男友是該早點誠實面對自己和我，但我原本也該誠實面對自己、面對他、面對我真正期待的東西、面對我向他隱瞞的事，面對我們是不是真的適合在一起——她還是認定他是渣男。其實剛分手時我也是這樣想的，有一段時間還拚命說服溫德爾相信男友是渣男，可是我現在想法變了，反而在說服大家他沒那麼渣。

「他是想表達什麼蛤？」小珍問那封信：「問一句『你最近好嗎？』有這麼難嗎？他真的遲鈍成這樣？」

「他沒有想表達什麼，」我說：「沒有就是沒有。」沒必要分析它、琢磨它、為它找出意義，因為它沒有意義，完全沒有。小珍很火，我倒是挺驚訝自己竟然沒被它影響心情，甚至還覺得輕鬆多了，不再全身緊繃。

「你不會回吧？不會吧？」小珍說。其實有一剎那我真的想回，謝謝他跟我分手，沒讓我浪費更多時間。也許他的信的確**有**意義——至少對這天接到它的我有意義。

我跟小珍說我得回去寫書了，但掛上電話之後，我沒有動筆，也沒有回信給男友。我不想繼續沒意義的關係，也不想寫沒意義的書。即使我現在已經寫完四分之三，我還是不想寫。如果死亡和無意義是「終極關懷」，難怪這本我沒興趣的書讓我心浮氣躁——也難怪我之前會婉拒那本鐵定大賣的教養書。雖然我那時還沒發現身體出了問題，但我骨子裡某處一定察覺到人生有限，時間應該用在重要的事情上。我回想跟茱莉的對話，閃過一個念頭：死了以後，我不想留下跟男友的信一樣廢的東西。

有一段時間，我以為把書寫完就是走出牢房，接下來就能繼續前進，也會有機會寫另一本書。但男友的信讓我產生動搖——現在這樣趕著寫書，會不會也只是在搖鐵窗？我原本以為要是按照計畫跟男友結婚，現在就不會有這麼多問題；以為當初要是答應寫親子教養書，後來就不會接二連三出錯——跟溫德爾談過之後，我才醒悟這全是幻想。當然，如果我寫了教養書、也順利跟男友結婚，有些發展會不太一樣。但終極來說，我還是會渴求意義，還是會尋求更深刻的東西——就像我現在這樣。只不過現在的我必須拚這本愚蠢的快樂書，因為經紀人講了一堆很實際的理由，我非寫不可。

可是，這會不會也是幻想？雖然經紀人說我非寫不可，否則前途堪慮，但實際上會不會並**不是**非寫不可？我覺得自己已經在某種程度上意識到答案一陣子了，但現在，我突然用另一種方式真正想通：我想到夏綠蒂和改變的階段。我決定，我已準備好邁入「行動期」。

我重新把手放上鍵盤，這次是寫信給出版社編輯：**我想解約**。

我猶豫了一下，深呼吸，按下「傳送」。終於，我真正的聲音穿過網路飛馳而去。

45

溫德爾的鬍子
Wendell's Beard

洛杉磯這天豔陽高照，我在溫德爾辦公室對街停好車，整個人神清氣爽。在心理諮商的日子，心情愉快簡直是一種困擾——愜意的時候，到底要跟心理師談什麼？

不過，我知道這樣其實更好。病人在既不深陷危機、又沒急迫問題的時候來做諮商，往往最能得到啟發。給自己的心一些遊蕩的餘裕，它能帶我們到最意想不到、也最有趣的地方。離開停車場到溫德爾那裡的路上，我聽到有人在車上大聲放音樂：謎幻樂團（Imagine Dragons）的〈飄飄欲仙〉（On Top of the World）。穿過走廊到溫德爾辦公室的時候，我情不自禁開始哼歌——但我一打開候診室的門就愣住了。我一頭霧水，啞口無言。

呃——這不是溫德爾的候診室。我八成是太陶醉在那首歌裡，結果走錯了門。我咯咯笑，覺得自己幹了件蠢事。

我退出去，關門，左看右看，想弄清自己的位置。我又看了一次門上的名牌——沒錯啊，的確就是這間。我再次開門，但裡頭根本不是我熟悉的樣子。我一時有點驚慌，覺得像走進夢裡：這是哪裡啊？

溫德爾的候診室完全變樣：地板是新的，家具是新的，掛的畫是新的，擺飾換成奪人眼目的黑白相片——也是新的。我一直以為這裡的家具是他從舊家撿來的，現在不見了。插著廉價假花的花瓶也不見了，原本的位置換成陶瓷水壺和水杯。唯一沒變的是那台白噪音機，畢竟得用它阻隔諮商室裡的談話，病人的隱私得靠它。我覺得自己像走進住宅改造秀的屋子，本來的邋遢面目一下子清爽得認不出來。我對那些設計師的功力五體投地。這裡改得真好——簡單大方，乾淨俐落，還帶著點怪，跟溫德爾一樣。

我平常坐的椅子不見了，我看看那些皮革椅背、不鏽鋼椅腳的時髦椅子，拉開一張坐下。我跟溫德爾兩週沒碰面了，我本來以為他停診是為了休假，也許跟他那個大家族一起，去他從小就去的那間湖邊別墅。我想過他的哥哥、姊姊、外甥、姪女（全是我從網路上查到的），在腦子裡把溫德爾嵌進畫面，想像他跟孩子們一起閒晃，在湖邊互踢啤酒罐玩樂。

我現在才知道，原來停診也是為了重新裝潢。我的好心情漸漸消散。我開始懷疑自己的滿足感到底是真實的，還是因為溫德爾不在而「溜向康復」（"flight to health"）。「溜向康復」指的是：病人在不知不覺中忍受不了處理問題所帶來的焦慮，於是說服自己問題已突然解決。

典型情況是：病人因為某次晤談對童年創傷談得辛苦，下週諮商時宣布自己不再需要心理治療。**我覺得我好了！上次談完，我整個人煥然一新！**病人和心理師不在一起時特別容易「溜向康復」，因為病人無意識的防衛機制會趁著這段空檔啟動。**我前幾個禮拜進步好多。我想我不必繼續治療了！**這些變化有時候是真的，但另一些時候，病人是突然離開——然後過一陣子又回來。

不過，不管我剛剛的得意是不是「溜向康復」，我現在都茫然若失。雖然這個房間改得漂亮多了，我還是有點懷念那些破破爛爛的舊家具——就像我對自己內在轉變的感覺吧。溫德爾像改裝節目裡的師傅，成竹在胸，謀定後動，重新整修我的內在。雖然我覺得「改裝中」的自己好多了（人的轉變畢竟跟房屋裝修不同，直到死去那天才稱得上「改裝後」），但我時不時會詭異地念舊，想起「改裝前」的自己。

我不想變回去，但我高興自己記得那時的模樣。

❖ ❖ ❖

我聽到溫德爾辦公室的門開了，接著是他踏在新大理石地板的腳步聲，他來接我了。我抬頭看他，然後眨眨眼再看一次。我剛才是認不出他的候診室，現在是幾乎認不出他。這是在鬧我嗎？我怎麼覺得會有人跳出來說：**嘿嘿！嚇到了吧？**

停診兩週，溫德爾留了一把鬍子。他總算改了穿搭，把開襟衫換成襯衫；也終於扔了那雙舊平底鞋，換成約翰那款時尚懶人鞋。他看起來完全變了個人。

「嗨。」他跟平常一樣開口打招呼。

「哇，」我聲音大了點：「大翻修。」我指頭指的是候診室，眼睛盯的是他的鬍子。「你現在**真的**很像心理醫生。」我起身時說，用玩笑掩飾驚訝。老實說，他的鬍子跟那些赫赫有名的心理醫生一點也不像。祖師爺們的鬍子中規中矩，他的造型新潮得多。狂放。豪邁。瀟灑。

看起來很……迷人？

我記得之前絕口不認對他產生移情。我說的是實話──至少我意識到的是如此。可是，我現在為什麼這麼心慌意亂呢？難道我潛意識裡迷戀溫德爾，深得連自己都沒發現？

我正要走進諮商室，卻在門口怔住。諮商室也改頭換面了。雖然格局還是一樣——兩張沙發排成L型，書桌，衣櫃，書架，茶几上擺盒面紙——但地板、地毯、沙發、椅墊、擺飾和牆上掛的畫，全都變了。看起來好潮，好酷，好……帥氣——**我是說諮商室**。諮商室好帥氣。

「你有請設計師嗎？」我問。他說有。我想也是。如果先前的布置是他的手筆，他顯然需要讓專業的來。不過，現在的風格完全適合溫德爾——新的溫德爾。精心打理但仍毫不做作的溫德爾。

我坐到座位B，拍拍新椅墊，在新沙發上喬好位子。我記得第一次跟溫德爾坐得這麼近時多不自在，這樣的距離似乎太近也太貼了。現在我又有那種感覺。**難道我迷上溫德爾了？**

就算真是如此也不令人意外。既然人會迷上同事、朋友的伴侶，以及每天見到、遇到的形形色色的人，為什麼不能迷上自己的心理師呢？事實上，人尤其容易迷上心理師。心理諮商中充滿性吸引力，想不迷上心理師都難。心理師會專心傾聽你的人生、完全接受你、全力支持你、了解你的內在深處，這種互動所產生的親密感，很容易跟愛情或性的親密感混淆。有些病人甚至肆無忌憚地對心理師打情罵俏，而且常常沒有察覺自己幽微的動機（撩撥心理師的情緒；岔題到敏感話題；感到失去主導時奪回掌控權；用自己唯一知道的方式「答謝」心理師）。還有一些病人不跟心理師調情，而且激烈否認自己可能受你吸引。約翰就是這樣，一開始就說我不是他心目中情婦的型（「無意冒犯啊」）。

不過，約翰經常對我的外表評頭論足：「你總算有個情婦的樣子了。」（我挑染的時候）；「你最好防著點，有人會瞄你事業線。」（我穿V領上衣的時候）；「靠，穿這種鞋是要勾引男人嗎？」（我穿高跟鞋的時候）。我每次都會試著跟他談談這些「玩笑」，還有躲藏在它們背後的感覺。

然而我現在對溫德爾也是這樣，跟他開白痴玩笑，然後自己笑得像個傻子。他問我今天這麼嗨是不是因為他留了鬍子。

「沒有沒有，我只是不習慣而已，」我說：「不過你留鬍子很好看，應該繼續留。」可是我心裡想的是：**也許還是不留的好，不然我會迷……不是不是，我是說我會分心。**

他挑挑右眉，我發現他連眼神都不一樣了。更亮了點？欸對了，他一直都有酒窩嗎？**到底怎麼了？**「我之所以想問這個，是因為你對我的反應，跟你對男人的反應有關——」

「唉喲，你不算男人啦。」我插嘴，又開始傻笑。

「我不算？」

「不算！」我說。

溫德爾裝出吃驚的樣子：「可是，我剛剛上廁所有看到我的——」

「對對對，可是你知道我意思。你**不算**男人。你不算**異性**。你是**心理師**。」我邊講邊暗自吃驚：我怎麼今天說話這麼像約翰？

幾個月前在一場婚禮上，我發現那個神祕怪病弄得我左腳肌肉無力，結果沒辦法跳舞。接下來那次晤談，我跟溫德爾說那件事讓我挺難過的，全場都跳只有自己不能跳的感覺實在很糟。溫德爾說我還是可以用好的那隻腳跳，只要找個伴就行了。

「哈囉？」我說：「我現在之所以在這裡，不就是因為我的伴跑了嗎？」

不過，溫德爾指的並不是愛情關係的伴。他說，不論是想跳舞還是做別的事，只要我需要依靠時有個人讓我靠，就沒問題了，找誰都可以。

「不是找誰都可以。」這點我很堅持。

「為什麼不可以？」

我翻了個大白眼。

「找我也可以啊，」他聳聳肩說：「我跳得不錯。」他補充說他從小到大一直認真練舞。

「真的假的？哪一種舞？」我看不出來他是不是開玩笑。他看起來笨手笨腳的，依我想像，他會跳得腳步大亂，一直絆倒。

「芭蕾。」他講得面不改色。

芭蕾？

「不過我什麼舞都會，」他繼續講，衝著一臉狐疑的我笑。「搖擺舞、現代舞都沒問題。你想跳哪一種？

「不要。」我說：「我才不跟自己的心理師跳舞。」

我不是擔心他有什麼性暗示或做出什麼怪舉動，我知道他沒這個意思。我之所以拒絕，主要是因為我不想拿晤談時間跳舞。我**有事想談**，例如我該怎麼面對我的健康狀況。不過，部分的我也知道這是我給自己的藉口，接受溫德爾的邀請也許對我有幫助。跳舞能讓身體傳達言語有時無法傳達的情緒。在跳舞的時候，我們表達出隱藏的感受，用身體而非心智交談，這有助於我們跳脫思考，進入新的覺察層次。舞蹈治療有一部分就是這個，有些心理師會用這種方式。

可是我的答案還是——不要。

「我是你的心理師，也是**異性**。」溫德爾今天這樣說。他開始解釋：我們會以什麼樣的方式跟別人互動，依據的是我們在對方身上看到什麼樣的特質。把政治正確擺一邊，我們對外貌、衣著、性別、種族、族群或年齡等特質，並不是不帶情緒的。人會產生移情也是同樣的道理。溫德爾說，如果我的心理師是女性，我會依照我與女性的互動經驗與她互動；如果他個子矮，我對他的反應也會像我對其他個子矮的人的反應，而不會像我對高個子的人的反應；如果……

他講話的時候，我忍不住盯著這個「新」的他看，設法調整我對他的認識。但我突然想到：其實之前不只溫德爾吸引不了我，任何人都吸引不了我，因為我還在悲傷。現在是因為我漸漸好轉，世界才再次對我產生吸引力。

接下新病人的時候，我有時不是問：「為什麼想來諮商？」而是問：「現在為什麼想來諮商？」「現在」是這句話的關鍵。**為什麼你在這一年、這個月的這一天決定來諮商？**要是由我自己來回答這個問題，我的決定關鍵似乎是分手，但在分手背後，更深層的原因其實是我悲傷又陷入瓶頸。

「我希望自己別再哭了！」這是我之前覺得自己像個人形滅火器時，對溫德爾講的話。但溫德爾不是這樣看的。他讓我去感受，也提醒了我：我跟很多人一樣，也錯把感受少當成感受好。但即使漠視感受，感受還是在那裡，它們可能化為潛意識行為，化為坐立不安，化為無法專注，化為缺乏食慾或控制不了食慾，化為暴躁易怒，或是像在男友身上那樣，化做在被單下搓動的腳。它們在凝重的沉默中暴露他的不安，因為沉默裡是他隱瞞了幾個月的祕密：不論他想要的是什麼，反正不是我。

可是，很多人還是試圖壓抑感受。不過一個星期以前，有個病人跟我說她沒有一晚不是打開電視、看到睡著，幾個鐘頭後才醒過來。「我的晚上都跑去哪了？」她在我沙發上幽幽問道。但真正的問題是：她的感受都跑去哪了？

另一個病人最近感慨：「當個得過且過、什麼都不多想的人，有什麼不好？日子就讓它過，不去反省，有什麼不好？」我記得我跟他說反省和沉溺不一樣，人要是隔絕感受，什麼事都只從表面輕輕帶過，不但不會得到寧靜或喜悅，反而會變成槁木死灰。

所以，並不是我愛上溫德爾，而是我終於不再只把他當成心理師，也看到他是男性。這是我們的合作成果，是我重返人間的證據。我又感受得到吸引力了。我甚至開始約會，試試水溫。

離開以前，我問了溫德爾那個「為什麼是現在？」的問題，關於翻修辦公室，關於他的鬍子。

「為什麼想做這些改變？」我問。

他說，鬍子是停診兩週不必刮鬍子的結果。他滿喜歡這個新造型，所以返工後繼續留著。至於改造辦公室，理由很單純：「是時候了。」

「為什麼**現在**想改？」我試著委婉帶出下個問題：「因為你那些家具好像，呃……好像已經用滿久了？」

溫德爾笑了。我還是沒藏好我的潛台詞。「改變有時就是這樣，」他說：「想改就改了。」

❖ ❖ ❖

隔開出口和候診室的紙屏風，現在換成現代風的隔板。我穿過走道，走出門外，人行道上暑氣氤氳。等紅燈的時候，謎幻樂團那首歌再次在我腦中響起。**為這一笑，我等待已久，嘿，為這一天，我咬緊牙關**。綠燈亮起，我朝停車場走去，但今天沒有直接鑽進車裡，而是繼續沿著街走，走到一間玻璃店面——是家美容沙龍。

瞥見自己在落地窗的倒影，我停下來理理上衣——Anthropologie那件，我特地為今晚約會挑的——我匆匆推門進去。

剛好趕上我約除毛的時間。

PART
4

縱有行遍天下以求美之志，不與美同行，終不得見。

——拉爾夫・沃爾多・愛默生（Ralph Waldo Emerson）

46 蜂群 The Bees

夏綠蒂的晤談時間馬上要到了，我收到我媽傳來的簡訊：**打個電話給我**。她通常不會傳這種簡訊，所以我打她手機。響第一聲她就接了。

「不用緊張，」她說，這總是代表出了該緊張的事。「你爸爸住院了。」

我拿電話的手緊緊握起。

「他沒事。」她立刻補上一句。**人沒事不會住院**，我心想。「是怎麼了？」我問。

嗯，我媽說，他們還不清楚。她說我爸爸午餐吃到一半，突然說身體不太舒服，接著開始發抖，呼吸困難，於是他們進了醫院。似乎是感染，但他們不知道是不是心臟的關係，還是出了其他問題。

他沒事，她一直說。**他會沒事的**。我覺得她既是在對我說，也是在對自己說。我們都希望——也需要——我爸爸沒事。

「他真的沒事啦，」她說：「來，你自己跟她講。」她拿電話給我爸時，我聽她跟我爸咕噥了兩句。

「我沒事啦。」他一開口就說，但我聽得出來他呼吸吃力。他也提到吃午餐時不太舒服，但略過發抖和呼吸困難那段。他說等抗生素發揮作用就沒事了，也許明天就能出院。但我媽接過去後，我們兩個都擔心問題沒那麼單純（那天晚上我去醫院看他。他腹積水，肚子鼓得像懷孕一樣。因為他全身被細菌嚴重感染，必須用點滴注射好幾種抗生素。為了讓心臟穩定並排出肺部積水，他住院一個星期）。

而現在，掛上電話之後，我才發現我跟夏綠蒂的約遲了十二分鐘。我匆匆走向候診室，想辦法讓自己轉移注意。

我門才打開，夏綠蒂就從椅子上跳起來：「喔，呼！我本來在想我是不是弄錯時間，可是我一直都約這個時間；所以我又想我是不是弄錯日期，可是不對啊，今天是星期一沒錯。」——她拿起手機給我看日期——「所以我又開始想到底怎麼回事，正想不出來，你就出現了！」

她把這些一口氣講完，毫不停頓。「總之，嗨！」她越過我走進諮商室。

這也許有點讓人驚訝：在心理師遲到時，很多病人會非常緊張。雖然我們總是盡可能準時，但我認識的心理師幾乎都讓病人等過。心理師遲到可能勾起病人被背叛或拋棄的回憶，掀起他們各種情緒，從困惑到憤怒都有。

我在椅子上坐定，對夏綠蒂說我剛剛接到一通緊急電話，並為遲到道歉。

「沒關係，沒事沒事。」夏綠蒂說得一派輕鬆，但心情似乎不太好——也可能是我自己心情不太好。我爸在電話裡說他**沒事**，夏綠蒂現在也說她**沒事**。可是，他們真的沒事嗎？夏綠蒂在座位上有些坐立不安，一下子捲弄自己的頭髮，一下子左顧右盼。我設法用眼神接觸幫她專心，但她的視線到處飄，從窗戶飄到牆上的畫，再飄到她總是放在腿上的椅墊。她翹腳坐著，疊在上頭的那隻腳不停擺動。

「我有點好奇，不曉得我去哪了，讓你產生什麼感覺？」我邊說邊想我也遇過同樣的事。幾個月前，我也坐在溫德爾的候診室裡瞎猜他到底跑去哪了。我拿起手機殺時間也算時間，他遲到了四分鐘，然後八分鐘。超過十分鐘後，我開始冒出不祥的念頭：他出意外了嗎？還是病了？他現在會不會在急診室裡？

我心裡掙扎要不要撥電話留言給他。（可是留什麼話呢？我沒主意。嗨，我是蘿蕊。我在你候診室。你在隔壁間嗎？是不是在寫紀錄？還是吃東西？你是不是忘掉我了？還是快沒命了？）就在我心思飄到我恐怕得再找新心理師時（而新的治療將有很大一部分是處理前心理師猝死的衝擊），溫德爾辦公室的門開了。裡頭走出一對中年夫婦，男的那個對溫德爾說「謝謝」，女的笑得有點僵。第一次晤談吧？我猜。不然就是結案晤談。這兩種晤談比較容易超出時間。

我輕輕走過溫德爾，在我跟他呈直角的位置坐下。

「沒事的。」他為拖到時間道歉時，我對他說。「真的沒事。」我繼續：「我有時候也超過時間。沒事。」溫德爾看看我，挑挑右眉。我也挑回去，這是面子問題。我？我會因為心理師遲到就生氣？拜託！我噗嗤一笑，但幾滴眼淚也跟著竄出來。我們都清楚我見到他鬆了多大一口氣，也知道他對我已經變得多麼重要。我枯等和胡思亂想的那十分鐘絕對不是「沒事」。

而現在，在我的諮商室裡，夏綠蒂勉強擠出一個笑容，腳抖得跟痙攣一樣，但她再次強調她沒事，只不過是等了一下罷了。

我問夏綠蒂：沒看到我的時候，她覺得是發生了什麼事？

「喔，我沒在擔心。」她說，雖然我根本沒問她擔不擔心。這時，窗外有東西掠住我的目光。在夏綠蒂頭部高度右後方幾呎之外，有兩隻精力十分充沛的大黃蜂正繞著圈飛，動作很快，看得讓人眼花繚亂。我的諮商室在好幾樓高，我從沒見過窗外有蜜蜂，但這兩隻嗨得跟嗑了安非他命一樣。也許在求偶吧？我猜。可是馬上又有幾隻加進來，然後是一群蜜蜂嗡嗡繞圈飛，我們和牠們之間只隔著一扇窗。有些蜜蜂開始停在玻璃上到處爬。

「呃，你一定會宰了我。」夏綠蒂開始說，顯然沒發現背後有蜜蜂。「我，呃，心理諮商我想停一陣子。」

我的視線一下子從蜜蜂轉回夏綠蒂。我完全沒想到她今天會提這個，而且我眼角瞄到的東西很難要我不分神，所以我頓了一下才明白過來她講了什麼。現在窗外已經有幾百隻蜜蜂，數量多到連諮商室都暗了下來。牠們貼在玻璃窗上黑壓壓的一片，像雲一樣遮住陽光。牠們到底是從哪來的啊？

房間暗到夏綠蒂也注意到了。她轉頭看向窗戶，然後我們兩個人都呆坐著講不出話，只看著那群蜜蜂。我本來在想她會不會嚇到還是方寸大亂，沒想到她看得入神。

有一段時間，我同事麥可為一個家有青春期少女的家庭做諮商，同一個時段，我在為一對夫婦做諮商。每個星期晤談開始大約二十分鐘後，我和那對夫婦總會聽見麥可那裡一陣騷動，然後是那個女生對父母大吼、衝出來、甩門，那對父母喊著叫女兒回來，女生回頭喊：「不要！」麥可再好言相勸把她哄回來，安撫這一家子。剛開始幾次，我以為我這邊的夫婦會感到困擾，沒想到他們反而感覺好了一點。因為他們覺得：**還好我們沒鬧成那樣**。

可是我還是覺得週週如此實在很煩，因為那老是讓我分心。同樣地，我也覺得這群蜜蜂很煩。我爸爸就在十條街外的醫院，這群蜜蜂是什麼惡兆嗎？

「我想過要當養蜂人。」夏綠蒂打破沉默。跟她突然想停止諮商比起來，這反而比較不讓我意外。她一向熱中冒險活動，跳過傘、玩過高空彈跳，還跟鯊魚游過泳。聽她提起以前的養蜂夢，我覺得那個形象跟她太搭了：想駕馭這種可能傷害她、但又能讓她嘗到「甜頭」的物種，她得從頭到腳穿上防護衣才不會被螫。我看得出來玩弄危險於股掌之間的誘惑力，對從小到大從不覺得自己能掌控任何事的人來說，更是如此。

我也看得出來：在莫名其妙被心理師晾在候診室之後，傲然告訴她你不想繼續了，也很有誘惑力。夏綠蒂是本來就想停止治療？還是因為幾分鐘感到害怕而衝動決定？我在想她是不是又酗酒了。有時候病人之所以停止治療，是因為他們不想為自己負責，但心理治療讓他們覺得該為自己負責。於是，當他們再次開始酗酒或偷情——當他們因為自己做了、或沒做什麼事而羞愧——他們可能會想隱瞞心理師（和自己）。但他們忘了：心理治療是面對自己的羞愧最安全的方式之一。結果是：羞愧感讓他們想隱瞞問題，自欺欺人；心理治療則鼓勵他們面對問題，於是他們選擇兩個都逃避。而當然，這樣什麼問題也沒有解決。

「我是來之前就決定的，」夏綠蒂說：「我覺得自己做得不錯。我到現在還是沒再碰酒，工作重新上軌道了，不像以前那麼常跟我媽吵架，也沒再跟靚仔見面——我連他電話都封鎖了。」她停了下來：「你會不會生氣？」

我？生氣？我當然感到意外（她現在不再對我上癮了），但也覺得挫折（我承認，這只是委婉一點說「生氣」而已）。可是怒氣背後的事實是：我擔心她，也許擔心得超乎份際。我擔心她在學會建立健康的關係之前，還會失去很多她想要的東西，還會為了各種人際衝突苦苦煎熬。我擔心她還無法平心靜氣面對她爸爸，不是裝作他不存在，就是在他不斷出現又消失的戲碼中一再受傷。我希望她能在二十幾歲時克服這些問題，而不是等到三十多歲再來收拾。我不希望她浪費時間，不希望她有一天愕然驚覺：**我半輩子完了**。可是，我也不想挫她獨立的志氣。父母養育孩子是為了讓他們單飛，心理師的任務是讓病人走出去，而不是留住他們。

然而，我隱隱覺得她的這個決定下得倉促，而且這樣做似乎給她一種冒險的快意，像沒帶降落傘就跳下飛機。

很多人以為心理治療就是與心理師詳談往事，殊不知心理師的主要任務是回應**當下**，幫助病人覺察自己在日常生活中的感受與思考。他們容易受傷嗎？經常感到被責怪嗎？迴避眼神接觸嗎？陷在似乎無足輕重的焦慮裡嗎？我們設法看出端倪、提供建議，並鼓勵病人在實際生活中運用這些建議。溫德爾有一次是這樣講的：「心理治療像練習射籃，這是必須的。可是真正要做的是實際上場。」

夏綠蒂接受心理治療約莫一年的時候，曾經差一點點就能建立真正的關係，但她突然不再跟那個男生見面，而且既不告訴我原因何在，也不說她為什麼不想談這件事。我在意的主要不是他們之間發生了什麼，而是她為什麼獨獨不願談那件事（畢竟，她本來什麼事都願意談）。我在想：她今天之所以想停止諮商，會不會也跟那件「不能討論的事」有關？

她當時解釋過不想談的原因——她想對我說「不」。「我很不懂得說不，」她說：「所以我想在這裡練習說不。」我當時對她說：不論她願不願意談這次分手的事，我都認為說「是」對她來說也是挑戰。無法說「不」多半是為了尋求肯定，這樣的人覺得如果自己說「不」，別人就不會愛他們。另一方面，無法說「是」的人缺乏的是自信（不論他們無法說「是」的是親密關係、工作機會或戒酒計畫）。**我會不會搞砸？做的話搞不好有害無益？保持現狀不是更穩當嗎？**

不過，人也可能扭曲「是」和「不」。有時候你像是在劃出界線——說「不」——實則是在逃避，用相反的方式迴避說「是」。夏綠蒂要克服的是放下恐懼，勇敢說「是」——不只對心理治療是如此，對她自己也是如此。

我瞥一眼玻璃窗上的蜜蜂，又想起我爸爸。有一次我抱怨某個親戚總是想讓我有罪惡感，我爸打趣地說：「她拋罪惡感給你，不代表你非接不可。」我把這件事跟夏綠蒂的事想在一起：我不想讓她為了停止治療有罪惡感，覺得自己讓我失望。我能做的是讓她知道：不論她決定怎麼做，我都會在這裡聆聽她、與她分享看法。我要讓她依自己的想法自由選擇。

「你知道，」我看到幾隻蜜蜂飛走：「我也覺得你的生活在往好的方向走，你也為了這個非常努力。我還有種感覺，你對與人建立親密關係還有困難，這可能跟你生命裡的某些部分有關，像跟爸爸的關係、跟你之前不想交往的人的關係等等。這些事也許讓你難受到不想談。而藉著不談這些事，部分的你可能認為你還可以抱持希望，還可以期待事情會變得不一樣——會這樣想的人不只你一個。有些人希望心理治療能幫他們找出辦法，讓那些對不起他們的人能聽見他們的聲音。他們希望情人或親人了解他們，變成他們期待已久的樣子。可是這種事很少發生。到了某個階段，當成熟的大人代表為自己的人生負責，代表接受自己要為自己的選擇負責，代表你得坐上駕駛座，當那隻開車的狗媽媽。」

我開始講的時候，夏綠蒂低頭看著自己的腿，但聽到最後一句時她偷偷瞄了我一眼。陽光又照進諮商室，我發現大多數蜜蜂已經離去，只有少數幾隻脫隊留下，但還是在玻璃窗上。其他的蜜蜂繞著彼此打轉，然後飛走。

「繼續接受心理治療的話，」我柔聲說：「你也許不能期待童年變好，但只有放下這種期待，你才能創造更好的成年生活。」

夏綠蒂低頭想了好一會兒，說：「我知道。」

我們靜靜坐著。

最後，她終於開口：「我跟我鄰居上床了。」她講的是她那棟公寓的人。那個人曾經跟她調情，但也說他無意認真。夏綠蒂決定只跟有心經營關係的人交往。她不想再和情感態度跟她爸爸一樣的人約會，也不想變得跟她媽媽一樣。她希望能對那些事說「不」，對不成為父母的翻版、而成為她還在探索的那個她說「是」。

「我本來是想，停止治療的話，我就能繼續跟他上床。」她說。

「不論你繼不繼續心理治療，」我說：「你想做什麼都可以。」我看她聽著她已經知道的事。沒錯，她已經戒酒，已經不再跟靚仔見面，也開始不再跟媽媽衝突，但改變是漸進的，你不會同時放下所有的防衛。你是一層一層剝開它們，緩緩接近柔軟的核心：你的悲傷，你的羞愧。

她搖搖頭。「我不希望五年後一覺醒來，還是沒建立任何關係。」她說：「五年後，我這年紀的人很多不會再單身。而我呢？難道還在候診室跟人勾搭？跟鄰居上床？在派對上把這些事當戰果炫耀？好像我不在乎似的。」

「裝瀟灑。」我說：「沒有需要，沒有感覺，隨波逐流。可是你的確有感覺。」

「對啊，」她說：「那種瀟灑其實感覺像渣。」她之前從沒承認過這點。她要脫下防護衣了。「『像渣』算是感覺嗎？」她問。

「當然算。」我說。

於是，我們終於啟程。夏綠蒂這次沒有離開，一直接受治療到學會開自己的車，找自己的路，注意路況，安全駕駛。雖然還是會犯很多錯，但總是能找回自己的路，到她真正想去的地方。

47 肯亞 Kenya

我又來找柯瑞剪頭髮，也跟他講了取消書約的事。這下可好，我可能得花好幾年才還得了出版社的錢，以後可能也沒機會拿到書約，畢竟我拖得這麼晚才說我不玩了。可是，我覺得沉甸甸壓在心上那塊石頭不見了。

柯瑞點點頭。我從鏡子看到他瞄了一眼他刺了青的二頭肌。「你知道我早上在幹嘛？」他說。

「在幹嘛？」我說。

他梳梳我的瀏海，檢查一下齊不齊。「我看了一部紀錄片，講肯亞人沒乾淨的水喝。」他說：「每個人都奄奄一息的，很多人因為打仗跟生病身心受創，又被趕出家園。那裡水髒得能毒死人，為了找乾淨的水，他們到處流浪。可是他們沒有人去心理治療，也沒有人欠出版社錢。」他停了一下，「總之，我早上就幹了這事。」

一陣尷尬的沉默。我跟柯瑞在鏡子裡對上彼此的眼神，然後慢慢地，我們開始笑。

我們都是笑我，但我也笑人為自己的痛苦分等級的習慣。茱莉有一陣子常安慰自己「至少我沒癌症」，其實，健康的人不也常用這句話淡化自己的痛苦？約翰剛開始做諮商的時候，他的時段是排在茱莉後面，我那時總得努力記住受訓時學過的一大原則：痛苦沒有高下之分。痛苦不該被分成三六九等，因為受苦不是比賽。夫妻之間常忘記這點，把自己的痛苦看得比對方更重——**我一整天都在帶孩子。我的工作比你辛苦多了。我比你更寂寞。**到頭來誰贏了？——或者該說，誰輸了？

痛苦就是痛苦，沒有等級之分，但我也經常忘記這點。我曾認為相對於離婚來說，分手不過是芝麻大的事，還為自己為這種小事痛哭向溫德爾道歉。雖然相對於肯亞的天災人禍來說，不履行書約實在稱不上災難，可是那的確會對我的財務和事業造成非常實際的影響——可是，我還是為自己因此而焦慮感到不好意思。我甚至還為自己的健康狀況道過歉（有一次有病人注意到我在顫抖，而我除了道歉之外不知該說什麼），畢竟我不但沒確診是什麼病，連生的病有沒有「資格」感到痛苦都不知道，有什麼好焦慮呢？我只不過是找不出診斷而已，又不是帕金森氏症（我呸！），又不是癌症（我呸呸呸！），窮緊張什麼？

可是溫德爾跟我講過：貶低自己的煩惱，無異於貶低自己，也貶低那些我沒把他們的痛苦放進痛苦排行榜的人。他提醒我：人無法藉著貶低痛苦來克服痛苦。想克服痛苦，就要接受它，想出處理它的辦法。你無法改變你否認或貶低的事。而當然，看似瑣碎細微的擔憂，常常反應出更深層的憂慮。

「你還在用 Tinder 補血嗎？」我問柯瑞。

他在我頭髮上擦某種東西。「那當然。」他說。

48 心理免疫系統
Psychological Immune System

「恭喜，你不是我情婦了。」約翰拿著我們的午餐進門時，語帶挖苦地說。

這是他道別的方式嗎？我們的治療才剛剛真正開始，他就打算結束嗎？

他走向沙發，以華麗的動作把手機關靜音，扔到椅子上，然後打開外賣，遞給我一份中式雞肉沙拉，接著從袋裡掏出筷子，朝上晃晃：**要筷子嗎？**我點頭：**要。謝謝。**

兩個人坐定之後，他一邊頓腳一邊看我，似乎等著我開口。

「嗯哼，」他說：「想不想知道你為什麼不是我情婦了？」

我回看他：**我不想玩。**

「唉，好好好，」他嘆氣：「我跟你說吧。因為我自己跟瑪歌招了，所以你不是我情婦了。她現在知道我會來找你。」他夾了一口沙拉，開始吃。「結果你知道她怎麼樣嗎？」他繼續說。

我搖搖頭。

「她氣炸了！怎麼沒跟我講呢？你這樣多久了？她叫什麼名字？還有誰知道？好像我跟你上床了還是做了什麼見不得人的事，誇張吧？」約翰哈哈笑了幾聲，想讓我知道他覺得這件事多荒謬。

「給她的感覺可能是那樣。」我說：「她本來就覺得你不太理她，現在又聽到你跟別人講心事。她巴不得你對她也能這樣。」

「對啦。」他說，然後思緒像是飄到別的地方。他又吃了幾口沙拉，盯著地板，搓搓額頭，像是在絞盡腦汁想什麼事。最後，他總算抬頭。

「我們談到蓋比。」他輕聲說。接著他開始哭，嚎啕痛哭，撕心裂肺、不能自已地哭。我馬上認出那個聲音，那是我讀醫學院時在急診室聽過的聲音，得知孩子溺斃的父母的聲音。這是約翰為愛子而唱的哀歌。

我腦子裡也閃過另一間急診室，我兒子一歲時去的那間。那晚他燒到四十度，甚至開始抽搐，我急忙叫救護車送他去醫院。救護員到的時候，他已全身癱軟，眼睛緊閉，對我的聲音也沒有反應。看著約翰，我感到那一晚的恐懼再度侵入身體。我彷彿又一次看見兒子在輪床上氣息奄奄，而我緊靠著他，一起被救護員送去醫院，警笛聲一路有如超現實音樂。在他們捆住他、要他別動、把他送去照X光的時候，我聽見他哭著找我。他那時醒過來了，一臉驚恐，一邊用力掙扎，一邊哀求我去抱他。他的尖叫就跟約翰現在的哀嚎一樣令人揪心。我還記得在醫院走廊跟一群人擦身而過，輪床上的孩子似乎已失去意識——或者已經死了。**我們可能也會這樣**，我那時心想。**到了早上，我們可能也會這樣。我們離開時可能也是這樣**。

但我們不是。後來我帶著我的帥兒子回家。

「抱歉，抱歉，對不起。」約翰哭著說。我不知道他是對蓋比道歉？對瑪歌道歉？對他媽媽道歉？還是為了在這裡痛哭對我道歉？

都是，他說。但主要是為遺忘道歉。他很想不再想起這件無可理喻的意外——車禍，送醫，得知蓋比死亡的那一刻——可是他做不到。要是能忘記抱著兒子的遺體、忘記瑪歌的弟弟把他們拉開、忘記自己揍了小舅子，忘記自己大吼：「我要跟蓋比一起！」他什麼都願意給。要是能擦去記憶，忘記告訴女兒她哥哥死了的那一幕，忘記一家人到了墓園、而瑪歌癱倒在地無法行走的那一幕，他什麼代價都願意付——但不幸地，這些記憶歷歷在目，變成他是睡是醒都甩不掉的夢魘。

逐漸模糊的是那些快樂的回憶。蓋比穿蝙蝠俠睡衣在床上說「把拔抱」；打開生日禮物後扯包裝紙玩；上幼稚園那天，他像個大孩子一樣昂首闊步進教室，到了門邊才偷偷轉過頭給個飛吻；他說「我愛你像月亮那麼高」的聲音；約翰彎腰親他時他頭上的味道；他咯咯笑的旋律；他活潑的表情；他最喜歡的食物、動物和顏色。（去世以前，他最喜歡的是藍色還是「彩虹色」呢？）約翰說這些回憶像是隱沒在天際，他漸漸看不清蓋比的輪廓。他越是想緊緊抓住，它們就離他越遠。

隨著孩子長大，每個父母都會遺忘他們小時候的細節，也都會為此遺憾。不同的是，在往事從他們記憶中褪去的時候，現在就在眼前。可是對約翰來說，失去回憶更提醒他失去蓋比的痛苦。所以到了晚上，在瑪歌氣他熬夜、以為他在忙公事還是看色情片的時候，約翰其實是拿著筆電躲起來看蓋比的影片，不停地想：兒子的影片就只有這些，跟他對蓋比的回憶一樣，永遠不會再有了。他們不再有機會創造更多回憶。回憶可能會模糊，但影片不會。約翰說他看了這些影片幾百次之後，已經不再能分辨哪些是影片內容，哪些是他真正的回憶。可是他還是執迷不悟地看，「我要讓蓋比活在我心裡」。

「讓他活在你心裡，就不覺得自己拋下他了。」我說。

約翰點頭。他說，他一直在想蓋比活著的樣子——他會長什麼樣？多高？喜歡做什麼？看到蓋比小時候的鄰居玩伴，他會想像上了中學的蓋比跟他們廝混、愛上某個女孩，最後開始刮鬍子。他也常想蓋比搞不好也會有叛逆期，三天兩頭跟他唱反調。當他聽到其他家長抱怨子女上高中後不聽話，他總覺得這是何等奢侈——他多麼希望也有機會嘮叨蓋比的功課、在他房裡找到香菸，逮到他做青少年常做的混帳事。可是他永遠無法像其他父母一樣，看著孩子走過每個階段。同樣為人父母，他與他們的不同令人不寒而慄，也令人心碎。

「你和瑪歌談了什麼？」我問。

「瑪歌一直追問心理諮商的事，」他說：「她想知道為什麼。為什麼我會來諮商？是不是跟蓋比有關？我有沒有談到蓋比？我跟她說我來諮商不是因為蓋比，只是壓力大。可是她既不相信也不罷休。『你**完全**沒談到蓋比嗎？』我跟她說談了什麼是我的事。靠！我自己來諮商，還不能想說什麼就說什麼嗎？她誰啊？諮商警察嗎？」

「那你覺得，她為什麼那麼在意你有沒有談蓋比？」

他想了一陣。「我記得蓋比走了以後，瑪歌要我跟她談蓋比的事，可是我就是沒辦法。她不懂我怎麼能又去烤肉又看湖人隊比賽，像個沒事人一樣。但我第一年還在震驚狀態，麻木。我告訴自己，**繼續往前走，不要停下來**。可是到了第二年，我每天醒來都想死。我裝得很堅強，但我心裡淌血。我得養家，我得為瑪歌和葛蕾絲堅強起來，所以我不能讓人看到我心裡淌血。」

「後來瑪歌想再生一個，我說，幹！別搞了吧？我是說，媽的咧，我完全不想再當爸爸。可是瑪歌頑固得要死，她說她不想讓葛蕾絲一個人孤孤單單長大。她說不只是**我們**失去一個孩子，葛蕾絲也失去她唯一的手足。沒有兩個小鬼打打鬧鬧，整個家氣氛都變了，不再像有小孩的家。安靜得像是在提醒我們少了什麼。」

約翰往前挪了一挪，蓋上沙拉的蓋子，朝房間另一邊的垃圾桶扔。命中。**空心球**。他從不失手。「反正，」他說：「再生一個似乎對瑪歌是好的，她整個人活過來了。可是對我不好。我一直覺得沒有人能取代蓋比。還有，要是我又害死這個怎麼辦？」

約翰告訴我，他剛剛得知母親的死訊時，他覺得一定是他害的。因為她那晚去學校看排演之前，他拜託媽媽趕快回家哄他睡覺，所以他想：**她一定是因為趕著回家才出車禍**。當然，他爸爸跟他說她是為了救學生才發生意外的，可是他不信，他認為那是顧慮他的感受才編的謊話。直到看了地方報紙的報導（他那時剛識字），他才相信大人沒有騙他，媽媽不是他害死的。可是他也知道，媽媽會毫不猶豫為他而死，因為他自己對孩子就是這樣。幾年前他願意為蓋比或葛蕾絲而死，現在也願意為蘿比而死。那瑪歌呢？他會為她死嗎？他不太確定。瑪歌會為他死嗎？他也不太確定。

他停了一下，試著緩和氣氛：「呴，這有夠沉重，我看我還是躺著吧。」他在沙發上伸伸懶腰，拍拍枕著的椅墊，發出不太滿意的聲音（「靠，這裡面裝了什麼？卡紙嗎？」他有一次這樣抱怨）。

「滿奇怪的是，」他繼續說：「我還擔心自己會太喜歡這個新孩子，好像這樣對不起蓋比似的。還好不是男生，我不覺得自己有辦法再帶一個男生，卻不想起蓋比——要是他跟蓋比一樣喜歡消防車怎麼辦？如果又是男生，他什麼舉動都會讓我看了傷感，這樣對新的孩子也不公平。我擔心到去研究什麼時候上床最可能懷上女生——我後來還寫進劇本。」

我點點頭。那是他那部影集的支線。那對夫婦是後來加入的，應該是第三季吧，我想。他們老是因為忍不住、等不及，在不對的時間上床。情節滿好笑的，感覺不出靈感來自這麼深的痛。

「重點是，」約翰說：「我沒讓瑪歌知道。我只自己小心，只在最可能懷上女生的日子上床，一直神經緊繃到照超音波那天。婦產科醫生說好像是女生時，我跟瑪歌異口同聲說：『你確定？』瑪歌超希望是男生，因為她喜歡帶男生，而且我們已經有一個女兒了，所以她那晚非常失望，一直說：『我們永遠沒機會再帶男生了。』我呢？我高興得跟升天一樣！我覺得在那種情況下，我還是帶女兒比較好。蘿比出生時我緊張得差點沒尿褲子，可是我第一眼看到她，就愛瘋了。」

他有點哽咽，停了下來。

「那悲傷呢？有好一點嗎？」我問。

「怪就怪在這裡——我一開始覺得有變好，但變好的感覺讓我覺得更糟。」

「因為悲傷讓你覺得和蓋比有連結，是嗎？」

約翰看起來挺驚訝：「不錯嘛！福爾摩斯。對！難過就像我愛蓋比的證據。難過減輕，好像我開始把他忘了，好像他對我變得不再那麼重要。」

「如果快樂起來，就沒辦法繼續悲傷。」

「就是這樣。」他別過視線：「我現在還是這種感覺。」

「可不可能是並存的呢？」我說：「有沒有可能：你的悲傷或難過，讓你第一眼看到蘿比就高興，而且覺得自己好愛好愛她？」

我想起我治療過的一位女性。在丈夫去世一年後，她再次陷入熱戀——喪夫之痛讓這場戀愛更顯甜蜜——但她也擔心別人怎麼看她。（這麼快？你跟你丈夫不是感情很好，而且結婚三十多年嗎？）事實上，她的家人朋友都很為她高興。她在意的目光其實不是他們的，而是她自己的。如果她活得快樂，是不是在侮辱丈夫留下的回憶？她花了一段時間才領悟：快樂不會減低她對丈夫的愛，反而顯出這份愛的可貴。

約翰說他覺得很諷刺：以前是瑪歌想談蓋比，他沒辦法談；後來卻變成他一提起蓋比（其實次數很少），瑪歌就開始激動。難道他們家要永遠困在那場悲劇裡嗎？他們的婚姻難道要永遠緊繃下去？「也許我們彼此都在提醒對方那件事。好像光是看到對方，都像見到能壞了你心情的東西。」約翰說。

「這得解決，」他補上一句，抬眼看我：「我們得做個結束。」

❖ ❖ ❖

啊，結束。我懂約翰的意思，但我一直覺得「結束」是種幻覺。雖然不少人聽過伊麗莎白．庫伯勒－羅斯（Elisabeth Kübler-Ross）的「悲傷五階段」（否認，憤怒，討價還價，沮喪，接受），但很多人不知道這是出自她對末期病人的觀察，談的是他們接受**自己**的死的過程。要到幾十年後，這套模型才被用來解釋範圍更廣的悲傷過程。不過，「接受」自己的死是一回事（這是茱莉的考驗），「接受」親友的死是另一回事。認定悲傷的人最後都該邁入「接受」，可能讓他們感覺更糟（「我怎麼到了現在都還沒走出去？」；「我不曉得為什麼過了這麼多年，有時還是會哭……」）。另外，愛和失去有盡頭嗎？如果有，我們真的**想**走到那一步嗎？愛得深的代價是感覺也深，但感覺也是禮贈——活著的禮贈。如果我們不再有感覺，就**該**為自己成了行屍走肉而悲傷。

悲傷心理學家威廉．沃登（William Worden）思考這些問題後，把悲傷的「階段」改成「任務」。他歸納的第四個任務是「融入」，將失去融入你的人生，創造與逝者之間持續不斷的連結，發掘繼續人生的方式。

然而，很多人來心理諮商是為了結束。**請讓我不要有感覺**。可是他們最後會發現：人沒辦法只關掉一種情緒，卻不同時關掉其他情緒。想關掉痛苦嗎？你也會關掉快樂。

「你們都很寂寞。一個人悲傷，」我說：「也一個人快樂。」

在之前的晤談裡，約翰已經不時透露他是有快樂的：兩個女兒；愛犬蘿希；寫出一場好戲；拿下另一座艾美獎；跟哥兒們一起旅行。約翰說，他有時簡直不敢相信自己還快樂得起來。蓋比喪生之後，他以為自己再也不可能享受人生。他知道自己會走下去，可是大概會像個遊魂。沒想到蓋比去世才一個星期，他和葛蕾絲就玩了起來，有那麼一秒——或許兩秒——他覺得自己沒事了。他和女兒一起笑，而他對於自己還笑得出來感到詫異。兒子去世才一個星期，那個笑聲真的是他嘴裡冒出來的嗎？

我對約翰講起「心理免疫系統」(psychological immune system)。生理免疫系統能協助遭受生理攻擊的身體恢復，大腦則讓你從心理攻擊中復原。哈佛教授丹尼爾．吉伯特（Daniel Gilbert）做的一系列研究顯示：人不論是受到艱難的考驗（例如離婚、疾病），還是遭到災難級事件打擊（變成殘障、失去摯愛等），在回應人生挑戰時，我們往往表現得比自己預期中更好。我們以為自己再也不可能笑，有一天卻笑了。我們以為自己再也不可能愛，有一天卻再次付出愛。我們繼續去買日用品、去看電影、發生性事、在婚禮上跳舞、在感恩節吃過頭、在新年立志節食——日常生活又回來了。約翰陪葛蕾絲玩的反應並不奇特，而是常態。

我也和約翰分享另一個相關概念：無常。在傷心的時候，我們難免以為痛苦是永久的。但感覺其實像天氣，一會兒晴，一會兒雨。這一分鐘、這一小時、這一天覺得難過，並不代表接下來十分鐘、半天、一個星期也會難過。不論焦慮、興奮或憤怒，我們的所有感覺都是一會兒晴，一會兒雨。對約翰來說，雖然蓋比生日、特定節日或某個小東西，會讓他一輩子觸景傷情，開車時偶然聽到某首歌，或是突然閃過某個回憶，甚至能讓他陷入絕望，可是幾分鐘、幾個鐘頭後的另一首歌、另一個回憶，也可能讓他喜悅無比。

我想知道約翰和瑪歌共同擁有的喜悅是什麼。我請他想像一下：要是沒有那場車禍，他和瑪歌之間會發生什麼事？他們的婚姻現在會是什麼樣子？

「靠，我老天啊，」他說：「你以為我能改寫過去？」他看看窗外，看看時鐘，再看看他躺上沙發時蹭掉的球鞋。最後，他看著我。

「其實，這件事我最近還真的想了不少。」他說：「我有時候會想，我們那時候剛有小孩，我的事業剛起飛，瑪歌一邊帶孩子，一邊忙接案，我們的關係漸漸淡了，跟那個年紀的很多人一樣。我在想，要是兩個孩子都平安無事，上小學、上中學，我們的工作也繼續做著，後來會有什麼不一樣？大概就正常家庭、平凡日子吧——可是未必如此。我以前覺得我跟瑪歌很合，她適合我，我適合她，結果現在弄得彼此這麼不開心，而我甚至想不起來是什麼時候開始的。反正後來我什麼事她都覺得不對。搞不好我們現在都離婚了。大家不都說孩子死了，婚姻就完了嗎？可是我們好像不一樣。搞不好我們是因為蓋比的事才沒分開。」他笑了笑：「搞不好蓋比救了我們的婚姻。」

「是有可能，」我說：「也可能是你們都想找回自己，找回自己似乎隨著蓋比死去的部分，所以你們沒有分開。也許你們都相信可以再找回彼此一次——也許，這會是你們第一次找到彼此。」

我又想起急診室裡孩子溺死的那家人。他們現在怎麼樣了？生了另一個小孩嗎？他們的小寶寶——那個三歲孩子跑出門溺死的時候，正在樓上換尿布的寶寶——現在應該上大學了吧？也許那對夫婦早已離婚，現在各自跟新的丈夫和太太在一起。也許他們依然相伴，變得比以前更加堅強，一起去住家附近的步道健行，欣賞舊金山半島的風景，回憶過去，也懷念他們深愛的女兒。

「滿好玩的，」約翰說：「我們兩個這次總算同時準備好要談蓋比。走到這一步感覺不壞——我是說，我還是覺得很糟，但可以了。你懂我意思吧？不像我本來以為的那麼糟。」

「也不像不談蓋比那麼糟。」我說。

「我就說你很行嘛！福——」我們相視而笑。他不叫我福爾摩斯、不用虛構人物跟我保持距離了。讓蓋比在他生命中變得更加真實，使他也能讓其他人變得更加真實。

約翰坐了起來，又開始躁動。晤談時間快結束了。在他穿上球鞋、站起來拿手機的時候，我想起他剛剛提到他給瑪歌的理由：他說他來心理治療是因為壓力——他經常跟我說的也是這個理由。

「約翰，」我說：「你真的覺得自己來這裡是因為壓力嗎？」

「搞什麼啊？白痴。」他眼睛一瞇：「我是來談瑪歌和蓋比的。老兄，你有時候還是鈍了點吶。」

這一次，他沒再掏出一把鈔票付給他的「雞」。「現在可以大大方方寄帳單給我了，」他說：「不必再躲躲藏藏的，我們合法了。」

49 問建議？做諮商？ Counseling Versus Therapy

「你現在是想聽建議還是做心理諮商？」我對溫德爾說我有問題想問時，他這樣說。他知道我懂兩者的區別，因為他之前已經給過我兩次建議。兩者之間的差異在於：我是想聽聽他的看法（徵詢建議），還是想了解自己（心理諮商）？

第一次向溫德爾尋求建議，是因為有些病人貪快，只求快速解決問題，輕看心理諮商的深層效果，我覺得頗為失望。我當心理師的資歷相對較淺，所以我想知道更資深的心理師怎麼看這種問題——尤其是溫德爾怎麼看。雖然我也會找資深同事聊，但我時不時就是特別想知道溫德爾的作法。他會怎麼處理我們這行經常碰到的挫折？

我本來以為他只會對我的煩惱表達同理，但不會直接回答問題，畢竟我知道這種問題不好回答。有時候心理師怎麼做都不對：**病人希望你展現同理，可是就算你展現同理，病人還是會絕望，還是會生氣，因為光是同理解決不了他真正的問題**——那他還找你這個心理師幹嘛？我猜溫德爾甚至可能會把話說破，點出這種情況他怎麼做都不對。因為掃除情緒地雷最好的辦法，就是攤開來說。

沒想到他說的是：「想不想聽實務建議？」我一時以為我聽錯了。**實務建議**？開玩笑的吧？我的心理師要跟我講具體建議？

我往前挪了一挪。

「我爸是做生意的。」他開始說。我那時還沒供出我上網搜他，所以我點點頭，裝作第一次聽到。他說他開始執業的時候，他爸爸建議他向有意接受治療的病人提議：先談一次試看看，如果談完之後不想繼續找他，這次免費。因為很多人對踏出諮商第一步感到忐忑，這種零風險的方式能推他們一把，讓他們有機會看看心理諮商是什麼樣子，還有溫德爾能怎麼幫助他們。

我在腦海裡想像溫德爾的爸爸對他面授機宜那一幕。終於有機會跟這個書生氣重的兒子聊生意經，他爸爸應該很高興吧？雖然這個建議在商場上不算什麼奇招，不過心理師通常不會從做生意的角度思考執業問題。我們的確會設法經營自己的事業，可是溫德爾的爸爸一定很清楚：雖然這個兒子選擇離開家族事業，但他終究得面對生意問題。也許他很高興跟兒子之間有了交集。也許這場父子交心對溫德爾來說意義非凡，所以他樂意把這份智慧傳承給像我這樣的心理師後輩。

無論如何，他爸爸確實有一套。我開始向病人這樣提議後，晤談時間約得滿滿的。

不過，他第二次的建議不怎麼高明——也許是因為我那次不只是請教他、拜託他，根本是死纏爛打逼他回答。我當時正為那本快樂書天人交戰，一直追問溫德爾該怎麼辦（但當然，他對出版業一無所知）。也許是我問個沒完，又逼得太過，那節晤談快結束時，他終於投降。「是這樣，我不知道能說什麼，」被我問了八十七次之後，他說：「可是你好像非得想辦法寫出來，這樣下次才能寫你想寫的東西。」然後他拍腿兩下，起身站起，示意時間到了。

心理師有時候會「以毒攻毒」，故意要病人去做他們想克服的習慣。比方說有年輕人拖著不找工作，心理師可能要他不找工作；有女性無法主動求歡，心理師可能要她不主動求歡。這種策略叫「矛盾意向法」（paradoxical intervention）。簡單來說，就是心理師叫病人別去做他們本來就不做的事。由於這種策略需要考量倫理面向，心理師必須受過完善的訓練，才能拿捏好該在什麼時機、怎麼給予病人矛盾的指示。它背後的概念是：如果病人相信自己無法控制某種行為或症狀，那麼，藉著把它們變成病人可以選擇做或不做的事，就有可能撼動他們「我控制不了」的想法。一旦他們明白行為是自己的選擇，他們就能檢視附帶收穫（secondary gains），亦即這個行為在潛意識裡提供的好處（逃避、反抗、求助等）。

可是溫德爾沒用過這招，他向來是我問什麼他就答什麼，而我拋給他的經常是沒完沒了的抱怨。如果我哪天心煩意亂，因為經紀人態度堅決，還是老調重彈：沒別的路走，我非寫出來不可，否則別想拿到下一份書約。溫德爾會問我為什麼不問問別人的意見？或是乾脆換經紀人？我會對他說我沒辦法找別的經紀人，因為我現在除了一團混亂之外，根本拿不出東西給他們。我和溫德爾的對話常常變成這樣，而我最後總能說服我們兩個相信：我只有一條路可走——把書寫出來。於是我萬般無奈硬著頭皮寫，不只怪自己一時大意陷入這般窘境，還把帳算到溫德爾頭上——只是我那時沒發現自己在怪溫德爾。直到我寫信跟編輯說我不想繼續寫之後的那個星期，我的怒氣才浮上檯面。整節晤談我都心浮氣躁，沒辦法跟溫德爾分享這個重大轉折。

可是溫德爾沒看漏我全身散發的怨懟。「你是不是在生我的氣？」他問。我突然被戳中了：對！我就是**生你的氣**，我說。我又補上一句：你猜怎麼著？我取消書約了！什麼賠錢啦、後果啦——全都去死！它們困不住我，我走出牢房了！這個決定有很大部分跟我那個神祕怪病有關，除了覺得自己越來越容易疲倦之外，我也想把我的「好」時光用在有意義的事情上。茱莉有一次說，她總算明白為什麼說大難不死的人是「活在借來的時間」——因為我們的生命的確是借來的。不論我們年輕時以為自己有多少時間能揮霍，事實是沒有一個人有那麼多時間。我的想法和茱莉一樣。我對溫德爾說，我不想再渾渾噩噩過日子，我要把人生用在最重要的地方，所以——**你以為你誰啊？**竟然要我委曲求全繼續寫？雖然心理師難免有失手的時候，可是當出錯的是溫德爾，我覺得像是遭到背叛，氣得不可理喻。

我講完之後，溫德爾若有所思地看著我。他可以辯解幾句，可是他沒有。他只是道歉，說他沒看出我們之間出了大事。在我試圖說服他相信我被困住的時候，我也讓他產生被困住的感覺——被我感受到的困境困住。於是，他像我一樣深感挫折，也像我一樣選了最簡單的答案：**好好好，你完蛋了——快把那本天殺的書寫完吧！**

❖ ❖ ❖

「我這次想問的事跟一個病人有關。」今天，我對他說。

我告訴他我有個病人的妻子也在看**他**——溫德爾。於是我每次來這裡，都會想剛剛從諮商室離開的那個婦人是不是她。我對他說，我知道他不能透露病人的任何事情，但我還是好奇：她有沒有對他提到她丈夫的心理師的名字——也就是我？我想知道，我們該怎麼處理這個巧合？雖然我在這裡是病人，對我生活裡的任何面向可以想說什麼就說什麼，可是我的生活的其中一個面向，正好是為他的另一個病人的丈夫做心理諮商。我不希望因為我對他病人的丈夫的認識，影響到他的病人的心理諮商。

「你想問的是這個？」溫德爾問。

我點點頭。因為他上次建議得一塌糊塗，我想他這次會答得格外謹慎。

「我告訴你什麼能對你有幫助？」他問。

我想了一下。他不能透露瑪歌的晤談時間是不是在我前面，連他有沒有察覺我們談的是瑪歌都不能說。他不能告訴我他是現在才知道我在看他病人的丈夫，還是早就知道這件事。他也不能告訴我瑪歌有沒有對他提過我。我知道我要是提到約翰的事，他會從專業角度給我建議，然後我們就會朝那個方向談下去。可是我想知道的也許是：我對他講開這個巧合，是不是對的？

❖ ❖ ❖

「你有沒有想過，我心理師當得好不好？」結果我問出口的是這個。「我是說，就你在這裡認識的我來看，你覺得我是不是個好心理師？」我之前問過他：「你喜歡我嗎？」但這次想問的不一樣。我那時想知道的是：你喜歡我仍是小孩的那一面嗎？你喜歡我的「內夏瑪」嗎？而我現在想問：你怎麼看我大人的這一面？你認為我是有能力的成人嗎？但當然，溫德爾沒看過我為病人心理諮商，也沒指導過我工作，他怎麼判斷我當心理師稱不稱職？我簡直強人所難。我正準備開口這樣說，他止住我。

「我知道你是。」他說。

我一下子沒意會過來。他知道我是好心理師？從哪裡看得出──哦！所以瑪歌覺得她跟約翰之間有變好。

溫德爾和我相視而笑。我們都知道了他不能告訴我的事。

「我還想問一個問題。」我說：「像這種情況，我們要怎麼減少尷尬？」

「也許你現在已經做到了。」他說。

他是對的。在伴侶諮商時，心理師會談到隱私和祕密的差異——前者是健康關係裡每一個人都需要的心理空間，後者則源於羞愧，通常有害。榮格說祕密是「心靈的毒藥」，在我隱瞞溫德爾這麼多祕密之後，講出這最後一個，感覺真好。

我後來沒有再向溫德爾尋求建議，因為他其實從第一天起就一直給我建議——心理諮商是從做中學的專業，而且不只是學著當心理師，也要學著當病人。為人諮商和被人諮商是一體兩面，所以有一種說法是：心理師自己的內在生命成熟到什麼程度，就只能帶病人到同樣的程度（這種說法其實有不少爭論。我跟幾個同事一樣，也見過病人達到我們難以企及的高度。但無可否認的是，當我的內心得到療癒，我也會變得更能療癒別人）。

實務上也是如此，我把溫德爾教我的直接帶進諮商室。

「我想到一個漫畫，牢房裡有個囚犯猛搖鐵窗……」我有一次拿出聖母般的耐心跟約翰講這個比喻，想讓他看到困住他的人根本不是那些「白痴」。

講到重點的時候（鐵窗兩邊都有出路），約翰有一瞬間露出「懂了」的笑容——然後給我一記殺球。「拜託，」他翻個大白眼：「別的病人真的吃這一套？」不過他是特例，其他人或多或少都在這個比喻裡得到啟發。

話說回來，我從溫德爾身上學到的最重要的技巧，還是在諮商時既保持靈活，也帶入自己的個性。我會用踢病人來點出重點嗎？大概不會。我會在病人面前唱歌嗎？我不確定。不過，要不是看到溫德爾跟我談時多坦然做自己，我可能不會跟茱莉一起喊：「幹！」心理師在實習階段是透過書本學諮商，我們必須熟悉基本原則，就像學鋼琴必須熟悉音階一樣。不論是諮商或彈琴，一旦能掌握根本，就能巧妙地即興發揮。溫德爾的規則絕不是「沒有規則」那麼簡單。心理諮商**的確**有規則，我們被教導要遵守規則不是沒有原因的。但溫德爾讓我看到：依深思熟慮的目的調整規則，能擴大心理治療的效果。

我和溫德爾後來沒再談過約翰或瑪歌。但幾個星期之後，當我在候診室裡常坐的椅子坐定，溫德爾諮商室的門打開，我聽見的是男性的聲音：「下星期三也是這個時間？」

「對，到時候見。」溫德爾回答。門再次關上。

透過隔板，我看見的是西裝打扮的男人身影。他靜悄悄地穿過走廊，走向大門。**有意思**，我心想。也許排我前面的那個女人治療結束了，但也可能那**真的**是瑪歌，而為了保護我的隱私，溫德爾不曉得用什麼理由跟她調了時段，免得她萬一發現後面的人是我。但我沒問，因為那不再重要。

溫德爾是對的：尷尬不見了。揭開祕密之後，心靈的毒藥也受到稀釋。

我需要的是建議？還是心理諮商？不論是哪一個，我都已得到。

50 葬禮狂 Deathzilla

離茱莉的晤談時間還有十分鐘，我在公用廚房嚼椒鹽卷餅。我不知道什麼時候會是我們最後一次晤談。只要她遲到，我總往最糟的方向想。兩次晤談之間的日子，我該不該偶爾問問她的情況呢？還是等她需要時主動找我？（但我知道她不太懂得求助。）心理師與末期病人的界線，應該不同於其他病人嗎？應該寬鬆一點嗎？

第一次在喬氏超市遇到茱莉時，我本來不想找她結帳，但我後來去那裡時如果碰上她當班，她會朝我揮手，我也會欣然排到她的收銀台。如果兒子跟我一起，他會多拿到幾張貼紙，再加上一個熱情擊掌。當茱莉不再出現，他也注意到了。

「茱莉呢？」準備結帳時，他眼睛掃過一個個收銀台找她。不是我不願意跟他談死（我的一個兒時好友幾年前因為癌症過世，我那次有把她的病況坦白告訴札克），而是基於保密原則，我不能多談茱莉的事，否則他的問題會一個接著一個，遲早會碰觸到我不能跨越的界線。

「也許是調班表吧。」我說，好像我只知道她是喬氏超市的雇員。「也可能她換了工作。」

「她才不會換工作咧，」札克說：「她**喜歡**這個工作！」他的反應讓我一震——連這麼小的孩子都看得出來。

茱莉不在以後，我們改排愛瑪那一隊。愛瑪就是之前毛遂自薦要幫茱莉懷孩子的那個，她也會多給札克貼紙。

可是回到診所，等著茱莉出現的時候，我不禁問了跟札克一樣的問題：「茱莉呢？」

我們講心理諮商結束是用「termination」（終結）這個字，我總覺得這個字刺耳得古怪。結束心理諮商理想上是溫暖、感動、苦中帶甜的經驗，應該跟畢業很像。一般來說，在心理諮商接近尾聲時，我們會進入最後階段——道別。在這幾次晤談裡，我和病人會談談「過程和進展」，以便進一步強化病人做出的改變。我們會討論：哪些部分有助於病人達到今天的樣貌？哪些部分沒有？對於自己的力量、難題、內在劇本和敘事，他們學到了什麼？離開以後，他們能帶走哪些應對策略和更健康的生活方式？而當然，這些討論背後關切的都是：我們如何道別？

在日常生活裡，我們很多人沒經驗過有意義的道別，有時候甚至根本不道別。對於接受心理諮商的人來說，他們已經花了很多時間來度過重大人生問題，結案過程希望能幫助他們圓滿結束，不只是揮揮衣袖說句「謝謝，掰掰」而已。研究顯示：人往往是依據經驗如何結束來記憶它們。結案期之所以是心理諮商的重要階段，正是因為它們能讓病人在經歷太多負面的、牽扯不清的、不了了之的結局之後，擁有一次正面的結束經驗。

可是，茱莉和我準備的是另一種結束。我們都知道她的諮商會持續到她生命結束，這是我對她的諾言。最近，我們晤談時越來越常沉默，不是因為我們想迴避什麼，而是因為，這是我們面對彼此最坦誠的方式。我們的沉默意義無窮，我們的情感舞在空中。不過，這些沉默也與她日益衰弱有關。她的體力越來越差，漸漸連講話都很傷神。奇怪的是，茱莉瘦歸瘦，外表看起來還是健康的。很多人看不出她已油盡燈枯，有時候連我都有這種錯覺。在某個層面，我們的沉默還有另一種作用：讓我們以為時間可以停止。在幸福的五十分鐘裡，我們暫時跳脫外面的世界。她說這裡讓她有安全感，讓她不必擔心那些擔心她的人，也不必面對他們的情緒。

「可是，我對你也有情緒。」茱莉提到這件事那天，我對她說。

她想了一下，回答很簡單：「我知道。」

「你想知道我出現哪些情緒嗎？」我問。

茱莉笑笑：「我也知道。」然後，我們回到沉默。

當然，在沉默與沉默之間，我和茱莉也會談話。最近，她說她在想時間旅行的事。她聽了一個談時間旅行的廣播節目，跟我分享裡面一句她喜歡的話：它說有了時光機之後，過去就成了「一套大部頭百科全書」，寫滿「你還可以挽回的錯」。茱莉說她之所以記得，是因為那先讓她笑，又讓她哭——她想到自己時日無多，根本來不及犯那麼多錯。人得活得夠長，才有那麼多遺憾想要彌補，也許是破碎的關係，也許是沒勇氣追逐的夢想，也許是到遲暮之年仍耿耿於懷的錯。

茱莉其實經常回到過去，但不是為了挽回什麼，而是為了重溫她享受過的人生片段：小時候的生日派對；在爺爺奶奶家度假；第一次熱戀；第一次發表論文；第一次與馬特交談，卻聊到凌晨還意猶未盡。不過她說，就算她現在健康無恙，她還是不想去未來看看。她不想提前知道電影情節，不想被爆雷。

「未來是希望。」茱莉說：「要是你已經知道會發生什麼，還有什麼希望可言？這樣還要為了什麼而活？為了什麼而奮鬥？」

我馬上想到茱莉和麗塔的不同，她們一個年輕，一個年老，情況卻恰恰相反。年輕的茱莉沒有未來，但滿意自己的過去；年老的麗塔還有未來，卻被過去緊緊糾纏。

也是那天，茱莉第一次在晤談時打瞌睡。幾分鐘後她醒過來，發現自己剛剛睡了一下，她不好意思地說了句笑，大意是說她睡著時我八成是時間旅行去了，真希望我剛才不在這裡。

我跟她說我哪兒也沒去，只是想起我一定聽過同一個節目，也想起節目尾聲的一個想法：我們都在時間旅行，方向都是未來，速度也一模一樣——每小時六十分鐘。

「這樣的話，我們算時間旅行的旅伴了。」茱莉說。

「是，」我說：「連你休息時都一起。」

還有一次，一段沉默過後，茱莉說馬特覺得她成了葬禮狂——對葬禮規劃太過投入，跟那些婚禮安排多如牛毛的新娘一樣瘋狂。她甚至還請派對企劃來執行她的葬禮點子。（「再怎麼說，這總是**我的**大日子啊！」）馬特一開始雖然不太自在，現在也參與得頗為積極。

「我們之前是一起計畫婚禮，現在是一起計畫葬禮。」茱莉說，這是他們人生中最親密的經驗之一，充滿深厚的愛、深沉的痛和黑色幽默。我問她希望那天是什麼樣子，她說：「喔，如果我那天沒死最好。」但既然無法轉圜，她不希望給葬禮「裹上糖衣」，「弄得歡天喜地」。沒錯，她喜歡「歡慶生命」這個概念（派對企劃說現在流行這種路線），但她不喜歡它傳遞的訊息。

「老天吶，這是葬禮耶！」她說：「我癌症團體每個人都說：『我要大家慶祝！我不要大家在我葬禮上愁眉苦臉的。』可是我覺得……幹，人家為什麼不能難過？你**死了**耶！」

「你希望能觸動他們，希望他們因你的死有所不同。」我說：「你希望大家懷念你，記得你。」

她說，她希望大家想起她的方式，就像她平時想起我一樣。

「有時候我情緒上來，或是為了什麼事驚慌起來，我會聽見你的聲音。」她解釋說：「我會想起你講的話。」

溫德爾之於我也是如此——我內化了他提出的質疑、他看待問題的角度，還有他的聲音。這種經驗非常普遍，普遍到判斷病人是否準備好結案的判準之一，就是看他們能不能把心理師的聲音帶著走，有沒有在日常生活裡運用它，從而消除繼續接受諮商的必要。心理治療接近尾聲時，病人可能會說：「我本來開始憂鬱，但我想到你上個月講的……」我已經能在腦子裡與溫德爾對話，茱莉對我也是如此。

「這聽起來可能有點怪，」茱莉說：「但我知道我死後還會聽見你的聲音。不論我去了哪裡，都會聽見你的聲音。」

茱莉跟我提過她開始思考來生。她說她不完全相信，但還是開始想，「以防萬一」。她會孤單寂寞嗎？會害怕嗎？她的丈夫、父母、爺爺奶奶、妹妹、外甥、外甥女——她愛的人全都還活著，她在那裡有誰陪伴？後來她想通兩件事：第一，不論「那裡」是哪裡，她流產的孩子可能會在那裡；第二，她開始相信：她會以某種不可知的靈性方式，聽見她所愛的人的聲音。

「要不是我快死了，我絕不會講，」她語氣裡帶著害羞：「我把你算在我愛的人裡。我知道你是我的心理師，但我希望你聽了不會覺得怪。我跟別人說我愛我的心理師時，我的意思真的是我愛我的心理師。」

雖然這些年來有很多病人我很喜歡，但我從來沒有用這種方式表達過。心理師的訓練要我們謹慎用詞，避免誤解。有很多方式既能讓病人知道我們關心他們，又不至於誤入模糊地帶，但對病人說「我愛你」不是其中一種。可是茱莉已經講了她愛我，我不想死守行規給她四平八穩的回應。

「茱莉，我也愛你。」我那天對她說。她笑了。然後她閉上眼睛，再次入睡。

而我現在站在廚房，邊等茱莉，邊想那天的對話。我想我也會聽見她的聲音，即使在她離去很久以後，特別是在某些時刻，像是在喬式超市買東西的時候，或是疊衣服時看到那件「攤屍在床」睡衣的時候。留下這件衣服不再是因為想念男友，而是為了記得茱莉。

綠燈亮起時我還在嚼椒鹽卷餅。我又往嘴裡塞了一塊，沖沖手，安心吁了口氣。

茱莉今天到得較早。她還活著。

51 親愛的米隆 Dear Myron

麗塔提著她的畫用作品包進門，那個大盒子至少有三呎寬，手提把是尼龍製的。她已經開始在一所地方大學教美術。要是她當年沒輟學結婚，她也會是這所大學的畢業生。今天她帶了自己的作品跟學生分享。

作品包裡是她上網賣的版畫的草圖。那個系列以她自己的人生為本，看起來頗為滑稽，甚至像諷刺漫畫，但主題陰暗而深沉——悔恨、羞辱、八十歲的性。這些她之前拿給我看過，但現在從包包裡拿出來的是別的東西：一落黃色橫條筆記紙。

那一吻之後，她跟米隆兩個多月沒講話了——其實是她避著他。她在ＹＭＣＡ改上別的課，不理會他敲門（她現在用門孔過濾來客，不偷看「我到家囉」那家了），在公寓裡偷偷摸摸跟做賊似的。最近她花不少時間寫信，一字一句仔細斟酌。她說她不曉得自己現在詞還達不達意，今天早上拿出來又看了一次，更不知道該不該寄了。

「我搞不好又把自己弄得下不了臺，先念給你聽聽看好嗎？」

「好啊。」我說。她把筆記本擱到膝蓋上。

從我的位子能看到她的字——認不出個別的字，但看得出筆跡。果然是藝術家的字，我心想。靈活圓潤，點劃分明，又極具個性。她欲言又止了一陣，吸氣，嘆氣，好像終於要念了，卻又吸氣，又嘆氣，最後總算開始。

「親愛的米隆，」她念，然後抬眼看我：「是不是太八股了？還是太親暱了？你覺得要不要改用『嗨』開頭？還是折衷一下，就『米隆——』？」

「我覺得太擔心小地方的話，可能反而抓不到重點。」我說。麗塔做個鬼臉。她知道我講的不只是她的開頭。

「好吧。」她說。她又低頭看看，還是拿出一枝筆，把「親愛的」劃掉。然後吸一口氣，再次開始。

「米隆，」她念：「很抱歉在停車場對你做出那麼過分的事，我沒有開脫的藉口。我欠你一個道歉，也欠你一個解釋。我應該對你說清楚來龍去脈，所以我現在寫這封信給你。我相信你讀完之後，絕對不會還想跟我在一起。」

我一定是發出了什麼聲音——一聲不由自主的「呃」——因為麗塔抬頭看我，問：「怎麼了？太過了嗎？」

「我在想之前跟你聊過給自己判刑的事。」我說：「你好像覺得米隆也會用同一套量刑標準？」麗塔想了一想，劃掉一些東西，然後繼續。

「米隆，老實說，」她盯著筆記念：「我一開始並不知道我為什麼打你巴掌。我想是氣你跟那個女人交往吧。坦白說，米隆，她實在配不上你。但更重要是我實在不懂：我們像情侶一樣互動了好幾個月，你為什麼先是讓我誤會，又甩了我？我了解你有你的理由：怕交往之後合不來，和我連朋友都當不成；怕我要是不答應和你交往，我們在這棟樓裡當鄰居滿尷尬的——可是，你跟那個女人在這裡出雙入對，難道我就不尷尬嗎？她的笑聲我隔著兩層樓都聽得到，開著電視都擋不了。」

麗塔抬眼看我，挑挑眉毛，想知道我覺得如何。我搖搖頭。她又劃掉一些。

「可是那天，」她繼續：「你說你願意冒這個險，你說我值得你冒險。你在停車場講出口的時候，我不得不逃。因為，信不信由你，我覺得為你難過，難過你不知道跟我交往得冒多大的險。不先告訴你我其實是什麼樣的人就讓你冒險，對你並不公平。」

麗塔的臉上滑過一滴淚，接著又一滴。她伸手撈作品包側口袋，掏出一疊塞得皺巴巴的面紙。跟以往一樣，一盒面紙就擺在她身邊，她不從那裡**抽張新的**還是令我抓狂。她哭了一陣，把那疊用過的面紙塞回作品包側口袋，拿起筆記本繼續念。

「你以為你知道我的過去。」她念：「你以為你知道我的婚姻、我的子女的名字、年齡、住的城市，還有我跟他們不常碰面。我得說：你知道的**大多**不是真的。我當初該跟你說實話：我跟他們其實根本不見面。為什麼呢？因為他們恨我。」

湧上的情緒讓她一時說不出話，她定一定神，再繼續念。

「米隆，你不知道的是：他們的爸爸、我的丈夫理查，是個酒鬼。這件事連我第二和第三任丈夫都不見得清楚。他喝醉的時候會傷害孩子，我的孩子，有時候是用言語，有時候是用拳頭。我到現在仍無法下筆寫出他怎麼樣傷害他們。我那時候會吼他，求他住手，而他會吼回來。他醉得厲害時也會傷害我。我因為不想讓孩子看到那種場面，所以盡可能避免跟他衝突。但你知道我怎麼做嗎？我跑去另一個房間。米隆，你懂了嗎？**我丈夫傷害我孩子的時候，我只是躲到另一個房間！**我在心裡怨他，**你毀了他們一輩子，你對他們造成的傷害無法彌補**。我其實知道自己也是幫凶，可是我只是哭，什麼也沒做。」

麗塔埋起臉哭，泣不成聲。重新定下來後，她拉開作品包側口袋的拉鍊，掏出剛才那團髒兮兮的面紙，擦乾眼淚，舔舔手指，翻頁。

「你也許會想，我為什麼不報警呢？我為什麼不帶孩子離開呢？因為我那時告訴自己，沒有丈夫就無法生存，我一個人沒辦法照顧孩子，而且我沒有大學文憑，找不到像樣的工作。我每天盯著報紙徵人廣告想：**我可以當服務生、當祕書，或是當記帳的，但這種薪水和工時我做得來嗎？到時候誰去接孩子放學？誰給他們做晚飯？**我從來沒進一步問，一通電話也沒打，因為事實就是——米隆，你一定得知道這個——事實就是我不想找工作。是的，**我不想**。」

麗塔盯著我看，像是在說：**懂了吧？知道我是什麼樣的王八蛋了吧？**這部分我也是第一次聽她說。她豎起一根指頭——意思是要我等她安頓一下情緒——然後繼續。

「我小時候非常寂寞，所以那時光是想到自己要一個人帶四個孩子，每天上八小時沒意義的班，我都覺得受不了（我不是給自己找藉口，只是解釋給你聽）。我看過其他離婚女人的遭遇，看過她們怎麼像痲瘋病人一樣受到排擠。所以我想，**謝了，我不幹**。我覺得一旦離婚，我可能找不到別的成年人說話，搞不好日子還過得更糟。我可能不會再有畫畫的時間和資源。我擔心這些情況加起來之後，我會想自殺。於是我給留下來找理由，孩子們有個悶悶不樂的媽媽，總強過媽媽死了吧？可是米隆，我不走還有另一個原因：我不想失去理查。」

麗塔的聲音暗了下來，眼睛湧出淚水。她拿那團爛糊糊的面紙拭淚。

「沒錯，我是恨理查，但我也愛他，至少愛沒喝醉時的那個他。那樣的他聰明、風趣。也許這聽來很怪，但我知道我會想念他的陪伴。另外，因為他愛喝酒、脾氣又大，如果我要離婚，我一定會擔心四個孩子交給他帶，所以我一定會跟他爭孩子。而他呢？他反正是工作狂，晚餐也經常很晚才吃，他樂得孩子歸我。想到他能這樣拍拍屁股就走，我不甘心得又怨又恨。」

麗塔又舔舔手指翻頁，可是紙沾住了，她試了幾次都沒成功，最後乾脆把那張撕下來。

「有一次我終於鼓起勇氣，對他說我要離婚。我那次是認真的，不是虛張聲勢，是真的下定決心離婚。我跟他講了以後，他只是看著我，我本來還以為他嚇到了。沒想到他臉上露出笑容——我從沒見過那麼邪惡的笑容——他慢慢地、仔細地、用一種我只能稱為嗥叫的聲音對我說：『你要是走，就**什麼也沒有**。孩子們一樣，**什麼也沒有**。所以你請便，想走就走！』說完他開始笑，惡毒的笑。我突然明白離婚不是好主意，也明白自己會留下來。而為了在那種情況下留下來，我對自己撒了各式各樣的謊。我告訴自己不會一直這樣，理查有一天會戒酒。有時候他還真的戒酒，至少戒了一陣。但我沒過多久就發現他藏酒的地方，他書房裡的法律書後面露出酒瓶，孩子衣櫥最上面的櫃子裡的毯子也捲著酒瓶，於是我們又回到地獄。」

「也許你讀到這裡會想：這女人在找藉口，她把自己描述成受害者。對，都對。但我也想了很多，關於人可以這麼多面，而且這些面向同時並存。我想過我多愛我孩子，卻放任這些發生。而且你信不信？其實理查也很愛他們。我想過理查傷害我和孩子們多深，可是他也愛我們，會和我們說笑、教小孩子做作業、陪他們打棒球、在他們跟朋友鬧得不愉快時給不錯的建議。我想過理查講過他會改，而且他是真的想改，可是他就是改不了，至少改不了多久。然而儘管如此，他說他會改的時候，並不是撒謊。」

「我終於離開的時候，理查哭了。我之前從沒見他哭過。他求我留下。但我看著孩子，一個個不是正在青春期，就是即將進入青春期，有吸毒的，有自我傷害的，他們跟我一樣想死。我兒子還差點吸毒過量沒了。我醒了，我對他說：**夠了**。再也沒什麼事能阻止我帶孩子離開，窮就窮，放棄畫畫就放棄畫畫，以後一輩子寂寞也嚇不倒我。跟理查攤牌那天上午，我已經從我們的帳戶提錢，應徵工作，還租好一間兩房公寓，打算好了兒子們住一間，我跟女兒住一間。於是，我們離開了。」

「然而，我們還是離開得太晚，孩子們已一團混亂。他們恨我，而且奇怪的是，他們想回到理查身邊。我們人一離開，他就展現出最好的一面：給他們經濟支持，去我女兒大學找她，帶她和她朋友吃大餐。孩子們很快想起他好的一切，最小的那個尤其如此，他想念爸爸陪他玩球的時光，苦苦哀求說他想跟爸爸。我漸漸對離開產生罪惡感，也開始質疑自己：這個決定真的是對的嗎？」

麗塔停了下來。「等等，」她對我說：「我看看下一段在哪裡。」她翻過幾頁，然後繼續。

「總之，米隆，」她念：「我的孩子最後完全不想理我。我第二次離婚的時候，他們說我不配當個長輩。他們三不五時會跟理查聯絡，他會寄錢給他們。可是他死的時候，他再娶的老婆不曉得用什麼辦法把錢全吞了。孩子們當然很生氣，氣瘋了！他們突然再次想起他當初是怎麼對他們的，可是他們不只氣他，也氣**我**——氣我以前坐視不管。他們跟我斷絕往來，只有碰上麻煩時才會找我。我女兒交到一個爛人，她想離開，所以跟我要錢，可是什麼細節也不告訴我。**寄錢過來就對了**，她說。於是我照做，寄錢給她租房子、買吃的。但當然，她沒有離開。據我所知，她現在還是跟著那個人。後來是我兒子跟我要錢，說他要戒癮，但不讓我去看他。」

麗塔瞥了一眼時鐘。「快念完了。」她說。我點點頭。

「米隆，還有件事我沒說實話。我之前說我橋牌打得不算好，不能跟你搭檔，其實我很會打的。之所以沒答應你，是因為我擔心要是露出什麼蹊蹺，我就不得不告訴你我現在告訴你的事。比方說如果我們一起去哪裡比賽，而我有個孩子住在那裡，你八成會問我們何不順道見個面，而我會跟你說他剛好病了還是出差去了，反正隨便編個理由賴掉，但這種說詞不可能每次奏效。幾次之後你會起疑，我也相信你遲早會把這些事拼湊起來，發現自己犯了大錯。你會恍然大悟：**原來如此！我居然跟個雙面人交往！**」

麗塔聲音顫抖，頓了一陣，總算念出最後一句。

「米隆，這才是我。」她的聲音小得我幾乎聽不見：「你在YMCA停車場裡吻的，其實是這樣的人。」

麗塔低頭看信的時候，我心裡激動不已——她居然把她的人生矛盾剖析得這麼清楚！我們第一次見面時，她提過我讓她想起女兒。她女兒曾說她想當心理師，還去輔導中心當過志工，後來是因為那段孽緣才被耽誤。麗塔說，她非常想念她。

我沒對麗塔說的是：在某些方面，她也讓我想起媽媽。雖然她們成年後的遭遇天差地遠——我爸媽結褵多年，感情和睦，關係穩定，我爸爸更是世上最溫柔的丈夫——但我媽媽小時候過得跟麗塔一樣寂寞、一樣辛苦。我媽媽九歲就死了父親，雖然我外婆竭盡所能照顧好她和大她八歲的姊姊，我媽媽還是吃了些苦，而這些苦影響了她和自己孩子的互動。

所以，我跟麗塔的孩子們一樣，也有一段時間跟媽媽過不去。雖然那是很久以前的事了，但當我陪著麗塔、聽她說她的故事，我還是有股想哭的衝動——不是為我自己，而是為我媽媽。我多麼希望每個成年人都有機會聆聽上一代的聲音（不一定要是自己的父母），聽他們剖開自己、完全攤開自己的脆弱、從自己的角度描述往事。因為這樣做的時候，你不可能不重新認識父母的人生，不論你們之間距離多遠。

麗塔讀信的時候，我不只聽她敘述，也觀察她的肢體語言。她時而抖腳，時而癱坐，時而兩手打顫，時而雙唇緊抿，時而聲音顫抖，時而停下挪挪重心。我現在也看著她。雖然她看起來還是很傷心，但這是她身體最放鬆的一次，我從沒見她如此平靜。讀了這麼一大會兒之後，她往後靠著沙發，恢復精神。

接下來發生的事讓我大吃一驚。

她向茶几上的面紙盒伸手，抽出一張。一張乾淨、全新的面紙！她把它攤開，擤擤鼻子，然後再抽一張，又擤擤鼻子。我差點沒為她鼓掌。

「所以，」她問：「你覺得我該不該寄？」

我想像米隆讀麗塔的信，不知道他作為父親、作為爺爺、作為米娜長相廝守的伴侶，讀完之後會有什麼反應。米娜或許一直是個賢妻良母，與麗塔和家人的關係很不一樣；他們的孩子也都已長大成人，現在過著幸福的人生。這樣的米隆能接受麗塔嗎？——全然的麗塔？還是這些事實太過沉重，他終究無法釋懷？

「麗塔，」我說：「這只有你能決定。但我在想——這封信是寫給米隆的？還是寫給你孩子的？」

她頓了一下，看看天花板，接著又與我對望，點點頭，沒說話，因為我們兩個都知道，答案是：都是。

52 人母 Mothers

「那天晚上是這樣，」我對溫德爾說：「我帶札克跟幾個朋友一起聚餐，回家比較晚。我叫札克去洗澡，他說他想先玩一下，我說不行，因為明天還要上學。他就開始唉唉叫：『小氣鬼！討厭！』他平常從來不會這樣，那天完全反常，可是我火氣也上來了。」

「我回他說：『喔？是嗎？好啊，那我下次不帶你們出去了，反正我是小氣鬼。』跟個五歲小孩似的！他把門一甩——他以前從沒甩過門——回了句：『好啦！』去洗澡了。我打開電腦想回幾封信，卻在腦子裡把整件事又想了一遍：我剛剛那樣是幹什麼呢？**我再怎麼說都是個大人了，怎麼跑出那種反應？**」

「接著我突然想到早上的事：我跟我媽講了一通電話，弄得我滿不高興的。我這才恍然大悟：原來我不是生札克的氣，我是生我媽的氣——典型的轉移作用（displacement）！」

溫德爾瞇著眼笑，像是在說：**轉移作用很賤吶？**人會用心理防衛機制應對焦慮、挫折，或是自己無法接受的衝動，但有趣的是：**我們當下不會察覺自己在用防衛機制**。**否定**是很常見的防衛機制，例如有的癮君子認為自己呼吸急促不是因為抽菸，而是因為天氣熱。人也常用**合理化作用**（rationalization）保住面子，比方說應徵工作失敗，就說自己其實本來就對它沒什麼興趣。**反向作用**（reaction formation）則是以相反的方式，表現自己無法接受的感情或衝動，例如明明討厭鄰居，卻跑去跟他交朋友，也有福音派男性基督徒喜歡的是男人，卻激烈發表反同言論。

有人把防衛機制分成**原始**的（primitive）和**成熟**的（mature），而**昇華**（sublimation）屬於後者。昇華是把可能有害的衝動變得破壞性較小（例如用練拳擊化解暴力衝動），甚至轉為有建設性的作為（例如一個人原本總想拿刀傷人，後來卻成了救人的外科醫生）。

轉移作用則既不原始也不成熟，指的是用比較安全的方式抒發對某人的情緒。例如被老闆罵得很不是滋味，可是罵回去的話可能被開除，所以回家罵自己的狗。或是某個女人因為跟媽媽講電話憋了一肚子氣，就把氣發在兒子身上。

我對溫德爾說，我等札克洗完澡後去跟他道歉，才發現原來他也把他的怒氣轉移到我身上：札克和朋友本來想趁下課時間打打籃球，卻被其他孩子趕出球場。雖然老師馬上介入，札克和他朋友也上場了，但那些孩子就是不把球傳給他們。札克顯然很氣那幾個「小氣鬼」，不過，把氣出在趕他洗澡的媽媽身上還是比較安全。

「諷刺的是，」我繼續講：「我們兩個都把氣出錯對象。」

我和溫德爾時不時會談到親子關係的轉變。邁入中年之後，人往往會從責怪父母轉而為人生負起全責，溫德爾說這叫「換崗」。年輕時尋求心理諮商，常常是想知道父母為什麼不順自己的意；年長以後明白人各有志，接受諮商的目的也變成學習調適，尊重彼此原本的樣子。所以，我對媽媽的問題也從以前的「為什麼她不變？」，變成「為什麼我不變？」我問溫德爾：我都已經四十多歲了，為什麼不過是跟媽媽電話講得不愉快，就受到這麼深的影響？

我並不是要溫德爾給我答案，畢竟不必他說我也知道：人時進時退，我們可能前一天還為自己進步了這麼多而驚訝，後一天又回到老樣子。

「跟蛋一樣。」我說。他點點頭，表示他懂我在講什麼。我之前跟他說過我同事麥可的比喻：人脆弱的時候像生蛋，一掉就破，濺得滿地都是；有了韌性之後則像熟蛋，掉到地上也許還是會受損，但不至於完全破碎，也不會灑得滿地。這麼多年下來，我面對媽媽時已從生蛋變成熟蛋，只是我心裡那顆生蛋還是三不五時冒出來。

我對溫德爾說：那天更晚一點的時候，我媽媽也向我道歉，我們一起把這件事解決了。可是在那之前，我其實又掉回我們的舊模式裡：她希望我照她意思做某件事，但我想照自己的意思做。也許我在札克眼裡也是這樣——老是想控制他，老是要他照我意思做，而且老是拿「愛」或「為你好」當理由。儘管我總宣稱我跟我媽作風不同，但實際上，我們有時候像得嚇人。

不過，我還是不一樣了。跟溫德爾談那通電話的時候，我沒有再鉅細靡遺報告我講了什麼、我媽說了什麼，因為我知道那不是重點。我也知道溫德爾不會簡簡單單把我當成受害者，或是把我媽視為加害者。以前的我可能不會承認一個巴掌拍不響，也難以接受我和媽媽對彼此的關係都有責任，我可能只想讓人同情我的遭遇：**你看看她！問題出在她對吧？**但現在，我覺得溫德爾冷靜清晰的視角更讓我舒坦。

我今天還告訴溫德爾：我開始把我媽那些溫暖、體貼的電話留言存進電腦，一來是我將來還會想聽，二來是讓我兒子以後能聽（也許是他到我這個年紀的時候，也許是我和我媽都過世以後）。我對溫德爾說我還發現另一件事：我端出媽媽架子對札克的那些嘮叨，恐怕主要不是為他，而是為我自己——我想藉此轉移注意，不去多想他有一天會離開我，免得自己難過，儘管我也希望他能順利離巢，完成「分離與個體化」(separation and individuation)的過程。

我試著想像札克青春期的樣子，也想起自己青春期時跟媽媽常起摩擦，不曉得札克到時候會不會讓我跟我媽當年一樣頭痛？他上幼稚園好像還是不久以前的事，那時候我爸媽還健康，我也還健康，附近的孩子每天吃完晚餐都跑出去玩。對於未來，我當時只覺得**日子會越來越輕鬆，我漸漸可以多睡一點，時間也會更有彈性**。我從沒想過會失去什麼。

只不過是跟我媽媽講了一通電話，誰知道會勾起這麼多感觸？原來，在我們母女之間的老問題背後，我真正盼望的不是她不干涉我，而是她能永遠陪著我。

溫德爾說他在書上讀過：「生命的本質是變，而人天生抗拒改變。」(這是他歸納的大意，不是原話)。他說，不論就他個人或就他作為心理師而言，這個洞見都令他心有戚戚，因為幾乎每一個人的掙扎裡都見得到這個主題。他跟我分享這句話的前一天，我的眼科醫生說我有老花眼了。年過四十的人多半有這個問題。歲數到了很容易遠視，必須把想讀或想看的東西拿遠一點才看得清楚。也許人到這個年紀之後連情感都變得遠視，必須後退一步才看得清自己的心境——即使我們對身邊的一切仍語多埋怨，但我們其實很怕失去自己擁有的。

❖ ❖ ❖

「還有我媽！」那天稍晚，茱莉也在我諮商室裡談起她早上跟媽媽的對話。「這對她來說太難了。她以前講過，為人父母，她有責任在**自己**離開人世前把子女照顧得好好的，但現在，她的責任變成讓**我好好離開人世**。」

茱莉告訴我：她讀大學的時候，曾經為男朋友的事跟媽媽起了衝突。她媽媽說茱莉變得不像以往開朗，她覺得原因跟她男友的行為有關——他常常到了最後一刻才取消計畫；賴著茱莉幫他修改報告；也總是要求茱莉放假時跟他一起，而不陪家人。茱莉的媽媽建議她聽聽局外人的看法，去學校諮商中心找人談談。於是，茱莉發飆了。

「我們兩個哪有什麼問題！」茱莉吼：「就算我去做諮商，我要談的也不是他，而是你！」她後來沒去諮商中心，但她現在真希望當初有去。幾個月後，那個男生甩了她。茱莉的媽媽的確很疼女兒，茱莉打電話回家哭訴時，她在電話那頭靜靜地聽，絕口不提「我早跟你講了」。

「現在可好，」茱莉說：「我媽得去找心理師談我了。」

最近，有一份檢查報告說我的乾燥症（Sjögren's syndrome）標記是陽性的。乾燥症是一種自體免疫疾病，在四十歲以上的女性之中很常見。但由於我沒有乾燥症的主要症狀，醫生們不確定我是不是真的是這個病。有醫生說也許是非典型表現，接著解釋：我可能是乾燥症加上另一種病，也可能是得了某種目前還無法確定的病。乾燥症剛好很難診斷，而且沒人知道病因是遺傳？環境？細菌？病毒？還是多種因素共同引起？

「醫學的事不是都有答案。」那個醫生說。雖然還是查不出原因讓我憂心，但另一個醫生的話更令我心驚：「不管是什麼病，最後都會表現出來。」那個星期，我又一次對溫德爾說，我最大的恐懼是札克失去媽媽。溫德爾說我有兩種選擇：我能給札克一個一直擔心他變成孤兒的媽媽，也能給他一個因為健康情況不明、所以更加珍惜相處時光的媽媽。

「哪一種你比較不怕？」他問得拐彎抹角。

這讓我想起茱莉，還有我一開始對陪她走向死亡的猶豫。我後來才發現：我那時候之所以遲疑，不只是因為我缺乏經驗，也是因為那會讓我不得不面對自己終有一死，但我還沒準備好踏出那一步。其實在答應她之後，我有一段時間在心理上還是與她保持安全距離，盡可能不從她不久於人世的事實聯想到我同樣會死，畢竟我和她情況不同，死亡並沒有突然逼到我眼前。但茱莉已成長很多，她已經學會接受自己和自己所有的——我從旁協助她學的基本上就是這個，這也是我們每一個人的功課。生命中有太多沒有答案的事，我必須學會接受無法掌握自己的未來，學會排遣煩惱，學會活在**當下**。這不能只是給茱莉的建議，現在，我得服下自己開出的藥方。

「越能坦然面對自己的脆弱，就越不容易害怕。」溫德爾這樣講過。

人年輕時不太會這樣看待人生。年輕時，我們常常以為事情是開始、中途，然後得到某種解決。可是在人生路上走到某個時候——也許就是走到中途的時候吧——我們會發現：每一個人都有無可奈何的事，解決不了也得了。我們能做的是找出它們的意義，與它們共處。雖然我沒辦法留住時光，只能眼睜睜看它流逝，但另一件事也是真的：我的病讓我更清楚什麼才是重要的。因為這樣，我決定不硬著頭皮寫快樂書；因為這樣，我再次開始戀情；因為這樣，我開始用我從前沒能做到的寬容傾聽我媽媽；因為這樣，我讓溫德爾協助我反省親子互動，檢視我作為母親帶給札克的影響。我現在會牢牢記住：愛人與被愛不可能不冒失去的風險，而認清這點和為此恐懼是不一樣的。

茱莉講到她媽媽或許也需要心理治療的時候，我忍不住想：札克長大以後，不曉得會跟心理師怎麼說我？

希望他找到他的溫德爾，我心想。

53 擁抱 The Hug

我蜷在沙發上——我家客廳的沙發上——和我大學同學愛莉森一起。她從中西部來找我。晚餐後我們隨便轉台看，轉著轉著看到約翰的節目。她不知道約翰是我的病人。我繼續轉，想看點輕鬆活潑的。

「欸等等，」愛莉森說：「剛剛那個。」看來她喜歡約翰的節目。

我拿遙控器轉回去，試著跟上劇情，因為我有段時間沒看。幾個角色變了，發展出新的人際關係。我邊看邊打瞌睡，跟老朋友一起發懶就是舒服。

「她很棒咰。你覺得咧？」愛莉森說。

「誰？」我睡眼惺忪地問。

「那個心理師。」

我一下醒了。主角在一間似乎是諮商室的地方，心理師個子小小的，深色頭髮，戴副眼鏡，散發迷人的知性美——但舉手投足還是帶著好萊塢味。**也許這是約翰心目中情婦的型**，我想。主角起身離開，看起來心事重重。她送他到門口。

「你似乎需要擁抱。」主角對心理師說。

心理師眼裡閃過一絲詫異，但馬上恢復鎮定。「我？你是說你嗎？」她問。

「不是。」他頓了一下，突然傾身擁抱她。那個擁抱雖然不帶情慾，卻深情款款。主角閉起的眼擋不住淚水滑下，他把頭靠在心理師肩上，漸漸平靜下來。鏡頭接著帶往心理師的臉：她眼睛瞪大像是鼓出來似的，尷尬得像隨時會逃走。這一幕頗有愛情喜劇之風：兩個人終於突破關係一番纏綿之後，一個人春風滿面，一臉幸福；另一個人呆若木雞，面色如土。

「我想我們現在都好一點了。」主角總算放開手，轉身離去。鏡頭最後停在心理師的表情：**剛剛到底是怎麼了？**

這裡氣氛有趣，愛莉森笑了，但我跟戲裡那個心理師一樣困惑。這代表約翰承認他還滿喜歡我的嗎？還是他在自嘲，挖苦自己把需求投射到別人身上？電視影集是幾個月前就寫好了，他當時有意識到自己討人厭嗎？現在呢？

「最近好多戲裡都有心理師。」愛莉森說。她開始細數她喜歡的心理師角色：《黑道家族》（*The Sopranos*）的珍妮佛．梅爾菲（Jennifer Melfi）、《發展受阻》（*Arrested Development*）的托比亞斯．芬克（Tobias Fünke）、《歡樂一家親》（*Frasier*）的奈爾斯．克蘭（Niles Crane），連《辛普森家庭》（*The Simpsons*）裡蠢蠢的馬爾文．門羅（Marvin Monroe）她都喜歡。

「欸？那你有沒有看過《捫心問診》（*In Treatment*）？」我問：「蓋布瑞．拜恩（Gabriel Byrne）的那個角色你覺得如何？」

「喔，對！他我超喜歡的！」她說：「不過這個比較貼近現實。」

「是喔？」我邊說邊想：角色藍本不曉得是我？還是約翰之前那個「人還不錯，可惜是白痴」的心理師？不過，一部影集通常有十來個編劇，各自負責不同集數，所以寫出這角色的也可能不是約翰。

雖然我心裡篤定片尾名單會有誰的名字，我還是盯著看完。果然，這集是約翰寫的。

❖ ❖ ❖

「你上禮拜那集我有看。」接下來那次晤談時，我對約翰說。

他搖搖頭，拿筷子拌拌沙拉，夾了一口放嘴裡嚼。

「去他的電視台，」他邊嚥邊講：「他們叫我弄的。」

我點點頭。

「說觀眾喜歡有心理師幫襯。」

我聳肩。**嗯哼**。

「媽的一窩瘋，」他繼續：「一部戲有心理師，每部戲就**都要**有心理師。」

「可是那是你的戲呀，」我說：「你不能拒絕嗎？」

約翰想了一想。「真的要拒絕也不是不行，」他說：「可是我做人不想那麼機車。」

我笑。**他做人不想那麼機車**。

「現在好啦，」他繼續說：「因為收視率不錯，那個角色我想放生都不行啦。」

「所以你現在非留她下來不可，」我說：「是因為收視率？」

「去他的電視台。」他對著筷子又罵一次，再夾一口。「唉，隨便啦，」他說：「反正我還算喜歡那個角色，我們也給下一季想了幾個不錯的哏。」他拿起餐巾紙擦嘴，從左擦到右，從右擦到左。

我盯著他看。

「怎樣？」他說。

我挑挑眉毛。

「喔，拜託！沒有喔！」他抗議：「我知道你在想什麼，你一定覺得有什麼『連結』對不對？」——他講到「連結」時拿手比個引號——「你是你，那個角色是那個角色，她跟你無關，OK？」

「完全無關？」我說。

「廢話！那是戲——戲啊！你也拜託一下，這裡的對話擺到戲裡能看嗎？我是嫌收視率太高是不是？所以當然跟你無關。」

「我在想的不是對話，而是情感部分。」我說：「也許那部分有真實的地方。」

「那・是・戲。」他又說一次。

我看他一眼。

「真的啦！那個角色跟你無關，就像主角也跟我無關——喔，帥氣那部分是有關啦我承認。」他對自己的笑話笑了幾聲。至少我覺得那是笑話。

一陣沉默。約翰開始眼神四處飄——看看牆上的畫，看看地板，再看看自己的手。我想起他之前耐不住沉默時會開口數：「一秒鐘，兩秒鐘，三秒鐘……」幾分鐘後，他開口了。

「拿個東西給你看。」接著，他挖苦地補上一句：「您是否恩准我用一下我的手機？」

我點點頭。他拿過手機，滑了一滑，遞給我。「這我們家。」螢幕上是一個金髮美女和兩個小女生——瑪歌、葛蕾絲和蘿比（結果我在溫德爾那裡見到的前一個病人不是瑪歌）。兩個小朋友正給媽媽比兔耳朵，笑得樂不可支。蘿比旁邊是約翰心愛的醜八怪狗蘿希，參差不齊的毛頭上綁著一個粉紅蝴蝶結。好溫馨的畫面，我一看就挪不開眼。聽了他們這麼多故事之後，總算見到樣子了。

「有時候我忘了自己有多幸運。」他輕輕地說。

「你們一家人感情真好。」我對他說他跟我分享照片我實在感動。謝過他後，我正想把手機還他，他搖手止住我。

「還沒，」他說：「這是女生組，還有我兒子。」

我心頭一擰。他要給我看蓋比的照片？身為一個男孩的媽，我不曉得看了能不能不掉淚。

約翰滑了幾下——這張，蓋比。他實在是好可愛的孩子，我覺得我的心像裂成兩半。他有約翰濃密的捲髮和瑪歌明亮的碧眼。背景是道奇隊球場，他坐在約翰腿上，手裡握著棒球，笑出一對酒窩，興奮得像拿下總冠軍賽。約翰說那顆球是他們在看台上接到的，蓋比高興得跟瘋了一樣。

「我是全世界最幸運的人！」約翰說蓋比那天一直講這句話。到家後拿球給瑪歌和葛蕾絲看時這樣講，睡著前依偎在約翰懷裡時也這樣講。「我是全世界、全銀河、全宇宙最幸運的人！」

「他**那天**的確是最幸運的。」我覺得眼眶紅了。

「媽呀，別當著我面哭，拜託！」約翰別過視線：「真棒，我還沒哭我心理師就哭了。」

「難過的時候幹嘛不哭？」我故意反問。約翰默默拿回手機，打了幾個字。

「既然今天特准能用手機，」他說：「我還有一個東西想讓你看看。」我心裡疑惑：我已經看過他的太太、女兒、他的狗，還有他早逝的兒子，他還想跟我分享什麼？

「這個。」他遞過手機，我接下來，認出那是《紐約時報》的網頁。那是對約翰新一季節目的劇評。

「你看最後一段。」他說。

我滑到底下。那個劇評囉囉嗦嗦交代完劇情發展之後，特別提到主角雖然還是稜角分明，卻開始展現以往深藏不露的人性。劇評認為讓他流露同情心是令人高興的轉折，這個角色因此變得更立體也更有層次。劇評還說：如果大家之前注意到他是因為他我行我素的白目個性，現在一定要看看他會怎麼調和這兩個面向。文章最後問了一個有趣的問題：如果他繼續敞開自我，我們會發現什麼呢？

我放下手機，抬頭看約翰，對著他笑。「寫得好。」我說：「最後那個問題問得尤其好。」

「很棒吧？對吧？」他說。

「超棒的——而且我覺得棒的不只是戲。」

「欸你少來喔！不要又弄得好像他在講我一樣。他講的是角色。」

「好。OK。」我說。

「對！就是這樣。」他說：「話要講清楚。」

我盯著他看。「你為什麼想讓我看這個？」

他看著我的表情像看著白痴。「因為這超屌的啊！是他媽《紐約時報》耶！」

「那為什麼特別要看那一段？」

「因為那代表我們發了！權利金收不完了！這一季迴響這麼好，電視台那些人沒話講了。」

對約翰來說，敞開自己真難。我心想。流露出柔軟的一面，是這麼讓他覺得丟臉和尷尬；被人看出他和主角的連結，是這麼讓他害怕。

「好喔，」我說：「那我繼續關注這個『角色』，」——我學他比了個引號——「我很期待他下一季的發展。我覺得他的未來充滿可能性。」

約翰的身體先做了回答：他臉紅了。發現我看到他臉紅，他臉變得更紅。「謝啦。」他說。我對著他笑，凝視他的眼睛。他試著與我四目相對，足足撐了二十秒才低頭看腳，輕聲說：「謝謝……我是說……」——他尋思該怎麼講——「謝謝這一切。」

我眼淚又湧上來。「不客氣。」我說

「嗯，好。」約翰清清喉嚨，把那雙修整完美的腳盤到沙發上。「暖身結束。我們今天該談什麼鳥？」

54 別搞砸了 Don't Blow It

憂鬱到認真考慮自殺的人大致有兩種。一種是：我以前過得不錯，如果能度過這次危機（至親好友過世；長期失業），我還是對人生有所期待——但要是過不去呢？另一種是：我的人生乏善可陳，沒什麼好指望的。

麗塔是第二種。

當然，病人開始接受治療時帶來的故事，未必是她離開時帶走的故事。最早歷歷泣訴的風暴最後可能沒有寫進故事，一開始忽視遺漏的細節可能成為轉折點；有的關鍵人物可能變成小配角，有的芝麻角色可能搖身一變成為核心要角。病人本身的角色也會變，從跑龍套的變成主人翁，從受害者變成英雄。

❖ ❖ ❖

七十歲生日幾天後，麗塔在她平常的時段進了諮商室。她沒提起自殺的事，反而給了我一份禮物。

「這是我給你的生日禮物。」她說。

麗塔把禮物包得很漂亮，要我當她的面打開。盒子拿起來有些重量，我開始猜裡頭是什麼。我喜歡的茶嗎？（她之前在諮商室看到，跟我隨口聊了幾句的那種？）書嗎？還是她開始上網賣的暗黑搞笑馬克杯？（我希望是這個。）

我拆開包裝探手一摸，觸感像是陶瓷（馬克杯！），但拿出來後，我忍不住衝著她笑——是面紙盒，上面寫著「麗塔曰：別搞砸了」。設計既大膽又低調，跟麗塔一樣。我翻過來看，底下是她的標語：沒結束前都不算完。

我正要謝她，她已經開口解釋。

「靈感是我們之前聊到我都不抽面紙。」她說，好像唯恐我沒會意過來。「我那時候想：**這個心理師是怎麼回事？連我抽不抽面紙都管？**後來還是因為那個丫頭……」——她說的是「我到家囉」之家的其中一個女生——「她看我從包包裡拿面紙，說：『矮額！我媽咪說面紙髒了不要用！』我想：欸？**怎麼跟我心理師一個樣。好啊，既然大家都那麼愛抽面紙，乾脆外面套個美美的殼好啦。**」講到「美美的」時候，她的聲音輕快一揚。

麗塔今天出現並不代表治療要劃上句點，我也不會因為她還活著就認為諮商成功。畢竟，就算她在七十歲生日這天選擇不自殺，如果她依舊嚴重憂鬱，我們的諮商算成功還是失敗呢？與其說我們今天是為她依然健在而開心，不如說是為她持續進步而高興。我們慶祝的是她勇於改變，從固執走向開放，從自我懲罰走向接受自己。

不過，我們今天雖然有很多事能慶祝，麗塔的治療還是得繼續，因為舊習性不容易根除，因為痛苦會減輕，但不會消失，因為破碎的關係需要仔細用心修復（不論是她與自己的關係，或是她與子女的關係），因為新的關係需要呵護，需要有意識地予以滋潤。如果麗塔願意跟米隆在一起，她必須更了解自己的投射、恐懼、嫉妒、痛苦，還有她過去所犯的錯，這樣，她的下一段、也就是第四段婚姻，才能成為她最後一段、但也是第一段偉大的愛情故事。

❖ ❖ ❖

米隆整整一個星期沒回麗塔的信。麗塔把信謄好之後決定親自遞送，直接走到公寓門口的組合式信箱，找出米隆的，把信塞進去。可是投完之後她非常煩惱，很擔心節外生枝出差錯——她的眼力已大不如前，關節炎又弄得她手腳不太靈活，何況信箱開口已微微生鏽，把信擠進去還真有些難度。她會不會一不小心投錯格，塞進旁邊「我到家囉」之家的信箱去呢？要是這樣真羞死人了！她就這樣鑽牛角尖鑽了一星期，用所謂的「災難化思考」（catastrophizing）凌遲自己，直到終於收到米隆的簡訊。

在諮商室裡，她把米隆的簡訊念給我聽：「麗塔，謝謝你跟我分享你的故事。我想跟你聊聊，但東西太多，我得再花點時間消化。我會盡快跟你聯絡。M。」

「東西太多，他要**消化**！」她嚷嚷：「我知道他要消化什麼——這婆娘真是個渾球，還好我沒跟她在一起！對啦，他現在知道真相了，是該好好想想怎麼把在停車場**呼攏**我的話吞回去！」

看得出來她已經認定米隆想拋棄她，也為此深感受傷。那浪漫的一吻頓時成了羞辱。

「這是一種解釋。」我說：「另一種可能是：你這麼刻意地隱藏自己這麼久，這些新面向他需要一些時間吸收。他在停車場吻了你，向你傾訴感情，你避著他這麼久，現在又突然來了這封信。他要消化的**的確**不少。」

麗塔搖頭。「看吧，」她像完全沒聽到我說的話似的：「所以還是離我遠點比較好。」

我對她講了我會對每個害怕在感情裡受傷的人——換句話說，每一個活人——講的話：不論兩個人關係多好，有時候你就是會受傷；不論你多愛一個人，有時候你就是會傷到對方。不是因為你想傷人，而是因為你是人，你無可避免會傷到伴侶、父母、子女或摯友——而他們也會傷到你——因為追求親密就是會受傷。

不過，我繼續說，愛的親密關係的美好之處，就是它有彌補空間，心理師把這個過程稱做「破裂與修復」（rupture and repair）。如果你的父母懂得承認錯誤、為錯誤負責，也從小教你承認錯誤並從中學習，那麼在你成年之後，你不會覺得人際摩擦是天崩地裂的事。然而，如果你童年經歷的裂痕沒能得到善意修復，你恐怕得多多練習才能忍受衝突，才能不再認為每次齟齬都代表關係結束，並且相信即使關係失敗，你還是可以復原，還是可以自我修復，還是可以度過破裂的關，還是可以再建立一段同樣也有破裂與修復的關係。雖然用這種方式敞開自己、卸下防備並不理想，但你若想品嘗親密關係的果實，就不能迴避這項功課。

無論如何，麗塔還是每天打電話報告米隆還沒回應。「屁也沒一個，」她在電話留言裡挖苦地說：「他一定還在消化。」

我鼓勵她保持正向，繼續做那些能讓她快樂的事，儘管會為米隆的事焦慮，但別因此陷入絕望。不要跟那些輕言放棄節食的人一樣，搞砸一次就說：「算了！我不減了！」然後暴飲暴食一整個星期，結果讓自己感覺糟上十倍。我要她留言告訴我她每天做了什麼，她也盡忠職守天天報告：跟「我到家囉」之家吃晚飯、給大學的課寫課程大綱、帶「小鬼們」（她的榮譽孫女）去美術館實地教學、給網路買家出貨……。但毫無例外，每通電話都以狠酸米隆作結。

而我呢？我當然暗自希望米隆有好的回應，而且越快越好。畢竟麗塔已經鼓起勇氣表露自己，我不希望結果是加深她的執念，讓她更加相信自己不值得被愛。隨著日子一天天過去，麗塔對米隆的答案越來越焦躁——我也一樣。

好在，到了下一次晤談，麗塔說米隆去找她了。他一開始的確吃了一驚——為麗塔說的事，也為麗塔竟然願意吐露這麼多事。讓他如此傾心的這個女人，究竟是什麼樣的人啊？這個待人和氣又心地善良的人，怎麼可能因為害怕而坐視丈夫傷害子女？這個對「我到家囉」之家的兩個丫頭寵愛萬分的慈祥奶奶，怎麼可能疏於照顧自己的子女？這個風趣、機智又深具藝術天分的女子，怎麼可能長期困於憂鬱而不可終日？如果真是如此，這代表什麼？這對米隆會有什麼影響？對他的子女、孫子女又會產生什麼影響？畢竟，他想，不論他與誰交往，對方一定會進入他關係緊密的家庭。

米隆坦白告訴麗塔：在他「消化」的那個星期，他在心裡與亡妻對話。他一向依賴她的建議，現在也是如此。她要他別妄下評斷——謹慎是好事，但別死腦筋。畢竟誰知道呢？要不是她有個好丈夫，而且爸媽都體貼和藹，誰知道她在麗塔的處境會怎麼做？米隆也打電話給他東岸的哥哥，他哥哥問：「你有跟她說爸爸的事嗎？」他指的是：**你有跟她說媽媽死了以後，爸爸得憂鬱症嗎？你有跟她說米娜去世以後，你也擔心自己會跟爸爸一樣嗎？**

最後，米隆撥電話給從小到大的死黨。他仔細聽米隆講完之後，說：「老哥，我看你怎麼都在講她，不講講你自己呢？我們這個年紀的人哪個沒有包袱？哪個沒有瘡疤？你覺得你沒有嗎？你不是還每天跟死了的太太講話？你不是還有個姑姑，在精神病院沒人想提的那個？拜託！你人是不錯啦，但你以為你誰啊？白馬王子嗎？」

最重要的是，米隆也與自己談了一談。他心裡的聲音對他說：試看看。也許往事留給我們的不是限制，而是見識。也許她正是因為這些風浪，現在才這麼有趣——這麼善解人意。

「以前從沒有人說我善解人意。」麗塔在諮商室裡對我說。她一邊轉述米隆的話，一邊紅了眼眶。「人家總說我自私，總說我要求太多。」

「可是你跟米隆不是這樣。」我說。

她想了想。「對，」她緩緩開口：「我跟他不是這樣。」

陪著麗塔，我明白七十歲的心就像十七歲時一樣纖細。不論軟弱、渴望，還是熱情，全都分毫不減。人在愛裡永遠不老。不論你多麼疲累，不論你為愛受過多少苦，新的戀情總能為你燃起希望，讓你恢復生機，像初戀一樣。也許這次比較不會被愛沖昏頭——你有過經驗，你變得更有智慧，你也知道你們時間更少——但當你聽見情人的聲音，當你看見手機跳出的是他的號碼，你的心還是會為之悸動。暮年之愛有它的長處，更寬容，更慷慨，更細膩——也更迫切。

麗塔對我說，她和米隆談完之後，兩個人上床了。「我們最後擁著對方入睡，」她說：「感覺就跟之前的幾次高潮一樣精采。」這「八小時的高潮」正是她始終渴望的撫摸，她很享受。於是，麗塔和米隆過去幾個月不只成了人生伴侶，也成了橋牌搭檔，還第一次一起贏下巡迴賽。麗塔還是繼續找康妮修腳，但已不只是為了享受足部按摩，而是因為：除了她自己以外，現在有人會注意她的腳趾甲了。

這並不代表麗塔從此一帆風順，她還是有難關要過，而且有時候得使出不小的氣力才能克服。雖然她很需要人生發生這些轉變，這些變化也為她的日子增添不少色彩，但她說，她三不五時還是會被一些事「戳到」。例如見到米隆與子女同享天倫之樂的時候，她常常忍不住為自己的親子關係神傷；

例如她和米隆雖然相知相惜，但她過去的愛情實在太不穩定，這種新的信任關係有時還真讓她焦慮。

不只一次，麗塔幾乎就要負面曲解米隆的話，幾乎想用破壞關係的方式懲罰自己得到幸福，幾乎就要縮回她所熟悉的孤獨裡找安全感。好在她每一次都及時罷手，努力回想我們的對話，拿她自己寫在面紙盒上的警句勉勵自己：「小妞，別搞砸了。」我跟她說我看過不少關係破碎的例子，很多人之所以走不下去，其實只是因為其中一方太害怕被拋棄，所以用各種方法把對方推開。她開始看見自我破壞的棘手之處：雖然它貌似要解決問題（減輕被拋棄的焦慮），可是它解決問題的辦法是製造另一個問題（讓對方想離開她）。

看著麗塔走到這個階段，我想起一句之前聽過、但不記得出自哪裡的話：「嘗過這般傷痛之後，每一個歡笑、每一次美好，感覺起來都精采十倍。」

❖ ❖ ❖

我拆開禮物之後，麗塔告訴我：四十年來第一次，有人幫她辦了場生日派對。這完全出乎她意料，因為她本來以為只是要跟米隆默默慶祝。直到走進餐廳，她才發現一大群人已經等在那裡——Surprise!

「怎麼能對七十歲的老人這樣做咧？」她對著我回味那一天：「我差點沒心臟病發。」

站在那裡拍手歡呼的是「我到家囉」之家——安娜、凱爾、蘇菲亞和愛麗絲（丫頭們畫畫當禮物）；米隆的兒子、女兒和他們的孩子（他們也漸漸變成麗塔的榮譽孫子女）；麗塔在大學教的幾個學生（其中一個對她說：「找老人才談得出東西。」）；公寓管委會的朋友（麗塔總算加入了，新官上任三把火，第一件事就是換掉那些生鏽的信箱）；還有她和米隆最近交的幾個橋牌牌友。將近二十個人來為這個一年前沒半個朋友的女人慶生。

不過，最大的驚喜還是那天早上，麗塔收到女兒寄來的電郵。寫信給米隆之後，她也仔仔細細給每個孩子寫了信，而他們一如往常沒有回音。可是那天早上，蘿蘋回信了，麗塔在晤談時讀給我聽。

媽：嗯，你猜得沒錯，我不原諒你，但我很高興你沒要我原諒。老實說，你的信我差點看也不看直接刪了，因為我想八成又是那些鬼話。但不知道為什麼——也許是因為我們很久沒聯絡了吧——我覺得至少應該點開來掃一眼，確定一下你不是寫來說你快死了。我實在沒想到內容是這樣，我邊看邊想：這是我媽嗎？

總之，我讀你的信給我心理師聽（對，我現在在做心理治療。還有，我還沒跟羅傑分掉），跟她說：「我不想變成這樣。」我不想一直陷在爛關係裡，不想每次羅傑想挽回就幫他找不分手的理由，不想一直告訴自己太晚了、不可能重來了，或是天知道什麼莫名其妙的藉口。我跟心理師說，如果連你最後都能與人建立健康的關係，我一定也可以，而我不想等到七十歲才做到。你有注意到我寄這封信的帳號嗎？這是我的祕密信箱，找工作用的。

麗塔哭了一陣，繼續念。

媽，你知道有趣的是什麼嗎？我跟心理師讀完你的信之後，她問我對童年有沒有什麼正面的回憶。我本來想不起來，但我開始做夢，夢到去跳芭蕾。醒來後我領悟過來：我在夢裡是芭蕾舞主角，你是老師。這讓我想起大概八、九歲的時候吧，你帶我去上我一直很想上的芭蕾舞課，可是他們說我基礎不夠，於是我哭了。你抱抱我說：「沒關係，我教你。」然後我們找了間空教室假裝上課，應該有好幾個鐘頭。我記得那天笑得很開心，跳得也很開心，真希望時間永遠停在那裡。後來我又做了更多的夢，它們讓我想起更多小時候的正面回憶。在這之前，我甚至不知道有這些回憶。

我覺得我還沒準備好跟你談，也還沒準備好跟你重新建立關係，也許以後也沒辦法，但我希望你知道：我記得你最好的一面。雖然不夠好，但的確有好的一面。另外，我不知道這樣講對你有沒有幫助：看到你的信之後，我們每個人都很驚訝。我們一起談了談這件事，大家都覺得：我們就算沒辦法跟你重新開始，也必須讓人生振作起來。因為像我剛剛說的：你做得到，我們也做得到。心理師跟我講過，我之所以不想好好振作，也許是因為這樣一來，你就贏了。我以前不懂她的意思，我想我現在懂了，至少開始懂了。

總之，生日快樂

蘿蘋

PS. 網站不錯

麗塔抬起頭，神色茫然。她真希望幾個兒子也回她信，因為每一個子女她都很掛心。蘿蘋還是沒離開羅傑，三個兒子一個還在跟毒癮對抗，一個二度離婚（「那個女的卑鄙無恥又刻薄，當初是騙他懷了孩子，兩個人才結婚的。」），最小的那個因為學習障礙從大學輟學，後來工作換個不停，一直沒穩定下來。麗塔說她很想幫忙，可是他們根本不想理她。況且，她現在還能為他們做什麼呢？以前只要他們開口要錢，她一定給，可是他們最多也只願意維持這種往來，僅止於此。

「我很擔心他們，」她說：「一直都是。」

「也許，」我說：「你可以先試著愛他們，而不是擔心他們。想辦法找出愛他們的方式，先想想他們希望你怎麼對他們，而不是你希望他們如何。」

我在想：麗塔的孩子收到信的時候，不曉得是什麼感覺呢？她本來想跟他們說「我到家囉」之家的事，想告訴他們她變了，她現在很會照顧小朋友。她希望他們看到她母性的一面，看到她多麼希望當年也能當個稱職的母親。但我建議她暫時別提，因為他們聽了不見得欣慰。我有病人講過，他爸爸當年拋妻棄子，另結新歡，但又有孩子之後性格大變。他記憶裡的爸爸暴躁易怒，不苟言笑，怎料他重為人父後竟然成了模範父親，會教孩子踢足球、參加他們的鋼琴演奏會、去他們學校當志工、帶他們度假，甚至還記得他們朋友的名字。看著這父慈子孝的一家人，我的病人只覺得自己像不受歡迎的外人，跟他們格格不入。他跟很多人一樣，見到父親終於變成**自己**心目中的好爸爸——卻成了**別人**的爸爸——他深感受傷。

「至少是開始。」我說蘿蘋那封信。

後來，麗塔比較大的兩個兒子終於跟她聯絡，也見了米隆。這是他們人生第一次與一位可靠、慈愛、父親般的角色建立關係。最小的兒子則仍在憤怒中蹣跚而行。她的孩子還是跟她不親，也對她仍有怨懟，但沒關係——至少麗塔這一次好好聆聽他們，不再充滿防衛，也不再躲進淚水。蘿蘋搬到一間小套房，在心理診所找到一份行政工作。麗塔鼓勵她搬來西岸，住得離她和米隆近一點，這樣離開羅傑展開新生活也有個照應，但蘿蘋說她不想換心理師（麗塔猜其實是放不下羅傑）——目前還不想。

這個家並不完美，甚至稱不上健全，但它終究是家。麗塔沉醉其中之餘，也設法面對她無法弭平的痛。

雖然她的生活已相當緊湊，她還是給網站添了些新作。一個是會員登入的歡迎畫面，幾個線條人各自出神，圍著中間幾個大字：**嗨！你到家囉！**

第二個是為米隆的女兒創作的版畫。她在學校教書，有一次看到麗塔桌上一張便利貼的話，覺得很喜歡，就問麗塔能不能把它變成藝術創作，她想用來教孩子韌性。那句話是：**失敗是做人的一部分。**

「我一定是在哪裡看到的，」麗塔對我說：「可是怎麼想都想不起來。」其實，那是我有一次晤談跟她講的，但她想不起來我並不在意。精神病學家歐文．亞隆說過：「病人忘了我們談過的東西但有進步，遠遠好過反過來——談的東西記得一清二楚，但沒有改變（可是這樣的病人更多）。」

麗塔的第三個新作是張小版畫。她以抽象筆法畫了兩個灰髮人，身體交纏而流動，旁邊的卡通字很熱鬧：**唉呀……我的背！慢一點……喔！我的心臟！**身體上方以優雅的書法寫著：**老了也能幹。**

直到現在，那仍是她賣得最好的作品。

55 我的派對我說了算：想哭就哭
It's My Party and You'll Cry if You Want To

那封信來了。我的指頭在鍵盤上定住。標題是：**派對時間……穿黑衣來！**寄件人是茱莉的先生馬特。我決定先不點開，等今天的病人都談完再說。我不想在晤談之前打開茱莉的葬禮邀請函。

我又想了一下痛苦的等級。剛開始跟茱莉談的時候，我以為切換很難。前一節才聽完她的斷層掃描結果和腫瘤發展，後一節要怎麼認真看待「我懷疑保姆有偷錢」或「為什麼每次做愛都要我起頭？」

你覺得這叫問題？我擔心心裡冒出這句話。

沒想到的是，陪伴茱莉讓我更有同理心，讓我更能意識到其他病人的煩惱也很重要。不論是受託照顧自己孩子的人背叛了信任關係，或是求歡遭拒後感到丟臉和空虛，藏在這些細節背後的深層不安，其實跟茱莉不得不直視的憂慮並無二致：在這個充滿不確定的世界裡，我該怎麼有安全感？我該怎麼與人建立連結？陪伴茱莉讓我對其他病人產生更大的責任心。每個小時對我們每一個人都很重要，我希望自己每一節晤談都能全心投入。

最後一個病人離開後，我拖著慢慢寫個案紀錄，最後總算打開那封信。邀請函裡有茱莉的囑咐：除了請大家參加這場「哭爆眼告別派對」之外，她還要單身朋友好好利用這次機會，因為「你們如果是在葬禮上認識對方，一定會牢牢記住愛與生命多麼重要，不去計較那些小事」。信裡也附上連結，連向茱莉在我這裡寫的那篇訃聞。

我寫信向馬特致哀，幾分鐘後又收到另一封信，他說是茱莉留給我的。因為我死了，所以直接講重點，她說。**你說會來參加我的告別派對，你不來我會知道喔。還有，記得幫我妹擋一下艾琳阿姨，就那個……唉，你知道的。我的事你全知道。**

馬特的PS.：**請來和我們一起。**

我當然會去。在答應茱莉之前，我已經想過潛在的複雜性。不是每個心理師都會做同樣的選擇。有的人擔心越界，覺得這樣一來似乎涉入太深。雖然這種顧慮有時候是對的，可是心理治療既以回應人間悲欣為念，要求心理師在病人去世時隔開情感，似乎強人所難。我們不會這樣要求一個人生命中的其他專業人士，如果茱莉的律師、整復師或腫瘤醫師來參加葬禮，沒有人會覺得有什麼不妥，可是我們獨獨預設心理師應該保持距離。然而，如果心理師出席能安慰到病人家屬，甚至讓心理師自己得到慰藉，何樂而不為呢？

大多數時候，心理師只能默默哀悼病人死去。畢竟，除了我諮商小組的同事和溫德爾之外，我還能跟誰談茱莉的事呢？就算我跟他們談茱莉的死，他們也不像我或茱莉的親友那樣熟悉茱莉。病人的親友尚可一起悲痛，心理師只能一個人哀傷。

出席葬禮也有保密問題需要考慮。我們保護病人隱私的責任，並不會隨著他們死去而消失。舉例來說，丈夫自殺的妻子可能會找他的心理師問原因，但心理師還是必須守口如瓶。病人的檔案和我們之間互動都受到保護，即使我在葬禮上被問到我跟死者是怎麼認識的，我也不能透露我是他的心理師。不過一般來說，非預期死亡比較會產生保密問題（如自殺、服藥過量、心臟病、車禍等），茱莉這種情況則否。畢竟在後一類個案中，病人和心理師對此多半已有討論——茱莉甚至直接講過她希望我參加她的葬禮。

「你答應會陪我到最後，」去世前一個月左右，茱莉斜著嘴對我笑：「你總不能到了我的葬禮還放我鴿子吧？」

❖ ❖ ❖

在茱莉的最後幾週，我們談她希望怎麼跟家人朋友道別。**你想留給他們什麼？希望他們留給你什麼？**

我們談的不是如何優雅謝幕，留下動人身影——這泰半是奢望。人人希望臨終時平靜、清明，充滿諒解和療癒，但臨終者往往恐懼、茫然、孱弱，在多種藥物作用下躁動不安。正因如此，現在就為所當為是那麼重要，在猶有餘力的時候更開闊、更坦誠，是那麼重要。等待太久徒增遺憾。我有一個病人的生父一直想跟他重修舊好，但他多年下來始終猶豫，等到他終於與父親聯絡，才知道他已陷入昏迷，失去意識，剩下不到一週的壽命。他為此懊悔不已，幾乎崩潰。

我們也經常賦予最後時刻不成比例的意義，把它看得比先前的互動更重。我有一個病人的太太是跟他講話講到一半時驟逝，他們當時正為他沒分擔洗衣家務起爭執，而他就是不認錯。「她死的時候正在生我的氣，覺得我擺爛。」他說。其實他們兩個一直很恩愛，婚姻生活人人欽羨。這種口角要是發生在平日，他們會一笑置之，但因為這是他們最後的對話，便成了難以釋懷的傷痕。

在最後的日子，茱莉更常在晤談時睡著。如果說在此之前，這像是讓時間靜止在我們共處的時刻；它現在則像預演死亡，「體驗」沉入寂靜但不懼孤獨的感覺。

「最過不去的總是差一點，是不是？」她有一天下午說：「差一點就得到什麼。差一點就有孩子。差一點就照不出東西。差一點就沒有癌症。」幾乎達到目標卻失之交臂，比一開始就不放手一搏更令人難受。我在想有多少人因此卻步，沒去追求人生中真正想要的東西？

在幾次平靜得奢侈的晤談裡，茱莉說她想在家去世，所以最後幾次是我去她家看她。她在床邊擺上她所愛的人的照片，玩拼字遊戲，看《鑽石求千金》，放喜歡的歌，也和來探望她的人見面。

可是到了最後，她連享受這些樂趣都艱難萬分。她對家人說：「我想活，但不想這樣活。」他們知道這代表她想停止進食。反正，這時的她已經大多數東西都不能吃。當她決定剩下的人生不值得繼續撐，她的身體隨之跟進，她沒過幾天就走了。

和茱莉最後一次晤談那天，我們沒有上演感人肺腑的「大結局」。她最後跟我說的是牛排：「天哪，現在要是能吃牛排，我什麼都幹。」。她的聲音虛弱得幾乎聽不見：「不知道我會去哪裡，但那裡最好有牛排。」然後她睡著了。這樣結束倒也頗有心理諮商之風——晤談時間到了是一回事，對話真正劃上句點是另一回事。最好的道別，總是言猶未盡。

❖ ❖ ❖

雖然我不該感到意外，但看到茱莉的葬禮上來了幾百個人，我還是一陣詫異。他們來自她生活的各個層面：她小時候的朋友、夏令營的朋友、馬拉松跑友、讀書會朋友、大學朋友、研究所朋友、工作上的朋友和同事（大學和喬式超市的都有）、她的爸媽和四個爺爺奶奶、馬特的爸媽，還有她和馬特的兄弟姊妹。我之所以分得出誰是誰，是因為他們都上台說了一些茱莉的事，關於她是個什麼樣的人，還有她對他們意義何在。

輪到馬特時，大家安靜下來，正色端坐。我低頭看看手裡的冰茶和餐巾紙，上面寫著：**我的派對我說了算，想哭就哭！**我剛才還看到一個大橫幅：**我還是選都不要。**

開口之前，馬特花了點時間穩住情緒。稍能自持之後，他說茱莉為他寫了本書讓他留念，書名是《最短也最長的愛情故事：愛與失落的史詩》（*The Shortest Longest Romance: An Epic Love and Loss Story*）。講到這裡他已不能自已，他邊收拾心情邊慢慢繼續。

他說書裡有個地方讓他意外：故事——**他們的故事**——快結束時，茱莉加了一章，說她希望馬特一輩子都有愛情。她鼓勵他好好待她稱作「療傷女友」的女子——那些他在療傷期間會當作備胎交往的女子——對她們坦誠一點，也溫柔一點。**別耽誤人家**，她說。**也許你們能從彼此身上得到些什麼。**接下來是她給馬特寫的徵友啟事，說他找療傷女友時用得上。這篇徵友啟事宛如情書，幽默、動人又不失嚴肅，美得令人心痛，她希望馬特能藉此找到能與他有美好結局的人。茱莉細數他的怪癖、他的投入、他活躍的性生活、他美好的家人（茱莉很喜歡他們，也相信新的那名女子會同樣喜歡他們），還有他是多好的一個父親。她說她知道他是，因為他們也曾一同為人父母——雖然那孩子自始至終沒出生，只在子宮裡待了短短幾個月。

馬特讀到最後，大家有的笑，有的哭。**每個人一生至少該有一次愛得轟轟烈烈**，茱莉總結道，**對我來說，我們這次就是。如果運氣夠好，也許我們能有這樣的愛兩次。我願你再轟轟烈烈愛一次。**

我們都以為到這裡結束，但馬特接著說：不論茱莉人在哪裡，她在那裡也該擁有愛情，這樣才公平。秉持這份精神，他也為她寫了一則天堂徵友啟事。

零星有些笑聲，但一開始不無遲疑。會不會太過頭了？不，我想，這正是茱莉想要的。尷尬，不安，似乎有點好笑，卻又讓人心酸。很快地，大家都放開來既哭也笑。她痛恨蘑菇，馬特對她的天國追求者寫道，有放蘑菇的都別給她。如果那裡也有喬式超市，而她想去打工，一定要大力支持。而且你會拿到很棒的折扣。

他繼續說：茱莉用過很多方式對抗癌症，最主要的一種是對別人「做好事」，在離開世界之前讓它變得更為美好。他沒有提到是哪些人，但我知道是誰——受過她幫助的人都講出來了。

我慶幸有來，慶幸自己有完成對茱莉的承諾，也慶幸能看到我從沒在病人身上看到的另一面——他們在諮商室外的那一面。心理師對病人看得深，但不夠廣；我們熟悉的是描述，而不是畫面。雖然我對茱莉的想法和感受絕對知之甚詳，但身在這群我不熟悉、但他們熟悉茱莉的人中間，我仍像隔了一層。身為心理師，我們知道要是參加病人的葬禮，應該盡可能低調，避免與人互動。我這樣做了。可是我正打算離開的時候，有對和善的夫婦來找我攀談。他們說茱莉算是他們的媒人——五年前，是她湊合他們認識。笑著聽完他們的故事，我準備告辭，這時，女方突然問我：「你呢？你跟茱莉怎麼認識的？」

「她是我朋友。」我反射般地回答，小心不透露隱私。但話一出口，我發現那也是我的肺腑之言。

「你會想起我嗎？」茱莉每次要動手術之前，都會這樣問我，我也總告訴她我會。這讓她安心，讓她平靜，讓她在開刀的焦慮中保持穩定。

然而，隨著茱莉的病情越來越不樂觀，這個問題有了另一層意義：我的一部分能否活在你心裡？

茱莉那陣子對馬特說，想到自己即將在他面前死去，她覺得糟糕透了。馬特隔天寫了張字條給她，上面抄的是音樂劇《祕密花園》（*The Secret Garden*）裡的一句歌詞。妻子的亡魂問她傷心欲絕的丈夫：你是否願意原諒我？你能否把我放在心裡，「找到新的方式愛我／既然我倆如今生死兩隔」？馬特寫了：Yes。他還說，他不相信人會化為烏有，我們之間一定有某種永恆的東西，它會延續。

那天走回車上時，我耳邊想起茱莉的問題：**你會想起我嗎？**

這麼些年過去，我還是常想到她。

靜默的時候最常想起。

56 快樂有時
Happiness Is Sometimes

「你直說沒關係——你覺得我是混蛋嗎？」約翰把外賣放下時說。他今天帶蘿希來諮商——因為「毛姆」病了，瑪歌又出差——她趴在約翰腿上，興致勃勃地嗅袋子裡的食物。約翰一雙眼睛看著我，蘿希水汪汪的眼睛也看著我，好像都在等我回答。

我一下子不知道從何答起。如果我說是，應該會傷到約翰，而我最不想做的事就是傷到他。但我如果說不，搞不好他會以為他那些混蛋行為沒什麼大不了的，結果更難產生自覺，而鼓勵他自行其是是我第二不想做的事。我雖然可以把問題丟回去：**你呢？你覺得自己是混蛋嗎？**但我更好奇的是：他為什麼想問這個問題——為什麼現在想問？

約翰慢悠悠蹭掉便鞋，但沒有盤腿坐上沙發，只是向前傾身，兩隻手搭著膝蓋。蘿希跳到地板挪挪姿勢，抬頭看約翰。他餵她零食，細聲細氣地說：「乖狗狗，小公主。」

「你鐵定不相信發生了什麼事，」他轉過頭看我：「前幾天我對瑪歌講了句……呃，**蠢話**。她說她心理師推薦了一個做伴侶諮商的給她，我說我想找你轉介，因為我信不過她那個白痴心理師找的人。話一出口我就知道完了，我講得太直接了！可是來不及啦，瑪歌開始發飆：『**我那個白痴心理師？我找的就是白痴？**』她說我的心理師要是看不出來我多混蛋，那我才是找了個白痴心理師。好啦，反正後來我為我說她的心理師是白痴道歉，她為她說我是混蛋道歉，然後我們兩個都開始笑。我還真不記得上次這樣一起笑是什麼時候的事了。我們笑得停不下來，笑到兩個小丫頭都跑過來看，一副『他們兩個瘋了』的表情。她們一直問：『什麼這麼好笑？』可是我們講不出來，我想我們自己也不知道什麼這麼好笑。」

「後來她們也開始笑，四個人為了我們笑得停不下來而笑個不停。蘿比笑得在地上打滾，然後是葛蕾絲，我跟瑪歌對看一眼，也笑得在地上打滾。就這樣，全家人都在我們臥室裡笑得打滾。蘿希這時也跑過來湊熱鬧，想看看到底發生了什麼事，結果看到我們全在地板上笑得打滾。她楞在門口，搖搖腦袋，像是在說：**你們人類有夠幼稚**，自己掉頭走了。於是我們又開始笑蘿希，笑得喘不過氣。我那時候像是從半空看著這個畫面：我跟老婆小孩在地板上打滾，狗在另一間對我們吠。我像是既在上頭看，又在畫面裡。我忍不住想：**幹！我好愛我家**。」

他沉醉在這份感覺裡，停了一陣才繼續。

「我好久沒這麼快樂了。」他說：「而且你知道嗎？我跟瑪歌那天晚上處得超好，平常那些緊張都不見了。」他邊想邊笑。「可是，」他繼續：「不知道怎麼回事，我失眠的情況本來好多了，但那天晚上又睡不著。我翻來覆去好幾個鐘頭，一直想瑪歌說我是混蛋那句話，怎麼也停不下來。因為你明明不覺得我是混蛋——我是說，你顯然滿喜歡我的，對吧？所以瑪歌怎麼會這樣講呢？**難道她才是對的嗎？**搞不好我真的是個混蛋，只是你沒看出來？這樣的話，你不就**真的**是個白痴心理師嗎？所以現在是什麼情形？——到底我是混蛋，還是你是白痴？」

什麼鬼陷阱！我想，**要嘛說他是混蛋，要嘛承認我是白痴**。我想起茱莉，還有她高中朋友寫在紀

念冊上的話：兩個我都不選。

「也許還有別的可能。」我說。

「我要聽真話。」他很堅決。我聽前輩講過，心理治療的改變往往是「先漸進，後頓悟」，約翰似乎就是如此。在他輾轉反側、不能成眠的那一晚，他為自己精心構築的「別人都是白痴」紙牌屋垮了，一片狼藉的場面慘不忍睹：**我是混蛋。我不比別人好，也不比別人特別——我媽錯了。**

可是這也不是事實，只是自戀防衛機制以矯枉過正的方式瓦解。約翰看待別人的角度原本是「我很棒，你們很爛」，現在則是顛倒過來：「你們很棒，我很爛」。然而，這兩種看法都不正確。

「我看到的事實是，」我坦白說：「我不是白痴，你也不是混蛋，只是你有時候會為了保護自己表現得像混蛋。」

我觀察約翰的反應。他深吸一口氣，本來似乎想要嘴皮子，但想一想還是算了。他看著呼呼大睡的蘿希，沉默了一陣子。

「這倒是，」他說：「我表現得像混蛋。」然後他笑著加了一句：「**有時候而已**。」

我和約翰最近談到「有時候」這個詞的美妙之處，它讓我們保持平衡，待在舒適安穩的中間地帶，不死命巴著光譜兩端。它讓我們逃離二元思考的暴政，不把人或事看成非好即壞，享受喜怒哀樂各有其時的人生。約翰說，在他被婚姻問題和工作壓力壓得喘不過氣的那陣子，他以為只要撐過某個點，就能重拾快樂，可是蓋比去世之後，他覺得自己再也不可能快樂起來。而現在，他漸漸感到世事不是有或無、是或否、永遠或絕不。

「也許快樂也是一樣吧，有時候有，有時候沒有。」他靠向沙發，這個念頭讓他放鬆下來。「也許看看那個做伴侶諮商的也沒差。」他補了一句，指的顯然是溫德爾推薦的那個心理師。其實在蓋比死後，瑪歌和約翰有做過幾次伴侶諮商，可是他們那時還陷在憤怒和愧疚裡，不是責怪彼此，就是責怪自己，即使那個心理師提到警方報告，提醒他們責任出在酒駕駕駛，不在他們，約翰還是充耳不聞（「驗屍什麼的一點意義也沒有」）。瑪歌想做心理治療就做吧，他沒意見，但他不想每週多花一個鐘頭折磨自己。

可是他說，他現在願意做伴侶諮商了，因為他已經失去太多——失去媽媽，失去兒子，甚至失去他自己——他希望能努力留住瑪歌，趁為時未晚。

也是因為這樣，他和瑪歌最近開始小心翼翼地、試探性地談起蓋比——也談起很多其他的事。他們知道人生已經走到這個當口，也知道這樣下去意味著什麼。無論結果如何，約翰說，也許做做伴侶諮商多少有幫助。

「唉，天知道會不會又碰上一個白痴——」約翰正要開始發牢騷，我止住他。

「如果你開始有那種感覺，」我說：「先等一等，多觀察一下再做決定。因為那個心理師要是真有兩把刷子，過程難免會讓你不太舒服，到時候我們可以在這裡談談那些不舒服。決定要不要繼續之前，我們可以一起了解看看。」我想起自己懷疑溫德爾的時候，把自己的不安投射到他身上的時候，他第一次提到我在為「更大的事」難過的時候，還有那些覺得他很平庸、懷疑他的能力的時候。

也許我們在真正放下之前，都需要懷疑、批判和質問。

約翰對我說，另一天晚上他也是睡不著，開始想以前的事。他說他從小就想當醫生，可是家裡沒辦法供他讀醫學院。

「這我不知道耶，」我說：「你想當哪種醫生？」

約翰瞪著我看，好像答案很明顯似的。「心理醫生啊。」他說。他？當心理醫生?!我腦子裡閃過約翰會對病人怎麼說：你丈母娘這樣講啊？她白痴喔！

「為什麼想當心理醫生？」

他翻白眼。「這不廢話嗎？因為我小時候媽媽死啦，我當然會想救她或自救什麼的。」他頓了一下。「而且我太懶了，當不了外科。」

雖然他還是用玩笑掩飾軟弱，但這份自覺令我驚訝。

總之，他說他抱著拿獎學金的希望申請過幾家醫學院。雖然他知道畢業時還是會欠下一屁股債，但他想醫生的收入算高，還錢沒問題的。他大學主修生物，讀得還算不錯，但因為一週得打二十個小時工賺學費，他的成績不如預期，更比不上其他醫學預科生。那些書呆子有辦法沒日沒夜卯起來拚，分數高得跟什麼一樣。

無論如何，約翰還是拿到幾間學校的面試機會。但無一例外，每個面試者都「假惺惺」地先誇獎一下他申請書寫得真好，再把話題帶到他的成績雖不算壞、但也稱不上亮眼，然後拐彎抹角勸他換個志願。「你應該當作家呀！」不只一個面試者半開玩笑地說。約翰一肚子火：申請書上明明寫了他邊打工邊修預科課程，他們是眼睛瞎了還是怎樣？難道看不出來這代表他多用功、多敬業、多堅持？難道不懂那少數幾個B還有那該死的C－不能反映他的資質，只說明他永遠時間不夠用，沒辦法全力衝刺學業，更沒辦法在實驗拖延時繼續留在課堂上？

最後有一家醫學院錄取約翰，但他們提供的獎學金不夠他生活。他知道自己沒辦法用撐過大學的方式撐完醫學院，只好回信拒絕，接下來好些日子黏著電視哀怨自己的未來。當老師的老爸勸他去學校教科學（反正約翰他媽當年也是老師，正好一家子老師），但他一直記掛那句名言：「沒本事的才教書。」他？**他有本事得很**——他知道自己對醫學院的科學課程能應付自如——只是錢不夠而已。後來有一天，當他又在電視機前怨嘆命運坎坷時，他想到了——

嘿，這鬼東西我也能寫。

他馬上買了本教編劇的書，如法泡製寫出一集，寄給他在電話簿上查到的經紀公司，接著很快就被找去當一齣戲的編劇助理。他說那齣戲是「不折不扣的垃圾」，可是沒差，反正他只打算做三年存點錢，然後再去申請醫學院。沒想到一年後，他被一齣好得多的戲延攬，又過一年，他被找去寫當紅影集。到他存夠錢讀醫學院那年，他的壁爐架上已經擺了一座艾美獎。他決定不申請醫學院了。要是這次沒半間錄取，豈不糗大？何況他現在志在賺錢——在好萊塢能賺的那種大錢——他要讓孩子無後顧之憂，不必像他這樣總要面臨取捨。他說他現在錢賺夠了，兩個女兒想讀幾輪醫學院都沒問題。

約翰伸伸懶腰，挪挪腳。蘿希睜開眼睛，呼了口氣，繼續睡。他說，跟劇組上台領獎的時候，他心想：**哈！你們這些白痴，看到了嗎？把拒絕信拿回去擦屁股吧！老子拿的是艾美獎！**

每年看著一個個獎項入手，約翰油然產生一種病態的快感。他沒忘掉那些不相信他夠好的人，但看看他，他現在出頭了，辦公室裡滿滿的艾美獎，銀行戶頭裡滿滿的錢，資料夾裡滿滿的退休保單，他想：**那些人一個也奪不走。**

我想的是：「那些人」已經奪走了他媽媽。

「『那些人』是誰？」我問約翰。

「醫學院面試的那些王八蛋啊。」他說。他的成功顯然既是因為熱愛工作，也是因為要復仇。我在想：對現在的他來說，「那些人」是誰？即使沒人注意自己（至少不是用我們以為的方式注意我們），大多數人還是以為有一群人（「那些人」）正盯著自己。然而，**真正**會注意我們的人——真正關心我們的人——其實根本不在乎我們怎麼偽裝、怎麼作戲。對約翰來說，誰是這樣的人呢？

「响，拜託！」他說：「每個人都在乎我戲怎麼作。」

「包括我在內？」

他嘆了口氣：「你是我**心理師**欸。」

我聳肩。**所以**？

他往沙發一癱。

「我跟老婆孩子在地上打滾的時候，」他說：「我冒出一個很奇怪的念頭：我真希望你看到這一幕。我真希望你能看到那個時候的我，因為你知道，在這邊總是愁雲慘霧的，我覺得你不知道我還有那一面。可是今天開車過來的時候，我突然在想：**搞不好她真的知道**。搞不好你真的有……什麼心理師第六感之類的。怎麼說呢……不曉得跟你那些煩死人的問題和討人厭的沉默有沒有關係，我覺得**你了解我**。你懂我意思吧？我不想誇得你尾巴翹起來還是怎麼的，但我覺得，你看我比其他人完整，你比我生命裡的其他人更懂我的人性。」

我感動得說不出話。我想對他說我多麼感動，不只是因為他有這種感受，也是因為他願意把感受告訴我。我想告訴他我不會忘記這一刻，但我還來不及說出口，約翰就忙著嚷嚷：「幹！老天哪！別又當著我面哭行嗎？」

我笑噴，約翰也是。但我對他說我剛才哽住沒講的話之後，換成他眼泛淚光。我想起之前的一次晤談，約翰說瑪歌老是哭，我對他說也許瑪歌承擔了兩人份的哀傷，也許她是為了他們兩個人哭。我那時建議約翰不妨讓瑪歌哭，也容許自己哭。雖然約翰可能還沒準備好讓瑪歌見到自己哭，但他現在既然願意讓我看見他的淚水，我對他們的伴侶諮商很抱希望。

約翰指指濕潤的眼眶。「你看看，」他說：「我的人性耶，幹。」

「超棒的。」我說。

我們沒拿出午餐吃。我們的舒適距離之間，不再需要隔著食物。

❖ ❖ ❖

幾星期後，我窩在客廳沙發上哭得像個孩子。電視裡播的是約翰的影集，原本尖酸刻薄的主角最近柔軟許多，正與他弟弟交談，兄弟倆顯然很生分。直到幾集以前，我們根本不知道有這個角色。現在透過倒敘，我們總算得知他們疏遠的原因：主角的弟弟認為他該為**他的**兒子的死負責。

令人心碎的一幕。我想到約翰小時候夢想當心理醫師，他寫的戲能這麼動人，與他對痛苦的敏銳掌握一定脫不了關係。這是媽媽的死——還有蓋比的死——留給他的遺產嗎？還是他們活著的時候就為約翰栽出易感的心，因為他們如此親密？

得與失，失與得，哪個在先？

下一次晤談，約翰告訴我他跟瑪歌一起看了那集，後來也在伴侶諮商時談到這件事（那個心理師到目前為止「還不算太白痴」）。他說剛開始看的時候，他跟瑪歌分坐沙發兩頭自己喜歡的位子，但倒敘那段開始之後，不知是出於愛或本能或兩者都有，他忍不住起身挪到瑪歌身旁，腿貼著腿，彼此相偎，一起啜泣到那一段結束。他對我說的時候，我想起自己一開始坐得離溫德爾多遠，後來又過了多久才終於能坐近他而不覺尷尬。約翰還告訴我我說得沒錯——跟瑪歌一起哭真的沒關係，這非但沒讓他們被淚水淹沒，反而帶他們安全上岸。

他說的時候，我想像我、約翰、瑪歌，還有全世界幾百萬名觀眾，全都在自己的沙發上被他的文字剖開。我還想到，對我們這些人來說，是約翰讓流淚變得再自然不過。

57 溫德爾 Wendell

「我打算叫你溫德爾。」我對我的心理師說。我招了吧：他的真名其實不是溫德爾。

我在晤談時宣布：我又開始寫作了，寫……應該算寫書。而他——「溫德爾」，我的心理師——是其中一個主要角色。

這並不在我計畫之內，我說。一星期前，我像是被某種引力扯向書桌，拉開筆電，開啟新檔，一寫就寫了好幾個鐘頭，像水壩塌了一樣。我覺得自己回來了，但不是先前的自己——我變得更自然、更放鬆、更有活力，像是進入心理學家契克森米哈伊（Mihaly Csikszentmihalyi）說的「心流」。我寫到哈欠連連才終於收手，看看時間，上床睡覺。我精疲力盡——亢奮得精疲力盡——被重新喚醒之後，我總算準備休息。

隔天早上醒來，我神清氣爽，疲憊全消，到了晚上，那股神祕的力量又一次把我扯向筆電。我想到約翰當心理醫師的願望。對很多人來說，深入自己想法和感受像踏進暗巷——你就是不想一個人去。於是我們尋求心理治療，希望能有另一個人結伴同行。觀眾看約翰的戲也是一樣：他的戲讓他們比較不感孤單，讓他們看見某部分的自己在螢光幕上跌跌撞撞。從這個角度來看，約翰的確是很多人的心理醫生——也許我是受到他寫出自身遺憾的勇氣啟發，才動念寫下我的遺憾。

整個星期，我寫下分手，寫下我的心理師，寫下我對死亡的不安，寫下我們都怕對自己的人生負責，可是為了走出憂懼，我們必須為人生擔起責任。我寫下早已無關痛癢的陳年往事，寫下我給自己編造的表面說詞，寫下過去和未來如何悄悄入侵現在，有時甚至完全蒙蔽現在。我寫下執著，寫下放手，寫下離開牢房有多難，儘管自由不只就在眼前，甚至**就在我們身上**——就在我們心裡。我寫下不論際遇如何，我們都能選擇要怎麼活，不論發生什麼事，不論失去什麼，不論年紀多大——用麗塔的話說——沒結束前都不算完。我寫到我們有時雖然有開啟更美好的人生的鑰匙，可是就是需要另一個人告訴我們它死到哪裡去了。我寫到對我來說，那個人是溫德爾，對某些人來說，那個人有時候是我。

「溫德爾……」溫德爾沉吟，咀嚼這個名字的滋味。

「因為我都星期三來，」我說：「書名可以叫《Wednesdays with Wendell》，兩個 wen- 押頭韻，不錯吧？不過我的事太私人了，我不打算出版，只是自己寫高興。無論如何，重新提筆的感覺真好。」

「這有意義。」他說，點到我們先前的對話。沒錯，我之前之所以寫不出那本快樂書，是因為我追求的其實不是快樂，而是**意義**——有了意義才能帶來自我實現感，而當然，意義有時也能帶來快樂。我之所以拖了那麼久才取消書約，是因為一旦取消，我就得拋下我的柺杖（不斷嘮叨「早知道就寫那本教養書」），而沒有這個柺杖當擋箭牌，我就不得不檢視其他問題。事實上，即使在取消書約之後，我有好幾個星期還是在後悔，還是在幻想當初要是寫了那本教養書，後續發展一定順利得多。我在這個「失敗」裡鑽牛角尖，很少去想這樣做是放過自己，讓自己重獲自由。那時的我跟麗塔一樣，只顧著自怨自艾，不願看這件事的正面意義。

不過，我也跟麗塔一樣得到新的機會。溫德爾有一次說：在人的一生裡，我們與**自己**的對話其實多過與別人的對話，可是我們對自己講的話不一定溫和、真實、有幫助，有時候甚至毫不尊重。我們對自己說的話多半不會對朋友或小孩說，也不會對自己愛護或關心的人說。在心理諮商過程裡，我們學著分辨腦海裡的這些聲音，讓自己能用更好的方式與自己溝通。

所以，聽溫德爾說「這有意義」的時候，我知道那個「這」也指我們，指我們共度的時間。我們經常以為心理諮商是為了找答案（例如「男友為什麼跟我分手？」、「為什麼我變得憂鬱？」），但真正可貴的其實是經驗——兩個人每週花大約一個小時，經過一段時間所共同創造的獨特經驗。因為這份經驗的意義，我能以其他方式找出意義。

接下來幾個月，我半認真、半隨興地考慮把這些深夜筆電晤談寫成書，最後終於下定決心：我想用自己的經驗幫助別人發現生命裡的意義。鼓起勇氣以這種方式揭露自己之後，這份心願一點一滴成形，最後變成你現在讀的這本書。

「溫德爾……」他再次喃喃感受這個名字。「嗯，我喜歡。」

我還有一個故事要說。

❖ ❖ ❖

「我準備好要跳舞了。」幾週以前，我對溫德爾這樣說。講出口時我不只自己吃驚，他也吃驚。我其實想過一陣子了。這是他幾個月前的邀請，我那時因為左腳無力，沒辦法在婚禮上跟大家一起跳舞，很是沮喪。他聽完之後邀我一起跳，想讓我知道我可以求助，也可以嘗試冒險。我後來才想到，他這樣提議其實也是在冒險。心理師總是會代病人冒險，只要判斷冒險對病人的好處遠大於傷害，心理師會抓住時機放膽一試。心理諮商不是按表操課就能發揮效果，有些時候，推病人一把的唯一辦法，就是在諮商室裡迎上風險，就是心理師以身作則踏出舒適區。

「如果那個提議還沒過期。」我補上一句。溫德爾一時楞住。我笑了，覺得我們像是角色對調。

「還沒。」他沒遲疑太久。「你想跳哪首歌？」

「〈Let It Be〉如何？」我說。我最近常彈披頭四的歌，所以腦袋裡一下子就冒出這首歌，講完之後我才想到它不是舞曲。我正想改成王子或碧昂絲的歌，溫德爾已經從書桌抽屜裡拿出iPhone，諮商室頓時響起那首歌的經典開頭。我跟著起身，卻突然想打退堂鼓，我支支吾吾跟溫德爾說還是換首曲子，換首熱鬧點的、節奏強一點的，例如……

這時正好進入副歌——Let it be, let it be, let it be, let it be——溫德爾變得跟重金屬演唱會上的青少年一樣嗨，場面開始充滿喜感。我看得出神。這個平日正經八百的傢伙自顧自彈起空氣吉他，搖頭晃腦，不亦樂乎。

就連唱到較為沉鬱、憂傷，關於心碎的人的第二段，溫德爾還是照嗨不誤，好像在說，**王子、碧昂絲什麼的，見鬼去吧！人生不必完美**。窗外的庭園像是背景，他瘦高的身影滿屋搖擺。我試著拋開思緒，單純地……let it be。我想到我的髮型師柯瑞。也許我也該放下矜持，順其自然。

副歌再次響起，我跟著滿屋舞動，先是刻意露出笑容，但沒過多久就和溫德爾一起瘋狂轉圈。看得出來他的確有練過，但他跳得好未必都是因為勤練，應該也跟他這麼樂於做自己有關。他沒做出什麼炫目的動作，但每一吋肌膚都顯得奔放自在。還有，他是對的：就算我的腿有毛病，我還是該放開去跳。

我們一起跳舞，像唱卡拉ＯＫ一樣扯著嗓子大聲唱：when the night is cloudy, there is still a light that shines on me……在我曾經絕望痛哭的諮商室裡，我們忘情舞動。

There will be an answer, let it be.

音樂結束得比我預期中快，跟我們有時候的晤談一樣。但我這次不覺得需要更多時間，一切結束得剛剛好。

這次晤談不久以前，我對溫德爾提到我開始在想結束諮商的事。這一年變化好大，我覺得自己不只更能面對生命中的挑戰和不確定，也更懂得保持內心平靜。溫德爾笑了——我最近發現這種笑指的是「我為你高興」——我們是不是該談談結案？他問。

我搖搖手。時候未到。

但現在，當溫德爾把iPhone放回抽屜、坐回沙發，我覺得時候似乎到了。聖經裡有句話大意是：做下去才會懂。你有時候必須放膽一試，在確知一件事的意義之前先去經驗它。討論如何解開自我束縛是一回事，動手解開束縛是另一回事。言語必須化為行動。轉化的自由，讓我想把這份行動帶出諮商室，帶進我的生活。

因為這份自由，我準備好定下離去的日期。

58
逗點
A Pause in the Conversation

心理諮商最奇怪的部分是：它是圍繞著結束來安排的。心理師和病人一開始就知道彼此相處時間有限，而「成功」代表的是病人達成目標，離開諮商。每個人的目標都不一樣，心理師會先跟病人談他們目標是什麼。減輕焦慮？改善關係？還是對自己別那麼嚴苛？什麼時候結束則取決於病人。

在最好的情況下，病人與心理師會自然而然走到結束諮商這一步。也許還有更多事要做，但我們已做得夠多。病人覺得好多了——變得更堅韌、更靈活，更能在日常生活中多所嘗試。我們協助病人聽見他們甚至不知道自己在問的問題：**我是什麼樣的人？我想要什麼？我需要面對什麼？**

不過，拒絕承認心理治療也是與人建立深厚關係、然後道別，似乎痴了點。

我們有時候能得知諮商之後的事（如果病人後來又來找我們晤談的話），但另一些時候，我們只能好奇：他們現在好嗎？奧斯丁現在快四十歲了吧？他從離婚、出櫃的壓力中走出來了嗎？珍妮罹患阿茲海默症的先生還活著嗎？史蒂芬妮的婚姻有維持住嗎？很多故事沒有結束，很多人我雖然會想起，卻再也不會見面。

「你會想起我嗎？」茱莉常這樣問。不過，遭遇跟她不一樣的人其實也會問這個問題。

今天是我向溫德爾道別的日子。雖然我們已經討論道別好幾個星期，但真正到了這一天，我反而不知如何道謝。我實習時學到一課：當病人向你道謝，應該讓他們知道他們自己功勞很大。**都是靠你自己**，我們通常會說，**我只是從旁引導而已**。某種意義上這的確沒錯——從撥電話約診、決定接受諮商，到每個星期試著面對考驗，全都不是別人能代勞的事。

可是我們還學過另一課——只不過我們要到談過成千上萬個小時之後，才能真正領悟——人是在與他人的連結裡成長的。每一個人都必須聽進別人對著你說：**我相信你**。**我看得見你可能還沒看見的可能性**。**我認為不一樣的事會以某種形式出現**。在心理諮商裡，我們是這樣說的：**我們來修訂你的故事**。

之前有一陣子，我每次講到男友，都覺得我明擺著是無辜受害的一方。溫德爾那時對我說：「你希望我站在你這邊。」我說我不是要他站在我這邊（其實我是！），只是想把情況解釋清楚，讓他知道我受到什麼樣的傷害——還有**我希望**他怎麼看這整件事。他那時說我想「掌控諮商方向」，還說我這種照自己的意思解釋情況的傾向，可能與我對男友的問題視而不見有關。溫德爾不想照我的意思做諮商，男友也不想照我的意思安於家居生活。男友試過要配合我，但後來舉手投降；溫德爾則不想浪費我的時間。他說他不想像我男友那樣，花上兩年時間只為了說：**抱歉，我做不到**。

我記得當時對溫德爾那樣講既愛又恨。那像是有人終於夠膽告訴你你有問題，你一方面防衛心大起，另一方面也鬆了口氣。心理師的工作就是這麼細膩。溫德爾和我既要處理我的悲傷，也要讓我看見自己困在哪裡。我們是一起做到的——不只靠我。心理諮商只有雙方合作才能發揮效果。

沒有人會救你，溫德爾對我這樣講過。他沒有救我，但他幫助我救了自己。

所以，在我向他道謝的時候，他不謙虛客套，只坦率地說：「我的榮幸。」

約翰最近發現好的影集有個特色：觀眾會覺得每週集與集之間只是逗點。同樣地，他說，他開始覺得兩次晤談之間也是逗點，不是句點。隨著最後一次晤談的時間分分秒秒過去，我跟溫德爾分享這件事。「我們也把這當成逗點吧。」我說：「跟以前每次相隔一週一樣，只是這次比較長。」

我跟他說我之後也許還會回來。這是實話。人會在生命中的不同時刻在諮商室來來去去。回來的時候，心理師還是會在那裡，坐在同一張椅子上，帶著他們曾經分享的故事。

「我們還是可以把這當作逗點，」溫德爾說，接著補上最難出口的部分：「即使我們不再見面。」

我笑了，他的意思我完全懂。生命中的關係不會真正結束，即使你再也見不到那個人。關係親的人會繼續待在你心裡某個地方。你過去的情人、你的父母、你的朋友、活著的、（象徵上或實際上）逝去的——全都會喚起你的回憶，不論你有沒有察覺。他們時常讓你看見你如何與自己和他人互動，有時候是你在心中與他們對話，有時候是他們在你夢裡對你說話。

這次晤談之前的幾個星期，我夢過幾次結案之後的事。其中一次夢到在會議上遇見溫德爾，他站在一個我不認識的人旁邊，我不確定他有沒有看到我。我覺得我們之間變得好遠，像我們剛認識時一樣。突然，他看過來了。我點頭，他也點頭，臉上一抹只有我察覺得到的微笑。

另一場夢是我去朋友的心理診所找她（但不清楚是哪個朋友），電梯到了她的樓層之後，門一打開，我看到溫德爾從診所裡出來，不曉得他是來這裡參加諮商小組，還是他剛剛結束晤談——等等，溫德爾也在看心理師嗎？我心中一震。他的心理師在這裡？難道**我的朋友**是他的心理師？不論如何，他泰然自若走過來，經過我時親切地說了聲「嗨」，我也對他說「嗨」。

我好奇這些夢的意義。身為心理師卻解不開自己的夢讓我有點尷尬。我講給溫德爾聽，他也不知道它們的意義。於是，我們兩個心理師一起分析其中一個心理師的夢，提出理論，討論我在夢裡的感受，還有我現在的感受——就要邁出這一步，我既是焦慮，也感興奮。我們聊起建立情誼再道別的難。

「好，」現在，我在溫德爾的諮商室裡對他說：「逗點。」

我們還剩一分鐘左右，我想牢牢記住這一刻。溫德爾蹺著他那雙長得不可思議的腳，穿著他的招牌襯衫加卡其褲，今天的藍色繫帶鞋挺新潮，跟那雙方格襪很搭。他的表情帶著好奇、同理和專注，鬍子有幾撮灰白。放面紙的茶几夾在我們中間。衣櫃，書架，還有那張永遠只放一台筆電的書桌。

溫德爾拍腿兩下，起身站起，但送我到門口的時候，他沒像平常那樣對我說「下星期見」。

「拜。」我說。

「拜。」他伸手跟我握了一握。

放開他的手，我轉身走過候診室裡的時髦椅子、黑白相片，還有那台嗡嗡作響的白噪音機。我穿過走廊，走向大門。快到門口的時候，正好一個女人從街上進來，一手拿著手機，一手拉開門把。

「我現在不方便，一小時後打給你好嗎？」她說。我側身一讓，看她穿過走廊。果然，她打開了溫德爾的門。他們會談些什麼呢？我心想，不曉得他們會不會一起跳舞？

我一邊想像他們的對話，一邊好奇這個逗點會持續多久。

踏出門外，我加快腳步走向我的車。我還有病人要看——和我一樣的人，我們都在盡力走出窠臼。街角紅綠燈的燈號要變了，我正要小跑步趕上，卻感覺到皮膚傳來的溫暖。我停下來，仰頭迎向陽光，享受暖烘烘的滋味，抬眼看這世界。

其實，我還有很多時間。

致謝
Acknowledgments

每一段諮商，我都會儘早詢問病人生命裡有些什麼樣的人。即使原因我已經講了一百萬遍，我還是要在這裡講第一百萬零一遍：我們是在與他人的連結裡成長的。這本書也一樣，它是在與人的連結裡長成的。我深深感謝以下各位：

首先是我的病人，他們是我做這份工作的原因，我始終欽佩他們。他們每個星期把自己逼得比奧運選手還緊，我很榮幸能參與這個過程。但願我對得起他們的故事，但願這本書能向他們的人生致敬。他們教我太多。

溫德爾，謝謝你看見我的「內夏瑪」，即使是（也尤其是）在我還看不見的時候。這樣講其實遠遠不夠，但我何其有幸，能在你的諮商室裡看見自己的這個部分。

心理諮商有很多眉角，其中包括經年累月磨練的技巧。我有幸能向幾位佼佼者學習。哈洛德・楊（Harold Young）、雅絲翠・史華茲（Astrid Schwartz）、洛琳・羅斯（Lorraine Rose）、蘿蕊・卡尼（Lori Karny）和理查・鄧恩（Richard Dunn）從我入行開始就給我很多幫助。蘿蕊・葛雷普斯（Lori Grapes）一直是我睿智的導師，她總給我慷慨的協助，即使是兩節晤談之間短短的時間，她也總是願意為我快速諮詢。在檢視自己和檢視病人的艱鉅挑戰中，我的諮商小組總給我最大的支持。

感謝蓋兒．羅斯（Gail Ross）讓這一切成為可能，並讓我有機會與能幹的蘿倫．魏恩（Lauren Wein）共事。這個組合有很多意外驚喜，其中之一是她的婆婆剛好也是心理師，所以她完全知道我想表達什麼。她神來一筆的點評總能給我啟發，她也用數不清的方式引領這本書的寫作，投注的熱情連我輩作者都望塵莫及。布魯斯．尼可斯（Bruce Nichols）和艾倫．亞契（Ellen Archer）給予我無數鼓勵和實際幫助，在計畫進行的每一步都大力支持。琵菈．賈西亞－布朗（Pilar Garcia-Brown）在幕後默默搞定一切，但願我有她一半的能幹和效率。到了跟ＨＭＨ出版社的其他工作人員接洽的階段，我真不敢相信一間公司竟能匯聚這麼多能人。我深深感謝蘿蕊．葛萊瑟（Lori Glazer）、梅兒．高曼（Maire Gorman）、塔琳．羅德（Taryn Roeder）、萊菈．梅格利歐（Leila Meglio）、麗姿．安德森（Liz Anderson）、漢娜．哈洛（Hannah Harlow）、麗莎．葛羅弗（Lisa Glover）、黛比．恩格爾（Debbie Engel）和蘿倫．伊森柏格（Loren Isenberg）。她們的才氣與創意令我驚艷。感謝瑪莎．甘迺迪（Martha Kennedy）出色的封面設計，也謝謝亞瑟．蒙特（Arthur Mount）為我和溫德爾的諮商室畫圖，讓這本書從裡到外都這麼美觀。

崔西．羅伊（Tracy Roe）醫師不僅審稿嚴謹，拯救我（以及讀者）免於無數文法災難，我們也發現彼此有很多類似經驗，她寫在頁緣的風趣評論更讓整個過程充滿樂趣（對我來說充滿樂趣。我散漫的代名詞用法恐怕讓她想掉頭直奔急診室病患）。為了讓這本書在國外出版，妲菈．凱伊（Dara Kaye）協助處理迷宮般的國際手續；而在洛杉磯這邊，ＣＡＡ的奧莉維雅．布勞斯坦（Olivia Blaustein）和米雪．懷納（Michelle Weiner）的專業付出，為這本書錦上添花。

史考特．史塔索（Scott Stossel）第一次跟我講到愛麗絲．楚克斯（Alice Truax）的時候，就說她是「傳奇人物」——他說的一點也沒錯。她的通透、指導和智慧確屬傳奇。在她看出我的生命和我病人的生命的連結時，我還渾然未覺，而且她三更半夜也回信給我。她像優秀的心理師一樣善於提問，總能引導我找出重點，敦促我挖得更深，鼓勵我以原本未曾想過的方式更完整地揭露自己。簡單來說，這本書裡到處都有愛麗絲的提點。

在我的初稿還是嚇死人的六百多頁時，有一小群十分坦誠也十分熱心的好人自願為我提供回饋。他們每一個人都讓這本書增色不少。如果我有分派福報的能力，我一定會發給凱莉・奧爾巴赫（Kelli Auerbach）、凱若琳・卡爾森（Carolyn Carlson）、阿曼達・佛提尼（Amanda Fortini）、莎菈・赫波拉（Sarah Hepola）、大衛・霍奇曼（David Hochman）、茱蒂絲・紐曼（Judith Newman）、布芮特・派索（Brett Paesel）、凱特・菲利普（Kate Phillips）、大衛・藍辛（David Rensin）、伯大尼・沙特曼（Bethany Saltman）、凱爾・史密斯（Kyle Smith）和米文・崔及瑟（Miven Trageser）。

感謝亞娜・巴隆（Anat Baron）、艾米・布魯姆（Amy Bloom）、塔菲・布羅德塞爾－阿克納（Taffy Brodesser-Akner）、梅根・達姆（Meghan Daum）、瑞秋・寇德－內爾巴夫（Rachel Kauder-Nalebuff）、巴里・內爾巴夫（Barry Nalebuff）、佩琪・奧倫斯汀（Peggy Orenstein）、費絲・莎莉（Faith Salie）、喬爾・斯坦（Joel Stein）、希瑟・特金（Heather Turgeon），他們不但為我打氣，也實際伸出援手，並／或提出有趣的點子（嫌沙發底下都是灰塵嗎？看清楚是你的沙發還是我的沙發？）。謝謝塔菲在我最需要聽實話的時候直言不諱。謝謝吉姆・列文（Jim Levine）在關鍵時刻鼓勵我，他的支持對我意義非凡。感謝艾米莉・佩爾・金斯利慨然同意我在書裡引用她動人的文章：〈歡迎蒞臨荷蘭〉。謝謝凱若琳・伯朗斯坦（Carolyn Bronstein）的傾聽……傾聽……以及傾聽。

如果你寫的是書，你會有好一段時間無法享受與讀者互動的樂趣；但你如果是每週寫專欄，你不必擔心沒讀者相伴。十分感謝〈親愛的心理師〉（Dear Therapist）專欄的讀者，也謝謝《大西洋雜誌》的傑佛瑞・戈德堡（Jeffrey Goldberg）、史考特・史塔索、凱特・茱莉安（Kate Julian）、艾德麗安・拉法朗絲（Adrienne LaFrance）、貝卡・羅森（Becca Rosen）給我這份機會，信任我能坦率地與來信尋求這份坦率的勇敢讀者對談。謝謝從各方面來說都是發想修訂者的喬伊・平斯克（Joe Pinsker），他讓我寫的東西合情合理得多。與各位共事始終充滿樂趣。

最感謝的是家人。溫德爾只需要每週見我一次，你們則是每天都跟我在一起。你們的愛、支持與體諒是我的一切。尤其謝謝「應有盡有」的札克，謝謝你天天為我們的生活施加魔法，陪我思考專欄如何回覆，也為這本書的書名提出很好的建議。有個當心理師的媽媽並不容易，有個當作家的媽媽也不容易，可是ＺＪ，你竟能同時對這兩種身分應付裕如。你給了「意義」這個詞意義，我想對你說的始終還是：我愛你，「無窮無盡」。

FOCUS 18

也許你該找人聊聊

一個諮商心理師與她的心理師，以及我們的生活

Maybe You Should Talk to Someone

A Therapist, HER Therapist, and Our Lives Revealed

作　　者　蘿蕊．葛利布（Lori Gottlieb）
譯　　者　朱怡康
總 編 輯　林慧雯
封面設計　黃暐鵬

出　　版　行路／遠足文化事業股份有限公司
發　　行　遠足文化事業股份有限公司（讀書共和國出版集團）
地　　址　231新北市新店區民權路108之2號9樓
電　　話　（02）2218-1417；客服專線　0800-221-029
客服信箱　service@bookrep.com.tw
郵撥帳號　19504465　遠足文化事業股份有限公司

法律顧問　華洋法律事務所　蘇文生律師
印　　製　韋懋實業有限公司
出版日期　2023年8月　二版一刷
定　　價　660元

I S B N　9786267244128（紙本）
9786267244135（PDF）
9786267244142（EPUB）

國家圖書館預行編目資料

也許你該找人聊聊：一個諮商心理師
與她的心理師，以及我們的生活
蘿蕊．葛利布（Lori Gottlieb）著；朱怡康譯
一二版一新北市：行路
遠足文化事業股份有限公司，2023.08
面；公分（FOCUS 18）
譯自：Maybe You Should Talk to Someone: A Therapist,
HER Therapist, and Our Lives Revealed
ISBN 978-626-7244-12-8（平裝）
1.CST：心理諮商　2.CST：心理治療師
178.4　　112001126